江苏自然资源年鉴

Jiangsu Natural & Resources Almanac

（2019年卷）

江苏人民出版社

图书在版编目（CIP）数据

江苏自然资源年鉴. 2019年卷 / 江苏省自然资源厅编.
—— 南京：江苏人民出版社，2019.9
ISBN 978-7-214-23975-4

Ⅰ. ①江… Ⅱ. ①江… Ⅲ. ①自然资源－资源管理－江苏－2019－年鉴 Ⅳ. ①F124.5-54

中国版本图书馆CIP数据核字(2019)第213169号

书　　名　江苏自然资源年鉴（2019年卷）

编　　者　江苏省自然资源厅
责任编辑　张世卿
出版发行　江苏人民出版社
出版社地址　南京市湖南路1号A楼　邮编：210009
出版社网址　http://www.jspph.com
照　　排　南京凯建图文制作有限公司
印　　刷　南京双乐印务有限公司
开　　本　889mm×1194mm　1/16
印　　张　22.75　插页　1.75
字　　数　650千字
版　　次　2019年9月第1版　2019年12月第1次印刷
标准书号　ISBN 978-7-214-23975-4
定　　价　300.00元

省委省政府领导关心重视江苏自然资源工作

2018 年 4 月 20 日，江苏省人民政府副省长费高云到省国土资源厅调研。

2018 年 10 月 30 日，江苏省人民政府副省长费高云为江苏省自然资源厅揭牌，并与省自然资源厅厅领导合影。

2018 年 3 月 20 日，江苏省国土资源厅召开领导干部会议，宣布省委关于省厅主要负责人调整的决定。

江苏省委组织部常务副部长胡金波宣读省委任命

原省国土资源厅党组书记、厅长李侃桢同志讲话

江苏省人民政府副省长费高云讲话

省委提名刘聪同志为省国土资源厅厅长人选

省委任命孔海燕同志为省国土资源厅党组书记、副厅长

江苏省人民政府副省长费高云讲话

江苏省委组织部常务副部长王立平宣读省委任命

江苏省机构编制委员会办公室副主任钱亚东就重新组建的省自然资源厅职责机构编制方案进行了说明。

2018 年 10 月 23 日，江苏省自然资源厅召开干部大会，宣布省委关于省厅领导班子任命的决定。

刘聪同志表态发言

孔海燕同志表态发言

江苏省委组织部在省自然资源厅召开厅领导干部会议

厅政务活动

2018 年 1 月 19 日，全省国土资源工作暨党风廉政建设工作会议在南京召开。

2018 年 3 月 27 日，省国土资源厅党组召开扩大会议传达学习贯彻全国两会精神。

2018 年 4 月 22 日，第 49 个世界地球日主题报告会在南京举办。

2018 年 4 月 23 日，江苏省国土资源厅厅长刘聪在连云港、盐城调研国土资源政策助力乡村振兴工作。

2018 年 4 月 28 日，江苏省国土资源厅党组书记、副厅长孔海燕出席全省建设"全国百佳不动产登记便民利民示范窗口"、争创不动产登记"党员先锋岗"活动现场会。

2018 年 5 月 8 日，刘聪在南京、镇江市检查地质灾害防治工作。

2018 年 6 月 20 日，省国土资源厅厅领导及有关处室负责人参观淮安周恩来纪念馆。

2018 年 6 月 22 日，省国土资源厅召开第 28 个全国“土地日”纪念大会。

2018 年 6 月 25 日，省国土资源厅在南京举办纪念第 28 个全国土地日现场咨询宣传活动。

2018 年 6 月 29 日，孔海燕主持召开全省国土资源系统庆祝中国共产党成立 97 周年暨迎“七一”党建网启动视频会议。

2018 年 7 月 23 日，自然资源部利用司到我省开展调研。

2018 年 7 月 27 日，全省国土资源年中工作视频会议在南京召开。

2018 年 8 月 8 日，省国土资源厅召开苏北农村住房条件改善工作座谈会。

2018 年 8 月 17 日，刘聪在南京市开展解放思想大讨论活动调研和信访包案化解工作。

2018 年 8 月 17 日，孔海燕在盐城市调研国土系统解放思想大讨论活动开展情况和苏北地区农村住房条件改善工作。

2018 年 10 月 15 日，省国土资源厅组织参观江苏省庆祝改革开放 40 周年图片展。

2018 年 11 月 27 日，省自然资源厅召开《省纪委关于推动省自然资源厅党组落实全面从严治党主体责任的监督意见》整改工作部署视频会议。

2018 年 12 月 27 日，省自然资源厅举办 2018 年度基层党组织书记述职会议。

编辑说明

一、《江苏自然资源年鉴》（2019 年卷）是江苏省自然资源厅主持并编纂的大型资料性书籍。旨在全面、系统、准确地反映江苏省自然资源管理行业各项事业发展的基本情况，为读者了解和研究江苏省自然资源行业提供基本资料。

二、《江苏自然资源年鉴》采用分类编辑法。主体内容设篇目、类目、分目、条目四个结构层次，以条目为表现内容的基本形式。全书条目的标题统一用黑体加【 】表示，少数包含多方面资料的条目则在文内用其他字体标题标明各段资料的主题。

三、《江苏自然资源年鉴》（2019 年卷）着重反映 2018 年江苏省自然资源管理的基本情况。全书设重要文献篇、制度创新篇、重要工作专述篇、行政管理篇、直属单位及学会协会篇、市县局工作篇、机构调整和人员变动篇、统计资料篇等 10 个篇目，共 87 个类目。

四、《江苏自然资源年鉴》（2019 年卷）统计数据采用法定计量单位，在其他篇目中遵从原稿。由于稿件来源不同，书中有的数字与统计资料不尽一致。

五、本年鉴的编辑出版工作得到了全省自然资源行业的大力支持和各相关单位的通力合作，本书仍可能存有疏漏之处，敬请批评指正。

谨此致谢。

《江苏自然资源年鉴》编委会
《江苏自然资源年鉴》编辑部
2019 年 9 月

江苏自然资源年鉴编纂委员会

江苏自然资源年鉴编辑部

地　址：南京市水西门大街58号建邺大厦104室
江苏省自然资源厅史志年鉴工作领导小组办公室、《江苏自然资源年鉴》编辑部
电　话：025-86599901　　邮　箱：jsgtnj2017@163.com
邮　编：210017

目　录

文前彩页

特　载

重要文献篇

制 度 创 新 篇

重 要 工 作 专 述 篇

行 政 管 理 篇

直属单位及学会、协会篇

市县局工作篇

机构调整和人员变动篇

统计资料篇

附　录：大事记

江苏省自然资源省情概览

【位置】 江苏地处中国大陆东部沿海地区中部，长江、淮河下游，东濒黄海，北接山东，西连安徽，东南与上海、浙江接壤，是长江三角洲地区的重要组成部分。地跨北纬 30°45′ ~ 35°08′，东经 116°21′ ~ 121°56′。江苏陆地面积（不含沿海滩涂）103229.17km^2。其中，苏北地区（徐州、连云港、淮安、盐城、宿迁）面积占全省陆地面积的 51.62%，苏中地区（南通，扬州、泰州）面积占全省陆地面积的 21.17%，苏南地区（南京、无锡、常州、苏州、镇江）面积占全省陆地面积的 27.21%。

【地貌】 江苏地貌包含平原、山地和丘陵三种类型。其中，平原面积 89706.03km^2，占比 86.90%；丘陵面积 11916.16km^2，占比 11.54%；山地面积 1606.98km^2，占比 1.56%。全省 93.89% 的陆地面积处于 0° ~ 2° 的平坡地中，仅有 0.03% 的陆地面积处于 35° 以上的极陡坡地中。

【土地资源】 全省土地面积 10.72 万 km^2，占全国 1.12%。全省农用地 648.61 万公顷，其中耕地 458.24 万公顷。江苏省人多地少，土地负载率、产出率较高，人均土地面积、耕地面积均远低于全国平均水平。土地资源以平原为主，资源自然属性好，全省平原大都土层深厚，肥力中上，适合于耕作业发展。土地利用充分，后备资源不足，土地开发利用率较高，耕地后备资源主要是沿海滩涂，有部分丘陵山体和内陆滩地尚未开发利用。

【矿产资源】 江苏省地处华北地台和扬子地台两大地质构造单元。全省矿产资源主要表现为“三多三少”：矿产种类多，人均储量少；小型矿多，大型矿少，全省中小型及以下矿产地占总数的 82%；非金属矿多，金属矿少。矿产资源主要分布在苏南和苏北，苏中仅占 2%。至 2018 年末，全省共发现各类矿产 133 种，其中查明资源储量的有 68 种。有色金属、建材类、膏盐类、特种非金属类矿产构成江苏省矿产资源的特色和优势，铌钽矿（苏州）、云母（宿迁）、保温材料黏土（盐城）、含钾砂页岩（徐州）、凹凸棒石黏土（淮安）、蓝晶石（宿迁）等在全国有较高占比，分别占 81.45%、76.55%、64.96%、43.26%、27.32%、12.09%。

【海洋资源】 江苏海域位于我国海域的中北部、西太平洋沿岸地带的中心，与朝鲜、韩国、日本隔海相望，地理位置优越，战略地位重要，总面积约为 3.75 万 km^2。在海洋地理上，江苏绝大部分水域属黄海，仅有长江口以东、启东圆陀角至韩国济州岛一线以南水域属东海。江苏海岸线长 954km，北起连云港市赣榆区的绣针河口，与山东省交界，南至长江口北岸南通市启东市的连兴港。江苏海岸类型有基岩海岸、砂质海岸和淤泥质海岸等，以粉砂淤泥质海岸为主。近海是水浅底平型海床，浅海面积占全国浅海面积的 1/5。在江苏沿海中部，分布有全国首屈一指的海底辐射状沙洲——辐射沙脊群，面积约 1268.38km^2。江苏沿海地形除位于北部的连云港市云台山属低山丘陵，山前岗地地势有较大起伏外，其他均地势低平，属滨海海积平原地区，海拔一般都在 5m 以内。近海有全国著名的海州湾渔场、吕四渔场、长江口渔场和大沙渔场。

滩涂资源 江苏现有滩涂总面积 5001km^2，约占全国总量的 1/4，是亚洲最大的海岸滩涂，且每年仍不断地向外淤涨，其中，潮上带滩涂面积 307km^2、潮间带滩涂面积 2677km^2、辐射沙脊群区域理论最低潮面以上面积 2017km^2。

海岛资源 江苏沿海共有 26 个海岛（平岛、平

岛东礁、达山岛、花石礁、达山南岛、达东礁、车牛山岛、牛尾岛、牛背岛、牛角岛、牛犊岛、秦山岛、小孤岛、竹岛、连岛、鸽岛、羊山岛、开山岛、大狮礁、船山、麻菜珩、外磕脚、阳光岛、永隆沙、带鱼沙、兴隆沙），其中，居民海岛 4 个（连岛、羊山岛、兴隆沙、永隆沙，分别隶属于连云港市连云区、南通市海门市和启东市），有居民海岛开发利用程度较高，发展了基础设施建设、城镇与临港产业、渔农业和旅游业等，海洋农渔业占据优势，港口建设逐步开发，海岛旅游迅速发展。无居民海岛 22 个。达山岛、麻菜珩、外磕脚为国家领海基点海岛。

江苏省海岛地理位置与面积一览表

序号	海岛名称	北纬	东经	面积 (m^2)	岸线长 (m)	行政区
1	平岛	35°08′	119°55′	156435	2722	连云区
2	平岛东礁	35°09′	119°55′	1077	148	连云区
3	达山岛	35°01′	119°53′	133448	1973	连云区
4	花石礁	35°00′	119°54′	3548	267	连云区
5	达山南岛	35°00′	119°53′	903	139	连云区
6	达东礁	35°00′	119°54′	1242	147	连云区
7	车牛山岛	35°00′	119°49′	66274	1154	连云区
8	牛尾岛	34°59′	119°49′	6218	307	连云区
9	牛背岛	34°59′	119°49′	18677	857	连云区
10	牛角岛	34°59′	119°49′	3737	259	连云区
11	牛犊岛	34°59′	119°49′	3938	305	连云区
12	秦山岛	34°52′	119°17′	142380	2603	赣榆区
13	小孤山	34°47′	119°27′	1203	152	连云区
14	竹岛	34°46′	119°21′	85767	1307	连云区
15	连岛	34°45′	119°29′	6073107	17497	连云区
16	鸽岛	34°45′	119°23′	14932	513	连云区
17	羊山岛	34°42′	119°29′	205890	2685	连云区
18	开山岛	34°32′	119°52′	17764	725	江苏省
19	大狮礁	34°32′	119°52′	531	91	江苏省
20	船山	34°31′	119°53′	135	41	江苏省
21	麻菜珩	33°22′	121°21′	101	37	大丰区
22	外磕脚	33°01′	121°38′	101	37	东台市
23	阳光岛	32°32′	121°25′	2071686	7516	如东县
24	永隆沙	31°48′	121°26′	22756309	28333	海门市 启东市
25	带鱼沙	31°47′	121°29′	6526176	14808	海门市 启东市
26	兴隆沙	31°46′	121°31′	24681190	31312	启东市

注：表中海岛位置为岛上最高点经纬度的实际测量数据，岸线长度和投影面积由外业实测辅以遥感影像数据计算所得，采用 2000 国家大地坐标系及高斯－克吕格投影

港口资源 江苏沿海气候温和，常年不冻，波浪较小，台风和海雾影响也小，大部分海岸陆域广阔，用地富足，有利于建港。现有主要港口资源：连云港港、灌河口诸港、滨海港、射阳港、大丰港、洋口港、南通港等，其中连云港港已是亿吨级吞吐量的港口。

生物资源 江苏近岸海域是黄、东海渔业资源的重要发祥地，优势经济鱼类主要有小黄鱼、银鲳、鮸鱼、黄鮟鱇、海鳗等，甲壳类有三疣梭子蟹、细点圆趾蟹、口虾蛄、葛氏长臂虾等，头足类有短蛸等。鱼类资源从 20 世纪 80 年代的 150 种减少到 21 世纪前十年中后期的 118 种。近岸海域已鉴定的浮游植物共有 197 种，浮游动物有 136 种。潮间带动物优势经济种类有四角蛤蜊、青蛤、文蛤、泥螺、缢蛏等。江苏海域藻类资源较为丰富，达 200 种以上。藻类中条斑紫菜从南到北均有分布，经济价值很高。其他有较高经济价值的品种包括海带、鼠尾藻、萱藻、刺松藻、海蒿子、海萝、小石花菜、蜈蚣藻、树枝软骨藻、凹顶藻等。

矿产与能源资源 江苏海域及沿海矿产资源相对较少，尚无有商业开采价值的地下矿种发现。北部海域海水含盐度较高，海州湾及开山岛等附近海域全年盐度在 24% ～ 30% 之间，利于盐业生产。沿海能源资源比较丰富，其中非再生能源主要有南黄海的石油天然气蕴藏，已探明储量约 230 亿 m^3。面积 10 万 km^2 的黄海储油沉积盆地的石油地质储量在 2.9 亿吨以上。再生性能源主要有风能资源、潮汐能资源、太阳能资源。潮汐能以辐射沙脊群中部海域和长江口北支最为丰富；波浪能以废黄河口、射阳河口和弶港以东约 200km 外海最为丰富；风能自北向南递减，沿岸向外海递增，年平均有效风能密度 63.4 ～ 81.5W/m^2。

旅游资源 北部旅游资源相对富集分布在基岩海岸、沙滩海岸、基岩海岛，包括充满神话色彩的花果山，全省第一高峰玉女峰，古代文化荟萃的孔望山，海豚多次出没的灌河口；中部有盐城国家级珍禽自然保护区、大丰国家级麋鹿自然保护区；南部有面积广袤的滩涂旅游区、世界上面积最大的牡蛎滩——海门蛎蚜山国家海洋公园，江海小岛兴隆沙、永隆沙，佛教名山狼山等。

【森林资源】截至 2018 年末，全省森林面积 159.6 万公顷，林木覆盖率 23.2%，活立木总蓄积量超过 9600 万 m^3。全省累计建成国家森林城市 7 个（无锡市、扬州市、徐州市、南京市、镇江市、常州市、南通市），建成全国绿化模范市 5 个（南京市、苏州市、宿迁市、盐城市、连云港市）、全国绿化模范县 37 个（常熟市、铜山区、阜宁县、东海县、张家港市、邳州市、赣榆区、滨海县、沭阳县、沛县、江阴市、金坛区、东台市、灌云县、灌南县、泗阳县、新沂市、响水县、盱眙县、泰兴市、溧阳市、丰县、睢宁县、如皋市、姜堰区、句容市、高淳区、徐州市贾汪区、建湖县、昆山市、海安县、宜兴市、仪征市、金湖县、宝应县、泗洪县、丹阳市）。

【湿地资源】到 2018 年末，全省湿地面积 282.2 万公顷，湿地总面积位居全国第 6 位。

江苏省湿地类型面积一览表

类型		面积（万公顷）	占比（%）
自然湿地		195.3	69.21
	近海与海岸湿地	98.6	34.94
	湖泊湿地	55.1	19.53
	河流湿地	38.9	13.78
	沼泽湿地	2.7	0.96
人工湿地		86.9	30.79

【野生动植物资源】野生动物资源状况。根据江苏省第一次陆生野生动物资源调查和近年调查监测统计，全省共有野生动物604种，约占全国总数的23%，其中兽类79种，鸟类448种，爬行类56种，两栖类21种。兽类动物资源中，国家重点保护野生动物22种，其中国家Ⅰ级保护动物6种，Ⅱ级保护动物16种；在野生鸟类资源中，其中国家Ⅰ级重点保护动物共7目、8科、12种，国家Ⅱ级重点保护动物共13目、19科、73种；爬行类动物资源中，有国家Ⅰ级重点保护动物1种，国家Ⅱ级重点保护动物5种；两栖类动物资源中，有国家Ⅱ级重点保护动物2种。同时，江苏省政府分别在1997年，2000年和2005年先后发布了三批次省级重点保护野生动物名录，约250种。另外，我省还广泛分布有国家保护的有益的或者有重要经济、科学研究价值的陆生野生动物资源。

江苏省各类野生动物的数量一览

类群	目数	科数	种数	国家Ⅰ级	国家Ⅱ级
兽 类	8	24	79	6	16
爬行类	3	13	56	1	5
两栖类	2	8	21	0	2
鸟 类	19	59	448	12	73
合 计	32	104	604	19	96

野生植物资源状况。江苏植物种类丰富，全省约有高等植物3100余种。天然分布的珍稀濒危或重点国家保护植物有金钱松（Pseudolarix amabilis）、银缕梅（Shaniodendron subaequalum）、宝华玉兰（Magnolia zenii）、天目木兰（Magnolia ameona）、琅琊榆（Ulmus chenmoui）、香樟（Cinnamomum camphora）、青檀（Pteroceltis tatarinowii）、榉树（Zelkova schneideriana）、香果树（Emmenopterys henryi）、银杏（Ginkgo biloba）、短穗竹（Brachystachyum densiflorum）、秤锤树（Sinojackia xylocarpa）、明党参（Changium symyrnioides）、珊瑚菜（Glehnia littomlis）、独花兰（Changnieni amoena）、莼菜（Brasenia schreberi）、野菱（Trapa incisa）、野大豆（Glycine soja）、水蕨（Ceratopteris thalictroides）、中华水韭（Isotes sinensis）等计20种。

省情概览

江苏省珍稀濒危植物基本情况

物种	级别	保护价值	群落特征
金钱松	二级稀有	中国特有单属种、古老孑遗种、观赏树种、材用树种、药用植物、科学意义（研究松科的系统发育）	常绿、落叶阔叶混交林
银缕梅	一级	观赏树种、材用树种	常绿、落叶阔叶混交林
宝华玉兰	二级濒危	中国特有种、观赏树种、科学意义（研究本属的分类系统）	常绿、落叶阔叶混交林
天目木兰	二级渐危	中国特有种、观赏树种、药用植物、科学意义（研究本科植物的分类、分布）	常绿、落叶针阔叶混交林
琅琊榆	濒危	中国特有种、材用树种、科学意义（研究植物区系及种质保存）	落叶阔叶林
香樟	二级	材用树种、观赏树种、经济树种	小片纯林
青檀	稀有	中国特有单属种、材用树种、经济树种、科学意义（研究榆科系统发育）	小片纯林或常绿、落叶阔叶混交林
榉树	二级	材用树种、观赏树种	常绿、落叶阔叶混交林
香果树	二级稀有	中国特有单属种、古老孑遗种、观赏树种、科学意义（研究该科系统发育、我国南部西南部植物区系特点等）	落叶阔叶林或常绿、落叶阔叶混交林
银杏	一级稀有	中国特有单属种、古老孑遗种、观赏树种、材用树种、药用植物、科学意义（研究裸子植物系统发育、古植物区系、古地理及第四纪冰川气候有重要价值）	
短穗竹	稀有	中国特有单属种、观赏植物、科学意义（研究竹类分类系统）	小片纯林
秤锤树	二级濒危	中国特有种、少种属、观赏树种	次生落叶阔叶林
明党参	稀有	中国特有单属种、药用植物、科学意义（研究伞形科植物的亲缘关系）	常绿、落叶阔叶混交林下
珊瑚菜	一级	药用植物	
独花兰	二级	中国特有单属种、观赏植物、药用植物	常绿阔叶林和常绿、落叶阔叶混交林下
莼菜	一级	经济植物	
野菱	二级	经济植物	浮叶水生群落、挺水群落
野大豆	二级	大豆野生种	
水蕨	二级	中国特有种、古老孑遗种	
中华水韭	一级濒危	中国特有种、古老孑遗种、科学意义（对研究系统演化有价值）	

新中国成立七十周年
江苏省生态文明建设成就简述

江苏是一块山水和谐、美丽富饶的宜居之地。江苏的自然资源和生态环境保护有着数千年孕育历史，但作为一项事业，是新中国成立后才真正起步的。20 世纪 50 年代，遵循毛泽东主席“绿化祖国”“实现大地园林化”的指示，江苏认真实施“普遍护林，重点造林”的方针，取得了积极成效。但是，“大跃进”给江苏生态环境带来严重破坏，“大炼钢铁”导致树木被砍，毁林开荒导致水土流失。同时，伴随人口增长和经济社会发展，江苏环境污染日渐严重。到 20 世纪 60 年代末，水源污染和城市大气污染已成为迫切需要解决的重要问题。进入 20 世纪 70 年代，江苏将自然资源和生态环境保护工作提上议事日程，按照国家部署要求，将绿化造林纳入农田基本建设，全省造林数量和质量不断提高。

改革开放后，江苏自然资源和生态环境保护工作进入加快发展时期。农业生态和自然资源保护工作不断加强，到 1982 年，全省农业综合防治面积达 20 多万公顷，农药用量减少近三分之一。农业环保的新生事物生态农场（林场）、桑基鱼塘、生态村、生态户等大量涌现。造林规模逐步扩大，1982 年至 1990 年的 8 年间，全省参加义务植树近 2 亿人次，共植树 9.31 亿株，并开始建立自然保护区和森林公园。这一时期，江苏的自然资源和生态环境保护工作取得了显著成效。

世纪之交的 1999 年是江苏自然资源生态保护事业十分关键的一年，省委、省政府出台《关于加强环境与发展综合决策的通知》，省人大常委会颁布《关于加强环境综合整治推进生态省建设的决定》，生态环境保护工作进入新的发展阶段。2003 年 1 月，省委十届四次全会明确把“绿色江苏”作为全省生态建设的最大工程，要求努力建设一个青山常在、碧水长流、清新怡人的绿色江苏，2004 年省委、省政府作出《关于推进绿色江苏建设的决定》。2005 年底，省委十届九次全会审议通过的“十一五”规划《建议》，把“环保优先”列入经济社会发展的指导方针。2011 年 4 月，省委十一届十次全会把生态文明建设工程列为“八项工程”之一。2011 年底省第十二次党代会进一步把“生态更文明”列为全省总的奋斗目标，把生态环境指标列为《江苏省基本实现现代化指标体系》的核心指标。

党的十八大以来，全省上下深入贯彻习近平新时代中国特色社会主义思想特别是生态文明思想和对江苏生态文明建设的重要指示，认真落实党中央、国务院决策部署，全省生态环境保护工作发生了根本性变化，取得了历史性成就。一是生态环境制度日趋完善。2013 年制定《江苏生态文明建设规划（2013-2033）》，这是全国首个省级生态文明建设规划。出台《关于深入推进生态文明建设工程率先建成全国生态文明建设示范区的意见》。江苏是全国唯一生态环保制度综合改革试点省，先后制定实施《江苏省生态文明体制改革实施方案》《江苏省生态环境保护制度综合改革方案》，推动生态环境治理体系不断完善。二是环境基础支撑得到加强。全省组织实施近 2 万项重点治污工程，建成江苏省环境监控系统、核电外围辐射环境监控系统、东太湖湿地修复等一批生态环境治理与保护重点工程。加强对外科技合作交流，成功举办 9 届国际环保新技术大会，为污染防治攻坚提供技术保障。同时积极推进生态环境保护全社会共治共享，环保设施向公众开放点增加到40个，环保社会组织联盟增加到34家。三是生态保护修复扎实推进。牢固树立“绿水青山就是金山银山”的发展理念，按照“山水林田湖草”系统保护的要求，全面管控生态空间，大力保护优质自然资源，增加优质生态产品供给。2013年，江苏在全国率先划定省域生态保护红线，2018年完成国家级生态保护红线划定。全省自然湿地保护率达49.8%，林木覆盖率提高到23.3%。累计建成国家生态市县63个、国家生态文明建设示范市县9个，泗洪县被原国家环保部评为“绿水青山就是金山银山”实践创新基地。四是生态环境质量持续改善。全省大规模开展水、大气、土壤污染防治行动，大幅度削减污染物排放总量，有效解决了一批突出生态环境问题。2018年起，加快建立“1+3+7”污染防治攻坚战体系，着力打好蓝天、碧水、净土3大保卫战，扎实推进柴油火车污染治理、水源地保护、城市黑臭水体治理、长江保护修复、太湖治理、农业农村污染治理、固体废物污染防治7个攻坚战，努力朝着天更蓝、山更绿、水更清、环境更优美、人民生活更幸福的目标迈进。

一、自然保护区建设：

自然保护区建设是保护生态环境、自然资源的有效措施，对实现可持续发展具有重要意义。1992年10月，江苏建立第一个国家级自然保护区——江苏盐城湿地珍禽国家级自然保护区。截至2018年末，全省共有各级各类自然保护区31个，总面积53.58万公顷，占全省国土面积5.22%。其中，国家级自然保护区3个，面积29.93万公顷；省级自然保护区11个，面积9.41万公顷；市县级自然保护区17个，面积14.24万公顷。全省90%以上的典型森林生态系统，以及麋鹿、丹顶鹤、银缕梅、宝华玉兰等国家重点保护或濒危野生动植物的集中分布地得到有效保护。2019年7月5日，包括江苏盐城湿地珍禽国家级自然保护区部分区域及江苏大丰麋鹿国家级自然保护区全境等区域的黄（渤）海候鸟栖息地（第一期）被列入世界自然遗产名录。这是我国第一块、全球第二块潮间带湿地世界遗产，填补了我国滨海湿地类型世界自然遗产空白。

（一）江苏盐城湿地珍禽国家级自然保护区

江苏盐城湿地珍禽国家级自然保护区前身为1983年2月成立的江苏省盐城地区省级沿海滩涂珍禽自然保护区，位于盐城市的射阳、大丰、滨海、响水、东台五县（市）沿海地区，面积45.3万公顷，是中国最大的滨海湿地类型保护区，1992年加入联合国教科文组织国际“人与生物圈”保护区网。主要保护对象为滩涂湿地生态系统和以丹顶鹤为代表的多种珍禽，每年约有近1000只丹顶鹤选择到保护区越冬，是全世界最大的丹顶鹤越冬地。

保护区滩涂湿地生态系统丰富多样，生物多样性资源异常丰富，是国际重要生物多样性富集的热点地区，享有东部沿海“国家重要湿地基因库”之称。保护区内有动植物2600余种，占中国海岸带生物物种总数的1/10。其中，国家一级保护野生动物14种，二级保护85种，记录的402种鸟类中有11种为一级保护。

（二）江苏大丰麋鹿国家级自然保护区

江苏大丰麋鹿国家级自然保护区位于江苏省东部的黄海之滨，1986年由原国家林业部和江苏省政府联合建立（1997年升格为国家级自然保护区），总面积7.8万公顷，其中核心区2668公顷，缓冲区2220公顷，实验区73112公顷，是世界上第一个也是最大的重返大自然野生麋鹿自然保护区。已被列入国际重要湿地名录、东亚澳大利西亚鸟类迁徙网络和世界人与生物圈保护区网络，是全球环境基金（GEF）中国项目示范区、中国生物多样性保护示范基地、全国示范自然保护区。主要承担保护麋鹿、丹顶鹤等野生动物及南黄海湿地生态系统。其主要保护的麋鹿数量已经由1986年建区时的39头发展到现在的5016头，其繁殖率、存活率、年递增率均居世界之首，并成功举行了5次麋鹿野放试验，共放归麋鹿83头，目前野生麋鹿数量已达到1350头，并在野外出现了子五代，结束了全球千年以来无完全野生麋鹿群的历史，为人类拯救濒危物种提供了成功的范例。

（三）江苏泗洪洪泽湖湿地国家级自然保护区

江苏泗洪洪泽湖湿地国家级自然保护区初建于1985年，位于泗洪县境内，是华东地区最大的内陆淡水型湿地国家级自然保护区，总面积50223.13公顷，以内陆淡水湿地生态系统、国家重点保护鸟类和其他野生动植物、鱼类产卵场、下草湾标准地层剖面等为主要保护对象。

保护区是洪泽湖地区湿地生态系统保存最为完整的区域，生物多样性丰富，现有浮游植物165种、浮游动物91种、高等植物81种、低栖动物76种、鱼类68种、鸟类205种。保护区位于候鸟迁徙的重要通道，对全省乃至全球生物多样性保护具有十分重要的作用。据调查，平均每年到保护区越冬的水鸟总数在50万只以上。保护区也是淮河流域和国家南水北调东线工程的重要调蓄水库和生态节点，在改善环境、涵养水源、净化水体、调节气候、维护生物多样性等方面发挥着重要生态功能。

二、风景名胜区建设：

风景名胜区是宝贵的生态资源和重要的生态屏障。1982年，国家正式建立风景名胜区制度。2002年，江苏部署开展国家重点风景名胜区总体规划编制工作及风景名胜区管理达标工作。2004年，组织开展风景名胜区综合整治工作，拆除了一批违章和有碍景观的建筑，使景区自然环境品质得到提升。为加强风景名胜区管理，先后颁布实施了《江苏省风景名胜区管理条例》《江苏省太湖风景名胜区条例》。党的十八大以来，江苏认真贯彻落实习近平总书记生态文明思想，加强风景名胜区建设与保护。先后完成国家级风景名胜区保护管理情况自查及风景名胜区总体规划修编等工作，部署开展省级风景名胜区总体规划评估工作。截至2018年底，全省共有国家级和省级风景名胜区22个，其中国家级风景名胜区5个，分别是南京钟山风景名胜区、太湖风景名胜区、云台山风景名胜区、蜀冈瘦西湖风景名胜区、镇江三山风景名胜区。

（一）南京钟山风景名胜区

南京钟山风景名胜区位于南京市玄武区，是1982年由国务院首批批准的国家级风景名胜区，首批国家5A级旅游景区、享誉海内外的著名游览胜地。总面积35.04平方千米，由钟山南麓、钟山北麓、玄武湖和古城墙四大景区组成。风景名胜区内名胜古迹众多，有东吴孙权的陵墓、世界文化遗产明孝陵、民主革命先行者孙逸仙的中山陵，以及众多六朝遗址遗迹。拥有森林2000余公顷，动物类1000多种，种子植物1138种，其中国家重点保护植物有21种。丰富的动植物资源和优美的自然景观，造就了钟山风景区良好的生态环境。风景名胜区湖光山色辉映，城林（陵）交融一体，自然人文共生，是南京主城生态构架的重要组成和人文绿都的核心区。

（二）太湖风景名胜区

太湖风景名胜区位于长江三角洲中部，是1982年由国务院首批批准的国家级风景名胜区，规划总面积3190平方千米，其中景区面积902.23平方千米，由苏州市木渎、石湖、光福、东山、西山、甪直、同里景区，常熟市虞山景区，无锡市梅梁湖、蠡湖、锡惠、马山景区，宜兴市阳羡景区等13个景区和无锡市泰伯庙、泰伯墓2个独立景点组成。拥有独特的自然山水形态、丰富的吴越文化古迹、典型的江南水乡特征和珍贵的明清建筑景观资源，是一个以平山远水为自然景观特征，以典型吴越文化和江南水乡风光为资源要素，自然景观与人文景观并重，融风景游赏、休闲游憩、科普研究等功能于一体的天然湖泊型风景名胜区。

三、湿地资源保护：

江苏湿地资源丰富，有“湿地大省”之称，湿地面积约占全省国土面积四分之一，是全省重要的自然资源，发挥了独特的生态功能。为加强湿地保护修复、规范指导湿地公园建设管理，2005年以来，先后出台《江苏省湿地公园管理办法》《江苏省湿地保护条例》《江苏省湿地保护修复制度实施方案》，成立全省湿地保护专家委员会、建立专家库，实施湿地全面保护，实行湿地面积总量管控，严格湿地用途监管，维持全省国土空间湿地保有量，确保湿地面积不减少。截至2018年底，全省湿地保有量288万公顷，自然湿地保护总面积97.33万公顷，自然湿地保护率达49.8%。有国际重要湿地2处，分别是江苏盐城湿地珍禽国家级自然保护区和江苏大丰麋鹿国家级自然保护区；国家重要湿地5处，分别是太湖湿地、洪泽湖湿地、石臼湖湿地、高邮湖湿地和盐城沿海湿地。各级湿地公园106处，其中国家湿地公园26处、省级33处、市级47处，湿地保护小区382处，湿地公园建设综合效益显著。

（一）潘安湖湿地公园

潘安湖湿地公园位于徐州市贾汪区境内，距徐州主城区18千米。它是集“基本农田再造、采煤塌陷地复垦、生态环境修复、湿地景观开发”四位一体的全省首创项目，2017年12月12日，习近平总书记亲临贾汪考察，对潘安湖采煤塌陷区治理效果给予充分肯定。潘安湖湿地公园是国家级水利风景区、国家4A级旅游景区、首批国家湿地旅游示范基地。

此处原是采煤塌陷区域，治理前为约2000公顷塌陷土地，荒草丛生，坑塘遍布，房屋开裂，道路损毁严重。2009年底，潘安湖综合整治项目启动实施，规划总面积52.89平方千米，其中核心区16平方千米。2011年12月12日，潘安湖湿地公园总规和景观规划经审查通过。2012年4月10日，景观绿化工程全面开工建设。2013年秋季，潘安湖湿地公园二期施工。2014年5月1日，公园二期工程试运营。

（二）溱湖国家湿地公园

溱湖国家湿地公园位于江苏省里下河水乡腹地的泰州市姜堰区北部，规划总面积26平方千米、开放景区面积7平方千米，是2005年经国家林业局批准设立的江苏省首家、全国第二家国家湿地公园（试点单位），2011年9月，通过国家湿地公园正式验收。

园内湿地类型多样，生态系统完整性相对较高。有湿地野生植物153种、鸟类97种，爬行类和哺乳类动物44种、鱼类38种、浮游动物21属（种）。公园分为湿地植物区、湿地动物区、湿地娱乐区、湿地科普区、湿地农业区五大旅游板块，融湿地观光、民俗体验、休闲娱乐、科普教育、拓展培训等功能于一体。一年一度的水乡民间盛会——中国姜堰·溱潼会船节，被国家旅游总局列为中国十大民俗文化节庆之一，获“中国节庆产业十大博览赛事类节庆金手指奖”，被确认为“大世界吉尼斯之最——规模最大的船会活动”，海内外人士盛赞“天下会船数溱潼”。

（三）无锡长广溪国家湿地公园

无锡长广溪国家湿地公园位于无锡市太湖新城，是原建设部公布的全国九大国家城市湿地公园之一，被国家林业局公布为国家湿地公园试点单位，被水利部评为国家级水利风景区。其净化设计的生态工程，被联合国环境署评为发展中国家湿地公园示范项目。西依军嶂山、雪浪山，南接太湖，北通蠡湖，南北长10千米，总面积约260公顷，水面约80公顷，是连接太湖和蠡湖的生态廊道，被喻为“太湖、蠡湖之肾”。它融山丘、湿地、河流、湖泊于一体，是一座集生态、休闲、科普、人文为一体的国家级生态湿地公园。

2002年，长广溪及其两侧地区被划定为生态用地，用于建设湿地生态公园。2008年11月，长广溪湿地保护与生态修复一期工程开工，2011年9月启动二期工程，总投资近40亿元。园内有植物288种、鸟类61种、水生生物38种。公园建有湿地净水过滤系统，是全国唯一进行专业水质生态净化设计的生态工程。

（四）常熟尚湖退田还湖城市湿地建设工程

常熟尚湖退田还湖城市湿地建设工程是常熟市为恢复尚湖生态和山水景观而进行的湿地修复与保护工程。尚湖退田还湖生态修复的“尚湖模式”，受到水利部点名表扬并在全国推广。

20世纪60、70年代经围湖造田，尚湖1266.67公顷水面仅剩133.33公顷零星水泽，并引发一系列生态变化。1984年，常熟市决定退田还湖、建设尚湖风景区。工程于1984底动工，1万多名民工奋战200多天，共挖填125万立方米，先后建成21千米长的环湖大堤和1.4千米长的穿湖大堤，以及荷香洲等7个景点。1985年7月23日开始放

特载

水，形成湖面800公顷。1986年，尚湖风景区正式对外开放。

目前，公园总面积2300公顷，绿地覆盖率超过90%。尚湖的水质长期保持地表Ⅱ类水，良好生态环境引来大量鸟禽栖息。2005年，尚湖公园被原建设部批准为全国首批十大城市湿地公园之一。2018年，常熟成功获得全球首批国际湿地城市认证。

四、林业生态建设工程：

新中国成立初期，江苏只有少数山丘残存少量次生林木约8.47万公顷。根据国家绿化造林部署要求，全省积极开展植树造林，绿化荒山荒地，营造农田防护林，森林覆盖率不断增加。至1956年，林地面积增至15万公顷，增长77.1%。至1978年底，累计造林116.5万公顷。改革开放后，江苏林业建设坚持以平原绿化为主，加强丘陵山区林业建设，用材林和经济林并重，重点搞好沿海防护林体系、农田林网和商品林生产基地建设，林业建设步入了快速发展时期。至1995年，全省实现了平原绿化和消灭宜林“三荒”（荒山、荒滩、荒地）两大目标。2004年，省委、省政府作出《关于推进绿色江苏建设的决定》，全省造林绿化进入以生态建设为主的新阶段，积极推进以“打造绿色江苏，建设生态家园”为主题的森林生态网络体系建设。党的十八大以来，全省林业以“三化”（珍贵化、彩色化、效益化）为引领，以乡村振兴和长江经济带建设为重点，林业建设步入高质量发展时期。至2018年底，全省林地面积增至156万公顷，活立木总量超过9000万立方米，林木覆盖率提高到23.2%，为江苏经济社会发展提供了良好的生态保障。

（一）盐城沿海百万亩生态防护林工程

盐城沿海百万亩生态防护林工程是江苏“两横两纵”生态屏障的重要组成部分，是迄今为止盐城历史上关注度最高、社会参与面最广、意义最深远的一次大规模国土绿化行为。

2016年盐城市制订《盐城市百万亩生态防护林建设工程规划（2017-2020年）》，并全面实施，用4年时间新造成片林2.67万公顷、改造提升现有成片林4万公顷，建成高标准生态防护林6.67万公顷。至2018年底，已完成新造林1.86万公顷、改造提升2.18万公顷，分别占规划任务的69.6%、54.5%，造林总量位居全省第一。

（二）京沪高铁（江苏段）绿色生态景观廊道工程

京沪高铁江苏段生态景观廊道工程于2012年初开始建设，2013年4月底建成，全长358千米，途经江苏徐州、南京、镇江、常州、无锡、苏州6市。生态景观廊道采用“一带”（沿线两侧景观防护林带）、“三网”（道路林网、水系林网、农田林网）、“四区”（城区、平原区、丘陵区、铁路红线内区域）的规划布局，结合村庄环境整治和绿色江苏建设，突出抓好道路林网、水系林网、农田林网建设。根据途经区域的不同条件，采取不同的绿化树种和绿化模式，建成江苏绿化里程最长、绿化纵深最广、绿化面积最大、使用树种最多的绿色生态景观廊道。全线共完成绿化面积8113.27公顷，其中景观防护林点面积3114.93公顷，节点绿化面积1148公顷，绿化示范村建设158个（折合面积638.2公顷），“三网”折合面积2673.33公顷，林相改造面积248.73公顷，其他绿化面积290.07公顷，栽植乔木425.5万株，总投资17.88亿元。

（三）徐州石山造林工程

徐州石山造林工程始于20世纪50年代，是江苏绿化荒山的突出代表，在全国开创了“石头缝里绣出绿色森林”的成功范例。徐州因此获“全国造林绿化十佳城市”“国家森林城市”等荣誉称号。

新中国成立之初，徐州市山荒岭秃、岩石裸露，全市绿化率不到1%。1952年，毛主席视察徐州，号召“绿化荒山，发动群众上山造林”，徐州市首次“进军荒山”，至20世纪80年代，徐州市营造侧柏纯林近3.33万公顷，成为全市重要的绿色生态屏障。2007年，徐州开始二次“进军荒山”，至2009年，完成市区1666.67公顷荒山的绿化任务。2010年，全面启动二次“进军荒山”计划，至2015年，累计投入财政资金5亿多元，全市6933.33公顷荒山全部绿化。

（四）江苏三台山国家森林公园

江苏三台山国家森林公园位于宿迁市湖滨新区，骆马湖畔，总面积12.7平方千米，区域活立木蓄积量1120万立方米，总绿化率88%，森林覆盖率98%，是苏北最大的天然次生林。公园以“引湖纳山”“生态宿迁”为建设总要求，按照“最美的生态，永远的时尚”为规划设计理念，打造“最美的林、最美的红叶、最美的建筑、最美的溪涧、最美的衲田、最美的路、最美的桥、最美的紫石”八大最美系列，形成春有衲田花海，夏有曲水风荷，秋有红叶迎宾，冬有梅村煮雪四季特色景观。

三台山前身是嶂山，因大规模开采石英砂，导致矿坑密布，水土流失，森林群落不稳定。1958年成立国有嶂山林场，开始植树造林修复生态。2011年更名为三台山省级森林公园。2014年启动扩面提质工程，推进三台山生态修复。2015年，主体建设完成并正式对外开放。2016年创建为国家级森林公园，并正式定名为江苏三台山国家森林公园。

（五）南通狼山国家森林公园

南通狼山国家森林公园位于南通市崇川区沿江地区，由临江而立的狼山、军山、剑山、黄泥山、马鞍山及园博园、啬园等周边区域组成，总面积1080公顷，其中林地521.61公顷，陆域森林覆盖率90%以上，有各类植物300多种，是集森林保育、生态修复为一体，兼具农耕田园特色的森林公园。

2017年开始，南通市全面实施五山及沿江地区生态修复保护，累计投资近20亿元，调整沿江生产力布局，将五山地区长江岸线由生产型调整为生态型、生活型，优化原省级狼山森林公园，新建军山森林片区、植物园片区、滨江生态片区、啬园玉兰谷片区、生态配套片区等森林片区，新增森林面积392公顷，实现“近水可看长江、江上可览五山”的景观效果。2018年8月，五山地区获批国家级森林公园，2019年1月正式定名南通狼山国家森林公园。

五、海洋资源保护：

江苏位于我国大陆东部沿海中心地带，海岸线长954千米。管辖海域为黄海南部及东海的北端海域，总面积约为3.48万平方千米，占全省国土面积的37%。1985年10月，省政府发布《江苏省海岸带管理暂行规定》，1991年3月省人大常委会通过《江苏省海岸带管理条例》，对开发海岸带资源作出具体规定。2005年7月，《江苏省海域使用管理条例》颁布施行，分别对海洋功能区划和海域使用规划、海域使用权的取得、海域使用与保护等作出规定，成为继山东之后第二个颁布地方性海域管理法规的省份。2007年，江苏完成全省大比例尺海洋功能区划的修编工作，省、市、县三级海洋功能区划体系基本完备。2017年，编制完成《江苏省海岸线保护和利用规划》，完成羊山岛、秦山岛、兴隆沙等海岛整治修复工程。率先在全国建成省、市、县三级联网运行，海陆空三位一体，全方位、立体式、实景化的海域动态监管系统。

（一）秦山岛保护及开发利用示范项目

秦山岛是江苏省北部海州湾中的近岸海岛，位于海湾生态与自然遗迹海洋特别保护区的中心，距赣榆新城海岸15.3千米，总面积0.98平方千米，拥有东、中、西三峰，主峰海拔55.9米，是连云港海州湾海洋公园的5个保护点之一，是江苏省首个整治修复保护项目实施海岛。

2011年4月，秦山岛被国家海洋局列入第一批开发利用无居民海岛名录。2012年8月，《江苏省秦山岛保护和利用规划》通过国家评审，其功能定位为生态旅游岛，以突出发展“山、海”风光特色和历史文化观光的度假休闲旅游为主，为全国无居民海岛保护与开发利用提供示范。2014年11月，投资1.17亿元，实施环岛路建设、山体治理、海岛绿化、垃圾污水处理、海岛供电供水、人文景观示范、海岛生态环境影响评估等工程，秦山岛的生态和旅游资源得到有效保护和监管，显著提高了秦山岛的使用价值和开发利用潜力。2017年12月，通过竣工验收。

（二）连岛整治修复项目

连岛位于连云港市海州湾畔，是江苏省第一大基岩海岛，面积6.07平方千米，集海、岛、林、石、滩、渔村人文景观于一体，是江苏唯一4A级海滨旅游景区，2016年入选全国“十大美丽海岛”。

2012年，连岛整治修复项目启动，包括浴场沙滩养护工程和山体滑坡处理工程。清理养护大沙湾浴场约16.34万平方米沙滩，修复挡浪墙、清理沙滩碎石、清淤补沙，沙滩补沙厚度约为22厘米。山体滑坡处理工程主要对连岛南侧和东侧山体滑坡进行清危和清波处理，长度约1219米，面积约3.4万平方米。通过整治修复，连岛、沙滩、岛体和周边海域的自然景观及资源得到有效保护，自然生态环境得到恢复。2015年底，项目通过竣工验收。

（三）连云新城临洪河口海岸线整治修复项目

连云新城临洪河口岸线整治修复项目位于连云新城北侧和西侧，西端起点与临洪河右岸堤相连，东端终点连接西墅闸。

该项目于2015年10月开工建设，采取工程措施与生态保护措施相结合的方法，建设海岸生态护坡1936米，生态绿化总面积39344平方米，其中堤顶生态绿化31944平方米，坡底绿化7400平方米，植被栽种18万余株。2018年7月竣工。通过项目的实施，减少基础设施建设对海洋资源和海洋生态系统的影响，促进受损生态的恢复，为临洪河口湿地退养还滩综合整治、打造湿地公园创造条件，提升景观生态效果，构建自然化、生态化新岸线。

六、土地资源保护：

江苏土地面积10.72万平方千米，占全国总面积的1.12%，人均国土面积在全国各省区市中最少。随着人口增长和经济发展，人多地少的矛盾日益突出。改革开放以来，江苏不断加强土地管理，规范土地开发利用，强化土地保护治理。2000年10月，颁布《江苏省土地管理条例》，贯彻“在保护中开发，在开发中保护”的方针，坚持集中利用和节约利用原则，加强土地利用管理，实施“占一补一”，实现全省耕地总量动态平衡。土地利用综合指数从1996年的256.25提升到2009年的285.07；单位面积土地生产总值达3213.78万元/平方千米，是全国平均数的9.06倍。2014年3月，江苏成为全国首个节约集约用地试点省份，形成了具有江苏特色的节约集约用地模式，土地综合整治各项指标位居全国前列。2017年以来，江苏深化耕地保护“责任+激励、行政+市场”机制建设，着力推进耕地数量、质量、生态“三位一体”保护。建立以数量为基础、产能为核心的占补平衡新机制。2018年全省验收可用于占补平衡耕地1.33万公顷，完成了13个市的耕地后备资源更新工作，为经济社会可持续发展提供有力保障。

（一）苏州工业园区土地节约集约利用

苏州工业园区是中国和新加坡两国政府间的重要合作项目。该园区自成立之日起，坚持规划引领，强化资源管理，优化土地集约布局，拓展土地利用维度，探索用地机制创新，不断提升土地节约集约用地水平，走出了一条适合开发区特点的新型工业化和城市现代化发展之路。2017年12月，《苏州工业园区土地紧凑集约高效利用新机制》作为“苏州工业园区开放创新综合试验建议可复制推广的改革经验”之一，由商务部发文在全国推广，苏州工业园区成为全国节约集约利用土地的一个标杆。

1994年，苏州工业园区编制完成第一版城市总体规划，注重多规融合，实现国民经济和社会发展规划、城市规划、土地利用规划和生态环境保护等规划协调统一，产业用地融合率达97%。1994年至2018年，苏州工业园区累计将813个自然村拆并后集中安置进49个居民社区，节省农民居住用地1400公顷。集中布局供水、供电、排污等市政设施，110千伏电缆全部下地，归并整合220千伏以上高压走廊，节约土地约5平方千米。推动地下综合管廊建设，先后建成月亮湾综合管廊（全省第一条）、桑田岛综合管廊。推行邻里中心建设，融合商业、社区、交通等功能，实现产业集聚区生活配套服务设施共享，截至2018年底，已建、在建邻里中心项目18个。

（二）淮安市盱眙县黄花塘镇土地整治项目

盱眙县黄花塘镇土地整治项目是省级投资的精准扶贫项目，2017年9月开工建设，2018年9月完工。实施项目2个，分别为黄花塘镇常庄村、绿化等村土地整治项目，涉及5个行政村1965户

6855人，总投资6827万元，建设规模1093公顷。通过土地整治基本实现“路相通、渠相连、旱能灌、涝能排、田成方、林成网、村成片”，实现耕地规模流转和按户连片耕种。项目建成后新增耕地50.4公顷，平均节水率提高20%以上，平均每公顷增收6000余元，土地流转租金由不到4500元/公顷，提升至1.2万元/公顷。迁出农户全部在5个集中居住点落户，5个行政村有464户通过实施宅基地退出，分别增收30～200万元，85户精准脱贫。

2017-2018年，为进一步支持革命老区建设，新增黄花塘镇4个省级投资土地整治项目，分别为2017年度张庵等村土地整治项目，2018年度杨庄等村、新街等居、五里等村，总投资1.2092亿元，建设规模2473.5公顷，其中张庵项目已基本完成，杨庄、新街、五里三项目均已完成总工程量的40%以上。

七、地质环境保护：

江苏地质环境条件比较脆弱。随着工业化、城市化的加快推进，对地质环境保护的要求越来越高，矿山生态环境保护、山体资源保护、地质遗迹保护、地质灾害防治等面临日益严峻的形势。为切实保护和改善地质环境，促进经济社会可持续发展，2008年9月28日，省人大常委会审议通过《江苏省地质环境保护条例》。全省依法规范地质环境保护，积极推进地质灾害防治。同时，多渠道筹措资金，加强地质公园建设和矿山地质环境恢复治理。截至2018年末，全省批准建立的省级以上地质公园11处，总面积达3.22万公顷，其中国家地质公园4处，分别是苏州太湖西山国家地质公园、连云港花果山国家地质公园、南京市六合国家地质公园、江宁汤山方山国家地质公园；省级地质公园5处，分别是常熟虞山省级地质公园、江苏贾汪省级地质公园、邳州市邳州石省级地质公园、句容赤山省级地质公园、仪征捺山省级地质公园；国家矿山公园2处，分别是盱眙象山国家矿山公园和南京冶山国家矿山公园。

（一）苏州太湖西山国家地质公园

苏州太湖西山国家地质公园位于太湖东南隅，距苏州市区约45千米，包括西山本岛及桃花岛、三山岛、横山群岛等20多个小岛，总面积39.8平方千米。2004年1月被批准为国家地质公园，是江苏省第一个国家地质公园。园内有各种地质、自然和人文景观65处，形成西山岛和三山岛2个园区，林屋山、石公山、三山岛、缥缈峰、金铎山和后埠6个景区。园内主要地质遗迹有地质地貌景观、地质剖面和构造行迹、古人类遗址、古生物化石遗迹、矿物、岩石、水体资源、地质灾害遗迹等。

（二）连云港花果山国家地质公园

花果山国家地质公园位于连云港市海州区、国家经济技术开发区接合部，由花果山、渔湾—东磊2个园区组成，总面积29.9平方千米，为国家5A级景区。2014年1月开始建设，2018年5月获准命名，是江苏省第四个国家级地质公园。

公园地处苏鲁造山带的东部，地质遗迹自然景观形态各异。公园以典型的超高压变质岩、海蚀遗迹地貌景观和崩塌等环境地质遗迹为特色。地质遗迹景观分为典型地质剖面、地貌景观、环境地质、国家级地质遗迹、水体景观4大类，共85处地质遗迹，其中国家级地质遗迹12处、省级地质遗迹55处、省级以下地质遗迹18处。特别是不同海拔高度的成层海蚀洞是研究50万年来海平面变化的重要依据，国内罕见。崩塌与堆积形成的东磊石海是国内规模仅次于翠华山的山崩环境地质遗迹。园区内有江苏最高峰玉女峰（624.40米）和江苏落差最大的瀑布老龙潭瀑布（37.50米）。

（三）盱眙象山国家矿山公园

盱眙象山国家矿山公园位于盱眙县城区北部、淮河南岸，总面积3平方千米，是以淮河风光和矿山复绿生态为依托，以保护和展示采矿、地质遗迹为主体，集矿业文化、科普体验、观光游览、极限运动、休闲度假于一体的国家级矿山公园。

象山自唐时至明清均有零星手工开采石料的历史。从民国时期起，为修建洪泽湖大堤和淮河下游船闸，象山进入规模化开采阶段。新中国成立后，象山矿区先后有5家企业进行石料开采。由于地质灾害隐患和环境破坏问题，2002年关闭矿区，进行地质生态环境恢复治理。2005年底，象山矿山治理区被列为盱眙县“十一五”旅游景区开发重点项目，同时被原国土资源部批准为首批国家级矿山公园开发建设项目。2006年起进行废弃矿山地质生态环境恢复、河岸亲水花园、奇石文化园建设，完成部分采矿、地质遗迹保护展示，建设矿山地质博物馆，整治矿区内灾害隐患点20多处、大型破损采宕口4个，绿化破损山体10万平方米。2008年6月对外开放。

（八）生态环境治理：

改革开放以来，面对环境问题带来的严峻挑战，江苏开展大规模的水、大气、土壤污染防治行动，大幅削减污染物排放总量。特别是党的十八大以来，全省上下深入贯彻习近平总书记生态文明思想和对江苏生态文明建设的重要指示，牢固树立生态优先、绿色发展的鲜明导向，以空前的决心和力度全面向污染宣战，深入实施“两减六治三提升”专项行动，全面打响污染防治攻坚战，推动生态环境质量大幅改善。截至2018年底，PM2.5平均浓度、空气质量优良天数比率与2013年（“大气十条”考核基数）相比分别下降34.2%和上升6.7个百分点，104个国考断面优Ⅲ比例与2014年（“水十条”考核基数）相比提高7.7个百分点，劣Ⅴ比例下降至1%，长江干流水质总体为优，太湖治理连续11年实现“两个确保”（确保饮用水安全、确保不发生大面积湖泛）。

（一）常州中天钢铁550平方米烧结机烟气脱硝项目

全国首套550平方米烧结机烟气SCR脱硝超低排放项目是常州中天钢铁集团自行研制的环保项目，于2018年10月试验成功。该项目具有安全可靠性高、工艺路线优、一次性投资及运行费用省等特点。常州中天钢铁对照2020“超低排放、超净排放”标准，对550平方米烧结机进行脱硫脱硝升级改造。改造后，烧结系统污染物排放指标下降84%，排放总量下降超50%，烧结机机头烟气颗粒物、二氧化硫、氮氧化物排放浓度分别不超过10毫克/立方米、35毫克/立方米、50毫克/立方米。中天钢铁成为江苏首家实现超低排放的钢铁企业。

（二）江苏核电外围辐射环境监控系统

江苏核电辐射环境监控系统于2015年建成，由监测站网和监测基地组成，包括14个监测子站、1套空气在线放射性监测预警系统、1套空气在线超大流量放射性监测系统和江苏省核电辐射环境监督监测前沿基地。14个监测子站全部配备完整的电源系统、数据采集及传输系统及安防系统。江苏省核电辐射环境监督监测前沿基地主要设施有辐射环境监测实验室、核电流出物监测实验室、连云港市核与辐射安全公众信息交流中心、核辐射监测预警及应急指挥中心、数据处理中心和标准气象场，配备专业仪器设备120余台（套），具备电磁辐射、γ剂量率、氚、碳14、总α、总β、碘-131，铯-137、锶-90、γ核素等22个项目的检测能力，能够独立承担田湾核电站外围辐射环境监测，满足常规监测及核事故应急状态下的辐射环境监测需求，保障核电安全。

（三）东太湖综合整治工程

东太湖综合整治工程是国家治理太湖的重大生态修复工程，也是太湖流域防洪工程的重要组成部分。主要包括退垦还湖、行洪供水通道疏浚、生态清淤及生态修复等。

2008年10月，东太湖综合整治一期工程启动，包括退渔还湖、退垦还湖（堤线调整）、行洪供水通道疏浚、生态清淤及生态修复。至2012年底，一期工程竣工，投资39.8亿元。2013年续建一期退垦还湖、行洪供水支通道疏浚、生态岸线修复等项目，启动二期建设堤线调整、生态修复、湖底生态清淤等工程，投资15.74亿元。到2017年，完成一期续建工程，湖底生态清淤1088万立方米，生态修复12.4平方千米，整治入湖河网水系95条，建设湿地533.33公顷，调整建设堤线及口门39座，建设环湖绿道42.7千米。2017年，东太湖综合整治后续工程启动，整治范围从湖中延伸到水岸和出入湖河道，提升东太湖水生态环境。工程预计2019年年底完工。

（厅史志年鉴工作领导小组办公室供稿）

重要文献篇

娄勤俭书记
关于全省自然资源工作的批示

自然资源系统围绕全省发展大局，以高度负责的精神做好资源节约集约利用和保护修复工作，以创新的举措保障重大项目建设、精准脱贫、苏北农村住房改善等重点任务，工作成效显著。向同志们致以诚挚的问候！要坚持以习近平新时代中国特色社会主义思想为指导，坚持服务发展和保护资源并重，全面履行所有者和管制修复职责，持续深化各项改革，不断提升服务保障水平，为推动江苏高质量发展走在前列再立新功！

2019 年 2 月 22 日

吴政隆省长
关于全省自然资源工作的批示

过去的一年，全省自然资源系统按照党中央、国务院和省委、省政府决策部署，严格保护自然资源，深入推进节约集约，全面服务保障重大项目建设，积极助推苏北农村居住条件改善，各项工作取得明显成效，为全省高质量发展实现良好开局作出了重要贡献。2019 年，要坚持以习近平新时代中国特色社会主义思想为指导，进一步深化自然资源领域改革，完善自然资源管理制度框架，优化国土空间开发格局，严格土地执法监管，着力防范化解重大风险，不断提升自然资源节约集约利用和保护水平，为推动高质量发展走在前列、加快建设“强富美高”新江苏提供有力保障。

2019 年 2 月 23 日

政府工作报告

——2019年1月14日在江苏省第十三届人民代表大会第二次会议上

省长 吴政隆

省长吴政隆作政府工作报告

各位代表：

现在，我代表江苏省人民政府向大会报告工作，请予审议，并请各位政协委员提出意见。

一、2018年工作回顾

2018年是全面贯彻党的十九大精神的开局之年。让我们倍受鼓舞的是，习近平总书记在党的十九大后第一次到地方视察就来到江苏，为我们指明了前进方向。我们坚持以习近平新时代中国特色社会主义思想为指导，深入贯彻党的十九大精神和习近平总书记对江苏工作的重要指示要求，全面落实党中央、国务院和省委决策部署，坚持稳中求进工作总基调，深入贯彻新发展理念，保持定力，坚定信心，攻坚克难，有效应对外部环境深刻变化带来的挑战和国内“三期叠加”带来的深刻影响，扎实推动“六个高质量”，深入推进“两聚一高”新实践，统筹做好改革发展稳定工作，全省高质量发展实现良好开局，“强富美高”新江苏建设迈出新步伐。

（一）经济发展稳中有进

加强对经济形势的分析研判，认真贯彻“六稳”要求，及时采取针对性措施，推动经济平稳健康发展。经济运行保持在合理区间和中高速增长。全省地区生产总值增长6.7%，总量达9.26万亿元。固定资产投资增长5.5%，其中，工业投资、工业技改投资、民间投资分别增长8%、10.7%、10.8%。228个省重大实施项目完成投资5300亿元。社会消费品零售总额增长8.2%，限额以上网上零售额增长25%。居民消费价格总水平上涨2.3%。经济结构持续优化。战略性新兴产业、高新技术产业产值分别增长8.8%、11%，占比提高至32%、43.8%；高技术制造业、装备制造业增加值分别增长11.1%和8%，高于规模以上工业6和2.9个百分点。大力推进化工钢铁煤电行业转型升级、优化空间布局，连云港盛虹炼化一体化项目开工建设，宝武梅钢基地等钢铁产能布局调整取得重要进展，关停落后煤电机组48.8万千瓦。出台推动民营经济高质量发展的意见，有力促进民营经济发展。质量效益进一步提升。实现一般公共预算收入8630亿元、增长5.6%，其中税收收入增长12%，税占比达84.2%、同比提高4.8个百分点；规模以上工业企业利润增长8.4%。预计单位地区生产总值能耗下降5.5%、单位地区生产总值二氧化碳排放量下降4.5%，煤炭消费总量比2016年减少1800万吨以上，资源利用效益明显提升。新增国家制造业单项冠军25个，新增中国工业大奖企业4家。

（二）“三大攻坚战”成效显著

认真落实中央部署要求，强化措施，动真碰硬，既“补好短板”又“加固底板”，年度攻坚任务全面完成。重点领域风险得到有效控制。制定出台关于防范化解地方政府隐性债务风险的实施意见，强化责任、综合施策，控降政府性债务工作有力有效推进。依法依规及时处置一批重大非法集资事件，积极清理整顿P2P网贷机构，实现涉案金额亿元以上、参与人数千人以上的新立涉嫌非法集资刑事案件数量“双下降”。污染防治力度持续加大。狠抓中央环保督察“回头看”反馈意见整改，大力推进沿江化工污染整治、饮用水水源地安全检查和达标建设等行动，坚决打好污染防治攻坚战。全省PM2.5平均浓度48微克/立方米；104个国考断面水质优Ⅲ类比例68.3%、劣Ⅴ类比例1%，化学需氧量、二氧化硫、氨氮、氮氧化物四项主要污染物排放量削减指标均完成国家下达的目标任务。长江、淮河等重点流域及近岸海域水质总体保持稳定，太湖治理连续11年实现“两个确保”。实施城市黑臭水体整治项目129个，完成农用地土壤污染状况详查，危险废物集中处置能力不断提升。实施农村人居环境整治三年行动，大力推进生活垃圾处理、生活污水处理、村容村貌提升和厕所革命，城乡人居环境持续改善，林木覆盖率达23.2%。精准脱贫成效明显。大力实施脱贫攻坚三年行动，对照“两不愁、三保障”和我省脱贫致富奔小康工程要求，聚焦重点片区、经济薄弱村和低收入群体，着力解决好因病因残因灾致贫返贫问题，67.5万建档立卡低收入人口增收脱贫，244个省定经济薄弱村实现达标，低收入人口占比下降到1%以下。

（三）新动能不断发展壮大

深入实施创新驱动战略，着力推动新旧动能加速转换。科技创新能力持续增强。召开全省科技创新工作会议，制定出台促进科技与产业深度融合的政策措施，全社会研发投入占比达2.64%（新口径），万人发明专利拥有量26.45件、增加3.95件，科技进步贡献率达63%。企业创新主体地位不断增强。加快培育具有自主知识产权和自主品牌的创新型领军企业、独角兽企业和瞪羚企业，新认定国家高新技术企业超过8000家。企业研发经费投入占主营业务收入比重提高至1.3%，大中型工业企业和规模以上高新技术企业研发机构建有率保持在90%左右，国家级企业研发机构达到145家，位居全国前列。关键核心技术攻关有力推进。把提高自主创新能力作为核心环节，聚焦产业升级需求，大力实施前瞻先导技术专项，集中力量加大对“卡脖子”“牵鼻子”关键技术攻关力度，组织开展关键核心技术攻关131项。进一步完善科技成果转化政策体系，实施重大科技成果转化124项。重大科技平台建设取得积极进展。未来网络、高效低碳燃气轮机两个国家大科学装置落户我省，网络通信与安全紫金山实验室启动建设，建设国家和省级重点实验室171个，国家级工程技术研究中心、国家重点实验室、国家级孵化器数量位居全国前列。新产业新业态新模式发展迅猛。城市轨道车辆、新能源汽车、3D打印设备、智能电视产量分别增长107.1%、139.9%、51.4%和36.4%；商务服务业、软件和信息技术服务业、互联网和相关服务业收入分别增长7.9%、13.7%和41.6%。“双创”工作再上新水平。高质量推进大众创业、万众创新，新增5家国家级专业化众创空间，新登记市场主体165.3万户，其中企业55.5万户，“双创”带动就业占城镇新增就业的50%以上。加快推动军民融合发展，建成1个国家级、9个省级军民结合产业示范基地。

（四）城乡区域发展协调性增强

推动城乡融合发展，实现区域优势互补，城乡区域协调发展水平进一步提升。乡村振兴战略深入实施。培育壮大优势特色产业，加强农业基础建设，开展品牌强农行动，农业产业结构不断优化，高效设施农业占比达19.6%，高标准农田占比达61%，农业综合机械化水平达84%，农业科技进步贡献率提高到68%，粮食总产量达732亿斤。扎实推进特色田园乡村建设，130多个村庄试点有序展开。“四好农村路”建设扎实推进，完成新改建道路4838公里、桥梁2874座。农村土地制度、集体产权制度、农村金融等各项改革向纵深推进，超过一半的行政村完成集体资产股份合作制改革。总结推广马庄经验，农村文化建设、农民精神面貌和乡村治理水平不断提升。区域一体化发展扎实推进。深入落实长江经济带“共抓大保护，不搞大开发”要求，制定出台推动我省长江经济带高质量发展走在前列的实施意见，统筹推进沿江产业结构调整、生态文明建设、交通枢纽建设和城市规划发展，沿江地区转型发展步伐加快。认真实施长三角一体化《三年行动计划》和《近期工作要点》，各项重点任务有力推进。深入实施“1+3”重点功能区战略，扬子江城市群、江淮生态经济区、沿海经济带、徐州淮海经济区中心城市建设扎实推进。切实加大对口支援合作和东西部扶贫协作力度，各项工作取得新成效。现代综合交通运输体系加快建设。沿江城市群城际铁路建设规划获国家批复，组建省铁路集团、东部机场集团，开工建设南沿江城际铁路、宁句城际轨道交通项目，加快推进连淮扬镇铁路、盐通高铁、连徐高铁、徐宿淮盐铁路建设，青连、连盐、宁启二期铁路建成通车。南京禄口机场T1航站楼改扩建工程顺利实施。连云港港30万吨级航道二期工程、苏州太仓港区四期工程建设进展顺利，长江南京以下12.5米深水航道二期工程提前建成试运行。

（五）改革开放向纵深推进

以改革开放40周年为新的起点，推动改革再出发、开放迈新步。供给侧结构性改革深入推进。全年压减钢铁产能80万吨、水泥产能210万吨、平板玻璃产能660万重量箱，关闭高耗能高污染及“散乱污”规模以上企业3600多家。大力推进化工企业“四个一批”专项行动，关停低端落后化工企业1200家以上。规模以上工业企业资产负债率下降0.2个百分点左右；多措并举为企业降低成本1200亿元以上；200个补短板重大项目完成年度投资3600亿元。“放管服”改革力度持续加大。90%以上的审批服务事项能够在网上办理，“3550”目标基本实现。全面推进“不见面审批（服务）”，开展基层政务公开标准化规范化试点，营商环境位居全国前列。省级政府机构改革顺利推进，事业单位分类改革有序展开，财税金融、国资国企、生态环境、社会事业等领域改革扎实开展，盐业体制改革、建筑业综合改革试点深入推进。对外开放迈出新的步伐。制定出台高质量推进“一带一路”交汇点建设的意见，着力打造连云港战略支点，中哈物流合作基地、上合组织（连云港）国际物流园建设高标准推进。实施国际综合交通体系拓展等“五大计划”，新增“一带一路”沿线对外投资项目230个、同比增长50%；对“一带一路”沿线国家出口增长9.6%以上（人民币计价），占比提升到24%以上。进出口增长9.6%（人民币计价），其中出口增长8.6%，实际使用外资255亿美元，同比增长1.6%。精心组织参与首届进口博览会，累计成交金额58.9亿美元，居全国第二位。积极复制推广国家自贸试验区改革政策，开发区转型发展、特色发展步伐加快，国家级开发区数量及绩效位居全国前列。国家高新区在全国率先实现设区市全覆盖。

（六）人民群众获得感幸福感安全感持续增强

坚持把人民群众对美好生活的向往作为奋斗目标，着力解决民生突出问题，不断提高人民群众获得感幸福感安全感。公共财政用于民生领域支出占比达75%，城乡居民人均可支配收入分别达到4.72万元和2.08万元，增长8.2%和8.8%。城镇新增就业153万人，扶持30.1万人成功创业，带动就业121.28万人，城镇登记失业率和调查失业率分别为2.97%和4.4%。全民医保体系进一步完善，医疗保险待遇稳步提升。统一城乡居民医保制度，包括17种抗癌药在内的309个药品纳入医保支付，异地就医直接结算对象和范围进一步扩大。开展“健康江苏”建设实践试点，深化公立医院和医疗服务价格改革，大力推行分级诊疗，新增医联体38个，89%的县（市、区）开展了远程医疗服务，县域就诊率接近90%，公共卫生服务项目增加至55项，65岁以上老年人健康管理率达到69%，居民健康水平位居全国前列。教育改革持续深化，学前教育资源供给不断增加，义务教育优质均衡发展加快推进，现代职业教育体系不断完善，高等教育事业得到加强，“双一流”和高水平大学建设取得新成效。全年新开工棚户区（危旧房）改造25.62万套，基本建成保障性住房24.24万套（户），发放租赁补贴2.29万户。启动并有力推进改善苏北地区农民群众住房条件。大力推进老旧小区环境综合整治，加快推进多层老旧住宅加装电梯等适老化改造，省级宜居示范区建设任务超额完成。大力发展文化事业与文化产业，成功举办紫金文化节、2018年戏曲百戏（昆山）盛典。认真落实大运河文化带建设国家战略，设立省级大运河文化发展基金，启动实施大运河国家文化公园江苏段建设。推出系列文化精品，打造江南文化、运河文化品牌。成功举办第19届省运会，促进群众体育和竞技体育、体育事业和体育产业协调发展，江苏健儿在第18届亚运会上取得优异成绩。开展重点行业领域专项治理和隐患排查整治，生产安全事故起数和死亡人数实现“双下降”。食品药品安全监管得到加强。大力开展扫黑除恶专项斗争，扎实开展社会矛盾纠纷大化解、大突破专项行动，推进网格化社会治理机制创新，群众安全感达97.6%。推进信访矛盾攻坚化解，加强信访法治化建设。覆盖全省城乡的公共法律服务体系基本建成，诚信江苏建设取得积极进展。老龄、妇女、青少年、残疾人、红十字、慈善、关心下一代等事业取得新成效，民族、宗教、外事、对台事务、港澳、侨务、参事、地方志等工作取得新进展。认真做好国防动员、双拥共建、优抚安置、人民防空等工作，军政军民关系更加密切。圆满承办国际和平日纪念、国家公祭等重大活动，充分彰显了江苏人民追求和平、共谋永续发展的美好愿望。

各位代表，一年来的成绩来之不易！这是以习近平同志为核心的党中央坚强领导的结果，是习近平新时代中国特色社会主义思想在江苏生动实践的结果，是省委直接领导、省人大和省政协监督支持、社会各界关心支持的结果，是全省人民团结拼搏、共同奋斗的结果。在此，我代表江苏省人民政府，向全省广大工人、农民、知识分子、干部和各界人士表示崇高敬意和衷心感谢！向各位人大代表、政协委员，向各民主党派、工商联、无党派人士和各人民团体表示衷心感谢！向驻苏人民解放军指战员、武警官兵、公安干警和消防救援队伍指战员，表示衷心感谢！向关心和支持江苏改革开放和现代化建设的香港特别行政区同胞、澳门特别行政区同胞、台湾同胞、海外侨胞和国际友人，表示衷心的感谢！

我们也清醒地看到，我省经济社会发展中还存在不少困难和问题。实体经济发展面临较大困难，经济下行压力有所加大；自主创新能力还不强，构建自主可控现代产业体系任重道远；资源环境约束趋紧，大气、水、土壤等污染防治形势依然严峻；部分领域风险隐患不容忽视，社会治理、保障和改善民生面临许多新情况新问题；政府职能转变还不够到位，依法行政能力和法治政府建设有待进一步加强，形式主义、官僚主义整治还需进一步加大力度。我们一定高度重视这些问题，采取有力有效措施，切实加以解决。

二、2019 年主要任务

2019 年是新中国成立 70 周年，也是决胜高水平全面建成小康社会的关键之年，机遇与挑战并存。做好今年工作，意义十分重大。当今世界正处于百年未有之大变局，我们要从长期大势正确认识当前形势，深刻认识我国正处于并将长期处于重要战略机遇期，深刻认识我国经济发展长期向好的基本面没有改变，深刻认识江苏坚实的产业基础、雄厚的科教实力、良好的发展态势，进一步保持战略定力，坚定发展信心。我们要辩证看待国际环境和国内条件的变化，既看到外部环境复杂严峻，经济下行压力加大，经济运行稳中有变、变中有忧，更看到变中有机、危中有机，善于变中寻机、化危为机。面对前进中的困难和挑战，我们要变压力为动力，倒逼自主创新、转型升级，自力更生、艰苦奋斗，推动高质量发展。要紧扣重要战略机遇期的新内涵，抓住用好加快经济结构优化升级、提升科技创新、深化改革开放、加快绿色发展、参与全球经济治理体系变革带来的新机遇，进一步增强工作的主动性预见性，千方百计破解经济发展中深层次问题，顺势而为，乘势而上，一步一个脚印把“强富美高”新江苏建设推向前进。

今年政府工作的总体要求是，坚持以习近平新时代中国特色社会主义思想为指导，全面贯彻党的十九大和十九届二中、三中全会精神，深入落实习近平总书记对江苏工作重要指示要求，统筹推进“五位一体”总体布局，协调推进“四个全面”战略布局，坚持稳中求进工作总基调，坚持新发展理念，坚持推动高质量发展，坚持以供给侧结构性改革为主线，坚持深化市场化改革、扩大高水平开放，认真落实“一带一路”建设、长江经济带发展、长三角区域一体化发展三大国家战略，统筹做好稳增长、促改革、调结构、惠民生、防风险、保稳定各项工作，进一步稳就业、稳金融、稳外贸、稳外资、稳投资、稳预期，保持经济持续健康发展和社会大局稳定，为高水平全面建成小康社会收官打下决定性基础，推动高质量发展走在前列，以优异成绩庆祝中华人民共和国成立 70 周年。

今年经济社会发展的主要预期目标是：地区生产总值增长 6.5% 以上，一般公共预算收入增长 4.5% 左右，全社会研发投入占比 2.65%（新口径），固定资产投资增长 6% 左右，高新技术产业投资、工业技改投资、工业投资分别增长 10%、9% 和 6.5% 以上，社会消费品零售总额增长 8.5%，外贸进出口和利用外资稳中提效，城镇新增就业 120 万人以上，城镇登记失业率、调查失业率分别控制在 4%、5% 以内，居民消费价格涨幅控制在 3% 左右，居民收入增长与经济增长同步，节能减排和大气、水环境质量确保完成国家下达的目标任务。确定这样的奋斗目标，综合考虑了国内外环境因素和高水平全面建成小康社会的目标要求，既坚持实事求是，也勇于担当作为，体现了江苏高质量发展走在前列的内在要求和为全国发展大局作贡献的责任担当。

完成今年主要目标，必须全面把握党中央提出的新形势下做好经济工作“五个必须”的规律性认识，深入贯彻中央经济工作会议和省委十三届五次全会精神，着力构建现代化经济体系，坚持以供给侧结构性改革为主线，推动经济发展质量变革、效率变革、动力变革，提高全要素生产率，加快构建实体经济、科技创新、现代金融、人力资源协同发展的自主可控现代产业体系；着力推动发展动能转换，深入实施创新驱动战略，大力推动科技与产业深度融合，让科技创新真正成为发展的第一动力；着力促进城乡区域协调发展，更高层次推动资源整合和要素互动，加快形成彰显优势、功能互补、协调联动的城乡区域发展体系；着力打好三大攻坚战，坚持目标导向和问题导向相统一，强化措施，决战决胜，为高水平全面建成小康社会补齐短板、筑牢底板；着力增强人民群众获得感幸福感安全感，多谋民生之利，多解民生之忧，让高质量发展成果更多更公平惠及全省人民，不断创造高品质生活。重点做好九个方面工作。

（一）努力保持经济平稳健康发展

坚持稳中求进工作总基调，“稳”是基础和前提。今年国家将继续实施积极的财政政策和稳健的货币政策，实施更大规模的减税降费，我们要认真落实，扎实做好“六稳”工作，充分发挥投资的关键作用、消费的基础作用，努力保持经济运行在合理区间。大力推进重大项目建设。切实抓好重大产业项目、重大基础设施项目、重要民生项目的推进实施，以重大项目建设促进有效投资的落实，着力补短板、调结构、惠民生、增后劲。大力推进一批产业层次高、带动能力强的主导产业项目，实施一批未来成长空间大的前沿产业项目，加快形成新的经济增长点。聚焦交通、水利、环保、能源、民生、城镇化、信息化等关键领域和薄弱环节，加快高铁、过江通道、高速公路、港口航道、机场等重大交通基础设施建设，加强节水供水等重大水利工程建设，提升信息网络、现代物流等新型基础设施支撑能力，加强污水处理、垃圾处理、生态环境监测监控等环保基础设施建设。积极培育新的消费热点。围绕推动高质量发展、创造高品质生活，加快完善消费政策，积极引导社会力量进入健康、养老、文化、旅游、体育、家政、幼教等领域，扩大电子商务服务领域，着力创建全域旅游示范区、旅游风情小镇，引导企业增品种、提品质、创品牌，更好满足居民消费升级需求。推进一批智慧商圈、高品位步行街建设和老字号传承创新发展，加强消费领域信用体系建设，让老百姓有地方消费、放心舒心地消费。大力发展民营经济。坚持“两个毫不动摇”，着力营造便捷高效、公平竞争、稳定透明的营商环境，积极构建亲清新型政商关系，制定实施更加精准的政策措施，切实解决民营企业反映强烈的突出问题，依法保护企业家人身和财产安全，大力弘扬企业家精神，推动民营经济不断发展壮大。

（二）坚定不移推动产业转型升级

以制造业为主体的实体经济始终是我省发展的根基所在，必须围绕建设制造强省目标，把推进制造业高质量发展摆在突出位置，推动产业加快迈向全球价值链的中高端。着力培育发展先进制造业集群。聚焦 13 个重点产业集群，对全产业链进行梳理，围绕产业链部署创新链，聚焦发挥龙头企业支撑引领作用、培育发展“专精特新”小巨人企业、着力突破“卡脖子”关键核心技术等重点环节，加强资金和政策整合，集中力量培育发展一批具有国际竞争优势、自主可控的万亿级产业集群，打造一批高端制造品牌。加快改造提升传统产业。充分发挥现有产业和企业的中坚作用，大力发展工业互联网，组织实施重点平台建设工程和“企业上云”计划，创建一批示范智能车间和智能工厂，培育一批智能制造系统集成服务商，实施一批技术改造项目，促进产业转型升级，实现“江苏制造”向“江苏智造”转变。推动化工钢铁煤电行业转型发展，按照提升空间布局水平、提升产业集聚水平、提升行业技术水平和降低排放强度的要求，加大对沿长江、环太湖、沿大运河等重点地区的产业布局调整，支持引导基础条件好、转型意愿强的企业率先调整、加快升级。大力发展现代服务业。深入实施生产性服务业“双百”工程和互联网平台经济“百千万”工程，提升生产性服务业要素集聚能力。积极引进跨国公司地区总部和功能性机构，加快发展现代物流、工业设计、金融服务等现代服务业，推动先进制造业与现代服务业深度融合。全面开展质量提升行动，大力弘扬工匠精神，深入推进国家标准化综合改革试点。

（三）加快培育壮大发展新动能

科教资源丰富、产业基础良好是我省厚实的“家底”和发展的优势，要把科教与产业结合好、科技成果转化好，着力突破关键核心技术，为高质量发展蓄势造能。深入实施创新驱动战略。全面落实全省科技创新工作会议精神和有关政策举措，充分激发全社会创新活力，高水平建设创新型省份。强化企业创新主体地位，鼓励企业联合高校、科研院所建设高水平企业技术中心和工程技术研究中心，支持企业培育和引进高层次、高技能、急需紧缺人才，加快培育一批高价值专利和高知名度品牌。深入推进苏南国家自主创新示范区建设，积极创建国家产业创新中心，着力培育高新技术企业，建好用好省产业技术研究院、省技术产权交易市场等创新平台，增强产业技术供给和转化能力。积极推进首台套重大装备保险试点，切实降低重大科技成果转化风险。主动承接国家重大科技项目，实施前沿引领技术基础研究、前瞻性产业技术创新专项和重大科技成果转化专项。加强知识产权强省建设，提升知识产权保护和运营服务水平。大力实施未来网络、高效低碳燃气轮机、纳米真空互联实验站等国家重大科技基础设施建设，着力突破关键核心技术，努力形成具有引领性的原创成果，在江苏科技创新“高原”上竖起更多“高峰”。加快发展新产业新业态新模式。密切跟踪国际产业发展新趋势，聚焦数字经济、物联网、集成电路、生物医药、人工智能、共享经济等领域，实施一批重点项目，推动战略性新兴产业发展。抓好大数据产业发展试点示范和创新应用，加快推进5G商用进程，加大物联网应用力度，培育一批独角兽企业，让新经济跑出加速度、尽快挑大梁。深入实施军民融合发展国家战略，实施一批带动力强的军民融合项目。科学利用海洋资源，大力发展海洋经济。高质量推进“双创”工作。健全“双创”服务体系，建设资源共享平台，拓展市场化专业化众创空间，建设一批“双创”示范基地，加强对创新型中小微企业的支持，让更多的小苗茁壮成长。完善聚才用才体制机制，进一步调动各类人才的积极性和创造力。加快培育创新文化，营造更加浓厚的创新氛围。

（四）大力实施乡村振兴战略

把实施乡村振兴战略作为新时代“三农”工作的总抓手，坚持农业农村优先发展，落实强农惠农富农政策措施，扎实推进乡村振兴十项工程。加快建设现代农业。深化农业供给侧结构性改革，持续增加优质绿色农产品供给，着力构建现代农业产业体系、生产体系、经营体系和科技支撑体系，推动农村一二三产业融合发展。调整优化农业产业结构和产品结构，加快培育优质稻麦、绿色蔬菜、规模畜禽等8个千亿元级优势特色产业。推进农业标准化生产、全程化监管，加快地理标志培育力度，创建一批市场知名度高的农产品品牌。深入实施藏粮于地、藏粮于技战略，推进耕地数量、质量、生态“三位一体”保护，加强高标准农田建设，提升农业综合机械化水平，推进农业科技创新和成果应用，增强农业、粮食综合生产能力和抗风险能力，开展政策性库存粮食数量和质量大清查。加快培育新型职业农民和家庭农场、农民合作社等新型经营主体，打造一批具有较强竞争力的农业企业集团。整体推进苏南地区轮作休耕，深入推进特色田园乡村建设试点。切实改善农村人居环境。扎实推进村容村貌提升、饮水安全、垃圾污水治理、厕所革命和农业废弃物资源化利用等重点工作，生活垃圾集中收运率提高至95%以上。继续抓好“四好农村路”建设，新改建农村公路3500公里、改造桥梁800座。推动水电气信等基础设施建设向农村延伸。深化殡葬改革，加强乡村公益性骨灰安放设施等殡葬服务设施建设，引导群众移风易俗。深入推进精准脱贫。认真落实打赢打好脱贫攻坚战三年行动实施意见，聚焦低收入人口、经济薄弱村和重点片区，强化到村到户到人的精准帮扶措施，完成60万左右建档立卡低收入人口脱贫任务，现有97个省定经济薄弱村全部实现达标，12个省级重点帮扶县（区）全部达到“摘帽”标准。

（五）扎实推进生态文明建设

良好的生态环境是高质量发展的重要内涵，也是高品质生活、高水平全面小康的内在要求，必须始终坚持生态优先、绿色发展，以打硬仗的决心、钉钉子的韧劲，持续打好污染防治攻坚战，突出抓好中央环保督察“回头看”反馈问题整改，促进生态环境质量持续改善。坚决打赢蓝天保卫战。全面加强主要污染源管控，实施机动车国六排放标准，基本完成钢铁企业超低排放改造、燃煤锅炉整治等重点任务，大力推动水泥、焦化等其他重点行业超低排放改造，加强施工工地管理，开展挥发性有机物等专项整治，PM2.5 平均浓度下降到 47 微克 / 立方米，空气质量优良天数比率上升至 70%。着力打好碧水保卫战。严格落实河长制、湖长制、断面长制，切实保护水资源、修复水生态。加大太湖流域综合治理，实现更高水平“两个确保”。加强近岸海域污染防治、饮用水水源地保护和黑臭水体整治，确保主要入江支流、入海河流消除劣Ⅴ类，国考断面水质优 III 类比例提高到 70%。扎实推进净土保卫战。加强土壤污染防治和污染地块风险管控，加快建立污染地块名录和开发利用负面清单，扩大典型污染土壤治理和修复试点，深入开展涉重企业排查整治，促进土壤资源永续利用。切实打好治理体系能力建设提升战。积极推进与生态环境部共建“生态环境治理体系和治理能力现代化”试点，扎实推进城乡垃圾、污水、固废、危废等处置能力建设。大力实施园区环境治理工程，着力提升污染物收集、污染物处置、能源清洁化利用、生态环境监测监控能力。依法严厉打击各类环境违法行为，充分发挥市场机制和经济杠杆作用，激发各类主体治污减排的内生动力。积极推进领导干部自然资源资产离任审计，促进领导干部认真履行生态环境保护责任。强化“共抓大保护、不搞大开发”的战略导向，把修复长江生态环境摆在压倒性位置，突出抓好城镇污水垃圾、化工污染、船舶码头和农业面源污染治理，加快两岸造林绿化和湿地生态修复，切实把母亲河的一江清水保护好。

（六）深入推进区域一体化发展

充分发挥“一带一路”建设、长江经济带发展和长三角区域一体化发展三大国家战略的叠加优势，紧紧抓住重大发展机遇，在落实国家战略中提升江苏竞争力，推动高质量发展走在前列。积极融入长三角区域一体化发展。主动与国家层面对接，加强谋划，做好规划，大力实施《三年行动计划》。认真落实《淮河生态经济带发展规划》，加快推动宁杭生态经济带发展，积极做好推进一体化的各项工作，努力在区域一体化发展中实现更高质量发展。扎实推进新型城镇化。按照“1+3”重点功能区规划，大力推进扬子江城市群建设，优化完善城镇体系建设，推动小城镇多元特色发展，积极构建大中小城市和小城镇协调发展的格局。提升南京省会城市功能和中心城市首位度，加快建设徐州淮海经济区中心城市，支持南通通州湾长江经济带战略支点建设。加快推进宁镇扬、苏锡常一体化发展，扎实推进苏南苏北共建园区建设。进一步提高城市规划建设管理水平，加快生态园林城市建设，加快老旧小区改造，推进地下综合管廊、海绵城市建设，扎实开展城市“双修”，加大城市地下空间规划和开发利用，以“绣花”功夫精细化管理，不断提升城市功能和品质，努力创造更加宜居的环境。加快构建现代综合交通运输体系。加快推进南沿江、连淮扬镇等铁路建设，全面建成徐宿淮盐铁路主体工程，力争开工建设宁淮、北沿江高铁和沪苏湖、通苏嘉铁路。开工建设常泰、龙潭过江通道，推进沪通铁路长江大桥、五峰山长江大桥、南京五桥等项目建设。进一步完善公路路网体系，着力打通省际“断头路”，积极推进连云港至宿迁高速公路等战略支撑性项目。加快建设连云港港 30 万吨级航道二期工程，抓好连云港民用机场迁建、无锡硕放机场改造等建设，推动南通新机场规划建设。加快推进大宗货物运输公转铁、公转水，调整优化运输结构。大力发展枢纽经济，以交通基础设施的互联互通促进区域更高质量一体化发展。扎实做好对口支援、东西部扶贫协作和对口合作工作。

（七）更大力度深化改革扩大开放

改革开放以来，江苏靠吃改革饭、走开放路走在了全国前列，新时代推动高质量发展走在全国前列，必须坚定不移走改革开放这条“必由之路”。持续深化供给侧结构性改革。认真落实“巩固、增强、提升、畅通”八字方针，巩固“三去一降一补”成果，增强微观主体活力，提升产业链水平，畅通国民经济循环。综合应用环保、能耗、质量、安全等相关标准，引导退出低端低效产能，依法依规退出落后产能，进一步压减钢铁、水泥、平板玻璃等重点行业过剩产能。加大“僵尸企业”破产清算和重整力度，妥善做好职工安置和债务处置工作。加强指导服务，坚决避免简单“一刀切”，创造条件帮助企业整改达标、提升水平。加大减税降负力度，落实国家和省降低企业成本各项政策，清理规范涉企收费，全年为实体经济企业降本1600亿元以上。深入推进重点领域改革。坚持市场化改革方向，持续推进“放管服”改革，加快破除制约微观主体活力释放的体制机制障碍。围绕全面实现“3550”改革目标，进一步简化审批环节、优化审批流程。持续深化“不见面审批（服务）”改革，推进“不再审批”企业投资项目承诺制试点。加强事中事后监管，大力推进“双随机、一公开”在市场监管领域全覆盖、常态化。加强信息资源整合共享，全面推进“互联网＋政务服务”。深化江阴市县级集成改革试点。加大农业农村改革力度，推进农村承包地“三权”分置、宅基地制度、集体产权制度等改革，完善城乡要素合理流动机制，吸引社会资本下乡投资。深化国资国企改革，加快实现国资监管由管企业为主转向管资本为主，推进国有企业混合所有制改革试点，推动国有企业做强做优做大，开展职业经理人试点。扎实抓好财税金融、投融资体制、科技、价格、自然资源、生态环境等重点领域改革。以“一带一路”交汇点建设统揽全省对外开放。扩大向东开放优势，做好向西开放文章，加强与沿线国家发展战略对接，大力推动江海联动、陆海统筹、空港直航，打造海上、陆上、空中、网上四位一体的国际大通道。着力打造连云港战略支点，加快中哈物流合作基地、上合组织（连云港）国际物流园建设，打造中国（连云港）丝绸之路国际物流博览会品牌，书写好新时代的“西游记”。坚持“走出去”“引进来”相结合，大力推进国际产能合作，着力建好中阿（联酋）、中柬、中埃等境外合作园区。落实准入前国民待遇加负面清单管理制度，推进贸易投资便利化，让外资开办企业更加便利、“准入大门”更加宽敞。坚持稳定数量与提高质量并重，把先进制造业和现代服务业作为引进外资的重点，紧盯世界500强企业和“隐形冠军”，大力引进“旗舰型”企业、“创新型”企业、行业“领头羊”和细分领域的“单打冠军”，进一步提升利用外资质量。发挥好苏州工业园区、南京江北新区的引领作用，扎实推进中以（常州）创新园、中韩（盐城）产业园、昆山深化两岸产业合作试验区、淮安台资集聚示范区、苏澳合作园区建设，加快各类开发园区转型升级，打造新一轮改革开放“试验田”。深化苏港澳、苏台合作。着力打造江苏发展大会、世界智能制造大会、世界物联网博览会、中国（泰州）国际医药博览会等重大开放平台。

（八）全面加强和创新社会治理

加强平安江苏、法治江苏建设，推动社会治理重心向基层下移，着力打造共建共治共享的社会治理格局。全力抓好安全稳定工作。牢固树立安全发展理念，以最严格的要求全面压紧压实安全生产责任，深入开展重点行业重点领域专项整治和隐患排查治理，努力保持安全生产形势持续稳定向好。全面提升应急管理水平，扎实开展防灾减灾救灾工作，着力提升自然灾害综合防治能力。切实保障社会公共安全。纵深推进扫黑除恶专项斗争，深化立体化、信息化、智能化社会治安防控体系建设，完善网格化社会治理机制，夯实长治久安根基。加大打击金融诈骗、网络诈骗和保健品诈骗活动力度。实施疫苗生产质量安全保障工程，加强疫苗生产、采购、储运、使用全流程监管，开展餐饮质量安全提升行动，狠抓食品药品安全工作，严谨标准，严格监管，严厉处罚，严肃问责，坚决守住公共安全底线。有效防范化解重大风险和社会矛盾。建立健全地方金融监管体系，突出抓好一批重大风险隐患防范化解，切实抓好金融、政府隐性债务等领域风险防控，防止经济领域矛盾向社会领域传导扩散，确保不发生区域性系统性风险。加强重大风险防控的制度建设和源头治理，健全矛盾风险多元化解、联动处置工作机制，落实领导干部接访下访、包案化解信访矛盾制度，建立信访积案常态化解机制，把矛盾化解在萌芽、问题解决在基层，切实维护好社会稳定。进一步扩大法律援助覆盖面。依法管理民族宗教事务。

全面支持深化国防和军队改革。深入开展全民国防教育，推动国防动员和后备力量建设创新发展。建立完善拥军优属政策制度，维护军人军属合法权益，让军人成为全社会尊崇的职业，进一步巩固和发展新型军政军民关系。

（九）持续保障和改善民生

始终坚持并自觉践行以人民为中心的发展思想，按照“坚守底线、突出重点、完善制度、引导预期”要求，切实在民生热点痛点难点上精准施策，在关键要害处靶向发力，让民生更好地顺应民心，努力交出一份人民满意的民生答卷。抓好就业这个民生之本。进一步完善稳就业、促创业、控失业的综合政策体系，抓好高校毕业生、退役军人、农民工等重点群体就业，落实好援企稳岗等政策措施，持续推进全民创业行动计划和职业技能提升行动计划，加大对灵活就业、新就业形态的支持力度，全力保障就业形势稳定。全面落实“富民33条”等政策举措，努力让老百姓“钱袋子”鼓起来。加强社会保障体系建设。加快推进养老保险制度改革，提升省级统筹水平。加快提升基本医疗保障市级统筹层次，完善统一的城乡居民大病保险制度和医疗救助制度，加大医疗保障待遇向重特大疾病困难患者的倾斜力度。加强医保基金监管，积极推进药品集中采购和医疗服务价格改革。实施物价上涨挂钩联动机制，落实城乡低保、临时救助、特困供养、抚恤优待等托底政策，有效保障困难群众基本生活。加强政府救助与慈善救助的衔接，积极构建多层次社会保障体系。办好人民满意的教育。坚持教育优先发展，加快教育现代化。实施新时代立德树人工程，培养德智体美劳全面发展的社会主义建设者和接班人。深化教育综合改革，推动学前教育公益普惠发展，扩大基础教育优质资源供给，确保中小学教师平均工资收入水平不低于当地公务员平均水平。加快“双一流”和高水平大学建设，推动高等教育内涵式发展。提高职业教育、特殊教育质量，完善终身教育体系，加大省属高校师范生培养力度，加快建设一支高素质专业化教师队伍。开展教育领域突出问题专项治理，严格规范办学行为，切实减轻中小学生过重课业负担。推进“健康江苏”建设。加强重大疾病防控，实施全民健康素养提升等十大行动，打造一批健康江苏示范点。推进紧密型医联体建设，提高家庭医生签约服务水平，加大全科医生培养力度。加强高水平医院建设，做优做强省会城市和重点功能区医疗中心，全面提升基层医疗卫生服务能力。大力发展“互联网+医疗健康”，依托实体医院建设50个以上互联网医院。强化中医药传承创新，大力发展中医药事业。加快发展居家和社区养老、机构养老、医养结合等多样化服务，促进老龄事业和产业协调发展。加大住房保障力度。落实好城市主体责任，因城施策，健全市场体系和保障体系，着力解决好城镇中低收入居民和新市民住房问题。推动文化繁荣发展。推进新时代文明实践中心和县级融媒体中心建设，统筹抓好文化惠民工程、文艺精品创作和文化产业发展，加强对文化遗产和档案资源的保护、传承和利用，积极推进记录江苏、智慧广电建设。大力推进大运河文化带江苏段建设和大运河国家文化公园建设试点，建好用好大运河文化旅游发展基金，办好首届大运河文化旅游博览会。深化全域旅游创建，推动文化和旅游融合发展。广泛开展全民阅读，推进“书香江苏”品牌建设。加快新时代体育强省建设，协调发展群众体育和竞技体育，推进教体融合，不断提高青少年体育素质。积极做好东京奥运会参赛备战工作。

各位代表，今年我们将围绕人民群众的所需所盼所想，进一步加大工作力度，整合多方资源，继续办好十项民生实事。一是提高医疗保障水平。基本公共卫生服务人均补助标准比上年提高10元。实现产前筛查、新生儿疾病筛查全覆盖。城乡居民基本医保人均补助标准提高到550元，困难人员大病保险起付标准降低50%、报销比例提高5—10个百分点。二是促进教育均衡发展。新建改扩建幼儿园300所、义务教育学校350所、普通高中30所。在全省中小学普遍建立课后服务制度。三是加大养老服务力度。新建150个街道老年人日间照料中心，新建护理型养老床位2.5万张，为140万居家养老老年人提供助餐、助浴、助洁等服务。为600

万65岁以上老年人免费提供一次基本健康体检服务。四是加强特殊群体关爱。新建200个农村留守儿童"关爱之家"、100个精神障碍康复社区服务点，完成1.5万户低收入残疾人家庭无障碍改造。建立家政服务企业及从业人员信用平台，为10万个家庭提供放心家政服务。五是完善城乡公共服务。新建4000个村（社区）综合性文化服务中心，改造升级100家农贸市场，新建1500家社区商业便利网点。新增高清数字电视家庭用户100万户，向30万经济薄弱地区农村低保户发放有线电视收视维护费补贴。镇村公交开通率提高到90%以上。六是大力推进厕所革命。新建改扩建城市公共厕所800座、旅游厕所1165座，新增农村公共厕所6000座，新增无害化卫生户厕15万座以上。七是加快城市公共设施建设。新增便民型公园绿地100个，完成老旧公园绿地改造提升30个，城市绿化覆盖率提高到40%。新建健身步道500公里、体育公园200个。八是推动老旧小区改造升级。完成老旧小区综合整治300个，加大推动既有多层住宅加装电梯等适老化改造力度，新增120个省级宜居示范居住区。新开工城镇棚户区改造22万套、基本建成11万套。九是深入整治黑臭水体。完成138条黑臭水体整治任务，实现13个设区市及太湖流域全部9个县城建成区基本消除黑臭水体。十是大力改善苏北农民住房条件。启动实施620个村改造任务，同步配建公共服务设施，三年改善30万户农民群众住房条件。

各位代表，新时代新使命对政府自身建设提出了更高要求。我们一定旗帜鲜明讲政治。坚持以习近平新时代中国特色社会主义思想武装头脑、指导实践、推动工作，树牢"四个意识"，坚定"四个自信"，严明政治纪律政治规矩，以实际行动实际成效忠诚践行"两个维护"，自觉在思想上政治上行动上同以习近平同志为核心的党中央保持高度一致。坚持把党对一切工作的领导贯彻到政府工作各领域各方面，确保中央大政方针和省委决策部署不折不扣落地见效。我们一定坚持依法行政。全面贯彻依法治国基本方略，切实加强法治政府建设，坚持法定职责必须为、法无授权不可为，尊法学法守法用法，把政府工作全面纳入法治轨道。加强对行政权力的制约和监督，自觉接受省人大及其常委会的法律监督和工作监督，自觉接受人民政协的民主监督，自觉接受司法监督、群众监督、舆论监督。完善政府立法机制，加强审计监督，强化政府内部层级监督，让权力在阳光下运行、让透明成为常态。进一步完善政府规章制度，深入推进政务公开，加强政府诚信建设，以政府诚信带动社会诚信。我们一定加强能力建设。切实增强本领恐慌感，按照锤炼"五个过硬"、增强"八个本领"的要求，深入推进学习型政府建设，加快练就担负起新时代新征程新使命的宽肩膀、铁肩膀，尤其是着力增强防控和化解各种重大风险能力，牢牢把握工作主动权。我们一定切实改进作风。不忘初心，牢记使命，把造福人民作为最大政绩，深入基层、深入一线，问政于民、问需于民，保持斗争精神，增强斗争本领，敢于担当、善于作为，撸起袖子加油干，尽心竭力解决好人民群众的操心事烦心事，以作风转变的实际成效和优异的工作业绩取信于民。我们一定坚持廉洁从政。坚决落实全面从严治党各项要求，一体推进不敢腐、不能腐、不想腐。持之以恒落实中央八项规定及其实施细则精神，严格执行省委《具体办法》，坚定不移纠"四风"、树新风，坚决克服形式主义、官僚主义。树立过紧日子思想，严格控制"三公"经费和一般性支出。坚持用制度管权管事管人，加强党风廉政教育，推进廉政文化建设，让铁规铁纪成为政府工作人员的自觉遵循，永葆为民务实清廉的政治本色。

各位代表！新时代是奋斗者的时代，幸福都是奋斗出来的。站在新的起点，面向美好未来，我们深感使命光荣、责任重大。让我们更加紧密地团结在以习近平同志为核心的党中央周围，坚持以习近平新时代中国特色社会主义思想为指导，在中共江苏省委坚强领导下，上下同心、迎难而上，真抓实干、埋头苦干，以奋斗姿态推动高质量发展走在前列、加快建设"强富美高"新江苏，以优异成绩庆祝中华人民共和国成立70周年！

优空间　护资源　促集约
奋力推动全省自然资源事业高质量发展
—— 刘聪同志在全省自然资源工作暨全面从严治党工作会议上的讲话

（2019 年 2 月 26 日）

同志们：

这次会议的主要任务是：深入学习贯彻习近平新时代中国特色社会主义思想、党的十九大和十九届二中三中全会精神；认真学习贯彻中央经济工作会议和省委十三届五次全会精神；全面落实全省“两会”和全国自然资源工作会议部署；总结 2018 年工作；明确当前和今后一个时期工作思路；部署 2019 年工作；动员全省自然资源系统优空间、护资源、促集约；奋力推动全省自然资源事业高质量发展。

会前，娄书记、吴省长专门对全省自然资源工作做出批示，充分肯定了过去一年全省系统取得的成绩，对下一步工作提出了明确要求，为我们指明了方向，是我们做好 2019 年工作的指引和遵循，希望全省自然资源系统认真学习领会、抓好贯彻落实。下面，我讲四个方面意见。

一、坚持系统思维、积极主动作为，2018 年全省自然资源服务保障高质量发展取得了显著成效

2018 年，全省自然资源系统以习近平新时代中国特色社会主义思想为指导，深入学习贯彻习近平生态文明思想、习近平总书记关于自然资源管理的重要论述和批示指示精神，坚决落实省委、省政府和自然资源部各项决策部署，坚持系统思维，积极主动作为，协调推进机构改革和业务工作，较好地完成了年度各项目标任务，为全省高质量发展提供了坚实的自然资源保障。

（一）对标生态环境高质量，自然资源保护开发机制进一步健全。深化耕地保护“责任 + 激励、行政 + 市场”机制建设，着力推进耕地数量、质量、生态“三位一体”保护。认真组织省级政府耕地保护责任目标考核工作，进一步强化永久基本农田特殊保护。建立以数量为基础、产能为核心的占补平衡新机制。积极推进土地综合整治，全省验收可用于占补平衡耕地 19.96 万亩。“大棚房”问题专项清理整治、违规建设殡葬设施排查整治等工作取得阶段性成效，自然资源管理秩序进一步向好。矿地融合战略深入推进，有效促进了地质矿产和土地资源在调查评价、规划、保护、利用、监测等方面的全方位协同、一体化发展。全省矿业权人勘查开采信息公示完成率达到 100%。印发实施全省矿山地质环境恢复和综合治理规划。严格管控围填海，停止审批新增围填海项目。加强海岸线保护与利用，推进岸线整治修复。加强海洋灾害预警保障服务，开展浒苔绿潮生态灾害防治。滩涂围垦开发相关调研报告获得省委主要领导批示肯定。组织开展全省第一次海洋经济调查。《江苏省海洋经济促进条例》立法工作加快推进。全省第三次水资源调查评价基本完成。徐州市采煤塌陷地治理等工作成效显著，荣获“联合国人居奖”。连云港市作为全省海洋经济调查验收试点城市，在全国率先通过验收。镇江市对存量违法用地整改实行宗数、面积双考核，成效明显。泰州市“五化同步”推进土地综合整治，新增耕地约6万亩，是往年平均水平的3倍。

（二）对标经济发展高质量，自然资源供给侧结构性改革不断深化。出台实施《关于全力服务促进高质量发展的实施意见》和《进一步降低企业发展成本服务保障实体经济高质量发展的指导意见》。建立省重大项目用地服务保障联动机制，全程跟办16个省领导挂钩的重大产业项目，全省重大基础设施、重大产业项目和重大民生工程用地应保尽保。全省共批准建设用地59.29万亩，同比增长12.44%；供应土地73.91万亩，同比增长20.81%。完成沿江、沿海城镇群特色资源保护和特色风貌塑造规划。编制环太湖地区绿色生态空间规划，获得国际城市与区域规划师学会年度“规划卓越奖”。出台《江苏省海洋主体功能区规划》。《江苏省测绘地理信息条例》颁布实施，测绘地理信息执法监管力度持续加大，“天地图·江苏”在国家年度测评中被评为“五星级”。地理信息产业创新发展，测绘地理信息质量提升行动卓有成效。苏州市局“多规合一”空间规划信息平台通过验收。

（三）对标改革开放高质量，自然资源改革创新深入推进。完成武进农村土地制度改革三项试点，形成了一批可复制、可推广、利修法的改革成果。武进区在全国率先完成全域132个行政村“多规合一”的村土地利用规划编制。我省作为全域开展耕地质量和耕地产能评价国家试点的2个省份之一，按时完成相关试点工作。矿产资源开发利用监管制度改革深入推进。获批自然资源部地质资料汇交与共享服务机制试点，我省成为首个以省域开展工程建设项目地质资料管理试点的省份。推动地质资料管理向市县延伸，在如皋建成全国首家县级地质资料馆。推进压覆重要矿产资源审批改革，积极扩展压矿区域评估范围，基本完成全省重要矿产资源不丰富地区以县（市、区）为单元的压矿调查。南京市土地二级市场试点通过自然资源部验收，明确交易规则、降低交易门槛等方面的经验做法得到充分肯定。

（四）对标城乡建设高质量，节约集约利用水平明显提升。大力推进城镇低效用地再开发，我省5个典型案例被自然资源部通报表扬。落实自然资源部建设用地“增存挂钩”机制要求，全省处置批而未供土地23.2万亩，处置闲置土地2.8万亩。存量用地供应比重较2017年底提升4.22个百分点。太仓市、海门市、东台市、泰兴市、沭阳县等5个县（市）因节约集约用地水平高、土地利用秩序规范、土地利用计划执行好，获国务院督查组激励，分别获得1000亩用地计划指标奖励。全省表扬激励了无锡、南京、徐州3个全省国土资源节约集约利用模范市和20个模范县（市、区）。认真落实省委、省政府关于加快改善苏北地区农民群众住房条件的决策部署，大力提供自然资源要素保障和政策支持。常州市部署开展“农村土地资源统筹配置示范点”培育行动。淮安市推进建设用地“双减量”试点，促进了建设用地产出持续提升。扬州市树立“亩产论英雄”的鲜明导向，推进单位建设用地税收收入同比增长10.8%。盐城市将“亩产指数”作为全市综合考核主要指标，倒逼节地水平和产出效益提升。

（五）对标人民生活高质量，自然资源民生建设迈上新的台阶。在国务院第五次大督查中，我省房产交易登记办理环节最少、时间最短、材料最简，列全国第一。省人大常委会全票通过《江苏省不动产登记条例》，是全国首个省（区）不动产登记地方性法规。在全国率先启用全省统一的不动产登记咨询电话“96510”。成功举办全省第一届不动产登记业务技能竞赛。积极开展不动产登记“不见面”试点。截至去年年底，全省不动产权证书颁发量居全国第一。省厅全年为相关单位提供不动产登记信息查询285万人次。完成2017年度土地变更调查。我省第三次国土调查推进力度和效果在全国保持领先。支持扶贫成效显著，全省流转增减挂钩节余指标8700亩，筹集资金82.65亿元；有偿调剂节余规划建设用地规模9000亩，筹集资金27亿元；补充耕地指标异地调剂3.17万亩，筹集资金105.72亿元。全力做好地质灾害应急防治工作，完成国家地下水监测工程监测站点建设。群众到部信访和省厅直接办理信访同比分别下降4%和12.6%，得到部省充分肯定，我厅连续两年被评为全省信访工作先进单位。无锡市出台全国首部地级市不动产登记法规。南通市在第二轮全省“不动产交易登记”环境评价中蝉联第一。宿迁市局先后出台服务脱贫攻坚、加快改善农民群众住房条件“双八条”意见。

（六）对标自身建设高质量，管理和服务效能不断提升。认真落实中央和省委、省政府机构改革工作部署，成立工作班子，制定工作方案，积极主动作为，精准精细、稳妥推进各项工作。当前，省市两级自然资源部门全部挂牌成立，县级机构改革正在加快推进。我厅在法治政府年度考核中位列省级机关第一名，连续三年被评为优秀等次。“四全”服务规范成为全国系统首份综合服务标准。大力支持江阴县级集成改革试点和国家东中西区域合作示范区建设，分别下放6项和2项省级审批事权，走在省级机关前列。全省系统基本建立与检察机关的联席会议机制，在行政公益诉讼入法后未发生一起诉讼案件。198件厅本级行政诉讼生效判决无一败诉。全年省级以上新闻媒体刊发我省自然资源工作报道数量，稳居全国系统前列。省厅连续六年获评全国“土地日”优秀组织奖。主动公开政府信息3598条，办理依申请公开事项908件。在全国自然资源系统率先形成了云环境支撑的信息化应用、服务、安全工作体系。“慧眼守土”监管系统、产业用地绩效评价系统等监测监管平台，为日常监管和决策提供了有效支撑。争取省级专项资金24.48亿元，资金使用效益进一步提升，有效保障了各项重点工作开展。创新开展任中经济责任审计，直属事业单位财务收支审计实现全覆盖。智库研究基地建设正式启动，南京农业大学、中国矿业大学研究基地揭牌。卫星应用技术中心获自然资源部批准建设。省厅荣获“国家级节约型公共机构示范单位”称号。离退休干部工作精细化水平进一步提升。厅各直属单位支撑保障省厅重点工作的职能作用得到充分发挥。

2018年，省林业局扎实推进林业高质量发展，全省新增成片造林53.4万亩，林木覆盖率增至23.2%，自然湿地保有量维持在4230万亩以上，保护率达到49.8%，林业总产值实现4600亿元。省地质矿产勘查局进一步加强市级地质灾害应急与地质环境保护技术中心建设，一批矿地融合重点项目取得明显成效；地矿经济规模与效益持续提升，到账经营收入同比增长23.34%。省有色金属华东地质勘查局经营产值、经营收入、净利润三项指标均创历史最好水平，分别同比增长17.3%、26.7%、64.8%；圆满完成省政府要求减少总体债务规模1/3的目标任务。

过去的一年，全省自然资源部门经历了整体性、重构性变革，在推进机构改革过程中，大家虽然来自不同单位，但都做到了讲政治、顾大局、守纪律，既以实际行动拥护改革、推进改革，又围绕全省高质量发展大局不等不靠、尽职尽责工作，做到了思想不散、工作不断、秩序不乱，实现了机构改革前后连续、稳定、转换和创新的统一。成绩来之不易。这是省委、省政府正确领导和自然资源部悉心指导的结果，是地方各级党委政府、省有关部门和社会各界充分理解、大力支持的结果，是全省系统广大干部职工上下一心、团结拼搏、共同奋斗的结果。在此，我代表省厅向全省系统广大干部职工和支持大家辛勤工作的家属们致以诚挚的问候！向一直以来给予有力指导的国家自然资源督察南京局，向长期关心支持自然资源工作的地方各级党委政府、省有关部门和社会各界表示衷心的感谢！

我们也清醒地认识到，我省自然资源事业发展还存在不少问题和不足。主要表现在：学习贯彻习近平新时代中国特色社会主义思想还不够深入，工作理念和方法与新时代新要求还有差距；思想观念需要进一步解放，走在前列的意识还不强，工作标准和要求还需要进一步提高；谋划推进自然资源工作的站位还不够高、视野还不够宽；自然资源政策法规体系和管理制度还需要加快完善；自然资源“放管服”改革有待深入推进；还有历史遗留问题需要加快处理，违法违规用地形势不容乐观；自然资源领域还存在工作风险需要进一步排查防控化解；机构改革后各方面还需要深度融合，能力不适应问题需要高度关注。这些问题我们必须高度重视，采取有力措施切实加以解决。

二、准确把握新形势新要求，认真履行新职责，全力服务保障全省高质量发展走在前列

自然资源部门是本轮机构改革新组建的部门，我们要坚持以习近平新时代中国特色社会主义思想为指导，树牢“四个意识”，坚定“四个自信”，坚决做到“两个维护”，认真贯彻落实中央关于自然资源工作的方针政策和省委、省政府、自然资源部部署安排，牢固树立系统思维和底线思维，以更高站位和更宽视野，认真履行新职责，全力服务促进高质量发展。

（一）认真贯彻习近平生态文明思想，坚持人与自然是生命共同体的理念，统筹山水林田湖草一体化生态保护和修复。习近平总书记指出，建设生态文明是中华民族永续发展的根本大计；生态环境没有替代品，用之不觉，失之难存；既要绿水青山，也要金山银山，绿水青山就是金山银山。习近平生态文明思想和习近平总书记关于自然资源管理的重要论述和批示指示，是我们做好新时代自然资源工作的根本遵循。陆昊部长在全国自然资源工作会议上，将自然资源部门学习贯彻习近平生态文明思想，归纳为“六个必须”。第一，必须坚持尊重自然、顺应自然、保护自然，持续推进生态文明建设这个关系中华民族永续发展的根本大计。第二，必须坚持节约优先、保护优先、自然恢复为主，加快形成节约资源的空间格局、产业结构、生产方式、生活方式。第三，必须坚持源头严防、过程严管、后果严惩，用最严格制度最严密法治保护资源。第四，必须坚持整体保护、系统修复、综合治理，统筹山水林田湖草一体化生态保护和修复。第五，必须坚持问题导向、底线思维，用改革的办法破解自然资源事业发展中面临的矛盾和难题。第六，必须准确把握我国发展的重要战略机遇新内涵，在推动经济社会持续健康发展上主动作为。以上这“六个必须”，体现了习近平生态文明思想的要旨和精髓，我们要全面深入贯彻落实，将其融入到自然资源工作的方方面面和各个环节，引领全省自然资源事业沿着正确的方向前进。

（二）围绕国家、省重大发展战略，坚持服务保障全省高质量发展大局，充分发挥自然资源的基础性、支撑性保障作用。长江经济带、长三角一体化发展、乡村振兴、“1+3”重点功能区等战略，是中央和省委、省政府重点推进的重大战略，其中很多部署与自然资源管理密切相关，需要我们进一步提高政治站位，从高质量发展大局出发，全力做好服务保障工作。当前我省正处于新旧动能转换、爬坡过坎转型的重大关口，面对内外形势的复杂变化，面对我省长期发展中积累的深层次矛盾，省委省政府坚持稳中求进，作出了一系列推进高质量发展的重大决策部署，全省经济运行保持了总体平稳、稳中有进的态势，但经济下行压力有所加大，实体经济发展面临较大困难，资源环境约束趋紧，部分领域风险隐患不容忽视。娄勤俭书记在省委十三届五次全会上要求，全省上下要以稳中有进、稳中有新、稳中有为的新成绩，推动高质量发展走在前列。要加快土地等要素市场化步伐，建立公平开放透明的市场规则和法治化营商环境；强化房子是用来住的、不是用来炒的定位，稳定房地产市场；巩固提升粮食生产能力，推动藏粮于地、藏粮于技落实落地。吴政隆省长在政府工作报告中对大力推进重大项目建设、科学利用海洋资源、大力发展海洋经济、推进耕地“三位一体”保护、加强高标准农田建设、推进净土保卫战、农村土地制度改革等工作提出了明确要求。在去年10月23日宣布省厅领导班子时，费高云副省长对做好自然资源工作提出了科学规划、整体谋划、摸清家底、守住底线的要求，并强调要通过扎扎实实工作，管好用好自然资源这个宝贵的财富，让人民群众感受到新机构带来的新变化、新成效。我们要紧紧围绕国家、省重大发展战略，对标省委、省政府部署要求，找准自然资源工作在全省高质量发展大局中的职责定位，准确把握当前自然资源工作的重中之重。一是以更高的站位和视野推进自然资源保护。保护是自然资源部门的首要任务，必须持之以恒、一以贯之坚持下去。过去，我们更多强调的是耕地、矿山地质环境的保护，这已经不能适应新时代生态文明建设的要求。新时代要切实将山水林田湖草作为一个生命共同体，从地球生态系统的高度，以确保粮食安全、生态安全和社会稳定的站位，进一步强化责任意识、红线意识，增强制度刚性，坚决把保护的职能发挥好。前段时间发生的“住宅式”墓地问题，还有全国正在清理整治的“大棚房”问题，都触及“农地姓农”的底线，党中央、国务院和省委、省政府高度重视，我们一定要提高站位，举一反三，坚决守住耕地、永久基本农田红线和生态保护红线。二是在全国全省高质量发展大局中谋划建立国土空间规划体系。在宏观层面，有多项国家和省级发展战略；在中观层面，有促进大中小城市和小城镇协调发展的城镇体系规划和布局；在微观层面，有城市开发边界划定、空间布局优化等。我们在国土空间规划体系建设过程中，只有把微观层面的具体事务，放到宏观和中观层面上来考量和把握，在全球、全国、全省发展大局中去谋划，才能编制出具有科学性、针对性、可操作的规划，才能更好地引领促进高质量发展。三是更好地履行科学开发利用自然资源的责任。保持经济社会持续健康发展和社会大局稳定是中央和省委、省政府提出的明确要求。我们必须在“稳”字上持续发力，脚踏实地，担当作为，在用地用矿用海保障等方面出台更多务实、管用、长效的举措，全力服务促进全省高质量发展。四是在保障民生方面实现新的更大作为。随着经济社会发展，人民群众对自然资源工作的关注度越来越大，期望值越来越高。我们必须自觉践行以人民为中心的发展思想，把民之所望作为政之所向，把民之所需作为政之所为，努力做到自然资源权益维护更加有力。比如，在实施乡村振兴战略方面，我们要发挥好自然资源基础和支撑作用，做好村庄规划、推进综合整治、加强政策支持、积极推进改革，全力推动一二三产业融合发展和美丽宜居乡村建设。在征地补偿和被征地农民社会保障方面，要督促落实我省出台的一系列政策文件，尽心尽力维护群众合法权益；在不动产登记方面，要巩固和提升工作成果，在高平台上实现新的跨越；在脱贫攻坚方面，要不断深化和完善既有的支持措施，用足用好自然资源政策，全力支持苏北地区农民群众住房条件改善和打赢打好脱贫攻坚战；在地质灾害防治和海洋预报减灾方面，要向精细化方向推进，切实维护人民群众生命财产安全。五是在主动调控和风险防范上下更大功夫。关于调控职能的发挥，我们以往被动调控多，主动调控还有很大空间。比如，在重大的经济决策中，土地往往是“保障”“服务”和“配合”，重大项目往往是先定计划、再筹资金、最后是用地保障。从这个意义上说，土地政策参与宏观调控是被动的、不到位的。下一步，我们要科学制定自然资源开发利用政策，科学合理调控资源的总量、结构和布局，进一步提高自然资源参与调控经济社会发展的科学性、针对性和有效性。中央和省委、省政府高度重视各领域重大风险防范化解工作。近期我们在全省系统专题开展了重大风险排查工作，初步排查出违法违规用地、违规以地融资等十个方面的风险点。各地要认真学习贯彻落实习近平总书记关于防范化解重大风险的重要讲话精神和省委、省政府决策部署，突出问题导向，进一步查细查实本系统存在的重大风险，认真分析研判，建立健全风险防控制度机制，重点要做好违法违规用地、土地征收、以地融资、地质和海洋灾害等重点领域风险防范和化解工作。

（三）全面落实自然资源工作新任务、新要求，坚持围绕“两统一”核心职责更好地发挥职能作用。党的十九大和十九届三中全会召开后，国家和省对自然资源管理体制改革和有关工作提出很多新的要求。机构改革以后，自然资源部门责任更大了、要求更严了、担子更重了。1月17日召开的全国自然资源工作会议强调，要坚持稳中求进总基调，贯彻新发展理念，推动高质量发展，把党中央国务院重大决策部署贯彻到自然资源各项工作中，围绕“统一行使全民所有自然资源资产所有者职责、统一行使所有国土空间用途管制和生态保护修复职责”，完善自然资源管理制度框架，推动自然资源领域重大改革，摸清自然资源基本状况，强化自然资源领域重大科技创新和技术支撑，实现自然资源系统深度融合。为更好地落实新职责、新要求，我们结合全省实际，明确了优空间、护资源、促集约的工作主线。优空间，主要指构建国土空间规划体系，将主体功能区规划、土地利用总体规划、城乡规划等空间规划融合为统一的国土空间规划，科学优化布局“三生”空间，推动生产空间集约高效、生活空间宜居适度、生态空间山清水秀，形成安全和谐、富有竞争力和可持续发展的全省国土空间格局。护资源，主要指守护生态保护红线、永久基本农田、城镇开发边界等控制线，保护耕地、矿产、海域海岛、林草等各类自然资源，呵护山水林田湖草自然生态系统，维护全民自然资源资产所有者权益和人民群众资源权益。促集约，主要指落实节约资源和保护环境的基本国策，统筹推进各类自然资源科学合理开发和节约集约利用，严控增量、盘活存量、优化结构、提升效率，减少资源开发利用的生态损害，推动资源利用方式根本转变，促进高质量发展。

三、坚持稳中求进总基调，扎实推进2019年工作，推动全省自然资源事业高质量发展

2019年是新中国成立70周年，是决胜高水平全面建成小康社会的关键之年，也是全省系统全面履行自然资源管理职责的第一年。全省系统要坚持以习近平新时代中国特色社会主义思想为指导，认真学习贯彻习近平生态文明思想，全面贯彻落实党的十九大和十九届二中、三中全会精神以及中央经济工作会议精神，认真落实省委十三届五次全会、省“两会”和全国自然资源工作会议精神，坚持系统思维、底线思维，以“优空间、护资源、促集约”为工作主线，围绕“两统一”核心职责，深化自然资源领域重大改革，建立并完善自然资源管理制度框架体系，以奋斗姿态推动全省自然资源事业高质量发展。

（一）大力推进自然资源调查评价和确权登记。最大程度发挥调查评价和确权登记作用，既充分满足自然资源行政管理的需求，又广泛应用于经济社会发展的各个领域。一是加快推进第三次国土调查。“三调”是一项重要的国情国力调查，时间紧、任务重，各地要认真贯彻落实陆昊部长2月22日讲话精神和部、省部署安排，按照“真实、真实、再真实”的要求，实干90天，打好攻坚战，确保按时完成任务。各地要牢牢把握住“345”三个时间节点，3月底前完成县级调查任务，4月底前完成市级复核任务，5月底前省级成果提交国家检查验收。按照国家要求，2018年度土地变更调查要坚决杜绝“大棚房”等非农建设用地以设施农用地、临时用地名义变更，切实做到农地农用。各地要坚持从严要求，实事求是变更，确保成果质量。二是不断加强地质调查。强化沿海地区综合地质调查项目成果转化应用，认真组织实施连云港地下能源储备库精确选址研究工作。积极推进苏南现代化建设示范区综合地质调查工作。深入推进宿迁、南通、常州、连云港、淮安、扬州城市地质调查工作，开展无锡、盐城城市地质调查前期调研论证工作，不断拓展城市地质工作内涵。三是高质量推进测绘地理信息工作。加快推进新型基础测绘体系建设，深入推进地理国情多级联动监测，不断完善应急测绘能力建设。持续推进“天地图”、“智慧江苏”和智慧城市时空信息云平台建设。完善互联网地图监管系统，巩固“问题地图”专项整治成果。启动“十四五”基础测绘规划编制工作。引导和促进地理信息产业高质量发展，让地理信息成果通过分享经济和信息消费惠及社会大众，服务百姓生活。四是有序开展自然资源确权登记。按要求分阶段推进自然保护区、自然公园等自然保护地的自然资源统一确权登记，同时对大江大河大湖、重要湿地、重点林区等具有完整生态功能的全民所有单项自然资源开展统一确权登记。

（二）大力推进国土空间开发保护格局优化。坚持生态优先、绿色发展，构建国土空间规划体系，着力把每一寸国土空间都规划得清清楚楚。一是分级编制国土空间规划。认真落实《关于建立国土空间规划体系并监督实施的若干意见》，按照人口资源环境相均衡、经济社会生态效益相统一的原则和主体功能定位，科学编制省级国土空间规划，全面启动市县国土空间规划编制工作。按要求完成国家规定的2019年底前完成省级规划编制、2020年底前完成市县规划编制的任务。结合苏北地区农民群众住房条件改善等工作，抓紧优化镇村布局规划，因地制宜开展乡镇国土空间规划、村庄规划编制。配合做好长江经济带国土空间规划编制工作。启动海岸带综合保护利用规划编制。按照权威、科学、可执行的原则，在国土空间规划编制中统筹优化生态保护红线、永久基本农田、城镇开发边界三条控制线。坚持时间服从质量，对目前工作进行评估，科学解决生态保护红线与各类国土空间交叉冲突问题。二是积极探索规划实施监督管理机制。探索建立与我省国土空间规划体系相适应的用途管制政策、运行和监管体系。依托国土空间基础信息平台，统一技术标准和入库标准，整合现有数据，形成国土空间规划"一张图"。建立国土空间规划动态监测评估预警和实施监管机制，建立国土空间规划定期评估制度和动态调整完善机制。目前，张家港、仪征作为自然资源部长江经济带国土空间用途管制和纠错机制试点地区，要抓紧开展相关工作。三是严格过渡期规划实施管理。过渡期内，本轮土地利用总体规划确定的约束性指标必须有效管控，要继续实施台账式管理，严格建设用地总量控制和规划空间管控，规范规划修改和布局调整的审查工作。要继续做好城市总体规划修改的指导和审查，积极做好省级重大项目规划选址和各类园区设立审查等。

（三）大力推进国土空间生态保护修复。坚持尊重自然、顺应自然、保护自然，推进山水林田湖草等自然资源整体保护、系统修复和综合治理，让人与自然和谐共生。一是严守耕地保护红线，特殊保护永久基本农田。认真落实耕地保护责任，继续开展耕地保护补偿激励工作。做好2019年度全省补充耕地指标跨市域易地调剂工作，探索落实国家统筹的政策研究，适时修订我省补充耕地指标交易办法。强化补充耕地项目的监管，出台我省新增耕地数量、水田面积、粮食产能的认定办法。出台加强和改进永久基本农田保护的政策措施，规范组织开展永久基本农田占用补划的省级论证，推进永久基本农田储备区建设。严格农业设施用地管理，满足合理需求。二是严格土地执法监管，坚决管住土地用途和性质。深刻汲取秦岭事件教训，认真做好、按时完成省级以上风景名胜区内违建"别墅"清理排查、"大棚房"问题专项清理整治和违规建设殡葬设施清理整治工作任务，扎实推进自然保护地违法违规项目整治。提请省政府尽快印发进一步严格土地执法监管严禁新增违法用地的通知，坚决对新增违法用地"零容忍"，严厉惩处新增违法用地行为，依法依规处置历史违法用地。进一步加大对违法行为实时监督和同步监督工作力度，突出对违法重点区域、重点案件、重点问题的重点惩治，从严从实从细推进执法监管工作责任落实，推进执法监管工作常态化、立体化、制度化，切实维护全省土地管理的良好秩序。加强自然资源执法队伍建设，全面提升执法能力和水平。三是严格管控围填海，加强用海项目监管。认真贯彻落实国务院关于加强滨海湿地保护严格管控围填海的要求，妥善处置合法合规围填海项目，依法处置违法违规围填海项目，加快处理围填海历史遗留问题。进一步健全围填海监管体系，加强用海项目事中事后监管力度。加大疑点疑区监测核查力度，建立"早发现、早制止、严查处"的监管工作机制。四是扎实推进国土空间生态保护修复。要认真贯彻落实自然资源部关于加强国土空间生态保护修复工作的部署要求，整体统筹推进我省相关工作。积极争取将我省的重大生态修复工程列入全国重要生态保护系统和修复重大工程规划。适时启动全省国土空间生态修复总体规划和相关专题规划的编制工作。加强长江沿岸、环太湖流域、京杭大运河两岸等重点区域综合治理，支持苏北地区围绕农民群众住房条件改善开展乡村全域土地综合整治。加强矿山地质环境保护和治理，严格落实地方政府矿山地质环境监管和历史遗留矿山地质环境问题治理的主体责任，以自然保护区、重要景观区、居民集中生活区的周边和重要交通干线、河流湖泊直观可视范围“三区两线”等为重点，开展重点区域矿山地质环境治理工程。加大海岸线整治修复力度，建立海岸线利用统筹协调机制和管控机制。省林业局要负责组织好林业和湿地生态保护修复工作，力争全省林木覆盖率再增0.4个百分点，自然湿地保护率提高到50%以上。全面开展长江两岸造林绿化行动，创建不同模式造林示范片段。深入推进太湖流域和长江沿江湿地保护与修复工程。

（四）大力推进自然资源节约集约利用。落实节约优先战略，健全自然资源节约集约利用制度，着力提高利用效率和效益。一是深化自然资源供给侧结构性改革。认真落实省厅进一步降低企业发展成本等政策措施，不断优化用地用矿用海服务，全力促进高质量发展。切实做好重大项目用地计划保障，省留“计划池”重点保障省政府确定的年度重大投资项目，向重大基础设施、先进制造业、战略性新兴产业、现代服务业倾斜，重点支持铁路、机场和过江通道建设等补短板用地。围绕新职能新要求，进一步做好省委高质量考核有关工作，做好全国节约集约模范县（市）创建和全省节约集约综合考评工作，使考核结果更为科学合理，切实发挥先进典型的示范引领作用。二是健全和强化节约集约用地机制。深入落实自然资源部“增存挂钩”工作部署，更大力度推进批而未供、闲置土地处置和低效用地再开发，努力实现2019年内全省单位GDP建设用地使用面积同比下降5.5%。进一步加强土地供应和开发利用监管工作。强化节约集约用地考核评价，持续部署开展多层次的土地节约集约利用评价，稳步推进2018年度全省工业企业用地调查和大数据分析。完善开发区土地集约利用评价制度和体系建设，严格开发区用地审查。全面总结武进区农村土地制度改革试点工作经验成效，研究制定可复制、可推广的政策措施，发挥改革试点工作在落实乡村振兴战略和脱贫攻坚中的示范、突破和带动作用。在相关法律修改后，根据部署全面推开农村土地征收制度改革和农村集体经营性建设用地入市改革，加快建立城乡统一的建设用地市场。三是推进矿产资源全面节约和高效利用。出台矿业权人勘查开采信息公示规范性文件，进一步提高矿业权人自律意识，提高监管效能。大力研发推广应用先进适用技术，发挥标准规范强制和引领作用。探索建立矿产资源开发利用水平调查评价制度。做好矿产资源国情调查前期工作。全面推进绿色矿山建设，实现部省发证固体矿山建设全覆盖。扎实做好我省地质资料管理试点工作，修订《江苏省地质资料管理办法》，不断提高我省地质资料共享与服务能力。全面推进压矿区域性调查评估，扩大区域压矿调查评估范围，加强压矿审批权力下放后的监管。四是坚持节约集约用海。科学确定海洋开发规模、方式和时序，优先安排鼓励类产业、战略性新兴产业和社会公益项目用海，争取出台《江苏省项目用海控制指标》，合理控制各类建设用海规模。

（五）大力推进自然资源权益维护。坚持以人民为中心的发展思想，把落实共享发展理念、保障和改善民生作为自然资源工作的出发点和立足点。一是聚力服务保障脱贫攻坚。中央和省委省政府对2020年脱贫攻坚的目标已有明确规定，要求坚决打赢打好脱贫攻坚战。我们要深入推进省厅扶贫26条、富民20条政策措施落地，着力在土地利用总体规划引导、土地计划指标倾斜、土地综合整治项目及资金安排、增减挂钩节余指标流转和补充耕地指标调剂等方面不断创新工作举措，充分发挥自然资源政策杠杆效应，全力服务保障全省脱贫攻坚。要稳妥有序推进全省城乡建设用地增减挂钩和工矿废弃地复垦利用，统筹做好节余指标跨省调剂和省内流转工作，确保完成国家下达的调剂任务。二是持续提升不动产登记工作水平。要优化业务流程，有序压缩办结时限，全省基本实现一般不动产登记3个工作日内办结。加快“互联网+”不动产登记，推广“商品房交易登记”等业务全程不见面做法。全省不动产登记主要办事大厅全部实现水、电、气、网络、有线电视过户等业务联动办理。巩固“全国百佳窗口”创建成果，提升省级示范窗口候选单位服务水平，持续打造全省不动产登记业务技能竞赛品牌。全面建成省级不动产登记信息管理基础平台，巩固并加强“三级联动、共享查询”功能。完成一半以上的农村不动产权籍调查工作任务。深化新沂三维不动产电子证照试点工作，力争全国领先。推进国有农场、林场房地一体化的不动产登记。三是依法依规维护群众合法权益。深入落实省厅《关于进一步加强行政应诉工作的意见》《行政复议和行政应诉工作暂行办法》，以权益维护为导向不断完善案件办理机制，以强有力的层级监督倒逼依法行政。加强与审判机关、复议机关的互动，以案件研讨为手段，妥善解决自然资源行政争议案件办理中的重大疑难问题。坚持省厅总抓、市县落实，协同解决系统重大行政公益诉讼案件。扎实推进信访法治化、规范化、信息化和网格化建设，积极推广普及以“落实五责、畅通五路、调控五量”为主要内容的“三五工作”试点成果。四是维护全民所有自然资源资产所有者权益。落实土地、矿产、海域海岛等有偿使用制度，提高自然资源要素市场化配置效率。进一步加强房地产市场和土地市场监测与调控，合理安排土地供应数量和节奏，采取措施引导市场合理预期。加强土地储备机构业务监管，配合相关部门防控债务风险。统筹地上地下一体化开发和复合利用。制定符合我省实际的政策措施，全面推进矿业权出让改革创新。五是抓好地质和海洋灾害防治。继续推进地质灾害详细调查，系统查明各类隐患。强化隐患汛前排查、汛中巡查、汛后复查，加强汛期和恶劣天气条件下的地质灾害防范。建设重要隐患点专业监测示范工程，进一步完善全覆盖的群测群防监测网络，加大对危害性大、隐蔽性强的隐患点的综合治理力度。加强海洋灾害预警监测，认真做好观测站点的评估和运维工作，扎实做好海洋预报服务，积极推进海洋灾害风险评估和区划，修订风暴潮、海浪、海啸灾害应急预案，广泛开展海洋防灾减灾宣传，做好海洋生态灾害监测和处置。

在这里，再强调两项专项工作。一是矿地融合。组织实施好试点项目，规范项目运作，加强督促检查，确保财政资金安全高效运行，取得实效。适时召开现场推进会，及时总结推广经验，力争取得工作新突破。完善相关激励政策，加强制度创新，逐步探索形成具有江苏特色的矿地融合工作新机制和制度体系。在支撑国土空间用途管制等方面持续深化矿地融合内涵，更好地促进自然资源整体保护、系统修复、综合治理，不断探索将“矿地融合”拓展到“自然资源融合”。二是陆海统筹。推进海洋经济高质量发展，支持连云港市、盐城市建设国家海洋经济发展示范区和南通市建设国家海洋经济创新发展示范城市。完成第一次全国海洋经济调查，推进调查成果集成和应用。强化海洋经济运行监测评估工作，定期发布统计公报和发展报告。支持金融机构为涉海企业提供多元化金融服务。加快已围滩涂项目开发利用，推动省级滩涂综合开发试验区认定工作。

四、切实增强责任意识和担当意识，以奋斗姿态推动各项重点工作落地见效

为推动全省自然资源事业高质量发展，今年全省系统将实施“三项工程”，建设“四大体系”，齐心协力抓落实、创先争优争一流，以更加优良的作风和更加奋发的状态履行职责使命，确保完成全年各项目标任务。

（一）实施“三项工程”

1. 融合工程。当前，全省系统一项重要的任务就是把各方面的资源和力量凝聚起来，实现“队伍 1+1=1、效能 1+1 ＞ 2”的效果。一是机构融合。大力推进省、市、县、乡四级自然资源部门的融合，推进机关与直属单位之间的融合，推进省厅和省地质矿产勘查局、省有色金属华东地质勘查局、省林业局的融合，形成全省系统服务高质量发展的强大合力。二是队伍融合。我们的干部队伍来自多个部门，进了一扇门就是一家人，要牢固树立“一盘棋”的意识，自觉加强团结，精心呵护团结，深度实现人合、心合、力合。三是业务融合。土地、地质矿产、规划、海洋、林业、测绘地理信息等自然资源工作，如同一朵花上的花瓣，瓣瓣不同，却瓣瓣同心。全省系统要大力推进自然资源各项业务特别是业务标准的融合，紧紧围绕“两统一”核心职责，齐心协力谱写自然资源事业新篇章。四是新老融合。落实新要求与处理历史遗留问题要有机融合。落实新要求，必须旗帜鲜明、不折不扣；处理历史遗留问题也要有历史责任感，充分考虑历史背景、历史条件，坚持实事求是，对历史负责，不能“新官不理旧账”，不能“一推了之”。五是文化融合。大力推进自然资源文化建设，创建具有时代精神和行业特色的自然资源文化，推动全省系统“貌合神聚”，为自然资源事业高质量发展提供坚强的思想保证、强大的精神力量、丰润的道德滋养。

2. 标杆工程。省委、省政府和全省上下对新组建的自然资源部门高度重视、寄予厚望，全省系统要坚持目标导向和效果导向，更大力度推进思想解放，树立强烈的争先意识，以一流的工作成绩服务保障全省高质量发展。一是在全国系统做标杆。全省系统要进一步强化走在前列的使命担当，勇于“当先锋”“打头阵”，着力推进国土空间规划体系构建、自然资源保护修复、用地用矿用海保障、不动产登记、林业、测绘地理信息等工作走在全国系统前列。已走在全国前列的，要拿到国际上去拼一拼，不断提升目标，追求卓越和一流。二是在省级机关部门创标杆。要将全省自然资源事业放在全省高质量发展大局中进行全面考量，把推动高质量发展作为破解发展难题、构筑发展优势的关键之举，精准发力、驰而不息，着力推进政治建设、思想建设、组织建设、作风建设、纪律建设等工作走在省级机关前列。各地也要在本地区机关部门中争当标杆。三是在全省系统内部树标杆。标杆是旗帜，代表着方向；标杆是表率，凝聚着力量。我们要在全省系统大力培养和选树更多榜样人物、工作模范、先进典型，引导激励广大干部职工昂扬“再出发”的斗志、保持“先行者”的姿态，与强的比、向高的攀，创造更多自然资源事业改革发展成果。各单位、各部门要对标最优最好最强，在全国大格局、全省大发展中，围绕职责要求，全面梳理并明确争当标杆的工作目标和推进举措。同时，认真对标找差，积极学习先进，拉长短板、提升中板、筑牢底板。

3. 创新工程。机构改革之后，自然资源工作有很多新情况、新探索，要大力实施创新工程，不断深化自然资源领域改革，为自然资源事业高质量发展注入新动能、拓展新空间。一是勇于自我革新。持续深入解放思想，不断清除思想的“堵点”“滞点”，坚持问题导向和效果导向，立足自然资源工作实际，创造性贯彻落实中央和省委省政府决策部署，努力形成突破性的思路，取得开拓性成效，打造独特性优势，开辟自然资源事业高质量发展的新境界。二是注重集成超越。要用好“集成超越”这个改革方法，注重研究全国各地自然资源改革取得的好经验好做法，博采众长、提升聚优、集成再造，形成我省自然资源工作新的制度优势。近期，要加快研究出台贯彻实施乡村振兴战略的意见，提请出台服务保障苏北地区农民群众住房条件改善的政策措施，为实施乡村振兴战略和改善苏北地区农民群众住房条件，提供更大力度的要素保障和政策支持。三是鼓励基层首创。要鼓励基层用足改革探索的政策空间，在政策允许范围内探出新路子、试出新经验。省厅有关部门要及时总结相关做法，成熟有效的经验要加快在面上推广。要为基层探索保驾护航，进一步发挥“三项机制”作用，努力为担当者担当、为干事创业者撑腰。

（二）建设“四大体系”

1. 组织体系。根据中央和省委省政府统一部署，推进机构改革是今年的一项重要工作，也是抓好一切工作的根基，必须以此为契机，构建完善组织体系，为自然资源事业改革发展提供组织保证。一是上下贯通、执行有力。扎实推进市县级自然资源部门机构改革各项工作，做到基本对应、上下衔接，加快构建一支政令畅通、令行禁止的自然资源高素质专业化干部队伍。下一步，省厅将研究管理省林业局和代管省地质矿产勘查局、省有色金属华东地质勘查局的办法举措，进一步强化“一厅三局”工作合力。二是左右协调、相互配合。自然资源部门与发展改革、农业农村、生态环境等部门密切相关，要理清权责界线，划清职能范围，加强协调配合，共同做好有关工作。系统内部各单位、部门也要加强沟通协调，密切协作配合，同心合力做好各项工作。三是条块结合、形成合力。我国政体的优势在于条块结合，贯彻中央精神和省委省政府决策部署是条块的共同责任。要深入调查研究，共同破解难题，政策法规出台前要充分征求意见。各市、县（市、区）局在执行省厅和地方决策时，遇到分歧一定要及时反馈，防止造成条块对立。

2. 制度体系。全省各级自然资源部门的运行和工作的开展都需要严密的制度保障。一是法规制度。对未来3-5年全省自然资源立法工作进行整体谋划和系统部署，按计划加快推进重点立法项目的立改废。当前，要大力推动《江苏省不动产登记条例》宣传贯彻工作，出台《江苏省海洋经济促进条例》，适时启动《江苏省土地管理条例》《江苏省基本农田保护条例》修改工作，积极推动自然资源开发保护、国土空间规划、自然资源资产产权、生态保护修复等方面的立法研究。二是业务制度。要根据新形势新要求，按照党中央、国务院以及自然资源部相关部署，及时研究制定符合自然资源省情的政策文件，推进全新的自然资源管理体制在我省落地实施。坚持权责对等，优化审批流程，推进土地、地矿、海洋、测绘审批制度改革。三是管理制度。全面梳理现有制度，进一步完善会议、财务、督查督办、内部审计、考核、安全生产等内部管理制度。要进一步加大督查督办力度，特别是对中央和省委、省政府领导批示指示、重要工作部署、重要会议精神等事项要重点督查，确保不折不扣落实到位。进一步加强内部审计，全面提升工作质量，充分发挥审计监督作用。完善考核评价内容，创新考核评价方式，健全奖惩激励机制，切实发挥考核的激励和鞭策作用。

3. 支撑体系。全省自然资源事业高质量发展需要强大的人才和技术支撑。一是队伍支撑。建设一支忠诚干净担当的自然资源管理队伍，建设一支服务保障事业发展的技术支撑队伍，建设一支由专家学者组成的决策支持队伍。做好老干部服务工作，充分发挥老同志的经验作风优势和参谋监督作用。二是科技支撑。深化科技体制改革，推进科技创新成果转化应用，提高科技创新效能。制定出台我省自然资源科技创新平台建设与管理办法，优化整合现有智库与联盟、重点实验室、卫星中心、工程中心、野外基地等科研平台。发挥现有智库研究基地的作用，逐步在知名科研院校设立研究基地。三是信息化支撑。建立全省系统信息化统筹设计、集约建设、关联融合、安全可控的信息化统筹工作格局。全面开放自然资源大数据平台，建立全省系统信息资源共建、共享、共用新局面。健全自然资源全域业务信息化体系，建设全省系统“互联网+”服务新门户。大力推进国土空间基础信息平台，以及“慧眼守土”“数字海洋”“时空信息云”等信息化重要载体创新建设和应用。

4. 保障体系。一是经费保障。以“保重点、强监管、防风险”为主线，加大国土空间规划体系构建、所有者权益行使、生态保护修复等经费争取力度，不断提升财政资金服务保障重点工作的效益和水平。二是服务保障。进一步围绕重点领域重点方向重大政策加强调查研究，及时形成针对性、指导性、操作性强的意见和建议。进一步强化网络、新媒体等平台建设，加强新闻宣传和政务公开工作，力争走在全国系统前列。高质量做好督查督办、建议提案办理、机关运转等工作。三是作风保障。加强作风建设，坚决治理“庸”“懒”“散”，祛除“推”“慢”“浮”，惩治群众身边的不正之风和腐败问题。要鲜明树立严起来的工作作风，大力弘扬讲认真的工作态度，着力强化抓落实的工作要求，使敢于担当、善于作为在全省系统蔚然成风。

同志们，新时代是奋斗者的时代，幸福都是奋斗出来的。让我们坚持以习近平新时代中国特色社会主义思想为指导，在省委、省政府的正确领导下，在自然资源部的科学指导下，主动担当作为，合力攻坚克难，为服务保障全省高质量发展走在全国前列、加快建设“强富美高”新江苏作出新的更大贡献，以优异成绩向新中国成立70周年献礼！

讲政治　勇担当　走在前
以全面从严治党一流业绩引领事业高质量发展
——孔海燕同志在全省自然资源工作暨全面从严治党工作会议上的讲话

（2019 年 2 月 26 日）

同志们：

这次会议是省自然资源厅组建以来召开的第一次全省系统工作会议，主要任务是以习近平新时代中国特色社会主义思想为指导；深入贯彻党的十九大和十九届二中、三中全会精神；认真落实中央经济工作会议、十九届中央纪委三次全会、省委十三届五次全会、省“两会”和全国自然资源工作会议、十三届省纪委四次全会精神；总结 2018 年工作；部署 2019 年任务。经厅党组会议研究，下面我讲三个方面意见。

一、2018 年党的建设成效显著，为全省自然资源工作提供了坚强的政治保证

刚刚过去的 2018 年，全省自然资源系统坚持以政治建设为统领，认真贯彻落实新时代党的建设总要求，压紧压实全面从严治党主体责任，紧扣全省高质量发展走在全国前列要求，围绕省委、省政府和自然资源部工作部署，上下齐心、真抓实干，党建工作责任体系、组织体系、制度体系、考核体系和信息化平台“四体系一平台”持续推进，圆满完成了年度各项目标任务。

（一）聚焦理论学习，始终坚持以习近平新时代中国特色社会主义思想武装头脑、指导实践。一是坚定政治立场。树牢“四个意识”，坚定“四个自信”，坚决做到“两个维护”，深入学习贯彻习近平新时代中国特色社会主义思想，切实强化抓好自然资源工作的思想自觉和行动自觉。二是认真落实党组中心组学习制度。深入学习《关于新形势下党内政治生活的若干准则》《中国共产党党内监督条例》，通过集中学习、专题研讨等形式，开展中心组学习 12 次，深刻领会全面从严治党新要求，不断提高驾驭全局的能力。三是坚持学以致用。加强对土地、地质矿产、海洋、测绘等有关法律法规的学习，自觉遵法、学法、守法、用法。注重向基层和实践学习，出台进一步加强和改进调查研究工作的文件，坚持问题导向，摸清吃透各方面情况，帮助基层和群众解决实际问题。

（二）聚焦统筹推进，党建与业务实现深度融合、有机结合。一是抓好政治建设。以政治建设为统领，党的建设质量显著提升。出台《关于加强党的政治建设推动全省自然资源事业高质量发展的意见》和党组工作规则、理论学习中心组学习制度、谈心谈话制度等系列文件，充分发挥了党组把方向、管大局、保落实的重要作用。全省系统多地形成了党建业务深度融合的工作新格局，如无锡、泰州、徐州、宿迁市局工作扎实、各有特色。二是抓好引领示范。坚持党建引领业务工作，全省不动产登记窗口评选出首批 20 个“党员先锋岗”，我省入选“全国百佳不动产登记便民利民示范窗口”数量居全国第一。组织厅机关和直属单位党支部与 54 个基层所党支部、省交通工程建设局党支部进行结对共建，开展“举旗当标兵、聚力助脱贫”等活动，让党旗飘扬在乡村振兴、脱贫攻坚、重点工程建设的第一线，引领带动了基层党建和业务全面提升。充分发挥“五方挂钩”作用，强化统筹协调，制定并落实10条帮扶措施，认真做好淮安区经济薄弱村、贫困户精准脱贫工作。援藏、援疆、苏陕合作工作成效明显。淮安市局开展“四个从严”基层党建品牌建设活动效果良好。三是抓好意识形态工作。注重意识形态工作责任落实，加强意识形态阵地管理，组织召开专题组织生活会，举办“不忘初心跟党走”青年论坛活动，加强与主流媒体合作，维护网络信息安全，做好网络舆情监测处置，牢牢掌握自然资源领域意识形态工作的领导权、管理权、话语权。

（三）聚焦主责主业，在服务保障全省高质量发展中履职尽责、担当作为。一是保重点。围绕资源供给侧结构性改革，出台文件优化用地、用矿、用海服务，降低企业发展成本。围绕全省高质量发展要求，出台《关于全力服务促进高质量发展的实施意见》，集成20条政策措施。围绕改善苏北地区农民住房条件，研究制定九个方面政策举措，做到精准服务保障。全省重大基础设施、重大产业项目和重大民生工程用地应保尽保，城镇低效用地再开发获得国务院督查激励。宿迁市局出台实施脱贫攻坚、降低企业负担、改善农民群众住房条件等政策和措施。省测绘地理信息局应急测绘、辅助决策用图等保障服务工作成效明显。二是强基础。构建资源开发保护新机制，落实耕地和基本农田保护，推动做好项目用海审批、滩涂围垦开发、水资源调查评价等工作。加强基层所党支部书记队伍建设，选送154名基层同志参加自然资源部的各类培训，通报表扬30个优秀基层所、20名优秀所长，基层组织建设取得明显进步。省华东有色地勘局，无锡、泰州、连云港市局加强基础工作方面有特色有成效。三是创品牌。我省在农村土地制度改革试点、不动产登记、“四全”服务规范化、耕地质量和耕地产能评价国家试点等方面，工作走在了全国前列。特别是在全国率先出台省级不动产登记条例，得到了部省领导的充分肯定。盐城市局深入开展国际湿地城市、国家森林城市创建活动，打响绿色生态品牌。四是补短板。以高度的政治自觉和强烈的责任担当，落实省委巡视、省纪委监督意见整改。将巡视指出的问题细化分解为25项任务，制定了150条措施，落实落细整改；出台落实省纪委《关于推动省国土资源厅党组落实全面从严治党主体责任的监督意见》的整改方案，提出3个方面16项措施，取得了阶段性整改成效。扎实开展风景名胜区内违建“别墅”清查、“大棚房”专项清理整治、违规建设殡葬设施整治、洪泽湖生态环境保护等工作。五是促融合。根据《江苏省机构改革方案》和省机构改革工作部署会精神，强化领导、精心组织、细化方案、加强协调、严守纪律、环环相扣，稳妥有序完成了机构组建、职责和人员编制划转、以新机构名义开展工作等任务。有力有序全面推进完成了设区市和直管县（市）领导班子配备和转隶工作，得到了省机构改革工作领导小组的充分肯定。目前，省厅职能配置、内设机构和人员编制“三定”方案已印发，市县正在有序推进。

（四）聚焦探索创新，以思想大解放推动了作风转变、效能提升。一是解放思想大讨论活动取得实效。省厅面向省级机关部门、地方党委政府和基层部门征求了150条意见建议，及时做好落实和回应。全省系统各级党组织持续推进思想解放，在推动工作创新、完善制度机制、提升工作水平等方面取得了明显成效。深入学习贯彻十九大精神，深化“两学一做”学习教育常态化制度化落实，认真组织开展“三会一课”、组织生活会、主题党日等活动。在延安、淮安、红旗渠分别举办了党支部书记、党务骨干等培训班，增强了“不忘初心、牢记使命”专题教育效果，强化了宗旨意识和党性修养。组织《大无大有——身边人眼中的周恩来》专题教育，组织《入脑入心学党章 旗帜鲜明讲政治》专题党课。省地矿局开展的马克思主义青年说“走进江苏地矿”党建沙龙等活动，获省优秀组织奖。二是“互联网+自然资源党建”运用广泛。率先建成启动了“江苏自然资源党建网”，涵盖全省系统

1549个党组织和17434名党员，实现了党建工作省、市、县、乡四级互联互通，“党建e家”运行良好，达到了创新管理、学习交流、加强组织建设的效果。组织撰写厅党建专题分析报告“应用互联网技术加强自然资源系统党建工作研究”荣获全省一等奖，系省级机关唯一获一等奖的项目。《机关党建传统优势与信息技术深度融合研究》获机关党建研究优秀成果奖二等奖。厅机关党委获评省级机关先进机关党委。镇江市局将效能理念融入党建工作，在党建网开设《效能党建》专栏。三是机关作风建设常抓不懈。开展作风建设自查自纠专项行动，扎实开展形式主义、官僚主义集中整治以及不动产登记窗口作风问题督导、扶贫领域监督执纪问责两项专项整治工作，强化作风治理，提升服务群众满意度。省厅推进自然资源违法行为处理信息实时上传监督，南京市局出台网格化巡查、网络化处置、跟踪通报、考核问责4项配套文件；扬州市局充分发挥16个片区监督检查室纪检员的作用。四是干部队伍建设全面加强。认真贯彻落实全省组织工作会议精神和省委“三项机制”文件精神，研究出台我厅具体实施办法，激励新时代新担当新作为。注重考核考评和绩效管理，做好第五期“333工程”高层次人才和全国高技能人才培养推荐，全年安排26个培训班，培训3600人次。开展丰富多彩的活动，用心用情做好老干部服务工作。严格干部管理监督，落实提醒、函询、诫勉制度，按规定对4名厅管干部进行函询、对2名厅管干部进行诫勉。苏州市局建立系统内“能上能下”挂职锻炼制度，为干部成长成才提供平台。五是文明行业创建氛围浓厚。持续推动全省系统文明创建活动，积极筹备全省系统首届职工运动会，高质量开展了“弘扬时代新风、文明单位在行动”“我为高质量发展献一策”“巾帼文明岗”创建等活动。

（五）聚焦正风肃纪，有力营造了风清气正的良好环境、工作氛围。一是主体责任得到有效落实。细化全面从严治党主体责任清单，推动层层落实“一岗双责”。先后召开全省系统年中工作会议和党风廉政建设工作推进会，对党风廉政建设和反腐败工作进行部署，提出了明确要求，对存在问题较多的3个设区市局主要负责人进行了约谈。做好全省系统违法违纪案件统计、通报和分析，督促履职尽责。南通市局推行党风廉政建设“1+3+1”模式，常州市局推动“五大”防控体系建设，产生了很好的反响。二是领导带头作用发挥明显。领导干部发挥“头雁效应”，带头抓好全面从严治党，层层传递责任压力，把党的政治纪律和政治规矩融入党员干部的工作和生活中，转化为思想和行动自觉。出台《中共江苏省自然资源厅党组关于深入贯彻落实中央八项规定实施细则和省委具体办法精神的意见》，进一步强化作风建设。三是廉政警示教育扎实开展。把思想教育和警示教育纳入年度培训计划，创新廉政教育形式，突出抓好警示教育，在新沂市马陵山国土所设立了全省系统警示教育基地。组织编印并通报了全省系统和省级机关违法违纪典型案例，揭丑曝光、改进作风。四是监督执纪问责力度进一步加大。建立健全风险防控制度体系，加强日常监管和经常提醒，运用好“第一种形态”。开展明察暗访，通报3起违纪典型问题。对4个厅直属单位进行了巡察。对任职满5年的5家单位主要负责人开展了任中经济责任审计。在全省内部审计报告评选中，我厅获评一等奖，是省级机关唯一获奖单位。加强对各级“一把手”的监督，强化对“三重一大”、行政审批等关键环节和重点部位的监督，让权力在阳光下运行。支持驻厅纪检监察组开展工作，合力推进全面从严治党向纵深推进。

过去的一年，大家一边推进机构改革，一边积极主动作为，工作取得了显著成效。这归功于省委、省政府的坚强领导，归功于自然资源部和国家自然资源督察南京局的精心指导，归功于地方党委政府、兄弟部门和社会各界的理解、支持和配合，归功于全省自然资源系统全体党员干部的上下同心、协作奋进。在此，我代表厅党组向大家表示衷心的感谢、致以诚挚的问候！

取得成绩的同时，我们也要清醒地看到，对标新时代高质量发展的新要求，我们的工作还存在许多问题和不足。比如，学习贯彻习近平新时代中国特色社会主义思想和习近平生态文明思想还不够深入，联系实际、融会贯通还存在差距，需要进一步提高站位、高起点谋划推进自然资源事业发展战略；比如，党建和业务融合还不够深入，解放思想、改革创新力度还不够大，工作标准还不够高；比如，权力运行制衡等长效机制还不完善，基层"一把手"违纪违法问题比较严峻；"四风"问题不同程度存在，违法违规用地新老问题交织，全省系统还存在不少风险和隐患；干部教育培养力度还需要进一步加大。这些问题我们将高度重视，采取切实有效措施加以解决。

二、准确把握推动全面从严治党向纵深发展的深刻内涵

省自然资源厅组建以来，更加注重坚持以党的政治建设为统领，树牢"四个意识"、坚定"四个自信"，坚决做到"两个维护"，认真学习贯彻习近平新时代中国特色社会主义思想，多次召开厅党组会议和中心组学习会，对学习贯彻工作和推进全面从严治党作出部署、提出要求，在全省系统树立了讲政治、学理论、明方向的鲜明导向。全面从严治党永远在路上，全省系统各级党组织要结合全省自然资源工作实际，推动全面从严治党向纵深发展。

（一）推动全面从严治党向纵深发展，要求我们深入学习贯彻习近平新时代中国特色社会主义思想。习近平总书记始终强调，要保持战略定力，要把党的政治建设摆在首位，旗帜鲜明坚持和加强党的全面领导，用党的创新理论武装头脑，以永远在路上的执着把全面从严治党引向深入，开创全面从严治党新局面。省委娄勤俭书记多次指出，要矢志不渝深化全面从严治党，更高标准加强政治建设，更深层次推进思想解放，更实举措建强基层组织和干部队伍，更严要求深入推进肃纪反腐。当前和今后一个时期，推进落实中央和省委关于全面从严治党的决策部署，必须把习近平新时代中国特色社会主义思想、习近平生态文明思想和习近平总书记关于自然资源管理的重要论述，作为做好新时代自然资源工作的行动指南。始终牢记"中央和国家机关首先是政治机关"，突出政治建设这个首要任务，坚持读原著、学原文，原原本本、联系实际，努力做到融会贯通，在学懂弄通做实上下功夫，坚定信仰信念，形成思想和行动自觉，把新思想、新理论贯穿到推动新时代全省自然资源事业发展的全领域、全过程。要从旗帜鲜明讲政治的角度，认真履行"统一行使全民所有自然资源资产所有者职责、统一行使所有国土空间用途管制和生态保护修复职责"这两大核心职责。认真落实全面从严治党战略部署，强化管党治党责任，全面推进全省系统党的政治建设、思想建设、组织建设、作风建设、纪律建设，把严的制度、严的标准、严的措施贯穿于管党治党全过程，用好巡视和监督意见整改这个重要抓手，紧扣责任落实这个根本保证，将全面从严治党向纵深推进，着力提升党的建设质量，为推动我省自然资源事业高质量发展走在全国前列提供坚强政治保证。

（二）推动全面从严治党向纵深发展，要求我们对标新时代新要求，着力解决存在的突出问题。对标新时代高质量发展的新要求，全省系统在全面从严治党方面还存在很多问题和不足。要突出问题导向。以钉钉子的精神，认真整改省委巡视反馈意见、省纪委《关于推动省国土资源厅党组落实全面从严治党主体责任的监督意见》指出的问题，深入落实厅党组制定的整改方案和整改清单，进一步细化整改举措，严格督查问效，补齐短板弱项，促进党建水平提升。突出责任导向。认真落实全面从严治党主体责任，深化"统"的思想、"改"的决心，积极构建责任网络，加强统筹，凝聚合力，从严从实、精准精细推动全面从严治党向纵深发展。突出结果导向。在政治、思想、责任、机制等方面，深入研究问题产生的原因，找准症结，积极构建长效机制，扎紧制度的笼子，防止产生新的问题，做到标本兼治。

（三）推动全面从严治党向纵深发展，要求我们争创一流，全力推进全省自然资源事业高质量发展。自然资源部门是这次机构改革新组建的部门，自然资源工作政策性强、涉及面广、关注度高，要

以新思想定向领航、武装头脑、指导实践。以更高的站位谋划事业发展战略。立足全省经济社会发展大局和全国自然资源中心工作，借鉴先进地区经验，以世界眼光、用国际视野，科学谋划、统筹推进自然资源事业高质量发展，确保我们的工作思路、重大战略、推进举措等符合新时代新思想新要求，能够取得更大成效。以更实的举措强化使命担当。自觉增强大局观念，以迎难而上的务实担当、常抓不懈的工作执着，提高工作标准、提高综合能力、提高工作水平，深入推进党建和业务深度融合取得新的成效，高标准推进保护资源、服务发展，切实做到自然资源保护更加严格、高质量发展保障更加有效、群众权益维护更加到位，推动全省经济社会持续健康发展。以更大的责任争当标杆、走在前列。当前我省自然资源体制机制正处于重大改革重构期，全省系统各单位、各部门都要对标高质量发展大局，进一步增强走在前列的紧迫意识、使命意识和责任担当，对标上级要求、对标先进地区、对标群众期望、对标自身定位，认真学习先进经验和做法，巩固提升优势，坚持守正创新，加快速度推进。要推进更深层次的思想解放，坚决破除思维定式和路径依赖，在自然资源资源保护开发机制、不动产登记、行政审批等方面，大力推进改革创新。要明确走在前列的目标、方法和措施，细化落实工作清单，推进取得更大成效，确保更多领域的工作在全国走在前、有地位、有影响，以一流的工作业绩服务保障全省高质量发展。

三、推动全面从严治党向纵深发展，以高质量党建引领推动全省自然资源事业高质量发展

2019 年，全省自然资源系统各级党组织要坚持以习近平新时代中国特色社会主义思想为指导，认真落实新时代党的建设总要求，大力践行新发展理念，全面落实省委、省政府和自然资源部的部署安排，认真落实娄书记、吴省长的批示精神，坚持系统思维、底线思维、法治思维，注重重构融合，保持勇争一流的精神状态，大力推进“双融合双统一双强化”，深化“四体系一平台”建设，推进党建和业务深度融合、全省自然资源系统整体融合，行使好“两统一”核心职责，切实强化资源保护能力、强化服务保障水平，以高质量党建引领推动事业高质量发展。

（一）旗帜鲜明讲政治，以党的政治建设统领自然资源各项工作。一是把准政治方向。要围绕中央、省委省政府和自然资源部的决策部署，谋划推进工作，确保推进方向明、职责定位准、工作路径优。要围绕提升政治领导力、思想引领力、党的组织力、担当执行力、自我净化力，认真贯彻落实厅党组《关于加强党的政治建设推动全省自然资源事业高质量发展的意见》，认真开展“不忘初心、牢记使命”主题教育，依法行使“两统一”核心职责，保障发展，保护红线，提升效益。二是认真落实好全面从严治党主体责任。各级党组（党委）要牢固树立“管行业就要管党风廉政建设”的意识，当好本单位全面从严治党的领导者、执行者、推动者。在座的党组（党委）书记，要当好第一责任人，重要工作亲自部署、重大问题亲自过问、重点环节亲自协调、重要案件亲自督办，发挥好对下监督、及时提醒、纠正问题的领导作用。党组（党委）其他成员要切实履行“一岗双责”，认真研究部署分管部门和领域的管党治党工作，业务工作与党建工作要同部署、同落实、同检查、同考核，每年至少听取 2 次廉洁从政和履行全面从严治党责任情况专题汇报。要建立一级抓一级的责任体系，研究制定年度工作计划，落实责任清单，明确重点任务、目标要求、具体措施、时序进度等内容，确保有人管、有人干、有人查。要扎实做好履责记实和述责述廉工作，每年要向上一级党组织书面报告责任落实情况。要对责任落实情况开展检查考核，考核结果作为领导班子履职尽责和干部实绩评价、职务调整、选拔任用的重要依据。三是进一步严明政治纪律和政治规矩。要严格执行新形势下党内政治生活的若干准则，让党员干部在党内政治生活和干好本职工作中经常接受政治体检，增强政治免疫力。要坚决落实中央和省委、省政府领导同志重要指示批示精神，将其作为重要的政治责任、领导责任、工作责任，全力以赴做好风景名胜区内违建“别墅”清查治理、“大棚房”问题清理整治、违规建设殡葬设施整治、洪泽湖生态环境保护和规划等工作。主要负责人是推进工作落实的“关键少数”，大家要带头提高工作执行力，除了抓学习、抓部署、抓安排，还要抓推进、抓督查、抓结果，千万不能把开过会议、作过批示，就当成抓过推进、抓好落实了。要注重举一反三，深刻汲取秦岭、石家庄事件经验教训，坚决杜绝表态式服从、选择性执行、应付性落实。要以坚定的政治立场谋划和推进自然资源保护修复、开发利用等重大战略，确保中央、省委省政府和自然资源部的重大决策部署不折不扣落实。这里再强调三项重要工作。一个是第三次国土调查工作，要严格落实陆昊部长关于“坚持实事求是，客观真实”“宁要真实性，不要虚假的前后一致性”等要求，切实加强领导，统筹组织安排，大干三个月，确保组织有力、严肃纪律、数据真实，按时保质完成任务。一个是土地执法监管工作，要突出综合治理，坚持实事求是，强化督查问效，大力削减违法存量、坚决遏制违法增量，坚决守住“农地姓农”底线，切实维护全省土地管理的良好秩序。还有一个是全面落实乡村振兴战略，要研究出台我厅贯彻实施意见，充分发挥自然资源的支撑、服务和保障作用，促进全省乡村振兴走在全国前列。四是牢牢把握意识形态工作主动权。进一步加强思想建设，切实履行意识形态工作主体责任，加强意识形态阵地建设，加强教育管理，健全意识形态领域情况分析研判和通报制度，落实自然资源领域意识形态风险防控措施。做好网上舆情监测引导和处置工作，全面提升维护网络意识形态安全能力。重点围绕强化自然资源保护、保障重大项目建设、深化改革创新、全省系统党员干部先进事迹等，加强自然资源新媒体建设，扎实做好新闻宣传、信息发布等工作，营造健康向上的工作环境。

（二）强化政治担当，在服务中心保障大局上要有更大作为。一是进一步提高政治站位。陆昊部长在全国自然资源工作会上指出，没有脱离政治的业务，也没有脱离业务的政治，政治里面有业务，业务里面有政治。全省系统要强化大局意识和全局眼光，善于站在全局，从政治的角度来思考问题、发现问题、解决问题，做到讲政治、勇担当、走在前，在服务保障一带一路、长江经济带、长三角一体化等国家战略和省委、省政府高质量发展走在前列的目标定位和中心大局中，主动作为、创先争优、履职尽责。二是强化责任担当。按照“两统一”核心职责要求，在守红线、强保障、优服务、惠民生方面落实责任、体现担当。特别是国土空间规划方面，要充分认清实现“多规合一”是党中央作出的重大决策部署。要把握规律、做好衔接，在积极主动作为方面发挥更大作用，将土地利用规划、城乡规划等空间规划融合为统一的国土空间规划，科学布局生产空间、生活空间、生态空间等“三生空间”，强化国土空间规划对各专项规划的指导和约束作用。要落实中央和省委、省政府关于“放管服”改革的决策部署，进一步优化再造审批流程，提高土地、地质矿产、海洋、测绘行政审批效率，在优化服务、提升效能方面体现担当。要持续推进改革创新，在推进陆海统筹、矿地融合、自然资源信息化工作继续走在全国前列等方面体现担当。三是践行以人民为中心的发展思想。按照省委、省政府统一部署，以更加坚定的信心和决心做好服务保障苏北地区农民群众住房条件改善、征地补偿、不动产登记、地质灾害防治、海洋预警监测、废弃矿山修复等工作，提升自然资源民生服务水平，增强群众的获得感和幸福感。特别是苏北地区农民群众住房条件改善，这项工作是省委、省政府落实乡村振兴战略的重大决策部署，要坚持系统思维，集成政策、集聚要素、集中力量，助推农民群众按城镇化规律集中居住，过上与时代同步的现代城镇生活，体现自然资源工作的成效和贡献。要树立底线思维，坚决守住耕地和基本农田保护红线，坚决反对“强迫农民上楼”等损害群众合法权益的行为。工作中，要强化对标意识，相互学习经验，提高工作标准，把握政策要求，为地方党委政府科学决策和推进实施多出主意、出好主意。四是推动扶贫开发和“三对”工作取得更大实效。深入学习领会习近平扶贫开发重要战略思想，凝聚“五方挂钩”帮扶工作合力，发挥自然资源行业优势，细化帮扶措施，推进精准扶贫、精准脱贫。做好对口帮扶、对口支援、对口合作“三对”工作，确保各项任务如期完成。

（三）夯实基层基础，建设高素质干部队伍。一是加强基层组织建设。树立强基固本、“一级抓一级”的鲜明导向，坚持一切工作到支部，打造符合各地实际的党建工作和基层党组织建设特色品牌，着力建设党在基层的战斗堡垒。突出基层党组织体系建设，扎实推进以基层所为重点的基层党组织建设，规范党支部设置，配齐配强党支部书记，明确工作职责，扎实抓好基本队伍、基本活动、基本阵地、基本制度、基本保障建设，不断提升基层支部组织力。深化开展新一轮结对共建，巩固提升支部共建成果，发挥更大作用、形成更大效应。二是建设忠诚干净担当的自然资源干部队伍。要认真贯彻新时代党的组织路线，落实好干部标准，大力选拔敢于负责、勇于担当、善于作为、实绩突出的干部。加强领导班子建设，把责任扛在肩上、抓在手上，落实带头加强政治学习、带头接受党性锻炼、带头密切联系群众、带头开展调查研究、带头执行各项规定“五个带头”要求，切实做到政治过硬、业务过硬、境界过硬、作风过硬、纪律过硬“五个过硬”。要围绕深化改革创新，有计划地组织党员干部到发达省份和工作先进地区开展培训，开阔视野、增长知识、提升能力。深入贯彻落实“三项机制”要求，坚持严管和厚爱结合、激励和约束并重，宽容干部在工作中特别是改革创新中的失误，旗帜鲜明为敢担当的干部撑腰鼓劲。充分调动全省系统干部干事创业的积极性、主动性、创造性，让想干事、能干事、干成事的干部有机会、有舞台。落实好各级“一把手”轮岗交流制度。进一步加强人才培养和智库建设，优化队伍结构。按照老有所养、老有所医、老有所为、老有所学、老有所乐的要求，扎实做好离退休干部工作。三是认真执行民主集中制等各项规定。民主集中制是全面从严治党的重要制度保障，也是党内政治生活的重要法宝。要在民主基础上集中，在集中指导下民主，民主要更加充分，集中要更加统一。严格落实厅党组工作规则，按照议事和决策程序研究“三重一大”事项。严肃党内政治生活，严格执行“三会一课”、谈心谈话、民主评议党员等制度，严格落实领导干部双重组织生活制度，认真开好领导班子民主生活会。四是坚持依法行政。深入学习贯彻党内各项政策法规和制度文件，学习研究自然资源领域相关法律法规，进一步增强法治意识，严守法律底线，认真做好自然资源立法立规、案件办理、信访稳定等工作，提升依法依规工作能力和水平。加强业务流程梳理，完善权力清单，推动用地用矿用海等各项业务工作更加规范、更加标准、更加精细、更加有序、更加高效。希望各地加大探索创新，结合实际推进党建业务融合工作创新，打造凝聚人心、汇聚力量的特色品牌。

（四）突出规范高效，进一步提升工作能力和水平。一是规范“面”上工作。要将制度建设贯穿全面从严治党全过程，坚持从有到全、从有到优的原则，推动制度制定和制度执行同步实施。今天的会上，印发了机构改革后省厅推进全面从严治党制度文件汇编，下一步厅里还将陆续出台一系列制度文件。希望各地参照省厅做法，加快构建制度体系。大力弘扬求真务实的工作作风，在政策制定、工作标准、科技创新等方面，推动全省系统党建和业务各项工作争先创优、走在前列。以创建省级文明行业为目标，加强对全省自然资源系统文明创建工作的指导，持续推动全系统文明创建活动。推进自然资源文化建设，切实开展好“优秀共产党员”“最美自然资源人”等先进典型评选活动。二是强化“线”上服务。认真做好市、县两级自然资源机构改革人员到位、工作衔接等工作。要按照上下对应、职责完整、事权清楚、留有空间的原则，科学合理编制“三定”方案，做到省市县乡四级职责基本一致。全省系统机构改革到位后，要深化思想融合、学习融合、工作融合，真正拧成一股绳，做到人在一起、事在一起、心在一起，合力推进事业良好开局和高质量发展。要加强沟通协调，明确工作目标和推进机制，形成条块工作合力，处理好贯彻新要求和解决历史遗留问题的关系，提高自然资源保护、国土空间规划体系构建、计划管理、用途管制、生态修复等工作水平，确保各项工作走在前列，精准高效服务发展、服务基层、服务群众。三是解决“点”上问题。根据省委、省政府统一部署，省厅在全省系统扎实开展了重大风险排查工作。目前初步排查出规划管理、违法用地、土地征收和土地整治、违规以地融资等10个方面风险点。下一步，我们要提高政治站位，增强忧患意识、风险意识，切实强化做好风险排查化解工作的政治自觉。要坚持系统思维，突出问题导向，围绕自然资源管理全部环节和整个流程，不留死角、不留盲区，细致深入排查各类风险点。要建立台账清单，逐个剖析成因根源，逐条制定防范化解措施，确保及早防范、有效应对、妥善处置。坚持守土有责、守土尽责，明确责任单位和责任人，建立健全风险排查评估、防范控制、应急处置等长效制度机制，努力将矛盾化解于未然，将隐患整治到位。

（五）完善防控体系，推进党风廉政建设取得新的成效。一是加强纪律建设。党风廉政建设要做到政治上严、工作上严、纪律规矩上严，实现真管真严、敢管敢严、长管长严，使纪律始终成为带电的高压线。全省系统党员干部要加强廉政教育学习，守好廉洁底线，提高自我约束、自我警示、自我净化能力，筑牢拒腐防变的思想防线；领导干部要以身作则、率先垂范，做忠诚干净担当的表率。要加强党员干部“8小时外”和“朋友圈”的教育、提醒和监督。二是持续严肃整治“四风”。严格落实中央八项规定及《实施细则》精神和省委《具体办法》精神，集中开展“清风行动”，专项整治系统内“四风”问题。开展形式主义、官僚主义集中整治，认真完成厅党组集中整治工作方案确定的各项年度任务。巩固前期开展不动产登记窗口作风问题督导、扶贫领域监督执纪问责专项整治工作的成果。发挥“党建+互联网”教育功能优势，开展党章党规党纪教育，增强教育针对性实效性，使党员干部知敬畏、存戒惧、守底线。狠抓各项重点工作落实，在推进落实全面从严治党、生态文明建设、乡村振兴战略等重大决策部署中主动作为、履职担当。三是完善监督制约机制。要结合自然资源职责特点，构建权力运行监督制约机制，管到关键人、管住关键事、管在关键时。要将中央和省委巡视整改、省纪委监督意见整改、形式主义官僚主义集中整治等工作结合起来，按照全省系统风险排查化解工作要求，有效防控、依法解决自然资源领域特别是土地征用、出让、评估、交易和办证等方面存在的问题，扎紧织密制度的笼子，坚决遏制住基层自然资源部门违规违纪案件频发问题。加强与地方纪检监察机构的沟通协调，探索构建上下联动、全面覆盖的执纪监督工作机制。深化政治巡察，建立巡察联动机制，做好“后半篇文章”。四是严肃执纪问责。坚持抓早抓小、防微杜渐，运用好“第一种形态”，有效遏制违纪违法行为的发生。强化日常监督执纪，落实好“提醒函询诫勉”制度和党组（党委）书记约谈制度，认真开展党内提醒、诫勉谈话。大力支持驻厅纪检监察组依法履行执纪监督责任。加强与地方纪检监察机构的沟通协调，保持惩治腐败高压态势，有力削减存量，有效遏制增量，一体化推进不敢腐不能腐不想腐。坚持“一案双查”，对违反“八项规定”精神和失职渎职行为严肃责任追究。

同志们，做好全省自然资源系统全面从严治党工作，责任重大、使命光荣。让我们以习近平新时代中国特色社会主义思想为指导，贯彻落实好省委、省政府和自然资源部的部署要求，坚定信心、攻坚克难、担当作为，以敢于较真、敢于碰硬、敢于负责的一流工作作风，优质高效完成全年目标任务，全力推进自然资源工作高质量发展，为服务保障全省高质量发展走在前列、建设“强富美高”新江苏作出新的更大贡献，以崭新的姿态、优异的成绩向新中国成立70周年献礼！

制度创新篇

江苏省国土资源厅关于印发《江苏省国土资源厅行政复议和行政应诉工作暂行办法》的通知

苏国土资发〔2018〕34号

各市、县（市、区）国土资源局，厅各直属单位，厅机关各处、室、局：

为进一步规范我厅行政复议和行政应诉工作，推进依法行政，根据《中华人民共和国行政诉讼法》《中华人民共和国行政复议法》等相关规定，结合我厅工作实际，经研究制定了《江苏省国土资源厅行政复议和行政应诉工作暂行办法》，现予印发，请遵照执行。

江苏省国土资源厅行政复议和行政应诉工作暂行办法

第一章　总则

第一条　为维护公民、法人和其他组织合法权益，规范省厅行政复议和行政应诉工作，深入推进法治国土建设，根据《中华人民共和国行政诉讼法》《中华人民共和国行政复议法》《中华人民共和国行政复议法实施条例》《国土资源行政应诉规定》、《国土资源行政复议规定》《国务院办公厅关于加强和改进行政应诉工作的意见》等规定，结合工作实际，制定本办法。

第二条　省厅作为复议机关、复议被申请人以及行政诉讼被告时依法进行的行政复议、行政应诉活动，适用本办法。

第三条　行政复议和行政应诉工作应当以事实为依据，以法律为准绳，遵循程序正当、职责明确、分工协作、权责统一的原则。

第四条　厅法制工作机构是厅行政复议和行政应诉工作的牵头部门，具体履行下列职责：

（一）负责组织协调有关设区市国土资源局、厅其他工作机构以及厅直属事业单位开展行政复议、行政应诉工作；

（二）做好与人民法院、人民检察院、复议机关、法律顾问及公职律师的沟通、协调工作，督促有关设区市国土资源局、厅其他工作机构以及厅直属事业单位履行行政复议决定书、人民法院生效裁判以及相关行政复议意见书、司法建议书；

（三）对下级国土资源部门的行政复议和行政应诉工作进行指导、监督和检查；

（四）定期对行政复议和行政应诉工作情况、行政复议决定或人民法院生效裁判情况、典型案例等进行统计、分析、通报。

第五条 设区市国土资源局、厅其他工作机构应当按照“谁行为、谁负责”的原则合理划分相应职责，协助做好行政复议和行政应诉工作，履行或协助履行相关法律文书。相关工作涉及厅直属事业单位的，有关单位应当配合做好相关工作。

设区市国土资源局、厅其他工作机构应当对提交的行政复议、行政应诉材料的真实性、合法性和全面性负责。

第二章 行政复议

第六条 省厅作为复议机关时，厅法制工作机构收到复议申请后，依法对复议申请进行登记、审查，提出办理意见。

第七条 设区市国土资源局的派出机构作出的政府信息公开、投诉举报处理等行政行为，当事人不服申请行政复议的，厅法制工作机构应当自收到之日起 7 个工作日内，转送设立该派出机构的设区市国土资源局，并告知申请人。

受转送的设区市国土资源局应当依法办理，不得再自行转送。

第八条 行政复议案件原则上进行书面审理。厅法制工作机构认为必要时，可以采取实地调查、听证等方式审理。

重大、疑难案件，经厅法制工作机构提请，由厅行政复议委员会召开案件审理会议，集体审议决定；必要时还可以组织厅法律顾问委员会委员、公职律师等，对案件所涉及的法律问题进行研究论证。

第九条 复议案件审理过程中，厅法制工作机构认为需要厅其他工作机构配合开展调查取证、案件会商、听证等工作的，相关工作机构应当派员参加。

第十条 厅法制工作机构应当在法定期限内完成案件调查审理工作，提出行政复议决定建议，经审批或集体审议后，制作行政复议决定书，依法送达。

第十一条 复议审理期间，省厅发现被申请人相关行政行为违法或者需要做好善后工作的，可以制发行政复议意见书。

被申请人应当在收到行政复议意见书之日起 60 日内完成整改工作，并将整改情况书面报告省厅。

第十二条 省厅作为复议被申请人的，厅法制工作机构负责组织行政复议答复工作。承办被复议具体行政行为的厅其他工作机构，应当于收到行政复议答复通知书之日起 3 个工作日内，将当初作出具体行政行为的证据、依据及其他有关材料，送交厅法制工作机构。

第十三条 厅法制工作机构对相关证据材料进行审核并完善答复材料，经审批后提交复议机关。

第十四条 复议机关认为有必要组织听证、调查等活动的，承办被复议具体行政行为的厅其他工作机构应当予以配合并派员参加。

第十五条 省厅收到复议机关提出的复议意见书后，应当认真研究，提出改进措施，对存在的违法或者不当的行政行为进行整改，并将有关情况及时向复议机关反馈。

第三章 行政应诉

第十六条 对涉及重大公共利益、社会高度关注或者可能引发群体性事件等案件，以及人民法院书面建议行政机关负责人出庭的案件，由厅主要领导指派相关厅领导出庭应诉，厅法制工作机构及其他工作机构共同做好出庭应诉准备工作。

第十七条 承办被诉行政行为的厅其他工作机构自收到行政应诉材料之日起5日内，将当初作出行政行为的证据、依据及其他有关材料，送交厅法制工作机构。

第十八条 厅法制工作机构对相关证据材料进行审核并完善答辩材料，经审批后提交人民法院。

第十九条 承办被诉行政行为的厅其他工作机构认为人民法院裁判文书认定事实有误，适用法律不当或者程序不合法，应当在收到人民法院裁判文书之日起5日内书面提出上诉、再审意见，经厅法制工作机构审核，在法定期限内提起上诉或者申请再审。

第二十条 省厅收到人民法院提出的司法建议书后，应当认真研究，提出改进措施，对存在的违法或者不当的行政行为进行整改，并将有关情况及时向人民法院反馈。

第四章 保障机制

第二十一条 省厅设立行政复议委员会。主要职责是：

（一）审议重大、复杂、疑难或者争议标的价值较大的行政复议案件，对由行政复议决定引起的重大、复杂的行政应诉案件提出处理意见；

（二）研究、解决行政复议涉及的其他重大问题。

第二十二条 省厅成立法律顾问委员会。法律顾问委员应按照公开、公正、择优的原则，从直接从事国土资源法律事务经验丰富人员、高等院校或者科研机构的法学专业知名学者以及厅常年法律顾问服务团队负责人中产生。

第二十三条 省厅可以通过政府购买服务的方式，公开选聘律师事务所作为省厅常年法律顾问。获聘律师事务所根据工作需要，安排驻场法律助理，协助厅法制工作机构处理法律事务。

第二十四条 省厅建立公职律师队伍。公职律师履行省厅法律顾问承担的职责，可以受省厅委托，代表省厅处理法律事务。

第二十五条 省厅可以委托所属事业单位承担有关行政复议、行政应诉的事务性工作。

第二十六条 省厅建立行政复议和行政诉讼信息管理系统，提高案件办理、卷宗归档、统计分析、便民服务的信息化水平。

第二十七条 行政复议或行政诉讼活动全部结束后，案件承办人员应当依照档案管理有关规定做好归档、移交工作。

第五章 附则

第二十八条 省厅作为被告或者第三人的民事诉讼案件，以及行政公益诉讼的应诉工作，参照本办法办理。

第二十九条 本办法自发布之日起施行。

江苏省国土资源厅关于进一步加强土地利用总体规划实施管理的通知

苏国土资发〔2018〕183号

各市、县（市、区）国土资源局：

为了贯彻落实省委、省政府推动江苏高质量发展走在全国前列、加快建设“强富美高”新江苏的要求，助推生态文明建设和乡村振兴，进一步规范土地利用总体规划的实施管理，严格落实土地用途管制，切实保护耕地，促进节约集约用地，依据《土地利用总体规划管理办法》（国土资源部第72号令）和《江苏省土地利用总体规划管理办法》（省人民政府第105号令）等，现就土地利用总体规划实施管理有关事项通知如下：

一、严格落实土地利用总体规划目标任务

依据土地利用总体规划，落实土地用途管制和最严格的耕地保护制度，加强耕地数量，质量、生态“三位一体”保护。充分发挥土地利用总体规划的整体管控作用，按照建设用地总量和强度“双控”的要求，加强建设用地规模、布局和时序管理，从严控制新增建设用地规模，统筹安排新增、流量和存量土地利用计划，优化建设用地布局，实行差别化配置，推进有条件地区实行建设用地减量化。严格控制非农业建设对永久基本农田的占用，重大建设项目选址确实难以避让永久基本农田的，要严格按照国家相关要求履行报批手续，并按要求补划数量和质量相当的永久基本农田。各地各部门不得通过调整土地利用总体规划，规避占用永久基本农田审批。

二、强化土地利用总体规划的管控作用

（一）强化建设用地总量控制。

建立土地利用总体规划指标台账管理制度。从2018年开始，以2014年为基期，依据规划建设用地总规模、已使用建设用地规模、流量指标归还规模，建立江苏省土地利用总体规划指标管理台账，对规划执行情况实行动态监管。依据各地建设用地空间使用情况、流量指标归还情况实时更新土地利用总体规划指标管理台账，并对建设用地超规模使用，建设用地总量接近规划规模、流量指标未按计划归还的地区进行实时预警和定期通报。

严格规划流量指标管理。规划流量空间的使用要与流量指标的归还相挂钩，对超出规划确定新增建设用地规模的地区，原则上实行“先还后用”。安排使用规划流量指标的县（市、区）应加大城乡建设用地增减挂钩、工矿废弃地复垦利用等实施力度，按规划明确的序时进度做好流量指标归还和使用管理。

加强建设用地总量控制。2018年7月1日起，对于建设用地总量已超出规划控制规模的县（市、区），原则上将暂停建设项目用地预审、农用地转用审批、城乡建设用地增减挂钩、工矿废弃地复垦利用实施规划等报件受理；对国家和省立项的重大项目、重大基础设施及民生等项目集中的县（市、区）急需用地的，可由当地政府出具明确流量归还规模和时点、规划期内确保不突破建设用地总规模的正式承诺后，办理相关业务受理。

（二）严格落实建设用地空间管制要求。

各地要按照土地利用总体规划确定的建设用

地空间管制分区以及空间管制要求，对各类建设进行空间管制，按照土地利用总体规划划定的“三界四区”，将城镇建设用地管制边界和管制区域落到实地，防止城镇建设无序蔓延扩张。城、镇、村建设项目用地应在允许建设区内进行选址，城乡建设用地规划控制范围内的道路、水系等线状用地应位于允许建设区内，确需占用与允许建设区相连的非永久基本农田、非生态保护红线范围内的其他土地，且同时具备下列条件的，可以按照符合土地利用总体规划办理：

1. 报批项目地块所在区域的规划主导用途为城镇村建设用地；

2. 批次用地面积误差不超过 $100m^2$。

（三）加强单独选址建设项目用地规划管理。

交通、水利、能源等重点建设项目以及民生、环保等特殊项目，已列入土地利用总体规划重点建设项目清单，在土地利用总体规划设定的交通廊道或空间布局内的，其用地视为符合规划。对于在土地利用总体规划中难以准确定位，且单个用地面积不超过 100 平方米的输变电工程塔基、电信基站、水闸泵站、导航站（台）、输油（气、水）管道及其增压（检查）站、环境监测站点、水文施测站点、测量标志等基础设施项目，不影响土地用途区主导用途的，其用地按照符合土地利用总体规划办理。涉及占用永久基本农田的，按相关规定办理。

单独选址建设项目，未列入土地利用总体规划，但符合《土地管理法》第二十六条规定的，应当按照有关规定，根据国务院或省政府的批准文件，及时编制土地利用总体规划修改方案，并将修改方案与建设用地报批材料一并报批；未列入土地利用总体规划，也不符合《土地管理法》第二十六条规定的，不得通过建设项目用地预审或批准用地。

三、规范土地利用总体规划调整和修改管理

（一）严格控制土地利用总体规划修改。

土地利用总体规划在实施过程中确需修改的，必须符合《土地利用总体规划管理办法》（国土资源部第 72 号令）和《江苏省土地利用总体规划管理办法》（省人民政府第 105 号令）明确的情形和条件。规划修改应坚持政府主导，并加强规划修改的必要性、可行性和合法性论证，依法组织听证和向社会公告。

因设区市以上国民经济和社会发展规划及交通、水利、能源、军事、国家安全、生态环保等专项规划修改涉及新增重大基础设施、重要民生项目，需要调整土地利用总体规划重点建设项目清单的，应当按照“从严控制、有进有出”的要求，在不突破建设用地总规模的前提下进行调整，并在县（市、区）、乡（镇）土地利用总体规划中同步落实，相应调整规划布局，作为规划实施管理的依据。

土地利用总体规划修改原则上不得涉及永久基本农田布局和规模调整，因重大建设项目建设确需调整的，依法报国务院批准，土地利用总体规划修改方案自批准后 20 个工作日内，应按规定程序及时更新土地利用总体规划数据库。

（二）规范土地利用总体规划布局调整。

确需改变允许建设区的空间布局，在有条件建设区进行选址建设的，在确保允许建设区规模不增加、不突破城乡建设用地扩展边界、规划空间流量指标归还达到序时进度要求的前提下，可以编制规划布局调整方案（有条件建设区与允许建设区之间的调整）

各地应严格规范土地利用总体规划修改和布局调整管理， 原则上不得因产业项目建设修改规划。严格控制规划修改和布局调整频率，县、乡级土地利用总体规划修改和布局调整原则上 3 年内不超过 2 次，且两次修改时间间隔应在 1 年以上。土地利用总体规划修改，应报原批准机关批准后实施，并按规定向社会公告。规划布局调整方案由县级国土资源管理部门逐级行文报规划原批准机关的同级国土资源管理部门批准后组织实施。

四、切实保障土地利用总体规划有效实施

（一）推进村土地利用规划编制。

开展农村土地制度改革三项试点、特色田园乡村建设等试点的地区，可依据乡（镇）土地利用总体规划，按照“多规合一”的要求，通过编制村土

地利用规划，调整优化村庄用地布局，有效利用农村零星分散的存量建设用地，在村域内形成“一张蓝图、一本规划”，统筹布局农村生产、生活、生态空间，合理安排农村经济发展、耕地保护、村庄建设、生态保护、社会事业发展等各类用地。各地在村土地利用规划编制中，应充分考虑现代农业和农村产业融合发展需要，优先安排农村基础设施和公共服务用地，并可以乡（镇）为单位，预留少量《不超过 5%) 规划建设用地指标，在不涉及永久基本农田的情况下用于零星分散的单独选址农业设施、乡村旅游设施等建设。试点期间，村土地利用规划可由乡镇人民政府遵循相关技术规范要求组织编制，经县级政府审查同意后实施，并按照规定及时做好与乡（镇）土地利用总体规划成果衔接报备工作。

（二）加强国土资源规划计划管理系统应用管理。

为进一步做好土地规划管理工作，充分发挥国土资源规划计划管理系统的作用，提高工作效率和工作质量，自 2018 年 7 月 1 日起，各地在向省申请办理建设项目用地预审、土地利用计划、增减挂钩实施规划、工矿废弃地复垦利用方案等涉及规划管理工作的业务时，应充分利用江苏省国土资源规划计划管理系统，提高工作效率，加强规划实施动态监管。

（三）定期开展土地利用总体规划评估预警。

各级国土资源管理部门应当定期组织有关部门和相关行业专家对土地利用总体规划实施情况进行全面评估。通过评估及时掌握耕地保护、建设用地总量控制情况，分析规划实施取得的成效、存在问题及原因，提出促进规划有效实施的建议和措施。

中共江苏省国土资源厅党组关于全力服务促进高质量发展的实施意见

苏国土资党组〔2018〕29 号

各设区市国土资源局党组（党委），各县（市、区）国土资源局党组（党委），厅各直属单位党委（总支、支部），厅机关各处、室、局党支部：

为深入贯彻党的十九大和省委十三届三次全会精神，省委对高质量发展走在全国前列作了部署，专门下发了《关于进一步落实高质量发展走在全国前列要求的通知》（苏发〔2018〕6 号）。全省各级国土资源部门要进一步统一思想，提高认识，把服务促进高质量发展走在全国前列作为首要政治责任和工作任务，统筹谋划，务实进取，持续深化国土资源供给侧结构性改革，系统化提升新时代国土资源工作水平，全力服务促进高质量发展走在全国前列。经厅党组研究，结合全省国土资源管理实际，提出以下实施意见。

一、创新资源保护开发新机制，筑牢高质量发展根基

1. 坚持最严格的耕地保护制度。进一步放大耕地保护“责任 + 激励、行政 + 市场”机制效应，构建数量、质量、生态“三位一体”的耕地保护新格局，坚守耕地保护红线，对永久基本农田实行特殊保护，建立健全“划定、建设、管控、补划、保护”的长效机制。加大轮作休耕耕地保护和改造力度，优先纳入高标准农田建设范围，不得减少或破坏耕地，不得改变耕地地类。落实藏粮于地战略，确保到2020年，全省耕地保有量不少于6853万亩，永久基本农田保护面积不少于5844万亩。改进耕地占补平衡管理，建立耕地数量、粮食产能、水田面积三类指标库，采取指标核销方式落实耕地占补平衡，保障全省耕地占补平衡。贯彻落实好国务院关于跨省域补充耕地国家统筹管理办法，多渠道开展省域内的易地补充耕地，省原则上按照不超过30%的比例配给跨设区市省以上重大基础设施项目补充耕地指标，保障省以上重大基础设施用地需求。

2. 加强矿产资源勘查、开发与管理。严格矿产资源规划的实施管理，实行总量控制、分区管理、准入门槛制度。到2020年，全省年开采总量控制在2.1亿吨以内，重要矿产开采矿山“三率”达标率96%以上。完善矿业权人勘查开采信息公示制度，建设全省矿产资源勘查开采信息公示服务系统，形成“政府监管、企业自治、社会监督、信用约束”的矿产资源管理新格局。进一步优化矿产勘查开发布局，围绕重要成矿区和紧缺急需矿种，积极多渠道争取资金投入，深入推进找矿突破战略行动，不断提高矿产资源保障能力。

3. 深化矿地融合工作机制。鼓励徐州、淮安等有条件的地区先行试点示范，创建矿地融合发展示范区，促进矿地全方位协同一体化发展，探索形成具有江苏特色的矿地融合工作新机制。围绕国家和省重大发展战略及地方经济社会发展和生态文明建设需求，统筹部署城市地质、生态地质等综合地质调查工作，加快调查成果转化应用。科学统筹地上地下资源开发利用，服务保障新型城镇化建设。着力加强地质资料共享与服务，落实地质资料统一汇交制度，重点加强大中型建设项目水工环地质资料的汇交与共享，为推动地方经济社会高质量发展提供地质信息支撑与服务。

4. 大力实施科技创新。加快推进国土资源智库及科技创新联盟建设，建立科研资源统筹配置机制。以“三深一土”（深地探测、深海探测、深空对地观测和土地工程科技）科技创新战略为牵引，加快各类科研平台建设，重点建设“国土资源部海岸带开发与保护重点实验室”和“地裂缝地质灾害重点实验室”，争取国家在我省设立省级卫星应用技术中心，不断提升国土资源科技引领水平。全面深化“互联网+国土资源服务与监管”创新成果应用，实现全系统数据充分共享应用，发挥大数据在国土资源科学决策中的重要作用，以科技手段强化国土资源政务服务和社会服务功能。高质量开展第三次土地调查工作，实现调查成果“一查多用”应用共享效能，满足空间规划编制、国土空间用途管制、智慧城市建设等工作基础性需要。

二、深化供给侧结构性改革，全面推动高质量发展

5. 优化资源配置方式和结构。强化土地利用计划差别化配置，按照“调高、调轻、调优、调强”原则，突出对高投入、高产出等项目的支持，优先安排先进制造业、战略性新兴产业、现代服务业项目用地需求，支持新产业、新业态健康发展，促进实体经济提质增效。按照“重保优供，分级保障”路径，重点保障省委省政府确定的重大产业项目用地需求，对省级重大基础设施项目实行用地计划“核销制”，服务支撑全省现代化经济体系和综合交通运输体系建设。重大产业项目中高质量的项目，省留计划支持比例再增加10%。深化改革工业用地供应方式，全面推行长期租赁、租让结合、先租后让、弹性出让等多种方式灵活供应，降低实体经济企业用地成本，助推实体经济发展。差别化调控房地产用地，编制实施住宅用地供应三年滚动计划，引导市场合理预期，促进市场平稳健康运行。严格规范土地储备行为和运营管理，实行土地储备机构综合绩效评价。加强对地方以地融资的监督检查，防范违规土地抵押融资可能引发的政府债务风险。

6. 提升节约集约用地水平。深入推进国土资源节约集约利用“双提升”行动，强化核心指标动态监测，确保“十三五”时期，实现全省建设用地

地均 GDP 增长 35%、单位 GDP 建设用地占用下降 26%、土地开发强度控制在 22% 以下、存量建设用地在土地供应中的比例提高至 60% 以上等目标任务。以工业企业用地年度更新调查为抓手，动态监测评价土地资源要素配置效率和产出效益，构建产业用地长效管理机制。开展城镇建设用地提效工程，通过收购储备、实施流转、协议置换、“退二进三”、增容技改等方式推进城镇低效用地再开发，全面精准落实产业用地政策，鼓励大中型规上企业自建自用高标准厂房，推动复合立体利用，力争 2018~2020 年，完成城镇低效用地再开发 35 万亩，消化批而未供土地 30 万亩，努力引导实现土地资源要素纠正错配、促进适配、提升优配。完善开发区土地集约利用评价制度和体系建设，推动开发区向现代园区特别是现代产业园区转型，打造特色产业集群，提升土地产出率、资源循环利用率。争创首批国家节约集约利用示范省，做好新一周期全国节约集约模范县（市）创建工作，规范开展综合考评工作，不断完善具有江苏特色的国土资源节约集约利用综合评价考核体系。

7. 推进自然资源管理制度改革。根据国家统一部署，加快健全自然资源资产产权制度，做好自然资源统一确权登记试点工作。充分发挥市场在资源配置中的决定性作用，扩大国有土地有偿使用范围，支持市、县人民政府以国有建设用地使用权作价出资或者入股的方式提供公共服务项目用地，与社会资本共同投资建设。深化国有建设用地使用权二级市场试点经验，促进土地资源优化配置。推进矿业权管理制度改革创新，优化矿产资源市场化配置，建立健全符合市场经济要求和矿业规律的矿业权出让方式。

8. 加大“放管服”改革力度。全面落实“不见面”审批改革部署，以系统化、集成化、法治化为导向，完善信息化平台建设，提升运用信息化手段对建设用地报件自动比对审批的效率。简化建设项目用地预审，对不涉及新增建设用地在已批准的建设用地范围内进行改（扩）建的项目和采用公开招拍挂方式取得土地的项目可不进行用地预审。全面推进区域性地质灾害危险性评估和压覆矿产调查研究工作。进一步深化“放管服”改革方案，减少审批环节、提高审批效率，降低制度性交易成本，优化营商环境。深化国土资源“四全”服务品牌建设，建成运行全省统一的“四全”服务平台，优化提升“四全”服务窗口，以报件材料统一、审查标准统一、服务时限统一推动全省系统审批与服务标准化。

三、强化国土生态保护，促进生态文明建设

9. 优化国土空间开发格局。全面完成省级国土规划编制工作，以资源环境承载能力为基础，统筹协调生产、生活、生态空间土地资源开发利用布局，通过加强土地利用总体规划管控和土地利用计划调控，引导土地等生产要素合理配置，服务保障“一带一路”交汇点建设、长江经济带发展和“1+3”功能区战略的实施，促进区域协调发展。深入推进“多规合一”，适时启动新一轮土地利用总体规划编制，把生态保护红线、永久基本农田、城镇开发边界“三条控制线”逐级落到实处。以土地用途管制为基础，推进自然生态空间用途管制试点，将用途管制逐步扩大到所有自然生态空间，严格保护耕地、林地、河流、湖泊、湿地等生态自然资源。

10. 大力实施土地综合整治战略。加快市、县土地整治规划编制与实施，大力推进土地综合整治，强化土地综合整治资金的投入管理，合理拓展省级资金的投入使用方向，把土地综合整治与美丽乡村、特色田园乡村和生态文明建设等相结合，促进农村环境修复、农业提质增效、农民安居宜居。推进城市土地集约高效利用，开展城市有序更新，合理安排中心城区用地功能区置换，增强城市综合承载力。

11. 推进矿产资源绿色发展。全面开展生态红线内矿业权清理工作，在划定的生态红线范围内，对已设的矿业权进行调查摸底、分类梳理、系统分析，为生态红线内矿业权处置奠定基础。坚持生态保护优先，调整优化工作布局，推行绿色勘查示范，创新勘查技术手段，组织实施绿色勘查示范工程。

推进矿业开发与生态环境保护工作的协调统一，积极稳步推进绿色矿山建设，到2020年矿山“三废”排放和污染物总量控制全面达标，建立健全完善的绿色矿山标准体系和管理制度，全省绿色矿山格局基本形成。

12. 加强地质环境保护与治理。编制矿山地质环境恢复和综合治理规划，统筹部署治理新老矿山地质环境问题。以自然保护区、重要景观区、居民集中生活区的周边和重要交通干线、河流湖泊直观可视范围“三区两线”及基本农田保护区等为重点，按照“山水林田湖草是一个生命共同体”的理念，推进实施矿山地质环境恢复治理工程。落实矿山地质环境治理恢复基金制度，建立动态监管机制，督促企业履行地质环境治理恢复责任。开展全省国土（耕地）生态地质环境监测，优化地下水和地面沉降监测网络。进一步加强地质灾害调查评价、监测预警、综合治理和应急防治体系建设，不断提升地质灾害防治能力，保障人民群众生命财产安全。

四、推进和谐国土建设，切实保障和改善民生

13. 助力乡村振兴。全面落实“四化联动”发展要求，推进乡村建设现代化进程。统筹推进村土地利用规划编制工作，为实施乡村振兴战略、农村土地制度改革试点、特色田园乡村建设和全域旅游发展等提供规划引领。支持农村新产业新业态和产业融合发展，在符合乡镇土地利用总体规划前提下，允许县级政府通过村土地利用规划，调整优化村庄用地布局，有效利用农村零星分散的存量建设用地；预留部分规划建设用地指标用于单独选址的农业设施和休闲旅游设施等建设；对收储整理农村闲置建设用地用于发展农村新产业新业态的，给予土地利用计划指标奖励。加强设施农用地管理，鼓励集中兴建公共设施。支持返乡下乡人员依法使用农村集体建设用地开展创业。支持特色田园乡村试点地区开展旅游项目点状供地试点和不动产登记颁证工作。加大对国家农村产业融合发展示范园创建和“四好农村路”建设的支持保障力度。

14. 加大农村土地制度改革。全面支持深化统筹常州市武进区农村土地制度改革试点工作，在开展国家试点的基础上，进一步开展国土资源综合改革试点，在更大范围、更深层次推进国土资源改革创新。完善农民闲置宅基地和闲置农房利用政策，探索宅基地所有权、资格权、使用权“三权分置”具体实现形式，落实宅基地集体所有权，保障宅基地农户资格权和农民房屋财产权，适度放活宅基地和农民房屋使用权。积极盘活农村存量建设用地，充分运用农村建设用地调查成果，把农村建设用地盘活与农村宅基地自愿有偿退出等工作相结合，更大范围总结推广农村宅基地自愿有偿退出成功经验，引导农民集中居住。鼓励农业生产和村庄建设等用地复合利用，发展休闲农业、乡村旅游、农业教育、农业科普、农事体验等，拓展土地使用功能，提高土地使用效率和产出水平。

15. 推动不动产登记进一步便民利民。坚持以人民为中心的服务理念，推进不动产登记工作依法规范、高效服务、便民利民，开展争创“全国百佳不动产登记便民利民示范窗口”和“党员先锋岗”活动，举行全省不动产登记业务技能竞赛，推进窗口建设规范化。开展不动产登记“不见面”服务试点，推广不动产登记与水、电、气、广电、网络等过户的联动办理，推进改革服务创新化。优化不动产登记“一窗受理、集成服务”，增设不动产登记“一窗受理、集成服务”网点，在银行增设抵押登记便民服务点。扎实推进房地一体的农村集体建设用地和宅基地使用权确权登记颁证，推进城乡覆盖一体化。加强对不动产测绘管理，充分发挥测绘地理信息在不动产统一登记中的作用。推动实现信息共享全省全覆盖，建立全省不动产登记实时监控平台，推进监管决策信息化。推进出台《江苏省不动产登记条例》，进一步规范登记行为，推进业务依据法制化。

16. 推进法治国土建设。充分发挥依法行政领导小组的领导作用，落实好党政主要负责人履行推进法治建设第一责任人职责，统筹用好法律顾问委员会、法律顾问律所、公职律师三大法治力量。推动全面建立国土资源部门与检察机关的公益诉

讼联席会议机制，突出以人民为中心，完善争议案件办理机制。建立健全国土资源违法违规形势分析和预警机制，将违法违规行为消除在萌芽状态。加大对重大典型违法案件的公开挂牌督办力度，加大对违法违规用地问题严重地区重点执法检查力度。加强对市、县（市、区）国土资源部门依法履职的监督检查，着重强化国土资源所巡查覆盖率、问题发现率、违法制止率、备案报告率。对违法违规用地问题严重的县（市、区）实施警示约谈，限期整改；整改期满未达到整改要求的，实行重点管理。制定全省国土资源信访工作责任制实施细则和国土资源领域依法分类处理信访诉求工作规则，强化目标管理考核，不断完善信访工作体制机制，妥善处理化解信访矛盾，维护群众合法权益。

17. 用活用足政策助推富民增收。贯彻落实好国务院关于城乡建设用地增减挂钩节余指标跨省域调剂管理办法和《省政府办公厅关于印发江苏省增减挂钩节余指标流转使用管理暂行办法的通知》（苏政办发〔2017〕101号），统筹推进增减挂钩节余指标跨省、省内调剂使用，积极落实农村建设用地减量化，进一步探索允许适量开展带规划空间指标流转和推进更大范围资源统筹配置，流转收益专项用于农民安置补偿、农村土地整治、农村基础设施和公共配套设施建设，助力精准扶贫。深入推进国土支持扶贫行动，持续推进集成集聚国土资源扶贫26条和富民20条政策措施落地见效，加大经济薄弱地区的政策支持力度，推动富民增收。

五、加强组织领导保障，确保政策措施落地见效

18. 坚持党建统领。全省各级国土资源部门要提高政治站位，切实增强使命感和责任感，把推动高质量发展作为破解难题的关键之举、提升能力的指引方向，坚持党建统领，大力推进党建和业务工作深度融合、有机结合。党组（党委）对推动本部门高质量发展负全面责任，党政主要领导负第一责任，要亲自挂帅、靠前指挥；班子成员负直接责任，要根据职责分工，统筹推进、狠抓落实。

19. 细化政策举措。全省各级国土资源部门要坚持系统思维，紧紧围绕本《意见》的贯彻落实，进一步明确工作任务，细化工作措施，落实工作责任，层层抓好贯彻落实。加强政策实施评估，深入开展调查研究，建立政策施行上下反馈机制，及时校准，精准施策，确保本《意见》各项政策举措真正落地见效。全省系统各级督查部门，要将《意见》的实施纳入重点督查内容，定期通报，跟踪落实。

20. 加大考核力度。全省各级国土资源部门要强化考核导向，加快形成推动高质量发展的绩效评价和政绩考核体系，建立省市县三级贯通、上下联动的考核工作组织架构。省厅将把《意见》的贯彻落实情况纳入“江苏省国土资源节约集约利用综合评价考核体系”，把推动高质量发展走在前列任务完成情况纳入年度综合考评和绩效考核工作。加强审计监督，促进对推动高质量发展的监督和指导。

江苏省国土资源厅关于加强土地整治项目中客土管理的通知

苏国土资发〔2018〕29号

各市、县（市、区）国土资源局：

我省地处长江下游，平原辽阔，水网密布，湖泊众多。在土地整治工作中，涉及大量土地平整和表土回填等工作。为了加强土地整治项目（包括：省、市、县投资土地整治项目、耕地占补平衡补充耕地项目、城乡建设用地增减挂钩土地复垦项目、工矿废弃地复垦项目、生产建设用地损毁土地复垦项目等土地整治项目）中客土管理，现将有关要求通知如下：

一、高度重视。各地要深刻领会十九大精神，牢固树立“绿水青山就是金山银山”的意识，高度重视土地整治工作中客土管理的重要性，从思想上、认识上、行动上要“把生态环境作为第一位”，打造生态环境的“生命共同体”。

各地在年度土地整治项目规划安排时，应统筹客土的来源，根据安全可靠的客土来源，确定土地整治项目实施计划。在工作中要主动作为、严格标准、加强监管，使得通过土地整治后的农地既生态又环保，满足人民群众的需求。

二、明确责任。各地要明确土地整治工作中客土管理的各方责任，土地整治项目的承担单位作为项目客土管理的第一责任人，对项目区的客土安全负总责。项目所在地的国土资源部门具有监督责任。施工建设单位在土地整治项目中涉及客土回填的，对客土安全具有直接责任。项目监理单位作为项目施工的全程监管方，对施工中客土安全负监督责任。客土管理各方要全程监管客土的利用过程，保证做到责任落实、全程监督，杜绝土壤污染传播。

今后，凡土地整治项目中所需要客土的，必须出具经有关部门审查合格的客土鉴定报告，客土鉴定报告须包括：客土的来源地、土壤的成分及客土土方量等主要内容。

三、强化监督。各地要充分利用国土信息“一张图”和“慧眼守土”等信息平台，加大国土执法巡查力度，建立及时报告制，对巡查发现的疑似偷倒建筑、生活垃圾、偷排污水等环境污染情况，及时将信息告知地方政府及市容、环保等有关部门，共同打击各类土地违法违规行为。

江苏省国土资源厅 江苏省财政厅 中国人民银行南京分行 江苏银监局关于印发《江苏省土地储备管理实施办法》的通知

苏国土资发〔2018〕147 号

各市、县（市、区）国土资源局、财政局，中国人民银行南京分行营业管理部、江苏省各市中心支行，各银监分局：

为加强和规范土地储备管理，促进土地资源的高效配置和合理利用，根据国土资源部、财政部，中国人民银行，中国银行业监督管理委员会最新修订的《土地储备管理办法》（国土资规（2017)17号），结合我省实际，制定了《江苏省土地储备管理实施办法》。现予印发，请遵照执行。

江苏省土地储备管理实施办法

一、总体要求

（一）为贯彻落实党的十九大精神，切实加强自然资源资产管理和防范风险的要求，进一步规范土地储备管理，增强政府对城乡统一建设用地市场的调控和保障能力，促进土地资源的高效配置和合理利用，根据《国务院关于加强国有土地资产管理的通知》（国发〔2001〕15 号）《国务院关于促进节约集约用地的通知》（国发〔2008〕3 号）《国务院关于加强地方政府性债务管理的意见》（国发〔2014〕43 号）《土地储备管理办法》（国土资规〔2017〕7 号）等相关文件，结合本省实际，制定本办法。

（二）土地储备是指县（市、区）及以上国土资源主管部门为调控土地市场、促进土地资源合理利用，依法取得土地，组织前期开发、储存以备供应的行为。土地储备工作统一归口国土资源主管部门管理，土地储备机构承担土地储备的具体实施工作。财政部门负责土地储备资金及形成资产的监管。

（三）土地储备机构应为市、县（市、区）人民政府批准成立、具有独立的法人资格、隶属于所在行政区划的国土资源主管部门、承担本行政辖区内土地储备工作的事业单位。国土资源主管部门对土地储备机构实施名录制管理。市、县（市、区）国土资源主管部门应将符合规定的机构信息逐级上报至省国土资源厅，经省国土资源厅审核后报国土资源部，列入全国土地储备机构名录，并定期更新。

二、储备规划与计划

（四）各级国土资源主管部门应根据国民经济和社会发展规划、国土规划、土地利用总体规划、城乡规划、城镇低效用地再开发规划等，科学编制土地储备规划（含三年滚动计划），优先储备空闲、低效利用等存量建设用地，统筹安排可收储的土地资源的总量、结构、布局和时序。

土地储备规划由省国土资源厅组织论证，论证通过后经同级人民政府批准，报省国土资源厅备案后实施。土地储备规划未经论证通过的，不予备案；确需调整完善的，应按原程序报批、备案。

（五）各级国土资源主管 部门应会同财政等部门，根据城市建设发展和土地市场调控的需要，结合当地社会发展规划、土地利用总体规划、城乡规划、土地储备规划、年度土地供应计划、城镇低效用地再开发规划和年度计划及地方政府债务限额等因素，合理确定年度新增收储、前期开发、供应的具体安排和实施时序，依据《江苏省年度土地储备计划编制规范》于每年第三季度编制完成下一年度土地储备计划草案，提交省国土资源厅审核并报地方人民政府批准后实施。

涉及申请使用土地储备专项债券的，年度土地储备计划草案应根据土地储备专项债券实际下达额度完善后报省国土资源厅审核。

（六）年度土地储备计划内容应包括：

1. 上年度末储备土地结转情况（含上年度末的拟收储土地及入库储备土地的地块清单）；

2. 年度新增储备土地计划（含当年新增拟收储土地和新增入库储备土地规模及地块清单）；

3. 年度储备土地前期开发计划（含当年前期开发地块清单）；

4. 年度储备土地供应计划（含当年拟供应地块清单）；

5. 年度储备土地临时管护计划；

6. 年度储备土地临时利用方式；

7. 年度末储备土地总规模；

8. 年度土地储备资金供需分析与经济评价；

9. 计划实施保障措施。

其中，拟收储土地，是指已纳入土地储备计划或经县（市、区）及以上人民政府批准，目前已启动收回。收购、行使优先权购买征收等工作，但未取得完整产权的土地；入库储备土地，是指土地储备机构已取得完整产权，纳入储备土地库管理的土地。

（七）因土地市场调控政策变化、城镇低效用地再开发规划和年度计划调整等原因确需调整年度土地储备计划的，每年中期可调整一次，并将年度土地储备计划修正案按原审批程序报批、备案。土地储备规划未经省国土资源厅备案的地区，相应年度的土地储备计划不予审核。

三、入库储备标准

（八）储备土地必须符合土地利用总体规划和城乡规划。存在污染、文物遗存、矿产压覆、洪涝隐患、地质灾害风险等情况的土地，在按照有关规定由相关单位完成核查、评估和治理之前，不得入库储备。

（九）下列土地可以纳入储备范围：

1. 依法收回的国有土地；

2. 收购的土地；

3. 行使优先权购买取得的土地；

4. 已办理农用地转用、征收批准手续并完成征收的土地；

5. 其他依法取得的土地。

入库储备土地必须是产权清晰的土地 . 土地储备机构应对土地取得方式及程序的合规性、经济补偿、土地权利（包括用益物权和担保物权）等情况进行审核，不得为了收储而强制征收土地。对于取得方式及程序不合规、补偿不到位、土地权属不清晰、应办理相关不动产登记手续而尚未办理的土地，不得入库储备。

（十）收购土地的补偿标准，由土地储备机构与土地使用权人根据土地评估结果协商，经同级国土资源主管部门和财政部门确认，或地方法规规定的其他机构确认。

（十一）储备土地入库前，土地储备机构应向不动产登记机构申请办理登记手续。储备土地登记的使用权类型统确定为“其他（政府储备）”，登记的用途应符合相关法律法规的规定。

四、前期开发、管护与供应

（十二）土地储备机构负责理清入库储备土地产权，评估入库储备土地的资产价值。

（十三）土地储备机构应组织开展对储备土地必要的前期开发，为政府供应土地提供必要保障。

储备土地的前期开发应按照该地块的规划，完成地块内的道路、供水、供电、供气、排水、通讯、围挡等基础设施建设，并进行土地平整，满足必要的“通平”要求。具体工程要按照有关规定，选择工程勘察、设计、施工和监理等单位进行建设。

前期开发工程施工期间，土地储备机构应对工程实施监督管理。工程完成后，土地储备机构应按规定组织开展验收或委托专业机构进行验收，并按有关规定报所属国土资源主管部门备案。

（十四）土地储备机构应对纳入储备的土地采取自行管护、委托管护、临时利用等方式进行管护:建立地查制度，对侵害储备土地权利的行为要做到早发现、早制止、早处理。对储备土地的管护、可以由土地储备机构的内设机构负责，也可由土地储备机构按照相关规定选择管护单位。

（十五）在储备土地未供应前，土地储备机构可将储备土地或连同地上建（构）筑物、通过出租、临时使用等方式加以利用。储备土地的临时利用、一般不超过两年，且不得影响土地供应，储备土地的临时利用应报同级国土资源主管部门同意。其中，在城市规划区内储备土地的临时使用，需搭建建（构）筑物的，在报批前，应当先经城市规划行政主管部门同意，且不得修建永久性建筑物。

（十六）储备土地完成前期开发，并具备供应条件后，应纳入当地市、县（市、区）土地供应计划、由市、县（市、区）国土资源主管部门统一组织土地供应，供应已发证的储备土地之前，应收回并注销其不动产权证书及不动产登记证明、并在不动产登记簿中予以注销。

五、资金管理

（十七）土地储备资金收支管理严格执行财政部、国土资源部关于土地储备资金财务管理的规定。土地储备资金通过政府预算安排，实行专款专用。各级财政部门应当按照《财政部国土资源部中国人民银行关于印发国有土地使用权出让收支管理办法的通知》（财综〔2006〕68号）规定，从缴入地方国库的招标、拍卖、挂牌和协议方式出让国有建设用地使用权取得的总成交价款中足额划出5%用于建立国有土地收益基金，专项用于土地储备。

（十八）土地储备机构应当严格按照规定用途使用土地储备资金，不得挪用。土地储备机构所需的日常经费，纳入政府预算，与土地储备资金实行分账核算，不得相互混用。

（十九）土地储备机构按规定编制土地储备资金收支项目预算，经同级国土资源主管部门审核，报同级财政部门审定后执行。年度终了，土地储备机构向同级财政部门报送土地储备资金收支项目决算，由同级财政部门审核或由同级财政部门指定具有良好信誉、执业质量高的会计师事务所等相关中介机构进行审核。

（二十）土地储备资金应当建立绩效评价制度，绩效评价结果作为财政部门安排年度土地储备资金收支项目预算的依据。

（二十一）土地储备专项债券资金管理执行财政部、国土资源部有关地方政府土地储备专项债券管理的规定。

六、监管责任

（二十二）信息化监管。列入土地储备机构名录的机构要严格执行土地储备信息监测监管的各项规定，按要求在土地储备监测监管系统中及时、规范、准确填报储备土地、已供储备土地。储备土地资产存量和增量、储备资金收支。土地储备专项债券等相关信息，主动接受监督管理。土地储备机构应按相关法律法规和规范性文件开展工作，违反相关要求的，将被给予警示直至退出名录。

（二十三）部门分工监管。各级国土资源主管部门及财政部门应按照职责分工，互相配合，保证土地储备工作顺利开展。市、县（市、区）国土资源主管部门应制定相关管理办法，监管土地储备机构、业务运行、资产管理及资金使用，定期考核，加强对土地储备机构的管理与指导：及时核准上传土地储备机构在土地储备监测监管系统中的信息，审查调整土地储备计划及资金需求，并配合财政部门做好土地储备专项债券额度管理及发行等相关工作。

省国土资源厅对土地储备业务予以政策和业务指导，监管全省土地储备机构及土地储备业务运行情况，审核土地储备机构名录、土地储备规模、资金及专项债券的需求，组织土地储备规划论证，审核年度上地储备计划，监测评估土地储备规划实施和计划执行等综合绩效情况配合省财政厅做好土地储备专项债券额度分配及发行等相关工作。

各级财政部门负责审核土地储备资金收支预决算、监督管理资金支付和收缴及土地储备专项债券发行、还本付息等工作。

（二十四）各级国土资源主管部门、财政部门、中国人民银行分支机构和银行业监督管理部门应建立符合本地实际的联合监管机制。按照职责分工，对储备土地、资产、资金、专项债券进行监督和指导。

（二十五）本办法自发布之日起实施。

江苏省自然资源厅关于进一步降低企业发展成本服务保障实体经济高质量发展的指导意见

苏自然资发〔2018〕1号

各市、县（市、区）自然资源主管部门：

为深入贯彻省委、省政府着力振兴实体经济的决策部署，落实省政府《关于进一步降低企业负担促进实体经济高质量发展若干政策措施的通知》（苏政发〔2018〕136号）精神，以更高的政治站位、更实的行动举措、更强的责任担当、更优的标准要求，全力保障我省高质量发展走在前列，现就进一步降低企业发展成本，优化用地、用矿、用海服务，促进实体经济高质量发展提出以下意见。

一、加大各类用地用矿用海规划保障力度

编制全省国土空间规划，统筹引领国土规划、土地利用总体规划、城乡规划、生态环境保护规划等各类空间规划，统一规划国土空间布局，引导用地单位合理确定建设项目选址，为经济发展提供良好的用地、用矿、用海条件。充分发挥规划的空间布局引领作用，统筹使用新增和存量土地、矿产、海域等资源，精准保障先进制造业、现代服务业、战略性新兴产业等产业项目用地、用矿、用海。建设项目确需占用与允许建设区相连的非永久基本农田、非生态保护红线范围内的其他土地且项目用地所在区域规划主导用途为城镇村建设用地，并以批次形式报批时用地面积在规定范围内的，可以按照符合土地利用总体规划办理；建设项目确需填海的，按照国务院《关于加强滨海湿地保护严格管控围填海的通知》（国发〔2018〕24号）规定办理。

促进现代农业和农村产业融合发展，鼓励有条件的地区开展村土地利用规划编制和实施工作，规划经县级人民政府审查同意后实施，并按照规定及时做好与乡（镇）土地利用总体规划衔接与报备工作。村土地利用规划优先安排农村基础设施和公共服务用地，并以乡（镇）为单位，可预留不超过5%的规划建设用地规模，在不涉及永久基本农田的情况下用于零星分散的单独选址农业设施、乡村旅游设施等建设。

二、确保重点急需项目开工建设

落实投资领域“放管服”改革，按照“重保优供、分级保障”的要求，加强沟通协调，强化督促调度，切实压减审批前评价评估环节和审批时间，加快推进省、市级重点和急需建设项目城乡规划选址、用地、用海等方面前期工作，加大征地推进力度，确保尽快落地，推动项目尽早开工建设。优先和精准保障省重点项目建设，对列入省重大项目投资计划的高质量项目，省留用地计划支持比例在原有基础上增加10%。符合支持和保障重大产业项目用地计划办法规定的省重大产业项目，优先安排土地利用年度计划，允许提前预借省级用地计划。

国家重点建设项目且用地需国务院批准的、控制工期的单体工程和因工期紧或者受季节影响急需动工建设的其他工程，可由设区市人民政府向省自然资源厅申请转报自然资源部批准先行用地；省以上重点建设项目且用地需省人民政府批准的、相应急需动工建设的工程，可由设区市人民政府向省自然资源厅申请办理先行用地；优先报批列入省重大项目投资计划的非填海类项目用地。进一步完善省域内易地补充耕地方式。对于符合条件的省级重点项目，且在设区市域范围内难以实现耕地占补平衡的，可申请省级有偿调剂补充耕地指标。

三、实行有保有控的产业用地政策

省追加的新增城乡建设用地和用地计划年度考核后收回的计划，优先保障战略性新兴产业、先进制造业、现代服务业和生态修复等项目用地需求；产业项目较多、投资总额和投入产出强度超出全省平均水平50%的地区，可根据实际向省自然资源厅申请新增建设用地计划支持；纳入省相关“十三五”规划的制造业项目享受省重点项目同等待遇。

鼓励大中型规上企业自建自用四层及以上配工业电梯的高标准厂房；鼓励小微企业、初创型企业租用高标准厂房。允许高标准厂房在不改变功能和土地用途的前提下，按幢、层等固定界限为基本单元分割登记、转让。支持大型骨干企业开办非营利性职业院校（含技工院校），相关用地允许参照公办学校同等用地政策，可按划拨等方式供地。

四、积极推行差别化的地价政策

根据市场运行状况，完善以基准地价、区段地价和标定地价为核心的建设用地价格成果分类体系和更新机制，编制科研研发类用地基准地价，建立工业用地和商办用地合理地价调节机制。列入新型电力（新能源）装备、工程机械、物联网、前沿新材料、生物医药和新型医疗器械、高端纺织、集成电路、海工装备和高技术船舶、高端装备、节能环保、核心信息技术、汽车及零部件、新型显示等省级13个先进制造业集群名单和省级优先发展产业目录及高标准厂房用地、且用地集约达到国家和省标准的，在确定土地出让底价时，可按不低于所在地土地等别相对应的工业用地最低价标准的70%，且不低于实际土地取得成本、土地前期开发成本和按规定应收取相关费用之和的原则执行。

符合节约集约用地要求、属于战略性新兴产业、高端制造业、现代服务业等国家和省鼓励发展的产业项目，可根据产业性质、准入评价分类结果实行差别化的出让起始价政策；鼓励产业层次高、发展潜力大的产业企业、科研研发企业和金融企业在我省设立总部型机构，促进总部企业集聚发展，在市场评估价基础上按照办公自持比例设定修正系数确定出让起始价；其他科研研发类用地可按照不低于工业用地出让最低价标准 120% 确定出让起始价。开发利用地下空间的，结建地下空间建筑面积可不计容，不收取相应地下空间土地出让金；单建地下空间可按建设用地使用权所在区域区段基准地价、成交楼面地价、土地使用权评估价等作为基础，按照不低于 50% 的比例确定负一层地价，负二层再减半，负三层以下可不收取土地出让金。

五、深化工业用地供应方式改革

降低企业用地取得成本，助推产业转型升级和企业提质增效，充分运用工业企业用地调查成果，建立符合企业发展规律、产业生命周期和产业发展方向的工业用地供应制度，积极推行工业用地采用长期租赁、先租后让、租让结合和弹性出让等供应方式；以先租后让方式取得且投入产出水平等达到约定条件的工业用地，可采用协议出让方式将租赁用地转为出让用地。为降低企业一次性缴付土地出让金总额，新增产业项目类工业用地出让年限一般可不超过 30 年。以上述方式取得的工业用地，在国有建设用地使用权有偿使用合同约定的使用期限内，土地使用者可经有关部门批准，建造永久建（构）筑物。在办理工业项目核准、城市规划许可、建设许可、贷款抵押等手续时，土地租赁合同与土地出让合同具有同等效用。

在符合国家和省地价评估技术要求的基础上，工业用地租让结合、先租后让、弹性出让的出让价格按照折算后不低于出让时国家规定的工业用地出让最低价标准的原则确定；工业用地租让结合、先租后让、弹性出让的出让起始价格，依照基准地价对应的最高使用期限进行年期修正；长期租赁、租让结合、先租后让的租金标准、调整方式和缴付办法依据工业用地基准地价和市场情况确定并向社会公开，租金标准原则上每 3 年调整 1 次。根据土地规模、土地估价结果、土地市场情况等，可适当下调工业用地出让竞买保证金。土地竞得人在首次缴纳不低于出让价款 50% 的前提下，经当地土地出让协调决策机构集体认定，合理确定工业用地出让金缴纳期限，分期缴纳土地出让价款，余款可按合同约定在一年内缴清。

六、多措并举盘活利用存量建设用地

鼓励对现有工业用地追加投资、转型改造，合理利用地上地下空间。对符合相关规划、不改变用途的现有工业用地，通过厂房加层、老厂改造、内部整理等途径提高土地利用率和增加容积率的，不再增收土地价款；对纳入城镇低效用地再开发规划范围的建设用地，在符合相关规划的前提下变更土地用途（非商品住宅）的，经有供地权的人民政府批准，可采取协议方式供地；再开发后确需分割转让的，经批准后可按幢或层作为最小分割单元转让，分割转让的建筑面积不超过再开发建设项目总建筑面积的 30%，相关要求在土地有偿使用合同中约定；对未取得合法用地手续但符合相关规划、可以纳入低效用地再开发规划范围的，按照省政府促进低效产业用地再开发的相关规定，规范处理历史遗留问题。

推进闲置土地开发利用，非企业原因造成的闲置工业用地，鼓励通过土地二级市场，按规定依法转让、合作开发等方式盘活利用；政府和政府相关部门依照规划改变用途的，经市、县人民政府批准后，按照新用途或者新规划条件重新办理相关用地手续。通过盘活存量建设用地用于工业项目建设的，年度计划分配时按规定奖励新增建设用地计划。抓紧推进全省围填海现状调查工作，形成围填海历史遗留问题清单，研究制订解决计划和方案，为盘活存量用地、用海提供依据。

七、有效提升矿产资源合理利用水平

进一步拓宽建筑石料资源供给，鼓励现有建材矿山充分合理利用资源，加强废石、矸石和尾矿资源的综合利用，对利用“三废”资源的免收矿产资源出让收益。鼓励矿山企业采用先进适用的开采加工技术，加大扶持力度，促进矿业绿色发展、和谐发展。鼓励符合条件的地区新设立建筑砂石矿业权，进一步规范简化出让办理流程，缩短办理时限。强化建筑石料矿山集中区建设模式，鼓励建设节约集约型建筑石料矿山。对超过一定额度的探矿权出让收益采取首期征收 20% 的征收办法，减少企业风险成本。

八、设立不动产登记绿色通道

在不动产登记中心设立实体经济企业绿色通道，开展容缺受理、专人协办、质量回访等服务。推动实现不动产登记进一步提速，年底前实现实体经济企业不动产登记3个工作日办结。建立金融机构、实体经济企业共性材料备案制，避免重复提交材料。推动商业银行等金融机构增设不动产抵押登记银行代办点，方便企业申请贷款时同步办理不动产抵押登记业务，降低企业融资成本。

对小微企业（含个体工商户）申请不动产登记的，免收不动产登记费。同一宗土地上多个抵押物办理一笔贷款申请办理抵押权登记的，按一件收取不动产登记费。不动产申请办理转移、变更、抵押登记时，对不动产界址、房屋面积、结构未发生变化的情况，房产交易机构、不动产登记机构审核通过的原有测绘成果应继续沿用，不得要求权利人另行提交权籍调查成果，不得要求权利人缴纳测绘费等额外费用。

进一步降低企业发展成本，服务保障实体经济高质量发展是推进供给侧结构性改革、巩固经济稳中向好态势、促进就业和提升长期综合竞争力的重要举措。各地自然资源主管部门要清理和停止实施不相符的相关政策措施，结合本地实际制定相关实施细则，按照职责分工抓好贯彻落实，强化分类指导，层层压实责任，加强沟通协调，形成工作合力，确保各项政策及时落地生效。

江苏省自然资源厅关于规范开展批而未供土地处置工作的意见

苏自然资发〔2018〕15号

各市、县（市、区）自然资源主管部门：

为进一步优化土地资源配置，提升资源保障能力和节约集约用地水平，根据《国务院关于深化改革严格土地管理的决定》（国发〔2004〕28号）、《自然资源部关于健全建设用地“增存挂钩”机制的通知》（自然资规〔2018〕1号）等相关文件要求，经省政府同意，现就规范开展批而未供土地处置工作，制定本意见。

一、处置范围

2009年以来，经省政府批准使用年度新增建设用地计划指标的批次及单独选址项目用地，因规划、政策调整等原因，不再实施征地或供地的。

二、处置条件

（一）所涉土地为已依法获得批准的批次（项目）用地或完整宗地；

（二）所涉土地无违法违规行为、无权益纠纷；

（三）所涉土地现场地类与批准时一致。

三、处置办法

（一）农用地转用及土地征收批准未满两年，但因规划、政策调整等原因已不具备供地条件、不再实施征地的（以下简称“批而不征土地”），可由市、县人民政府逐级报省政府申请调整。

（二）农用地转用及土地征收批准已满两年，但未实施征地补偿安置方案的（以下简称“批而未征土地”），批准文件自动失效；部分未实施的，未实施部分自动失效。

（三）已实施征地补偿安置方案，但因规划、政策调整、不具备供地条件的（以下简称“征而未供土地”），可由市、县人民政府逐级报省政府调整用地批准文件中的相关批准内容。

四、处置程序

（一）关于批而不征土地

1. 由市、县人民政府以书面形式发布停止实施征地告知书，告知原拟征收土地的农村集体经济组织和农民。

2. 市、县国土资源主管部门根据拟处置土地规模，确定拟调整利用的新用地地块，按现行政策要求组卷报批，由市、县人民政府逐级呈报省政府批准。

批而不征土地调整，应当控制在同一县级行政区域范围内；属于同一批次（项目）的，应当一次性调整处置到位，不得拆分或多次处置；多个批次（项目）需处置的地块可调整到同一新批次（项目）使用。新用地规模的新增建设用地面积、农用地面积和耕地面积均不得大于原相应批准面积。

3. 用地调整批准后，市、县人民政府应在不再实施征收土地范围内以书面形式发布停止实施征地的公告；对批准征收的土地，依法履行批后实施程序。

调整后批准征收的土地不得再申请调整处置。

（二）关于批而未征土地

1. 以批次（项目）为单位，县级人民政府形成批而未征土地处置情况报告报设区市人民政府，抄送同级国土资源主管部门。由设区市（省管县）人民政府汇总批而未征土地处置情况报省自然资源厅备案。

2. 土地因批而未征，其相关批准内容自动失效，由市、县人民政府以书面形式告知原拟征收土地的农村集体经济组织和农民。

（三）关于征而未供土地

1. 以批次（项目）为单位，由市、县人民政府逐级报省政府调整用地批准文件中相关宗地农用地转用或未利用地使用的批准内容。

2. 征而未供土地，按国有土地管理，由市、县人民政府按规定管护、使用。

五、呈报材料

批而未供土地处置报省政府批准或省自然资源厅备案须提交下列材料：

（一）设区市（省管县）人民政府关于申请批而未供土地处置的请示或备案报告，并附具批而未供土地处置情况报告。

批而未供土地处置情况报告中须说明批而未供原因，相关处置要求符合情况，拟处置地块土地利用现状、地类及权属变更情况，相应规费缴纳情况，补充耕地情况，相关权益处置情况及相关权利人意见。批而不征土地调整的，还须说明调整前后地块的地类、面积变化情况，新用地对照现行政策的用地审查情况等。

（二）市、县国土资源主管部门关于拟处置土地的现场踏勘报告及相关影像资料。

（三）土地勘测定界成果和已标注拟处置土地位置的土地利用总体规划图、土地利用现状图。

批而不征土地调整的，还须提供拟处置土地与调整后新用地土地分类面积对照表及新用地地块按现行用地政策编制的用地呈报材料。

六、其他要求

（一）确需处置的批而未供土地，由市、县国土资源主管部门组织内业审核和现场踏勘，符合规定的处置范围和条件的，经市、县人民政府同意，规范开展处置工作。省自然资源厅对拟处置地块的土地利用现状进行核实，相关处置备案报告和批准文件在省征地信息公开平台予以公开，接受社会监督，一经发现有弄虚作假行为的，立即停止办理该地区批而未供土地的处置工作，并追究相关人员责任。

（二）每年的批而未供土地处置工作应在当年的10月31日前完成，逾期当年度不再办理。批而未供土地处置情况由市、县人民政府按自然资源部的规定要求于当年的11月30日前逐级汇总上报，省自然资源厅汇总报自然资源部。已处置土地由县级国土资源主管部门在年度变更调查中按原地类变更；相关处置材料卷宗应与原用地报批材料卷宗合并归档。

（三）批而不征土地调整的，不重复缴纳耕地开垦费、新增建设用地土地有偿使用费和农业重点开发建设资金；批而未征土地相应批准内容自动失效和征而未供土地调整相关批准内容的，相应的土地利用年度计划、已缴纳的规费由省自然资源厅以县级行政区为单位建立台账单独核算，在其他建设用地报批时抵扣。耕地占补平衡指标纳入部耕地占补平衡动态监管系统。

（四）地方各级人民政府要认真做好批而未供处置土地的后续管理工作，妥善处理好各方利益关系，切实维护好群众的合法权益；涉及农用地的，要切实加强管护，及时组织耕种或使用。

农用地转用或未利用地使用不涉及征收土地的，批而未供土地处置参照本意见执行。对2011年国家开展城乡建设用地增减挂钩试点和农村土地整治清理检查以后，为实施城乡建设用地增减挂钩实施规划或工矿废弃地复垦利用实施方案征收土地，涉及批而未供土地处置的，可按规定程序调整实施规划或实施方案后，参照本意见执行。

本意见自下发之日起执行，有效期五年。《江苏省国土资源厅关于规范调整盘活批而未用土地审查报批工作的通知》（苏国土资规发〔2011〕2号）同时废止。

省海洋与渔业局 省发展和改革委员会
省国土资源厅 省沿海地区发展办公室
关于贯彻落实《围填海管控办法》的通知

苏海域〔2018〕2号

沿海各设区市、县（市、区）人民政府：

加强围填海管控是党中央、国务院对海洋领域全面深化改革、推进生态文明建设的重大决策部署。2017年7月21日，国家海洋局、国家发展和改革委员会、国土资源部印发了经中央全面深化改革领导小组审定的《围填海管控办法》（以下简称《办法》）。为坚决贯彻《办法》，大力推进海洋生态文明建设，实施最严格的围填海管控制度，落实我省围填海管控各项任务，根据省政府要求，现将有关事项通知如下：

一、充分认识贯彻落实《办法》的重要意义

《办法》是党中央、国务院对海洋领域全面深化改革、推进生态文明建设的重大决策部署，是全面加强围填海管控的纲领性文件。沿海各设区市、县（市、区）人民政府要充分认识贯彻落实《办法》的重要意义和总体要求，坚持保护优先、节约优先，坚持绿色发展、转型升级，坚持改革创新、突出重点，继续加大海域资源环境保护力度、全面提高海域资源节约利用水平、积极培育产业用海绿色发展的新动能，实现海域保护与利用格局全面优化、围填海总量得到有效控制、围填海绿色发展水平全面提升、海域开发和管理秩序全面规范。

二、继续加大海域资源环境保护力度

加快推进海洋主体功能区建设，整体谋划海域空间布局，筑牢生态安全屏障。全面实施围填海限批，暂停受理、审批一般围填海项目用海。国家重大建设项目、公共基础设施、公益事业和国防建设用海项目需实施围填海的，应取得围填海计划指标后方可受理、审批。严守海洋生态保护红线，限制建设项目占用自然岸线，禁止实施围填海活动。项目用海选址不符合海洋生态红线管控要求的，一律不予受理、审批。严格按照海洋基本功能和用途管制要求审批建设用海项目，除需临水布置或需要实施岸线安全隔离的项目外，新形成的岸线临水一侧，应留出一定宽度的生态、生活空间并向公众开放。严把生态用海闸门，强化环评和论证管理工作，建立建设项目用海海域使用论证报告公开制度。坚持将生态用海理念贯穿于项目用海全过程，对占用重要生态系统的围填海项目实行"占补平衡"机制围填海项目海域使用论证阶段应明确生态保护与治理修复的各项措施、指标和资金安排，并纳入海域使用管理对策措施中严格落实。开展海洋生态本底调查和跟踪监测评估，建立海洋资源环境承载能力监测预警机制。

三、全面提高海域资源节约集约利用水平

启动新轮省级海洋功能区划修编工作，开展海域资源基础调查，在与土地利用总体规划衔接的基础上，科学划定围填海的适宜区域和总量上限，并在新修编的省级海洋功能区划中作为区划目标予以明确。坚持以海定需、量海图行，禁止不合理需求用海，围填海项目优先在位于平均大潮高潮线以上的荒滩区域选址建设。加强围填海计划管理，对围填海年度计划指标的安排，核减进行台账管理，开展围填海管控目标落实情况检查。组织编制《江苏省海域使用管理公报》，公布围填海管理的官方数据。研究制定《江苏省项目用海控制指标》，严格审核把关项目用海投资强度、面积控制标准、国家产业结构调整指导目录和海洋产业发展政策要求。继续推进围填海项目海域使用权的市场化配置机制，鼓励通过市场化方式流转围填海项目的海域使用权。

四、积极培育产业用海绿色发展的新动能

进一步优化海域空间开发布局，修订《江苏省海洋产业发展指导目录(试行)》，禁止高污染、高耗能、高排放的产业项目在沿海布局。加强在建用海项目的现场监测，建立项目报告制，新审批的用海项目，由用海企业每月主动向项目所在县级海域监管中心报告项目施工进展。对全省区域建设用海进行实际存量监测和分析。开展海域使用后评估试点工作，重点围绕占用岸线、形成土地的价值和社会效益等开展评估。根据评估结果，对不符合绿色发展要求的项目，提出整改或清退建议。

五、提升监管保障力量，严肃责任追究

沿海各设区市、县(市、区)人民政府要切实加强对围填海管控工作的组织领导，建立协调联动机制，严格目标管理，明确责任分工，有序开展各项具体工作，部门之间建立协调机制，形成合力，切实将围填海管理要求落到实处。

省海洋与渔业局、省发展和改革委员会、省国土资源厅和省沿海地区发展办公室将加强统筹协调和督促指导，常态化开展围填海监视巡查工作，适时对各地贯彻实施情况进行督促检查，对贯彻落实不到位的地区将发函责令整改，整改期间实行区域限批。

江苏省国土资源厅
党风廉政建设和反腐败工作领导小组办公室
关于进一步严格评审费管理的通知

苏国土资机廉〔2018〕2号

各设区市国土资源局，昆山市、泰兴市、沭阳县国土资源局，厅各直属单位，厅机关各处、室、局：

根据2013年9月13日省厅党组（扩大）会议确定的要求，为进一步严格评审费管理，促进全省国土资源系统工作人员廉洁自律，现就有关事项通知如下：

一、规范评审活动

全省国土资源系统在职工作人员在工作时间内原则上不得参加与本职工作无关的各类项目评审、论证、鉴定、评估、验收、资格（质）认定等活动；确需参加上述活动的，应严格按照干部管理权限履行报批手续；参加本系统组织的各类评审活动，不得以任何形式领取评审费、咨询费、专家费等。参加系统外组织的各类评审活动，要按照干部管理权限履行报批手续；收取评审费的，要按规定报告收入情况。

二、严格执纪问责

今后全省国土资源系统在职工作人员擅自参加需批准的评审活动或者违反规定领取报酬费用的，视情节轻重对当事人和有关责任人给予批评教育、责令退回评审费和适当的纪律处分；对管理不力、有禁不止的单位和领导实施问责。

三、组织自查自纠

各单位要认真组织学习动员和思想教育，对违规发放和收取评审费的情况进行自查自纠，于4月10日前上报自查自纠情况。

江苏省物价局
关于土地交易相关收费问题的复函

苏价服函〔2018〕50号

太仓市物价局：

你局《关于土地交易相关收费问题的请示》太价量字〔2018〕52号收悉。经商省国土资源厅，现函复如下：

土地使用权交易服务费属于重要专业服务中的垄断性交易服务收费，依照相关法律法规，进入江苏省内各土地交易市场进行土地使用权出让、转让、出租、抵押等交易活动的，应按规定向土地交易市场缴纳土地使用权交易服务费。

对未提供土地使用权交易服务、间距办理交易手续的司法拍卖项目，不得收取土地使用权交易服务费。

江苏省国土资源厅关于印发《江苏省国土资源节约集约利用综合评价考核实施细则（2017年版）》的通知

苏国土资发〔2018〕40号

各市、县（市、区）人民政府：

经省政府同意，现将《江苏省国土资源节约集约利用综合评价考核实施细则（2017年版）》印发给你们，请遵照执行。

江苏省国土资源节约集约利用综合评价考核实施细则（2017年版）

为深入贯彻党的十九大对国土资源工作的新理念、新要求和省委、省政府对我省重点功能区的新定位、新部署；进一步落实最严格的耕地保护制度和最严格的节约用地制度；全面提高国土资源节约集约利用水平；深入推进节约集约用地“双提升”行动，根据《江苏省国土资源节约集约利用综合评价考核暂行办法》，制定本实施细则。

一、考核原则

（一）坚持公开、公平、公正。严格标准，实事求是，接受监督。

（二）坚持分类考核。根据不同区域资源禀赋和土地利用特征，体现区域差异性。

（三）坚持定量考核与定性评价相结合，定量考核为主。考核指标的选取力求具有代表性、可量化、数据易采集。

（四）坚持动态调整完善。根据经济社会发展、国土资源节约集约利用新要求和综合评价考核实施情况，不断丰富、调整、完善。

二、考核对象

国务院批准设立的设区的市、县（市、区）。

农用地面积占国土面积（不含大型湖泊水面）不足20%的县（市、区）不单独考核，纳入所在设区的市考核。

农用地面积占国土面积不足20%的县（市、区）名单由省国土资源厅依据年度土地变更调查结果确定。

三、考核依据

（一）《中共江苏省委 江苏省人民政府关于全面推进节约集约用地的意见》（苏发〔2014〕6号）；

（二）《国土资源部关于江苏省推进节约集约用地工作方案的批复》（国土资函〔2014〕54号）；

（三）《省政府办公厅关于转发省国土资源厅江苏省国土资源节约集约利用综合评价考核暂行办法的通知》（苏政办发〔2014〕83号）；

（四）《中共江苏省委 江苏省人民政府关于进一步加强耕地保护和改进占补平衡的实施意见》（苏发〔2017〕15号）；

（五）国务院、国土资源部、省委省政府发布的关于国土资源节约集约利用的其他文件。

四、考核时间

每年第二季度，对设区的市、县（市、区）上一年度国土资源节约集约利用情况进行综合评价考核。

五、考核指标

考核指标由资源利用水平和产出效益、耕地保护责任落实、资源利用管控效率、制度建设与实施以及加分项五个部分的指标组成。考核指标涉及的数据，分别采用考核年的年末数据、全年数据、考核时点前一年或前两年数据，详见《江苏省国土资源节约集约利用综合评价考核指标体系及评分计算方法》（附件）。

数据提供时间为每年4月10日前。其中，国民经济和社会发展指标涉及的数据由省统计局提供；土地、矿产资源指标涉及的数据和单项管理工作考核结果由省国土资源厅相关部门提供；其他数据和资料需由考核对象提供的，由设区的市负责统计汇总，提交省国土资源厅确认。

土地变更调查数据、土地市场动态监测与监管系统数据、建设用地全程跟踪管理系统、省农村土地整治监测监管系统数据、土地规划计划系统数据采集时点为每年3月20日。

六、考核评先限制条件

凡有以下情形之一的县（市、区），不参加评先；设区的市所辖行政区域内有1/3及以上县（市、区）有以下情形之一的，不参加评先。

（一）考核年度耕地保有量、永久基本农田保护任务、耕地占补平衡有任意一项不达标的。

（二）考核年度及考核期间，因国土资源违法被省政府约谈、问责的；被国土资源部挂牌督办、约谈或直接查处国土资源案件的；被省国土资源厅确定为执法重点管理县（市、区）或信访重点管理县（市、区）的；有经主流媒体披露或省级以上领导批示，经查实确有重大国土资源违法违规事实造成恶劣影响的。

（三）考核年度及考核期间有较大安全生产责任事故发生的。

（四）考核年度及考核期间，有被省国土资源厅约谈或问责的、被省国土资源厅挂牌督办或直接查处国土资源案件的、土地督察或卫片执法检查整改未通过验收或暂缓通过验收的情形之一，且公示前未整改到位的。

（五）考核年度的土地变更调查成果中，国土资源部外业抽查图斑错误率超过10%的。

七、考核方式与相关要求

（一）考核方式

省国土资源厅成立省国土资源节约集约利用综合评价考核办公室（创建活动领导小组办公室），负责综合评价考核的具体组织实施工作。综合考评办公室对各地、相关部门提供的数据、资料、单项考核结果和指标得分进行汇总、整理、评价，区别设区的市、县（市、区），形成初步考核结果，经省国土资源厅审核、公示无异议后，上报省人民政府审定。

（二）相关要求

1. 考核数据采集和提供单位应当根据考核指标体系要求，统一数据时点和统计口径，强化数据质量控制，做好数据反馈核实工作，确保考核数据和资料的全面、真实、准确，按时将各项考核数据、资料、单项考核结果等，提交综合考评办公室。所有数据一经提交，原则上不得修改；对确需修改的，由综合考评办公室会同数据提供单位共同审核确认，并至多修改一次。

2. 地区生产总值、公共财政预算收入、常住人口等不纳入属地统计的省级以上开发区、新城区、托管乡镇（街道）等，由设区的市人民政府提供不纳入属地统计的正式文件、证明材料、实际管辖范围并附图，经省国土资源厅认定后，调整相应的建设用地面积。

3. 需由考核对象提供的数据资料，要加盖提供单位的公章。正式文件须提供原件或复印件加盖发文单位公章。考核对象在提供数据和资料时，存在虚报瞒报、弄虚作假，影响考核结果的，在全省进行通报，并取消表彰奖励，且不得参加下一年度评先，并依法追究相关责任人责任。

4. 考核过程中产生的相关资料、数据、文件及用于指标测评赋分的基础数据等，应当集中立卷归档。

5. 各级国土资源管理部门要认真做好各项基础工作，按照综合评价考核的具体要求，及时、准确地提供各项数据、资料，配合做好考核工作。

八、考核结果应用

（一）通报考核结果

综合评价考核结果将向设区的市、县（市、区）党委、人民政府通报，并抄送上级组织人事部门和审计部门。同时作为对设区的市、县（市、区）政府领导班子、领导干部年度综合考核评价的重要依据和任期经济责任审计的重要内容；作为地方政府参评国土资源部组织评选的国土资源节约集约模范县（市）创建活动的依据；作为土地利用年度计划分配、土地利用总体规划流量指标安排、土地综合整治项目、矿山环境整治项目和资金安排等的权重因素。

（二）表扬激励

1. 根据综合评价考核结果，区别设区的市、县（市、区），兼顾重点功能区发展差异评先，给予表扬激励。按照省委省政府对我省“1+3”重点功能区新定位，结合综合考评工作实际，对拟表扬激励名额进行适当分配。其中，扬子江城市群的设区市2名，城区的县（市、区）4名、非城区的县（市、区）8名；江淮生态经济区、沿海经济带、徐州淮海中心城市经济区的设区市1名，县（市、区）8名。

上年度已获表扬激励或本年度总分低于全省平均得分的地区不参与本年度表扬激励，所分区域内拟表扬单位不足分配名额的，将对分配名额将作相应调剂。

2. 县（市、区）综合考评结果位列前20名，但未获得表扬激励的，给予资金奖励。

3. 对考核年度得分同比增长位列前5位的县（市、区），给予进步奖励。

获表扬激励或资金奖励的县（市、区）不参与进步奖评选。

4. 各项奖励方式根据年度实际情况另行确定。

附件：江苏省国土资源节约集约利用综合评价考核指标体系及评分计算方法（略）

江苏省国土资源厅关于印发《江苏省国土资源厅政务公开基本目录（2018）》的通知

苏国土资发〔2018〕285号

厅各直属单位，厅机关各处、室、局：

现将《江苏省国土资源厅政务公开基本目录（2018）》印发你们，请认真贯彻落实。

第一部分 概述

一、主要依据

1. 中华人民共和国政府信息公开条例

2. 中共中央办公厅、国务院办公厅《关于全面推进政务公开工作的意见》（中办发〔2016〕8号）

3. 国务院办公厅印发《关于全面推进政务公开工作的意见》实施细则的通知（国办发〔2016〕80号）

4. 国土资源部关于印发全面推进政务公开工作的实施意见的通知（国土资发〔2016〕158号）

5. 省政府办公厅关于印发江苏省全面推进政务公开工作实施细则的通知（苏政办发〔2017〕151号）

二、责任主体、公开时限、公开方式和监督渠道

【责任主体】国土资源厅

【公开时限】政府信息形成或者变更之日起20个工作日内（法律法规对政府信息公开的期限另有规定的从其规定）

【公开方式】厅门户网站及微信、微博等媒体主动公开

【监督渠道】通过厅门户网站互动、电话监督

厅门户网站互动：www.jsmlr.gov.cn

电话：025-86599768

第二部分 政务公开基本目录

一、机构职能

1.【公开事项】基本信息

【公开内容】办公地址、网址、办公电话、传真、通讯地址、邮政编码等

【责任单位】办公室

2.【公开事项】领导简介

【公开内容】姓名、职务、性别、民族、出生年份、籍贯、学历背景、照片、工作分工等

【责任单位】人事处

3.【公开事项】省国土资源厅“三定方案”

【公开内容】厅机关各处室局主要职责、内设机构

【责任单位】人事处

4.【公开事项】厅直属单位基本情况
【公开内容】厅直属单位性质、定位和主要任务
【责任单位】人事处

二、政府信息公开

5.【公开事项】政府信息公开制度
【公开内容】厅政府信息公开相关文件
【责任单位】办公室

6.【公开事项】政府信息公开指南
【公开内容】厅政府信息公开工作机构名称、办公地址、办公时间、联系方式；接收信息公开申请的方式、途径等
【责任单位】办公室、信息中心

7.【公开事项】政府信息公开目录
【公开内容】厅政府信息公开目录内容
【责任单位】办公室、信息中心、厅机关相关处室局

8.【公开事项】政府信息公开报告
【公开内容】厅政府信息公开年度报告
【责任单位】办公室

9.【公开事项】新闻中心
【公开内容】新闻发布会制度、新闻发言人，新闻发布会时间、地点、发布内容，要闻播报、图片新闻、省部要情、市县动态、媒体之声、专题集萃等
【责任单位】办公室、信息中心、厅机关相关处室局

10.【公开事项】政府信息依申请公开
【公开内容】政府信息依申请公开服务指南、依申请公开流程、申请表
【责任单位】办公室、信息中心

三、服务指南

（一）建设项目用地预审及建设项目压覆重要矿产资源

11.【公开事项】建设项目用地预审审批服务指南
【公开内容】适用范围、项目信息、审批依据、受理机构、决定机构、申请条件、申请材料、申请接收、办理基本流程、办理方式、办结时限、审批结果、结果送达、申请人权利和义务、咨询途径、监督和投诉渠道、办公地址和时间
【责任单位】规划处

12.【公开事项】建设项目压覆重要矿产资源审批服务指南
【公开内容】适用范围、项目信息、审批依据、受理 机构、决定机构、申请条件、申请材料、申请接收、办理基本流程、办理方式、办结时限、收费依据及标准、审批结果、结果送达、申请人权利和义务、咨询途径、监督和投诉渠道、办公地址和时间
【责任单位】矿产资源储量处

（二）建设用地审批

13.【公开事项】报省政府批准建设用地服务指南
【公开内容】适用范围、项目信息、审批依据、受理机构、决定机构、申请条件、申请材料、申请接收、办理基本流程、办理方式、办结时限、审批结果、结果送达、咨询途径、办公地址和时间
【责任单位】耕地保护处

（三）非油气矿产资源勘查审批

14.【公开事项】非油气探矿权新立登记服务指南
【公开内容】适用范围、项目信息、审批依据、受理机构、决定机构、申请条件、申请材料、申请接收、办理基本流程、办理方式、办结时限、收费依据及标准、审批结果、结果送达、申请人权利和义务、咨询途径、监督和投诉渠道、办公地址和时间
【责任单位】矿产开发管理处

15.【公开事项】非油气探矿权延续登记服务指南
【公开内容】适用范围、项目信息、审批

依据、受理机构、决定机构、申请条件、申请材料、申请接收、办理基本流程、办理方式、办结时限、收费依据及标准、审批结果、结果送达、申请人权利和义务、咨询途径、监督和投诉渠道、办公地址和时间

【责任单位】矿产开发管理处

16.【公开事项】非油气探矿权保留登记服务指南

【公开内容】适用范围、项目信息、审批依据、受理机构、决定机构、申请条件、申请材料、申请接收、办理基本流程、办理方式、办结时限、收费依据及标准、审批结果、结果送达、申请人权利和义务、咨询途径、监督和投诉渠道、办公地址和时间

【责任单位】矿产开发管理处

17.【公开事项】非油气探矿权注销登记服务指南

【公开内容】适用范围、项目信息、审批依据、受理机构、决定机构、申请条件、申请材料、申请接收、办理基本流程、办理方式、办结时限、收费依据及标准、审批结果、结果送达、申请人权利和义务、咨询途径、监督和投诉渠道、办公地址和时间

【责任单位】矿产开发管理处

18.【公开事项】非油气探矿权变更登记服务指南

【公开内容】适用范围、项目信息、审批依据、受理机构、决定机构、申请条件、申请材料、申请接收、办理基本流程、办理方式、办结时限、收费依据及标准、审批结果、结果送达、申请人权利和义务、咨询途径、监督和投诉渠道、办公地址和时间

【责任单位】矿产开发管理处

（四）非油气矿产资源开采审批

19.【公开事项】非油气采矿权新立登记服务指南

【公开内容】适用范围、项目信息、审批依据、受理机构、决定机构、申请条件、申请材料、申请接收、办理基本流程、办理方式、办结时限、收费依据及标准、审批结果、结果送达、申请人权利和义务、咨询途径、监督和投诉渠道、办公地址和时间

【责任单位】矿产开发管理处

20.【公开事项】非油气采矿权变更登记服务指南

【公开内容】适用范围、项目信息、审批依据、受理机构、决定机构、申请条件、申请材料、申请接收、办理基本流程、办理方式、办结时限、收费依据及标准、审批结果、结果送达、申请人权利和义务、咨询途径、监督和投诉渠道、办公地址和时间

【责任单位】矿产开发管理处

21.【公开事项】非油气采矿权延续登记服务指南

【公开内容】适用范围、项目信息、审批依据、受理

机构、决定机构、申请条件、申请材料、申请接收、办理基本流程、办理方式、办结时限、收费依据及标准、审批结果、结果送达、申请人权利和义务、咨询途径、监督和投诉渠道、办公地址和时间

【责任单位】矿产开发管理处

22.【公开事项】非油气采矿权注销登记服务指南

【公开内容】适用范围、项目信息、审批依据、受理机构、决定机构、申请条件、申请材料、申请接收、办理基本流程、办理方式、办结时限、收费依据及标准、审批结果、结果送达、申请人权利和义务、咨询途径、监督和投诉渠道、办公地址和

时间

【责任单位】矿产开发管理处

（五）地质灾害防治单位乙（丙）级资质

23.【公开事项】地质灾害危险性评估单位乙（丙）级资质审批服务指南

【公开内容】适用范围、项目信息、审批依据、受理机构、决定机构、申请条件、申请材料、申请接收、办理基本流程、办理方式、办结时限、审批结果、结果送达、申请人权利和义务、咨询途径、监督和投诉渠道、办公地址和时间

【责任单位】地质环境处（地质灾害应急管理办公室）

24.【公开事项】地质灾害治理工程勘查单位乙（丙）级资质审批服 务指南

【公开内容】适用范围、项目信息、审批依据、受理机构、决定机构、申请条件、申请材料、申请接收、办理基本流程、办理方式、办结时限、审批结果、结果送达、申请人权利和义务、咨询途径、监督和投诉渠道、办公地址和时间

【责任单位】地质环境处（地质灾害应急管理办公室）

25.【公开事项】地质灾害治理工程设计单位乙（丙）级资质审批服务指南

【公开内容】适用范围、项目信息、审批依据、受理机构、决定机构、申请条件、申请材料、申请接收、办理基本流程、办理方式、办结时限、审批结果、结果送达、申请人权利和义务、咨询途径、监督和投诉渠道、办公地址和时间

【责任单位】地质环境处（地质灾害应急管理办公室）

26.【公开事项】地质灾害治理工程施工单位乙（丙）级资质审批服务指南

【公开内容】适用范围、项目信息、审批依据、受理机构、决定机构、申请条件、申请材料、申请接收、办理基本流程、办理方式、办结时限、审批结果、结果送达、申请人权利和义务、咨询途径、监督和投诉渠道、办公地址和时间

【责任单位】地质环境处（地质灾害应急管理办公室）

27.【公开事项】地质灾害治理工程监理单位乙（丙）级资质审批服务指南

【公开内容】适用范围、项目信息、审批依据、受理机构、决定机构、申请条件、申请材料、申请接收、办理基本流程、办理方式、办结时限、审批结果、结果送达、申请人权利和义务、咨询途径、监督和投诉渠道、办公地址和时间

【责任单位】地质环境处（地质灾害应急管理办公室）

（六）省级海域使用权不动产登记

28.【公开事项】省级海域使用权不动产登记服务指南

【公开内容】适用范围、审批依据、受理机构、申请条件、申请材料、申请接收、办理基本流程、办理方式、办结时限、收费依据及标准、审核结果、结果送达、申请人权利和义务、咨询途径、监督和投诉渠道、办公地址和时间

【责任单位】不动产登记局（地籍管理处）

四、行政审批

29.【公开事项】建设项目用地预审结果

【公开内容】建设项目用地预审结果公告，包括建设项目名称、批复文号、批准日期等

【公开方式】厅门户网站数据查询公开

【责任单位】规划处

30.【公开事项】报国务院批准的城市建设用地批复

【公开内容】报国务院批准的城市建设用地批复文件

【公开方式】厅门户网站征地信息公开平台公开

【责任单位】耕地保护处

31.【公开事项】报国务院批准的单独选址建设项目用地批复

【公开内容】报国务院批准的单独选址建设项目用地批复文件

【公开方式】厅门户网站征地信息公开平台公开

【责任单位】耕地保护处

32.【公开事项】勘查矿产资源审批

【公开内容】许可证号、项目名称、探矿权人、勘查单位、勘查矿种、极值坐标、面积、有效期等

【公开方式】厅门户网站数据查询公开

【责任单位】矿产开发管理处

33.【公开事项】开采矿产资源审批

【公开内容】许可证号、采矿权人、矿山名称、开采主矿种、开采方式、生产规模、矿区面 积、有效期等，其中划定矿区范围的为划定矿区范围持有人、开采主矿种、有 效期

【公开方式】厅门户网站数据查询公开

【责任单位】矿产开发管理处

五、政策法规

34.【公开事项】国家、省颁布的法律、法规、规章

【公开内容】法律、法规、规章名称、文号、正文、发布机构、发布时间等

【责任单位】政策法规处

35.【公开事项】规范性文件

【公开内容】文件名称、文号、正文、发布机构、发布时间，草案意见征集反馈信息的整体情况和采纳情况等

【责任单位】厅机关相关处室局

36.【公开事项】政策解读

【公开内容】解读文件名称、解读内容、解读机构、解读时间、回应关切等

【责任单位】厅机关相关处室局

六、规划计划

37.【公开事项】土地利用总体规划

【公开内容】全省土地利用总体规划纲要；全省土地整治规划

【责任单位】规划处

38.【公开事项】矿产资源总体规划

【公开内容】全省矿产资源利用总体规划

【责任单位】规划处

（39）【公开事项】地质灾害防治规划

【公开内容】地质灾害防治规划

【责任单位】地质环境处（地质灾害应急管理办公室）

七、土地管理

40.【公开事项】土地征收信息

【公开内容】报省政府批准的用地批复文件

【公开方式】厅门户网站征地信息共享平台

【责任单位】耕地保护处

41.【公开事项】省级投资土地整治项目

【公开内容】省级投资土地整治项目清单

【公开方式】厅门户网站

【责任单位】耕地保护处

42.【公开事项】省级耕地保护激励结果

【公开内容】省级耕地保护激励单位公告

【公开方式】厅门户网站

【责任单位】耕地保护处

43.【公开事项】土地变更调查

【公开内容】年度土地变更调查主要数据

【公开方式】厅门户网站

【责任单位】地籍管理处（不动产登记局）

44.【公开事项】全省主要市县地价监测

【公开内容】全省主要城市地价监测结果

【公开方式】厅门户网站

【责任单位】土地利用管理处

八、地质矿产管理

45.【公开事项】矿业权人勘查开采信息

【公开内容】年度信息、异常名录、严重违法名单、抽（核）查信息、管理信息公示、

举报处理查询等
【公开方式】厅门户网站数据查询公开
【责任单位】矿产开发管理处
46.【公开事项】矿产资源储量
【公开内容】全省矿产资源储量成果信息
【责任单位】矿产资源储量处
47.【公开事项】地质资料管理
【公开内容】地质资料汇交情况
【责任单位】矿产资源储量处

九、地质环境管理

48.【公开事项】地质灾害防治
【公开内容】突发地质环境、地质灾害事件应急预案；地质灾害预报、预警、报告
【责任单位】地质环境处（地质灾害应急管理办公室）、地质环境监测中心
49.【公开事项】矿山地质环境保护与土地复垦
【公开内容】矿山地质环境保护与土地复垦方案通过评审公告
【责任单位】地质环境处（地质灾害应 急管理办公室）、耕地保护处

十、执法监察

50.【公开事项】土地矿产资源违法案件立案查处
【公开内容】厅查处主要依据、立案管辖范围、查处工作流程、结案标准、处理决定
【责任单位】执法监察局
51.【公开事项】土地矿产资源违法案件挂牌督办
【公开内容】部挂牌督办通知书、案件处理结果
【责任单位】执法监察局
52.【公开事项】土地矿产卫片执法监督检查
【公开内容】年度土地矿产卫片执法监督检查工作部署和年度土地矿产卫片执法监督检查 立案查处结果
【责任单位】执法监察局

十一、科技管理

53.【公开事项】国土资源科学技术普及
【公开内容】重大科普活动通知以及国土资源科普成果展示
【责任单位】科技与外事处、办公室

十二、人事教育

54.【公开事项】人事任免
【公开内容】全省系统处级以上干部人事任免公告
【责任单位】人事处
55.【公开事项】培训教育
【公开内容】厅年度培训计划、厅高级专业技术人才能力评价和培养支持计划
【责任单位】人事处
56.【公开事项】表彰奖励
【公开内容】厅表彰奖励通报
【责任单位】厅机关相关处室局

十三、财务管理

57.【公开事项】部门预决算
【公开内容】年度国土资源厅预算、决算和“三公”经费使用情况
【责任单位】财务处

十四、综合管理

58.【公开事项】建议提案办理
【公开内容】厅主办（分办、独办）的省人大代表建议答复和省政协委员提案答复
【责任单位】厅机关相关处室局
59.【公开事项】厅长信箱
【公开内容】厅长信箱回复
【公开方式】厅门户网站公开、一对一邮件等方式答复
【责任单位】督查与信访处
60.【公开事项】举报信箱
【公开内容】举报信箱回复
【公开方式】厅门户网站公开、一对一邮件等方式答复
【责任单位】执法局、督查与信访处

61.【公开事项】政策咨询
【公开内容】政策咨询的解答及回复
【公开方式】厅门户网站公开答复、一对一邮件等方式答复
【责任单位】办公室、厅机关相关处室局

62.【公开事项】群众信访
【公开内容】信访机构名称、接访地址和接访时间、通讯地址、邮政编码，督查地方信访事项情况
【责任单位】督查与信访处

63.【公开事项】国土资源信息化
【公开内容】全省国土资源信息化工作有关文件
【责任单位】办公室、信息中心

十五、统计数据

64.【公开事项】国土资源数据统计
【公开内容】年度、季度国土资源数据统计、分析
【责任单位】调控和监测处

中共江苏省自然资源厅党组关于印发《中共江苏省自然资源厅党组工作规则（试行）》的通知

苏自然资党组〔2018〕25号

各设区市自然资源主管部门党组（党委），昆山市、泰兴市、沭阳县自然资源主管部门党组（党委），省林业局、省测绘地理信息局党组，厅各直属单位，厅机关各处、室、局：

《中共江苏省自然资源厅党组工作规则（试行）》已经第4次厅党组会议审议通过，现印发执行。

中共江苏省自然资源厅党组工作规则（试行）

第一章　总　则

第一条　为规范厅党组工作，加强和改善党的领导，更好地发挥党总揽全局、协调各方的领导核心作用，根据《中国共产党章程》《中国共产党党组工作条例（试行）》《江苏省委关于贯彻〈中国共产党党组工作条例（试行）〉的实施细则》《中共自然资源部党组工作规则（试行）》和党内其他有关规定，结合省自然资源厅实际，制定本工作规则。

第二条　厅党组在省委的领导下开展工作，在本单位发挥领导核心作用。

第三条　厅党组工作应当遵循以下原则：

（一）坚持党的领导，保证党的理论和路线方针政策以及上级党组织重大决策部署的贯彻落实；

（二）坚持全面从严治党，根据《党章》和其他党内法规开展工作，落实党组管党治党责任；

（三）坚持民主集中制，确保党组的活力和党的团结统一；

（四）坚持党组发挥领导核心作用与本单位领导班子依法依章程履行职责相统一，把党的主张通过法定、民主程序转化为本单位领导班子的决定。

第四条　厅办公室会同人事处、机关党委承担党组日常管理等方面的具体工作。

第二章　职　责

第五条　厅党组要以习近平新时代中国特色社会主义思想为指导，认真贯彻执行党的路线、方针、政策，按照中央“五位一体”总体布局和“四个全面”战略布局总要求，牢固树立并贯彻落实新发展理念，牢固树立政治意识、大局意识、核心意识、看齐意识，坚决维护习近平总书记党中央的核心、全党的核心地位，坚决维护党中央权威和集中统一领导。认真履行全面从严治党责任，以党的政治建设为统领，全面推进党的政治建设、思想建设、组织建设、作风建设、纪律建设，把制度建设贯穿其中，深入推进反腐败斗争，不断提高党的建设质量。深入学习领会习近平生态文明思想、习近平总书记关于自然资源管理的重要论述和批示指示精神，全面贯彻落实党中央、国务院，省委、省政府和自然资源部的决策部署，研究确定全省自然资源管理事业发展战略、发展规划、重要政策措施和重大改革方案等，发挥好把方向、管大局、保落实的重要作用。

第六条 厅党组讨论和决定下列重大问题：

（一）学习传达、宣传贯彻习近平新时代中国特色社会主义思想，习近平总书记等中央领导同志重要讲话、批示指示精神，党中央、国务院，省委、省政府和自然资源部重要会议和文件精神、重大决策部署；

（二）需要向省委、省政府和自然资源部请示报告的重要事项，下级单位党组（党委）、厅机关和直属单位党组织请示报告的重要事项；

（三）内部机构设置、职责、人员编制等事项；

（四）重大决策、重要人事任免、重大项目安排、大额资金使用等事项；

（五）党组织和党员队伍建设方面的重要事项；

（六）意识形态工作、思想政治工作、作风建设和精神文明建设方面的重要事项；

（七）党风廉政建设和反腐败工作方面的重要事项；

（八）其他应当由厅党组讨论和决定的重大事项。

第七条 厅党组应当贯彻党管干部原则，强化党组织的领导和把关作用。贯彻落实新时代党的组织路线，坚持正确选人用人导向，坚持公道正派的作风，坚持德才兼备、以德为先，坚持五湖四海、任人唯贤。按照信念坚定、为民服务、勤政务实、敢于担当、清正廉洁的好干部标准和“管理要全面、标准要严格、环节要衔接、措施要配套、责任要分明”的新要求，加强干部队伍建设。认真贯彻落实省委鼓励激励、容错纠错、能上能下“三项机制”，加强教育培训，着力培养忠诚干净担当的高素质干部。深入实施防止干部“带病提拔”五项规定，从严管理监督干部。

省林业局、省测绘地理信息局领导班子成员的任免，由厅党组按照省委有关规定办理。厅下级单位干部的任免按照有关规定执行。

厅党组应当贯彻党管人才原则，按照党中央和省委关于人才工作重要决策部署，加强人才队伍建设。

第八条 厅党组应当加强对本单位统战工作和工会、共青团、妇联等群团工作的领导，重视对党外干部、人才的培养使用，更好团结带领党外干部和群众，凝聚各方面智慧力量，完成省委交给的任务。

第九条 厅党组应当按照新时代党的建设总要求，认真履行党要管党、全面从严治党的主体责任，牢固树立抓好党建是最大政绩的理念，加强对本单位党的建设的领导，定期研究党建工作，落实党建工作责任制，结合实际研究制定具体的全面从严治党责任清单。

厅党组书记应当履行抓党建第一责任人的职责，统筹抓好党的政治建设、思想建设、组织建设、作风建设、纪律建设等方面工作，作自觉遵守全面从严治党各项规定的表率。

厅党组副书记应当协助党组书记抓党的建设工作，其他党组成员根据分工抓好职责范围内党的建设工作，认真履行“一岗双责”，把全面从严治党要求融入分管领域日常业务工作，做到抓党建与抓业务相统一、相促进，积极向厅党组提出抓好全面从严治党工作的意见建议。

厅党组领导厅机关和直属单位党组织的工作，应当定期听取工作汇报，支持厅机关党委履行对厅机关和直属单位党组织工作的领导职责。

厅党组应当认真履行全面从严治党主体责任，支持省纪委省监委驻厅纪检监察组履行监督责任。

第十条 厅党组及其成员应当加强思想政治建设，坚定理想信念，严守政治纪律和政治规矩，带头学习党章党规、学习习近平总书记系列重要讲话，特别是视察江苏重要讲话精神，做合格党员的表率。坚持厅党组理论学习中心组学习制度。

严肃党内政治生活，每年按照规定召开民主生活会或专题党性分析会，开展严肃认真的批评和自我批评，增强解决自身问题的能力。因特殊情况需延期召开的，必须报经省委有关部门同意。根据实际需要，也可随时召开民主生活会。遇有重大决策失误或重大突发事件处置失当、领导班子不团结，以及班子成员违纪违法等情况，应当及时召开专题民主生活会。厅党组成员要以普通党员身份参加所在党支部组织生活。

严格落实中央和省委关于改进工作作风、密切联系群众的各项规定，坚决反对形式主义、官僚主义、享乐主义和奢靡之风。严格遵守党员领导干部廉洁从政有关规定，自觉接受党组织和党员群众的监督。厅党组成员个人重大事项，按规定及时向厅党组报告。

第十一条 厅党组指导督促省林业局党组贯彻执行党的理论和路线方针政策，对党的建设工作提出明确要求并加强督促检查，支持省林业局党组独立负责地开展工作，履行省委赋予的职能职责。

第十二条 厅党组可以讨论决定本系统工作规划部署、干部队伍管理、党风廉政建设等重要事项。

第十三条 厅党组书记主持党组全面工作，负责召集和主持党组会议，组织党组活动，签发党组文件。厅党组副书记协助党组书记工作，受党组书记委托履行相关职责。厅党组成员根据厅党组决定，按照授权负责有关工作，行使相关职权。

下级单位党组（党委）书记空缺时，厅党组可以按照干部管理权限指定其党组（党委）副书记或者其他党组（党委）成员主持党组（党委）日常工作。

第三章　组织原则

第十四条 厅党组必须坚决执行党中央、省委的指示和决定，坚决维护党中央权威，确保中央政令畅通。

第十五条 严格执行厅党组向省委请示报告工作制度。厅党组每年至少作1次全面报告，报告内容主要是厅党组履行职责情况，包括“三重一大”事项、机关及基层党建工作、意识形态工作和党风廉政建设情况等，遇有重大问题应当及时请示报告。

执行省委和上级单位党组某项重要指示和决定的情况，应当进行专题报告。

每半年听取1次省林业局党组、省测绘地理信息局党组工作报告。

领导班子出现党内政治生活不正常、班子内部严重不团结以及其他非正常情况，厅党组书记必须及时向上级党组织如实报告，其他厅党组成员有责任按组织程序向上级党组织反映报告。

第十六条 厅党组对有关重要问题作出决定时，应当根据需要采取召开座谈咨询会、发放征求意见表、设置征求意见箱、公开联系电话和电子信箱等多种方式，充分征求厅机关和直属单位党组织及本单位党员群众的意见。重要情况应当及时进行通报。

第十七条 厅党组实行集体领导制度。凡属厅党组职责范围内的事项，应当坚持民主集中制，按照少数服从多数原则，由党组成员集体讨论决定，任何个人或者少数人无权擅自决定。在集体讨论和决定问题时，厅党组成员应当充分发表个人意见。

厅党组书记应当带头执行民主集中制，充分发扬党内民主，善于集中正确意见，自觉接受监督，不得凌驾于组织之上，不得独断专行。其他厅党组成员应当支持党组书记开展工作，自觉接受党组书记对其工作的督促检查。厅党组成员应当认真执行党组集体决定，勇于担当、敢于负责，切实履行职责，自觉维护集体领导权威。

第十八条 以厅党组名义发布或者上报的文件、发表的文章，厅党组成员代表党组的讲话和报告，应当事先经党组集体讨论或者传批审定。厅党组成员署名发表的与工作有关的文章，应当事先经党组审定或者经党组书记批准。

厅党组成员在调查研究、检查指导工作或者参加其他活动时发表的个人意见，应当符合党组决定精神。

第四章 议事决策

第十九条 厅党组议事决策应当坚持集体领导、民主集中、个别酝酿、会议决定，重大决策应当充分协商，实行科学决策、民主决策、依法决策。

厅党组议事内容目录如下：

（一）学习贯彻习近平新时代中国特色社会主义思想、习近平总书记系列重要讲话特别是视察江苏重要讲话精神，学习贯彻党的路线、方针、政策，有关法律、法规和省委、省政府、自然资源部的决策部署，学习贯彻党中央、国务院，省委、省政府和自然资源部领导的重要讲话、指示、批示精神。

（二）研究决定向省委、省政府、自然资源部的重要请示、报告事项，研究落实省委、省政府和自然资源部交办的重要事项，研究决定下级单位（党组）、厅机关和直属单位（党组织）请示报告的重要事项。

（三）研究决定全省自然资源事业发展战略、发展规划，具有全局性、战略性和前瞻性的重大问题、重要部署和政策措施。

（四）研究决定自然资源保护和利用等重大改革工作，调查研究等重要工作制度和创新举措。

（五）研究决定全省系统党的政治建设、思想建设、组织建设、作风建设、纪律建设等方面的重要事项，意识形态工作、宣传、精神文明建设等方面的重要事项，党风廉政建设和反腐败工作方面的重要事项，党员和干部队伍建设方面的重要事项。

（六）研究对市、县（市、区）综合考核涉及自然资源管理有关事项。

（七）审议厅党组重要文件和重要报告。

（八）研究讨论省管干部人选推荐事项。

（九）研究决定厅管干部任免事项。

（十）研究机构编制管理、人员招录调配、绩效考核、考核考评等有关事项。

（十一）研究讨论推荐国家、省表彰有关事项，研究决定全省系统表彰有关事项。

（十二）研究决定统战工作、群团工作、离退休人员管理服务工作等方面需经厅党组讨论决定的重要事项。

（十三）研究讨论有关党代表、人大代表、政协委员人选推荐事项。

（十四）研究决定有关干部处理意见。

（十五）涉及全局性的重大项目安排。

（十六）研究决定厅机关预算安排相关事项。

（十七）涉及全局性的大额资金使用和管理事项。

（十八）加强厅党组自身建设有关事项。

（十九）需要厅党组讨论决定的其他事项。

议事内容目录可以根据工作需要适时进行调整。

第二十条 厅党组做出重大决策，要在调查研究基础上提出方案，充分听取各方面意见，进行风险评估和合法合规性审查，经过集体讨论决定。

厅党组讨论决定人事任免事项，应当严格按照《党政领导干部选拔任用工作条例》执行。厅党组讨论决定党员处分事项，应当严格按照《党组讨论决定党员处分事项工作程序规定（试行）》执行。

第二十一条 厅党组议事决策一般采用党组会议形式。厅党组会议一般每月召开1次，遇有重要情况可以随时召开。厅党组可根据工作需要召开扩大会议。

会议由党组书记主持，党组书记不能出席会议时，可按顺序委托党组副书记、党组成员主持。

厅党组会议议题由党组书记提出，或者由其他党组成员提出建议、由厅办公室汇总后报党组书记综合考虑后确定，同时确定会议时间、地点，并根据需要确定列席人员。议题内容必须符合有关规定，由主办处室局负责把关，须报厅分管领导、主要领导形成一致意见后方可提请上会。会议举行时一般不临时增加议题。会议时间、议题一般应在会前两天通知厅党组成员，并提供必要的文件、材料。每次会议的议题安排要适量，以便充分讨论研究。

第二十二条 每项议题应当根据内容，明确汇报人（通报人）、汇报时间，汇报人要做好充分准备。议题除涉及机构、干部人事事项由厅人事处准备材料外，其他由相关处、室、局准备材料，报分管厅领导审定后，提前三天交厅办公室汇总，报党组书记审定后发各党组成员。重大议题应在深入调查研究的基础上提出建议方案，必要时应提出两个以上比选建议方案。

第二十三条 厅党组会议应当有半数以上党组成员到会方可召开，讨论决定干部任免事项必须有三分之二以上党组成员到会。厅党组成员因故不能参加会议的应当在会前请假，其意见可以用书面形式表达。议题涉及本人或者其亲属以及存在其他需要回避情形的，有关党组成员应当回避。

根据工作需要，召开厅党组会议可以请不是党组成员的本单位领导班子成员列席，本单位主要负责同志不是中共党员的，一般应列席会议。

第二十四条 厅党组会议议题提交表决前，应当进行充分讨论。厅党组成员对不属于自己分管的工作，也应当从全局出发，加强研究，积极提出意见和建议。讨论实行主持人末位表态制。

表决可以采用口头、举手、无记名投票或者记名投票等方式进行，表决实行一人一票，赞成票超过应到会厅党组成员半数为通过。未到会厅党组成员的意见不计入票数，不能委托他人投票，也不另行投票。会议研究决定多个事项的，应当逐项进行表决。按照少数服从多数的原则，当场宣布表决结果。对于少数人的不同意见，应当认真考虑。如对重大问题发生意见分歧时，会议召集人可以视情提议暂缓决定，待进一步调查研究、交换意见后再进行表决。特殊情况下，也可将争论情况向上级党组织报告，请求裁决。

厅党组会议由专门人员如实记录，特别要详细记录发表不同意见的党组成员所述观点、理由和表决意见，经会议主持人签字确认后，按照规定存档备查。厅党组会议内容可根据需要编发党组会议纪要，一般在 7 个工作日内印发（保密事项除外），保证决策决议顺利贯彻执行。厅党组会议纪要一般由厅办公室负责起草，由党组书记签发，也可由党组书记委托主持会议的党组副书记或党组成员签发。关于干部任免和少数特殊事项，可不编入纪要。厅党组会议决定的事项，未经批准公开时，厅党组成员及列席会议人员不得以任何形式泄露。

第二十五条 厅党组决策一经作出，应当坚决执行。厅党组成员对党组决策有不同意见的，可以保留或者向上级党组织反映，但在厅党组决策改变前应当坚决执行。

遇突发性事件和紧急情况，来不及召开厅党组会议或因人数不足无法召集会议，但又必须尽快作出决定的，由厅党组书记临机处置，事后向厅党组会议报告。

厅党组应当建立有效的督查和反馈机制，确保厅党组决策有效落实。

第五章　责任追究

第二十六条　厅党组书记要按规定向省委报告履职情况。厅党组及其成员每年应自觉接受省委组织开展的履职考核。

厅党组及其成员执行《中国共产党党组工作条例（试行）》《江苏省委关于贯彻〈中国共产党党组工作条例（试行）〉的实施细则》和本工作规则情况，应当自觉接受省纪委省监委及其驻厅纪检监察组、本单位基层党组织和党员群众的监督，纳入巡察监督范围和党员定期评议内容。

第二十七条　对有下列情形之一的，应当追究有关党组成员的责任：

（一）贯彻执行党的理论和路线方针政策、上级党组织指示和决定不及时不到位不得力的；

（二）对省委、省政府和自然资源部的战略部署推进落实不力，对改革发展新情况新问题不主动研究，工作不在状态，慢作为、不作为、乱作为的；

（三）因违反决策程序或者决策失误造成重大损失或者恶劣影响的；

（四）干部选拔任用方面出现重大问题的；

（五）不认真履行从严治党责任，造成本单位党组织软弱涣散、党建工作削弱、领导班子和干部队伍中问题比较突出的；

（六）不履行全面从严治党主体责任，以致本单位或分管领域、直接下属发生严重“四风”问题和腐败现象，造成严重后果的；

（七）擅自公开发表或者出版同中央和省委精神及厅党组决定不符的讲话、报告、文章、著作的，或者在互联网上发表同中央和省委精神及厅党组决定不符的言论的；

（八）落实中央和省委意识形态工作责任制方面违反有关规定的；

（九）泄露应当保密的会议内容和讨论情况的；

（十）对其他造成严重后果或者恶劣社会影响的行为负有责任的。

对违反《中国共产党党组工作条例（试行）》《江苏省委关于贯彻〈中国共产党党组工作条例（试行）〉的实施细则》和本工作规则行为的，党组重大决策失误的，按有关规定追究相关责任。

党组成员在讨论决定有关事项时，对重大失误决策明确持不赞成态度或者保留意见的，应当免除或者减轻责任。

第二十八条 对违反《中国共产党党组工作条例（试行）》《江苏省委关于贯彻〈中国共产党党组工作条例（试行）〉的实施细则》和本工作规则的党组成员，根据相关规定给予相应处理。

第六章　附　则

第二十九条 厅党组文件按照上级公文管理有关规定统一管理。

第三十条 本规则由厅党组负责解释，具体工作由厅办公室商人事处、机关党委承担。

第三十一条 本规则自发布之日起施行。

烈孝格天
萬邦總憲
詩畫名家
丹露鞋业
阿左工作室

重要工作专述篇

自然资源机构改革

【概述】

按照省委、省政府统一部署，2019年上半年，全省自然资源机构改革基本完成，13个设区市局、96个县（市、区）局“三定”已全部下发。全省自然资源系统共有干部2.3万名，较改革前，增加7000余名。其中，行政人员3000余名、事业人员12500余名，基层所人员7500余名。全省自然资源系统统一行使全民所有自然资源资产所有者职责，统一行使所有国土空间用途管制和生态保护修复职责，保护和合理开发利用自然资源。

一、机构改革进展情况。1. 省级机构改革情况。2018年10月22日，省委宣布组建省自然资源厅，召开转隶部署会。10月25日，我厅召开第一次党组会，学习贯彻落实省委机构改革工作部署，成立领导小组，研究制定转隶实施方案，进行转隶工作动员部署。10月30日完成新机构挂牌工作，11月9日转隶人员全部到位、集中办公。2019年2月14日，省委、省政府正式印发厅“三定”规定。3月20日，厅机关内设机构、人员调配按照新“三定”落实到位。2. 市县机构改革情况。2018年12月19日，省委召开市县机构改革部署会。2019年1月底前，全省13个设区市局完成了转隶组建、机构挂牌、人员划转、以新机构名义开展工作等各项任务。2019年3月底前，全省96个县（市、区）局完成动员部署、机构挂牌、人员划转、以新机构名义开展工作等各项任务。

二、机构职责整合情况。1. 省级机构职责整合情况。根据中央批准的机构改革方案，我省将原省国土资源厅、原省海洋与渔业局的职责，省发展和改革委员会的组织编制主体功能区规划职责，省住房和城乡建设厅的城乡规划管理职责，省水利厅的水资源调查和确权登记管理职责等进行整合，组建省自然资源厅，主要职责与自然资源部基本对应。明确省林业局为我厅管理的副厅级行政机构。明确省测绘地理信息局职责和人员编制划转至我厅。2. 市县机构职责整合情况。根据省委下发的市县机构改革方案，各设区市自然资源机构在国土资源、规划、林业、海洋等多个部门的基础上重新组建，不再保留原机构，主要职责与省自然资源厅保持基本对应。目前，全省13个设区市局中，名称为自然资源局的2个，自然资源和规划局的10个，规划和自然资源局的1个。设区市局中3个市加挂“海洋局”牌子、10个市加挂“林业局”牌子。县（市、区）局职责与设区市局职责基本对应。

三、内设机构和职数编制情况。1. 内设机构情况。省自然资源厅设置25个内设机构，除总督办、国际合作内设机构外，其余与自然资源部基本对应。各设区市局内设机构一般为20个左右，最多的27个，最少的18个；县（市、区）局内设机构一般为8个左右。2. 编制职数情况。省厅机关行政编制182名，参公事业编制66名，设厅长1名，副厅长5名，总规划师1名；设区市局核定机关行政编制为52到177名，领导班子职数一般为1正5副到1正8副；县（市、区）局核定机关行政编制为12到40名，领导班子职数一般为1正3副到1正6副。

【主要做法】

一、统一思想，认识到位。厅党组高度重视机构改革转隶工作，充分认识组建省自然资源厅是省委落实中央要求，从我省实际出发作出的重大决策部署，必须提高站位、勇于担当、稳步推进，确保机构改革各项任务落到实处。新成立的厅党组第一时间召开党组会、部署会，认真学习贯彻省委机构改革动员会等会议精神，对机构改革工作特别是转隶组建工作作出具体部署。全厅牢固树立“四个意识”，坚决做到“两个维护”，自觉把思想和行动统一到中央和省委决策和部署上，做到认识上同心同向，工作上无缝对接，扎实推进转隶组建各项工作。

二、强化领导，责任到位。机构改革转隶工作时间紧、任务重、要求高，我厅领导班子宣布后，我们迅速成立了工作小组，制定了机构改革工作方案，抽调精干力量组建了综合、保障、方案3个工作专班，按照时间节点要求，精准精细推进各项工作。为确保机构改革期间自然资源工作秩序不乱、队伍不散、工作不断，厅党组迅速研究制定了厅领导班子成员，巡视员、副巡视员临时负责工作的安排，要求各位厅领导做到政治上过硬、业务上过硬、境界上过硬、廉洁上过硬，当好“火车头”“领头雁”；强调原相关部门的人员要继续站好岗、履好职、尽好责，确保转隶期间各项工作的连续、稳定和创新的统一。

三、加强沟通，协调到位。针对转隶工作涉及部门多、人员多的特点，我们着力加强沟通协调，确保各项工作有序衔接。对上，主动加强请示汇报，主动跟进协调，争取更多指导帮带。对外，积极与职能划转部门进行对接，了解以往工作开展情况，理清工作脉络，明确工作清单。对内，明确近期工作重点任务，抓紧实施，对长期工作和职能调整工作拟定规划，稳妥实施、扎实推进。对下，主动与设区市党委、政府和组织部门对接，争取支持配合，加强对市县局的工作指导，推进改革按梯次有序推进。

四、周密安排，组织到位。厅党组制定了详细的转隶组建实施方案，进一步明确了目标任务和责任分工，确定了路线图、时间表，实行项目化管理，倒排工期、挂图作战。厅领导按照职责分工，分别牵头做好转隶组建相关工作，3个工作专班主动加强与省相关部门的联系沟通，进一步细化工作举措，提前安排办公保障、主动跟进思想教育、上门对接人员划转，做到规定动作不打折扣、自选动作周密安排，各项工作按规范、按步骤、按节点有序推进。

（周　茹）

第三次国土调查

【概述】

第三次全国国土调查是在第二次全国土地调查成果基础上，全面细化和完善全国土地利用基础数据，掌握翔实准确的全国国土利用现状和自然资源变化情况，进一步完善国土调查、监测和统计制度，实现成果信息化管理与共享，满足生态文明建设、空间规划编制、供给侧结构性改革、宏观调控、自然资源管理体制改革和统一确权登记、国土空间用途管制、国土空间生态修复、空间治理能力现代化和国土空间规划体系建设等各项工作的需要。

江苏省自第三次国土调查工作启动以来，全省思想统一，目标一致，按照“省级抓统筹、市县重落实、思路谋创新、工作求成效”的工作思路，有针对性地开展了一系列工作。

【工作进展情况】

2017年12月，江苏省人民政府印发《江苏省人民政府关于开展第三次全省土地调查的通知》（苏政发〔2017〕160号），在全省部署三调工作。2018年9月，国务院电视电话会议后，江苏省人民政府立即召开电视电话会议，结合韩正副总理讲话精神开展再动员、再部署，全面启动第三次国土调查。一是开展基础工作。国务院《通知》印发后，各级政府部门高度重视，江苏省人民政府主要领导作出重要批示。省自然资源厅厅长和党组书记在厅党组会和厅务会上多次对三调工作作出指示并提出具体要求。省三调办及时将全国省级三调办主任会议精神和江苏省贯彻落实举措上报江苏省人民政府领导阅示。组织召开动员部署会和工作专题座谈会，多次开展内部技术研讨，邀请专家召开自然资源调查座谈会。大力推进省级举证平台、数据库核查系统、不动产权籍调查数据库检查系统招标和建设工作。启动第三次国土调查宣传工作，在自然资源报、新华日报等多家媒体刊发报道，同步在江苏省国土资源厅门户网站推出三调宣传专栏。短时间内在全省形成了凝心聚力搞三调、服务保障谋发展的浓厚工作氛围。二是编制相关文件。印发了《江苏省第三次土地调查实施方案》，修改完善了《江苏省第三次国土调查实施细则（征求意见稿）》《江苏省第三次国土调查地类认定导则（第一期）》，起草了《江苏省城镇村庄内部土地利用现状调查实施方案》《江苏省第三次国土调查百问百答》等指导性文件。开展0.3米分辨率航片的领取和分发工作。完成三调相关数据2000坐标系转换工作。上报第三次国土调查行政区域界线和零米线调整成果。印发江苏省调查实施方案，编制《江苏省城镇村庄内部土地利用现状调查实施方案》《江苏省第三次土地调查实施细则（征求意见稿）》《江苏省第三次土地调查百问百答（初稿）》《江苏省第三次国土调查地类认定导则》等指导性文件。三是工作实效。建立调查进度半月跟踪机制，制定农村不动产权籍调查三年工作计划，强化目标意识，落实阶段任务，压实工作责任。南京市高淳区、常州市金坛区、如东县、灌云县四个先行开展地区，已全部完成外业调查举证和数据库初步建库，正按国家最新方案和规程进行调整完善，同步启动数据分析。

【工作特色】

第三次国土调查是一项专业性、系统化的工程，按照韩正副总理在国务院三调领导小组第一次全体会议上提出的“四个坚持”要求，江苏省始终以实践为支撑，以创新为引领，边实践边思考，边推进边总结，在经验积累和解决问题过程中，努力提高全省调查工作水平。

一、自选调查工作

高度重视自行开展全域农村不动产权籍调查和自然资源调查两项自选任务，积极研究探索，同步组织推进。要求地方上报农村不动产权籍调查三年工作计划，分年度倒排时序，落实任务，压实责任，在多次调研基础上，形成“两证入库、单证补充、无证详查”的推进工作思路。本着“节约经费、规范可行”的原则，以统一确权登记发证为目标，大力推进农村不动产权籍调查工作，确保2020年底前基本完成调查任务。鼓励各地自主探索开展自然资源调查，总结徐州国家级全要素自然资源统一确权登记试点经验，选择先行开展三调的常州市金坛区和如东县同步开展自然资源统一调查试点，编制自然资源统一调查试点工作方案，加强政策理论研究，注重调查工作实践，及时汇总梳理分析，积极推进自然资源调查探索。

二、一体化调查模式

为提高调查工作效率，实现外业调查举证、内业数据入库和省市县多级审核的高效衔接，要充分利用“互联网+”和云GIS等技术，构建内外业一体化的调查模式，实现外业调查数据快速获取和内业数据入库在线交互，将内业预判、外业调绘和多级审核等工作统一在同一个平台，最大可能提高外业调查数据采集和内业数据建库的准确性和工作效率。

三、多源多尺度数据融合

充分利用地形图、地理国情普查、耕地后备资源以及建设用地报批等各类已有基础资料，通过坐标系转换，与国家下发影像和不一致图斑进行套合叠加，实现多源多尺度参考数据与调查图斑的综合分析。要结合影像特征，提高图斑界线的精度和地类预判的准确性，为内外业调查提供有效的辅助手段，减轻内业预判和采集的工作量，提高外业数据采集的准确性，有效地保障数据库建设质量。

四、调查工作无缝衔接

按照第三次国土调查工作任务安排，在宣传发动、资料收集、外业调查、内业建库以及汇总分析等各个关键环节，要充分调动县级三调办成员单位、乡镇国土所、各标段作业单位和监理单位相关人员全程参与，实现调查工作的无缝衔接，保障地类认定的真实性、权属调查的准确性、属性标注的合理性以及数据分析的科学性。

五、试点工作经验

江苏省四个先行调查地区勇于开拓创新，积极总结提升，试点工作取得实质经验。连云港灌云县探索出“分期+试点，确定路线”“走出去+请进来，博采众长”“预判+核查，内外双修”“制度+督查，稳步推进”的“4 + ”工作方法，保障调查工作高效推进。南通市如东县通过严把“准入关、人才关、制度关、协调关、技术关、时间关、质量关”，推进高质量调查。其他先行地区也通过试点工作取得了丰富的调查实践经验。

（王 昕）

海洋经济调查

【概述】

2012年12月17日，国务院批准同意开展第一次全国海洋经济调查。按照国家统一部署，2017年-2018年，江苏省开展了第一次海洋经济调查。这是一项重大的省情省力调查，旨在摸清全省海洋经济"家底"，实现海洋经济基础数据在全省、全行业的全覆盖和一致性，有效满足海洋经济统计分析、监测预警和评估决策等的信息需求，进一步提高海洋经济宏观调控的支撑能力，为科学谋划海洋经济长远发展、实现海洋强省建设目标奠定基础。

【组织实施情况】

一、成立调查机构，提供组织保障

江苏省第一次全国海洋经济调查工作，按照"全省统一领导、部门分工协作、地方分级负责、信息资源共享"的原则组织实施。省政府于2016年9月28日成立了由省委常委、分管副省长任组长，省政府分管副秘书长和原省海洋与渔业局局长任副组长，省发改委等19家单位负责人为成员的江苏省第一次全国海洋经济调查领导小组，领导小组办公室设在原省海洋与渔业局，机构改革后调整为省自然资源厅。

按照省政府统一要求，各设区市政府参照省级调查机构架构，分别成立了海洋经济调查机构。全省十三个设区市调查机构牵头单位模式为"3+6+3+1"，即：3个海洋与渔业局（南通市、盐城市、连云港市）+6个统计局（徐州市、常州市、淮安市、镇江市、泰州市、宿迁市）+3个经信委（南京市、无锡市、苏州市）+1个农委（扬州市），形成了全省一盘棋的良好格局。

二、开展试点调查，探索技术路径

（一）连云港市连云区试点

2011年，连云区作为全国唯一开展海洋经济试点调查工作的沿海县级行政区，圆满完成了2007、2008年度全区海洋经济调查数据的采集和分析，验证了《全国海洋经济试点调查技术方案》和《海洋经济调查制度（试点）》的科学性、可行性。

（二）南通市如皋市试点

作为沿海市非沿海县的全国试点，如皋市完成了2015年度海洋经济试点调查，检验了调查组织方式，积累了调查人员配备数量、人员选聘以及培训方式等经验，检验了涉海单位清查方法的科学性和可行性。

（三）镇江市润州区试点

作为沿海省非沿海市非沿海县的全国试点，润州区在短时间内高效完成了2015年度海洋经济调查试点工作，验证了在沿海省非沿海市非沿海县开展海洋经济调查工作的必要性，为全国在双非地区开展第一次海洋经济调查"探路"。

三、进行广泛宣传，营造良好氛围

由于是首次开展海洋经济调查，社会公众对调查的意义、内容、程序等并不是十分了解，因此加强调查宣传更显重要。为此，省调查办与各设区市调查机构上下联动，多种方法多个角度开展宣传工作，做到电视上有画面、报纸上有文章、户外主题有气氛、手机网络有信息，通过全方位、多维度、形式多样的宣传，为海洋经济调查工作开展营造了良好氛围，产生了很好的社会影响。

四、组织业务培训，打牢专业基础

省调查办制定详细培训计划，分阶段、分层次组织全省调查业务培训，并指导各设区市结合本地实际情况开展相应培训，切实夯实调查员业务知识基础，省调查办累计组织培训2000余人次。

（一）组织参加国家培训

省调查办组织省本级和设区市相关人员参加

国家海洋经济调查师资业务培训，系统学习海洋经济调查任务和方法、调查组织实施、涉海单位清查、涉海单位清查系统、产业调查、质量控制、数据采集处理系统和数据处理等，为组织全省培训、储备师资力量做好充足准备。在档案整理阶段，选派人员参加国家档案管理培训，指导全省开展相关业务培训，确保调查档案整理归档井然有序。

（二）分阶段开展专业培训

2017至2018年，省调查办针对调查不同阶段，开展不同内容的培训。2017年9月7-8日，省调查办组织13个设区市的200名调查指导员在镇江市开展涉海单位清查阶段培训，针对海洋经济调查组织实施、涉海单位底册初筛方案、涉海单位清查技术规范、涉海单位清查系统与操作等内容进行了系统培训；2017年11月21-22日，省调查办在徐州市组织了海洋经济调查产业调查和专题调查培训，全省151名调查指导员参加培训，系统培训了海洋及相关产业调查技术规范、数据采集处理系统操作、海洋经济专题调查技术规范等；2018年8月3日，省调查办在南京市召开了海洋经济调查档案管理及工作验收培训会，就海洋经济调查档案管理技术规范及工作验收的相关要求进行了培训。

五、严格保密管理，确保数据安全

（一）通过专用网络和系统进行数据传输

为确保数据安全，三个沿海设区市全部使用海洋专网进行数据录入、处理与传输，10个非沿海设区市均使用单机版系统（包括涉海单位清查系统和数据采集处理系统）进行数据操作，禁止通过互联网传输数据。

（二）建立和完善多层次保密机制

省调查办建立了涵盖调查机构-调查员-第三方公司的多层次保密机制，凡是承担调查任务、接触调查数据的单位及个人一律签订《第一次全国海洋经济调查数据资料保密协议》，调查取得的数据资料未经同意不得擅自使用，确保调查数据安全。

【调查开展情况】

一、涉海单位清查

2017年5月5日，全省海洋经济调查动员部署会召开。2017年6月，省调查办印发了《江苏省第一次全国海洋经济调查实施方案》，并于9月组织了涉海单位清查培训，涉海单位清查工作全面展开。

清查流程主要包括清查培训、调查任务分工、底册核实、底册初筛、采集单位信息、清查表数据互审、清查数据录入与审核、标识认定涉海单位、清查表抽查、市级会审、省级审核、审定涉海单位、编制涉海单位名录、反馈涉海单位名录。

二、海洋及相关产业调查

产业调查阶段，省调查办坚持“稳扎稳打、步步为营”的工作思路，选取南京市江宁区作为省级试点，总结试点经验后，在全省开展相关工作。海洋及相关产业调查流程主要包括：调查培训、调查任务分工、数据采集、数据录入、数据审核、质量抽查、数据会审和数据上报等。

三、专题调查

（一）围填海规模及海洋工程项目专题调查

本专题调查中的围填海，是围海和填海的总称，围海是指通过筑堤或其他手段，以完全或不完全闭合形式围割海域进行的海洋开发活动，填海是指将筑堤围割海域填成土地，并形成有效岸线的海洋开发活动。海洋工程，是指海域管辖范围内用于开发利用海洋资源、修复海洋生态环境的建（构）筑物和工程设施。

根据各级调查机构掌握的围填海及海洋工程用海权属信息，省调查办对全省789家被调查对象进行初步合并，确定调查机构名称，形成了《江苏省围填海规模及海洋工程项目基本情况调查单位名录》，报国家调查办审定后，省调查办按照项目属地将名录发放沿海县级调查机构，由沿海县级调查机构组织调查员开展调查工作。

（二）海洋防灾减灾情况调查

本专题调查对象，主要是沿海海堤、渔港、滨海旅游休闲娱乐区、海水养殖区、防灾减灾机构及减灾工作投入、海洋灾害损失等。其中，海堤、渔港、滨海旅游休闲娱乐区、海水养殖区等数据由省调查办和有关部门共享获得，故本专题调查的主要目标是防灾减灾机构及减灾工作投入。

省调查办根据国家下发的《海洋防灾减灾机构调查单位名录》，向名录中各单位发函确定上门填报时间，发放海洋防灾减灾机构及减灾工作投入调查表后，组织调查员上门指导完成调查表的填写并回收。

（三）海洋节能减排情况调查

本专题调查重在查清省域内向近岸海域排放污水及污染物的各类陆源入海污染源，以全面掌握陆源入海污染源分布和主要污染物排放情况，建立健全陆源入海污染源档案和信息数据库，加强陆源污染物排海监督，为落实节能减排政策、促进海洋经济和海洋生态环境平衡发展提供保障。

本专题调查主要采取资料共享和部门调查走访相结合的方式进行。入海河流调查和入海排污口调查采取部门资料共享方式完成，节能减排调查则采用入户走访形式完成。

（四）临海开发区情况调查

本专题调查对象，主要是位于沿海县（市、区）的国家级经济技术开发区、高新技术产业开发区、海关特殊监管区域（包括保税区、出口加工区、保税物流园区、跨境工业园区、保税港区、综合保税区）和省级经济开发区（工业园区）、高新技术产业园区、特色产业园区等。

省调查办将《临海开发区名录》按照属地原则，分发沿海调查机构，由沿海调查机构提前通知被调查对象，确定上门填报时间，发放临海开发区情况调查表，由调查员上门指导完成调查表的填写并回收。

（五）海岛海洋经济情况调查

本专题调查主要涉及三个海岛乡镇，目的在于掌握海岛乡镇经济发展水平和产业结构，了解相关生产经营单位基本情况及海洋产业发展状况。省调查办将国家下发调查名录转发海岛乡镇所属设区市调查机构，由相关调查机构向海岛乡镇政府发放告知书确定上门填报时间，发放海岛乡镇基本情况调查表，采集阶段组织调查员上门指导完成调查表填写并回收。

至 2018 年底，涉海单位清查、产业调查及专题调查工作已全部结束，同时完成了对 13 个设区市调查以及 6 个专题调查的验收工作。省级自验收已完成，正在修改完善调查工作报告、技术报告、调查研究报告等，归类整理调查数据集、涉海单位名录等资料，准备接受国家验收。总体来看，我省海洋经济调查工作总体进度在全国位居前列。

根据全省海洋经济调查实施方案，在完成相关调查工作的基础上，省调查办重点从数据类、名录类、图件类、报告类、方案类、数据库和系统类、资料汇编等七个方面，开展了调查成果集成和应用，形成了《海洋经济调查研究报告》《海洋经济高质量发展比较研究报告》《江苏省海洋经济发展对海洋环境影响后评估报告》等研究报告，主体任务已经完成。同时，省调查办指导 13 个设区市开展调查成果集成应用，南京、无锡等地形成了《南京市海洋经济调查海洋工程装备现状对我市海工装备军民深度融合发展的思考》《海洋工程装备研究报告》等分析报告，为促进相关产业发展提供了有效借鉴。

（胡德义）

《江苏省不动产登记条例》出台

【概述】

2019年1月9日，江苏省十三届人大常委会第七次会议审议通过了《江苏省不动产登记条例》（以下简称《条例》），自2019年5月1日起施行。《条例》共八章一百一十条，分别为：第一章总则，第二章一般规定，第三章登记程序，第四章不动产权利登记，第五章其他登记，第六章不动产登记资料的查询、保护、利用，第七章法律责任，第八章附则。作为全国第一部由省人大常委会制定的专门调整不动产登记的地方性法规，《条例》的颁布实施为保障各类市场主体的合法财产权益和构建良好市场秩序提供了更加有力的法治保障，有利于进一步提升不动产登记规范化水平和便民利民服务水平，在我省不动产统一登记制度法制化的进程中具有里程碑式的意义。

【制定背景】

不动产登记制度是对不动产物权公示和保护的重要基础性制度，涉及千家万户的切身利益。2007年3月《中华人民共和国物权法》颁布实施，明确要求建立不动产统一登记制度，统一登记的范围、机构和办法。不动产统一登记制度作为当前一项重点改革任务，对保护不动产权利人合法财产权、保障不动产交易安全、方便民众办事和提高政府治理水平具有重要的现实意义，对增加人民群众的财产性收入和完善社会主义市场经济基本制度也具有积极推动作用。

近年来，我省在不动产登记中不断解放思想，勇于探索创新，许多工作走在了全国前列：2015年3月1日国务院《不动产登记暂行条例》施行，全国第一本不动产权证书在我省徐州市颁发；2016年6月我省全面实施不动产统一登记，目前不动产权证书发放量居全国第一；我省各地不动产登记机构在工作中因地制宜、先行先试，创造了许多富有成效的工作方法，诸多历史遗留及重大疑难问题迎刃而解，“一窗受理、集成服务”的不动产登记模式被全国推广，一批典型案例和成功经验为不动产登记制度的健全和完善提供了解决方案，贡献了江苏智慧。这些在实践中积累起来的有效做法和成熟经验需要及时通过地方立法予以固化。另外，在我省的不动产登记工作中，也遇到了一些新情况新问题，亟须通过立法加以规范和解决。为更好地依法规范全省不动产登记工作，推动我省不动产登记工作再上新台阶，迫切需要制定一部具有我省特色的地方性法规，为全省的不动产登记工作提供坚强法治保障。

【立法本意】

《条例》以《物权法》和国务院《不动产登记暂行条例》为依据，坚持“不抵触、有特色、可操作”的原则，围绕“优化便民服务、固化改革成果、细化操作规范”进行规定。

一、优化便民服务

我省各地在推进不动产登记便民利民过程中，有一些好的做法，在上位法中没有明确。如：《不动产登记暂行条例》规定30个工作日内办结，但我省推进“3550”改革后一般不动产登记已在5个工作日内办结；《不动产登记暂行条例》规定，登记要到不动产登记机构办公场所办理。但我省有银行（公积金中心）抵押登记代办点362个，办事企业和群众在银行代办点即可办理抵押登记相关业务，不需在银行和登记大厅之间多次跑腿；在登记实务中，我省各地规定不动产转移登记与抵押登记一并申请，省去了申请人的重复登记申请，减少了交易风险，方便了贷款买房的群众，但《不动产登记暂行条例》没有明确。类似上述便民服务创新举措，需要通过立法形式明确。

二、固化改革成果

在不断规范不动产登记的同时，我省结合工作需要、群众需求，稳妥推进了一些改革工作，取得了良好成效。如：我省明确集中办理房屋交易、税收、不动产登记业务，实现一窗受理、集成服务；商品房小区的首次登记，可不核发不动产权证书、证明，减轻开发企业与银行的负担，提高登记效率；统一登记后，土地、房产两证内容合一，群众更关心房屋面积，绝大部分地方已不再记载土地分割面积，提高了工作效率；我省率先在海门开展了不动产登记信息异地备份工作，确保了登记数据的安全。这些改革成果需要通过立法形式固化下来，成为我省规范化、常态化工作内容。

三、细化操作规范

国家层面虽然有了《不动产登记暂行条例》《不动产登记暂行条例实施细则》和《不动产登记操作规范》，但在不动产登记实践中遇到的一些新情况、新问题，并未在其中作出规定。我们结合各地实务工作，在《条例》中作一些细化补充。如：细化了不动产登记机构的审查职责，不动产登记机构必要时可以进行实地察看、调查、公告；细化了单方撤回申请的办理程序，为单方撤回申请提供了路径，更加人性化、合理化；结合工作实际需要明确了非公证继承、受遗赠登记的公告时限不少于六十日，充分保障非公证继承中相关继承人的合法权益；补充规定了历史遗留问题中农村宅基地、农房面积认定等内容，为基层推进农村不动产登记提供了总的依据；补充规定了房地产开发企业按时办理商品房首次转移登记并将登记结果及时通知购房人的义务和法律责任，保证了相对弱势群体购房人的权益。

【立法过程】

一、前期准备

2017年3月，我厅成立《条例（草案）》起草工作小组，厅不动产登记局牵头、政策法规处、省不动产登记中心、南京大学法学院、北京大成（南京）律师事务所等工作人员和专业人士参加，开展立法基础研究，编印《江苏省不动产登记条例立法参阅资料》，制定专题调研方案，确定《条例（草案）》框架。

二、调研起草

2017年6月至8月，起草小组在省内各地集中开展调研，分组撰写形成研究报告。2017年9月，我厅与省法学会房地产法学分会共同主办不动产统一登记立法理论与实务论坛，就立法问题与全国专家学者进行深入探讨。2017年10月至12月，我厅完成《江苏省不动产登记条例起草中的专题研究报告》《江苏省不动产登记条例起草中的重大问题研究》。2018年2月，起草小组在与地方业务骨干、法律专业人员5轮研讨的基础上，形成《条例（草案）》初稿。2018年3月至4月，我厅向省人大环境资源城乡建设委员会汇报《条例》起草工作，并在省内开展调研。2018年4月，在调研基础上我厅组织对《条例（草案）》（初稿）再次进行修改，形成《条例（草案）》（征求意见稿）。

三、定稿送审

2018年4月至5月，我厅将《条例（草案）》（征求意见稿）在厅门户网站公示，征求各设区市、县（市、区）国土资源主管部门和社会各界意见，修改形成《条例（草案）》（送审稿），经厅务会讨论通过后报送省政府法制办。2018年5月至8月，我厅陪同省人大、省政府法制办赴天津、贵州、镇江、连云港、南京、无锡、南通等地开展立法调研。我厅配合省政府法制办4次征求省有关部门、单位及13个设区市政府意见，召开座谈会广泛听取基层相关部门和行政相对人的意见建议。8月23日，《条例（草案）》经省政府常务会议审核通过。9月14日，自然资源部办公厅下发《关于<江苏省不动产登记条例>立法工作有关意见的函》（自然资办函〔2018〕1202号），支持江苏省不动产登记立法工作。9月18日，省十三届人大常委会第五次会议审议了省政府提交的《江苏省不动产登记条例（草案）》。

四、法规出台

2019 年 1 月 9 日，江苏省十三届人大常委会第七次会议审议通过了《条例》，自 5 月 1 日起正式施行。

【主要内容】

一、规范不动产登记职责

不动产登记是《物权法》确立的一项制度，作为物权公示手段，本质上将产生物权变动的法律效果。条例在总则部分对不动产登记作出基础性规定，为不动产统一登记提供法规上的指引和保障。一是明确不动产登记是指不动产登记机构依法将不动产权利归属和其他法定事项记载于不动产登记簿的行为，包括首次登记、变更登记、转移登记、注销登记、预告登记、更正登记、异议登记和查封登记等（第二条）。二是明确不动产登记应当在权属明晰的基础上将相关事项记载于不动产登记簿，不动产权属的确定按照有关法律、行政法规规定执行（第四条）。三是明确登记主管部门的职责范围，由省自然资源主管部门负责指导、监督全省不动产登记工作，办理省人民政府确定的国有重点林区森林、林木和林地，省人民政府批准的用海、用岛和无居民海岛登记；设区的市人民政府可以确定所辖区的自然资源主管部门办理本区内的不动产登记（第五条）。四是推进集中办理房屋交易、不动产登记业务，实现房屋交易、纳税、登记一体化（第六条）。

二、简化不动产登记程序

条例遵循保护公民私有财产、保护权利人合法权益的指导原则，通过细化不动产登记程序，进一步规范不动产登记行为，最大限度保障当事人的合法权益。一是体现“互联网＋政务服务”的发展方向。除了到登记机构办公服务场所现场申请，申请人也可以通过不动产登记机构的网络平台申请不动产登记（第十四条）。二是明确不动产登记以双方申请为原则，同时对于继承、受遗赠取得不动产权利等九种情形允许当事人单方申请登记（第十五条）。三是保护未成年人等群体的不动产利益。无民事行为能力人、限制民事行为能力人的不动产登记应当由其监护人代为申请（第十八条）。四是细化不动产登记机构的审查职责，对申请材料查验、实地察看、调查核查和公告程序作了具体规定（第二十四条至第二十八条）。五是压缩不动产登记办理时限，除政府组织开展的农村不动产登记和非公证的继承、受遗赠等复杂的不动产登记以及大宗批量不动产登记三十个工作日内办结外，不动产登记机构应当自受理不动产登记申请之日起五个工作日内办结，查封登记、异议登记应当即时办结（第二十九条）。

三、理清不动产登记权利

明确不动产登记权利体系，捋顺各种不动产登记形式，是《条例》规定的重点。《条例》列明了集体土地所有权、森林林木所有权、土地承包经营权、建设用地使用权、地役权等不同类型的不动产权利登记方式。一是细化桥梁、码头等建筑物、构筑物的登记，规定公路、铁路的构筑物和桥梁可以进行不动产登记（第四十二条）；具有独立利用价值的特定空间以及码头、油库等其他建筑物、构筑物所有权的登记按照房屋所有权登记办理（第四十三条）。二是充分发挥村民自治的作用保护权利人宅基地使用权及房屋所有权。对本条例施行前房屋已经建成但缺少权属来源证明材料的，其宅基地和房屋面积、房屋建设年代以及分户等情况，经村民小组、村（居）委会、乡镇人民政府（街道办事处）逐级确认，依法申请登记（四十七条）。三是对海域使用权实行分级登记。县级以上地方人民政府批准的项目用海，由批准的同级人民政府自然资源主管部门负责登记（第五十九条）。四是根据新修改的农村土地承包法对土地经营权作了规定。通过承包地流转取得流转期限为五年以上的土地经营权，以及通过招标、拍卖、公开协商等方式取得不宜采取家庭承包方式的荒山、荒沟、荒丘、荒滩等农村土地的土地经营权的，当事人可以申请土地经营权登记，体现了“三权分置”改革精神（第五十五条）。五是规定以建设用地使用权和在建建筑物设定抵押的，应当一并申请建设用地使用权以及在建建筑物抵押权的首次登记（第七十九条）。

四、规范不动产信息查询和利用

不动产登记资料的查询和安全是社会关注的重点，条例进一步加强不动产登记资料的查询、保护和利用。一是明确不动产登记资料的范围，规定登记机构应当做好不动产登记现势资料和历史资料的整理以及数字化转化工作，并对数字化资料进行异地备份（第九十五条）。二是强化不动产登记信息管理平台建设，省自然资源主管部门应当将不动产登记信息纳入全国统一的不动产登记信息管理基础平台，确保国家、省、市、县四级登记信息的实时共享（第九十六条）。三是建立信息安全保密制度。不动产登记机构和信息共享单位应当对登记信息保密，并采取必要的措施保障信息安全。任何单位和个人不得泄露、篡改相关信息（第九十七条）。四是明确不动产权利人、利害关系人或者其委托的律师、其他代理人，可以依法查询、复制不动产登记资料；监察委员会、人民法院等可以依法查询、复制与调查和处理事项有关的不动产登记资料（第九十八条至第一百零一条）。五是规定对于符合查询条件的，登记机构应当当场提供出具查询结果证明或者复制登记资料；因情况特殊不能当场提供的，应当在五个工作日内向查询人提供（第一百零二条）。

五、完善不动产登记赔偿和问责机制

针对不动产登记机构、工作人员以及申请人的法律责任的规定，是整部条例得以执行的保障机制。一是明确不动产登记机构登记错误给他人造成损害，依照法律规定承担赔偿责任（第一百零四条）。二是规定登记机构工作人员因故意或者重大过失导致登记错误，给他人造成损害的，不动产登记机构承担赔偿责任后，可以向工作人员追偿；情节严重的，依法追究其刑事责任（第一百零五条）。三是规定房地产开发企业未按期申请房屋所有权不动产首次登记的，由不动产登记机构责令限期办理，逾期不办理的处十万元以上五十万元以下罚款，（第一百零七条）。

（闫　艳）

《江苏省测绘地理信息条例》颁布实施

【概述】

江苏省十二届人大常委会第三十四次会议二审通过的《江苏省测绘地理信息条例》，于2018年5月1日起施行，这是我省贯彻新《测绘法》的重大举措，也是全国贯彻新《测绘法》的第一部废旧立新的地方性法规，堪称我省测绘地理信息法治建设的一个里程碑。近年来，我省加大对全省地理信息规范支持力度，《2018-2020年法制建设规划》《关于促进地理信息产业园建设的意见》等规范性文件相继出台，并启动了《江苏省地图编制出版管理办法》修订调研程序，《常州市测绘地理信息管理条例》列入市人大立法计划，泰州市制定了《泰州市地理信息资源共享办法》，镇江市出台了《镇江市地图管理办法》。

【立法背景、时代意义及亮点】

《江苏省测绘条例》于2005年制定。实施十多年来，江苏省的测绘地理信息事业伴随着经济的快速发展已加快转型发展。测绘地理信息的外延、内涵、功能、服务模式等都发生了巨大变化，给我省测绘地理信息法治建设带来了新的挑战。为了适应新的需要，做好测绘地理信息产业推动、安全监管、共享应用等方面的工作，废旧立新十分必要。

2018年1月24日，省十二届人大常委会第三十四会议高票通过了《江苏省测绘地理信息条例》（以下简称《条例》），自2018年5月1日起施行。《条例》依据相关上位法，紧密结合我省测绘地理信息事业发展的现状和特点，共分十章六十四条，分别从基础测绘和其他测绘、测绘成果、地图管理、地理信息服务、基础设施、资质资格和市场、监督管理、法律责任等方面予以规范，为保障新形势下地理信息安全、加强全省测绘工作的统一监管以及推动地理信息产业发展等提供强有力的法制保障。

《条例》是新《测绘法》修订施行后全国第一部新的地方性法规，名称的调整主要有三方面原因：一是我省地理信息产业在测绘的基础上迅速兴起和发展，突破了传统测绘的范围，传统测绘向信息化测绘转型，测绘产业结构有了重大调整，以卫星导航定位、地理信息系统技术为核心的现代测绘技术体系正在兴起。《条例》的名称顺应时代发展，更名为“测绘地理信息条例”，体现立法的引领和推动作用；二是2011年5月，经国务院批准，“国家测绘局”正式更名为“国家测绘地理信息局”，也反映了国家加快地理信息产业发展的要求，《条例》的更名与“国家测绘局”的更名具有相通性，更具有实践意义；三是《条例》中专设一章“地理信息服务”，规范了制定产业发展政策、地理信息开放共享、领导干部离任自然资源审计等内容，《条例》名称与其调整对象、规范内容相一致。

测绘基准和测绘系统是进行测绘工作的基础和基本技术依据，直接关系到测绘成果的精确度和应用。在测绘活动中，使用国家规定的测绘基准和测绘系统，有利于保证测绘成果质量，保障测绘事业为经济建设、国防建设、社会发展和生态保护服务。《条例》第九条按照《测绘法》的相关规定，要求从事测绘活动应当使用国家规定的测绘系统和测绘基准，并在第五十八条法律责任部分规定了相应的罚则。

在信息化时代的背景下，卫星定位、遥感技术快速发展，测绘技术与信息技术、网络技术高度融合，地理信息呈现高精度、易采集、易传输等特点，地理信息安全隐患日益突出。《条例》承担起维护地理信息安全的责任，从四个方面强化地理信息安全管理。一是《条例》第四十二条针对卫星导航定位基准站快速发展，但管理措施缺乏和有效监管滞后的问题，将卫星导航定位基准站纳入测绘地理信息基础设施统一管理，按照《测绘法》的规定细化了基准站建设备案制度，要求基准站建设符合规划要求，统一技术标准。二是对测绘成果使用的安全性提出要求，《条例》第一八条、第二十二条、第二十三条规定测绘成果在使用中要注重安全保障，加强网络信息安全审查、监督，对属于国家秘密的，适用保密法律、行政法规的规定。三是对互联网地理信息安全作出规范，《条例》的第三十二条、第三十八条要求任何单位和个人不得在互联网和未采取保密措施的公共信息网络上传输涉及国家秘密的地理信息，使用地理信息不得危害国家安全和公共利益。这些规定为我省测绘地理信息事业安全发展提供有力的法制保障。

近年来，“问题地图”的流通客观上破坏了我国版图的完整性，一定程度上危害了我国的国家安全和利益。《条例》为做好地图管理工作，从国家版图宣传教育着手，增强社会公众的国家主权意识；以加强地图管理为工作重心，升级地理信息安全保障措施。

关于宣传教育。《条例》在总则、第四章要求县级以上地方人民政府牵头，测绘地理信息、新闻出版广电、民政、教育、网信等部门和单位参与，加强国家版图意识教育；要求新闻媒体应发挥自身优势，承担宣传国家版图意识的责任。同时，版图意识宣传教育属于爱国主义教育，更需要教育行政部门、学校的共同配合，将国家版图意识纳入中小学教育内容。

关于加强监管措施。《条例》第三十条、第三十一条都规定了测绘地理信息主管部门在地图审核中的具体职责。信息时代下，互联网地图服务的监管尤为重要，因此《条例》单设第三十二条规定互联网地图服务单位的安全检测及保密义务，第六十条设定了相应法律责任，以保证地图质量，维护国家地理信息安全和利益。

随着社会公众对地理信息保障服务的要求越来越高，《条例》地理信息服务提出明确要求，这也是本《条例》的一大亮点。《条例》设立专章对“地理信息服务”作出规定。一是明确测绘地理信息主管部门会同有关部门制定地理信息产业发展政策，并引导、支持测绘地理信息单位通过多种方式提供地理信息社会化服务，促进地理信息社会化应用。二是做好地理信息共享工作。一方面要求县级以上地方人民政府组织各相关政府部门之间建立健全地理信息共建共享机制，实现政府部门间的地理信息资源共享。另一方面，测绘地理信息主管部门应当加大基础地理信息供给，实现基础地理信息的开放共享。同时，省、设区的市两级测绘地理信息主管部门应当建立公共服务平台并向社会提供地理信息在线服务。三是进一步推进地理国情专题监测信息的应用，将监测信息应用到领导干部自然资源离任审计中，并定期开展生态保护地理国情专题监测，满足生态保护需要。

（编辑部）

“互联网＋自然资源党建”运用

【概述】

2018 年，江苏省自然资源厅（国土资源厅）积极探索加强党建工作新方法、新抓手、新路径，运用互联网技术开展党的建设工作，取得显著成效。6 月 29 日，江苏国土资源党建网（成立省自然资源厅后，更名为自然资源党建网）在全国国土资源系统率先建成并启动运行。全省系统 112 个党建网站平台，涵盖 1545 个党组织和 17306 名党员，实现了党建工作省、市、县、乡四级互联互通，得到省级机关工委的充分肯定，推动了自然资源事业高质量发展。

【“互联网＋自然资源党建”进展情况】

完善组织领导架构。厅党组成立厅党的建设工作领导小组和办公室，负责统筹指导、督促检查全省系统党的建设工作。各设区市、县（市、区）自然资源主管部门按照厅党组要求成立了党的建设工作领导小组和办公室，全省系统建立了自上而下的党建网络体系，实现了一级抓一级、层层传导压力，真正把管党治党的政治责任落实到基层。

创建网络交流平台。利用互联网技术实现自然资源党建工作“系统抓，抓系统”，形成“一网一库一平台”的江苏自然资源党建网。“一网”是全省自然资源党建网群。依托全省自然资源站群，开发覆盖全省自然资源系统各级党组织和每位党员的自然资源党建网群及微信程序，搭建全省系统党建工作、党员学习和交流的统一平台。部署在互联网，各级自然资源管理部门通过互联网登录操作。建设省级总站和 111 个市县局子站，形成全省上下贯通、各级共享的党建网络 。同时，建立江苏自然资源党员 e 家微信公众号，是“一网”的移动客户端延伸。建设全省 1440 个基层党组织和 1.7 万余名党员信息库，党建信息库依据全国党员基础信息，梳理全省自然资源系统党建基本信息，建设全省自然资源系统各级党组织机构信息库和党员信息库。“一平台”是党建网的管理平台，建设全省统一标准的党组织工作管理、党员学习和交流平台。部署在省自然资源政务外网，各级党组织通过省自然资源主干网登录操作。

【“互联网＋自然资源党建”取得成效】

江苏省自然资源系统各级党组织主动顺应新时代党的建设要求，紧密结合自然资源系统特殊管理体制党建工作特点，以系统化思维统筹谋划推进党的建设，落实党建工作“系统抓、抓系统”的政治责任，按照“四体系一平台”(党建工作责任体系、组织体系、制度体系、考核体系和信息化平台）工作要求，创新党的建设工作体制机制和方式方法，不断拓展党建工作渠道和手段，以信息化提升自然资源系统基层党组织的政治功能和组织力，层层压紧压实党的建设主体责任，着力提升系统党的建设整体工作水平，为新时代自然资源事业发展提供坚强保证。

【“互联网＋自然资源党建”特色经验】

为落实新时代机关党建要求形成有力抓手。江苏自然资源党建网能够以最快速度传播党的声音和省委要求，并向系统传达厅党组贯彻落实意见，以最广泛的渠道把全体系统党员的思想，统一上级要求上来。运行以来，在引导意识形态，宣传以习近平同志为核心的党中央重大决策部署，学习纪实文学《梁家河》，纪念周恩来诞辰120周年和马克思诞辰200周年，展示江苏改革开放40周年成果，宣传王继才、赵亚夫先进事迹，开展支部结对共建活动，弘扬国土廉政文化和宣传全省不动产登记业务等方面发挥了很好的作用。全系统出现了党建工作比推进，组织活动比落实，工作成效比质量的良好局面，呈现了党建统领，融合业务，全面提升的发展态势。

为系统党建规范化信息化提供了重要支撑。江苏自然资源党建网将信息技术同传统机关党建的政治优势和组织优势紧密结合，实现资源共享、优势互补、相互融合、协调发展。一是实现了全覆盖。将全省自然资源系统四级党组织17300余名党员和1500余个党组织全部纳入党建网管理，让全部党员在网上“安家”，打破了时空界限和身份壁垒，拓展了党组织维度。二是落实了规范化。规范了系统各级党务工作标准模式，党员发展25项规范化流程全程记录、党费缴纳实时留痕、“三会一课”模板化管理，各类数据实行动态分类汇总统计，使全省系统党建工作有依据，考核有标准，为高质量开展党建工作打下了坚实基础。三是呈现了新活力。112个党建频道自上线以来，广大党务工作者和党员充分运用网络，开展信息管理、新闻发布、学习交流和网上教育等。特别是“阳光支部”成为展现支部党日、学习、培训、组织等活动的重要载体。党支部报送的活动信息录用率约80%。“江苏自然资源党员e家”微信公众号上线后得到了省级机关工委领导的率先关注，广大党员参与性明显增强。截至2018年底，公众号已累计关注人数8400余人，上线以来月均增长在22%以上，有效提升了党务公开透明度。

为创新传统机关党建提供了有益探索。江苏自然资源党建网先后得到了自然资源报、江苏机关党建网、新华网江苏等主要网站媒体的关注，省自然资源厅有关领导在江苏“互联网＋党建”高峰论坛上作了专题介绍，利用党建网开展党建工作为省级机关和全国自然资源系统提供了借鉴。截至2018年底，112家党建网共发布信息9500余条，日均投稿量约30篇。党建管理平台全省系统各党组织开展“三会一课”活动记录13700余次，组织建设5700余次，其中省厅机关开展790余次，市县级开展19100余次。“江苏自然资源党员e家”微信公众号合计发布信息420余条，日均推送量约5条，向全省系统党员干部和社会群众宣传和公开党务工作信息更加精准，更加及时。

（韩　璐）

行政管理篇

政务管理（信访）工作

【概述】

2018 年，办公室围绕中心、服务大局，积极主动在政务、事务、会务各方面当好参谋助手，狠抓各项工作贯彻落实，服务基层、服务机关、服务社会的作用不断增强，各项工作取得了新的成绩。

【综合文稿起草】

紧紧围绕工作大局，准确把握中心任务，高点站位谋划起草综合文稿。形成的综合文稿，总体达到了主题突出、中心聚焦、结构合理、逻辑得当、文风朴实的要求。2018 年省厅办公室组织起草领导讲话、工作总结、对上汇报、会议纪要等各类文稿 500 余万字。围绕中心扎实做好信息工作工作，报送了大量高质量信息，为各级领导决策提供了有效参考。2018 年，省厅办公室共收到各地、各单位、各部门报送的政务信息 5982 篇，组织编发《江苏国土资源信息》90 期，用稿 1260 篇，“每日要情”信息 298 篇。编印《内部情况通报》13 期。经省厅办公室筛选、采编，共上报自然资源部、省委、省政府办公厅政务信息 316 篇，录用 109 篇。

【新闻宣传】

2018 年度，新闻宣传紧紧围绕厅党组中心工作，以“世界地球日”“全国土地日”为契机，准确把握重要时点，组织策划了一系列宣传报道。开展了包括新闻采访、宣传片制作、展板设计、刊发专版等一系列立体式、全方位新闻宣传工作。全年省级以上新闻媒体刊发我省自然资源工作报道 3000 多篇，其中自然资源报头版头条 14 篇，稳居全国系统前列。我省申报项目 3 个获得全国“土地日”宣传好项目，省厅连续六年获评优秀组织奖。江苏记者站连续多年被评为全国系统先进记者站。全面准确监测全省自然资源舆情，全年共编发各类舆情信息 277 期，不断提升舆情监测、处置水平，掌握主动权。省厅政务微博全年发布消息 2993 条，政务微信推送消息 706 条，网站发布新闻 2300 多篇，举办“在线访谈”栏目 10 期。全年共举办新闻发布会（新闻通气会、记者招待会、记者见面会）3 次。

【信息化建设】

完成全国首个自然资源系统党建网建设，7 月 1 日正式开通，实现党建工作省、市、县、乡互联互通，打造党员教育管理网上阵地，实现党建工作网上一站式管理模式。基于省政务云构建完成省级国土资源云环境，为省级各类信息系统资源节约集约迁移上云做好了基础设施储备。建成省级国土资源大数据平台 1.0 版本，随自然资源部正式启用 2000 国家大地坐标系，大数据平台已于 7 月 1 日顺利上线运行。完成 2017 年度土地变更调查数据入库并启用，完成全省第三轮矿产资源规划数据统一检查入库，实现省厅 22 项数据向省大数据共享交换平台常态共享。全面走访调研 13 个设区市局，调研电子政务外网建设、数据备份与信息安全工作开展情况，扎实推进全省系统网络环境改造与数据备份体系建设工作，完成省厅信息系统等级保护测评工作。持续推进态势感知与决策支持系统功能完善与深化应用工作。编制《江苏省“慧眼守土”视频监测网络管理与应用指导规定》，全面规范“慧眼守土”成果应用工作。持续推进全省系统信息化建设统筹。全省系统信息安全、数据备份、网络环境优化等工作在统一体系部署下，扎实推进，编制《市县“国土资源云”技术体系设计指导方案》、《省国土资源大数据（政务信息）资源目录和数据交换标准》等一批指导市县的信息化标准与规范。

【政府信息公开】

研究制定《江苏省国土资源厅2018年度政务公开工作要点》，编制出台了《江苏省国土资源厅政务公开基本目录（2018年）》。印发了《江苏省国土资源厅办公室关于印发政府信息依申请公开文书模板的通知》，制定了依申请公开文书模板共11类19种，补齐了依申请公开文书不规范、答复内容不严谨的短板。充分利用政务公开平台运维监测系统，实时对全省政务公开平台进行扫描监测，及时了解各地、各单位的政务公开情况，并于每季度对全省系统政务公开情况进行汇总和通报。在厅门户网站中设立政策解读和新闻发布专栏，对新出台的政策及时做好政策解读工作，做到同步起草、同步审查、同步发布。2018年，省厅在厅门户网站主动公开政府信息3598条；办理依申请公开908件，所有信息公开申请除可以当场予以答复和特殊情况外，均在15个工作日内办理完毕。

【信访工作】

2018年，群众到部信访和省厅直接办理信访同比分别下降4%和12.6%，得到部省充分肯定，省自然资源厅连续两年被评为全省信访工作先进单位。

【机关运转和机构改革】

省政务服务中心我厅窗口全年受理行政审批事项报件总数2356件。未接到过举报投诉，没有发生违法违纪事件。窗口受到省政务办周通报表扬20次，月通报表扬9次。全年共组织处理各类文件1万余件，严格按照规定进行管理。严格落实保密工作，完成了省国家保密局的自查和抽查，对各单位保密人员开展了保密和定密教育培训，没有发生失泄密事件。档案管理工作有序开展。严格执行中央、省委省政府和省厅有关规定，进一步加强公务接待、会务保障、公车使用等方面管理。组织做好各类会议和重要活动的服务保障工作。做好固定资产管理，及时保障各部门正常办公需要。严格执行机关值班值守和请假报备制度。不断完善建邺大厦安全保卫措施，改进办公环境、食堂管理、安全保卫、车辆停放等工作。机构改革期间，提前谋划，统筹安排，全面保障了转隶人员的办公室安排、食堂就餐、车辆停放、办公系统录入等工作，确保工作衔接有序。

（陈　威）

综合管理工作

【概述】

2018年，省自然资源厅综合处在厅党组正确领导下，全面落实“守得住”“保得好”“调得高”的工作目标，强化“两服务、两聚焦”，狠抓工作落实，稳步推进各项工作，圆满完成年度各项目标任务。

【重要文件文稿起草】

一是起草完成《江苏省国土资源厅党组关于全力服务促进高质量发展的实施意见》，全面贯彻落实省委十三届三次全会精神和省委6号文件要求，系统梳理国土资源管理政策，创新工作举措，全力服务促进高质量发展走在全国前列。二是起草完成《中共江苏省国土资源厅党组关于进一步加强和改进调查研究工作的通知》，深入贯彻落实中央和省委有关加强和改进调查研究的新精神、新要求，结合省委解放思想大讨论活动要求，为全面提高全省调查研究质量和水平提供了制度保障。三是起草《江苏省自然资源厅关于支持加快改善苏北地区农民群众住房条件推进城乡融合发展的有关政策措施》，着重在国土空间规划引领、土地利用计划保障、资金支持、行政服务、维护权益等等八个方面细化政策举措，为加快改善苏北地区农民群众住房条件、助推乡村振兴和脱贫攻坚提供自然资源要素保障和政策支撑。四是完成省委省政府《关于加快改善苏北地区农民群众住房条件推进城乡融合发展的意见》初稿的起草，为政策的出台提供基础蓝本。

【综合改革工作】

根据《中共江苏省委深化改革领导小组2018年工作要点》，征求相关处室意见，认真编制季度推进计划，并按时上报进展情况。按照省委深改组要求，完成江苏省国土资源厅2018年改革工作总结和2019年改革要点并上报。有序开展全省布局改革试点总结评估工作。在“双提升”中期评估基础上，原江苏省国土资源厅调控处（厅深改办）牵头对自然资源部部署、江苏省国土资源厅布局和地方探索开展的改革试点工作开展梳理、总结、评估工作，认真总结提炼可复制、可推广的经验做法，深入分析存在的困难和问题，力争对今后全省系统改革试点工作提出合理的、具有前瞻性的设想和布局。

【调查研究工作】

认真贯彻落实《中共江苏省国土资源厅党组关于进一步加强和改进调查研究工作的通知》要求，收集印发《2018年度国土资源专题调研计划》，跟踪督促调研进度。积极参与厅领导重大调研活动并多次自行开展调研，5月，赴金坛、海安、睢宁开展了国土资源管理改革创新试点专题调研，为下一步全省系统深化土地管理制度改革提出相关建议，为贯彻落实省委推进苏北地区农民住房集中改造工作，摸清家底，研究政策；7月，会同相关部门对盐都区宅基地有偿退出情况展开调研，8月，联合相关高校，分别赴建湖、沛县、昆山、江都等地开展典型乡村改革开放以来我省农村“人地关系”专题调研，9月底，会同有关单位和部门赴滨海县就如何在严守永久基本农田红线的基础上破解农村集中居住点布局难题开展专题调研，总结各地特色做法，分析改革开放四十年来人地关系的变化趋势，为实施乡村振兴战略和改善苏北地区农民群众住房条件提供决策参考。

【综合统计工作】

及时编印江苏省国土资源综合统计月报、季报和2017年度年报，分送厅领导及厅相关部门，为领导及时了解国土资源管理动态、进行宏观决策提供参考。此外，还配合江苏省统计局完成了2017年度绿色发展监测评价、农业现代化监测、高水平全面建成小康社会监测统计等专项监测统计工作。参与江苏高质量发展监测评价考核体系设置、修改和完善。

【形势分析工作】

一是深入开展形势分析。召开江苏省国土资源管理形势分析工作座谈会，对全省系统形势分析工作进行了再梳理、再完善、再提升。参加国家土地督查南京局组织的2018年土地利用和管理形势观测分析业务座谈交流。江苏省12个观测点、江苏省土地勘测规划院、原江苏省国土资源厅调控处分别就当前的土地利用和管理形势、乡村振兴情况等进行了交流发言。在深入分析研判上自然资源管理形势的基础上，定期形成《国土资源管理形势分析报告》，分析国土资源利用和管理形势和管理中存在的问题，为做好下一步工作提出意见建议。二是开展江苏省土地利用情况专题分析。对每季度全省新增建设占用农用地计划和增减挂钩计划的使用情况以及土地批而未用情况进行分析，按季度完成《江苏省土地计划执行情况和土地利用情况》的形势分析报告。

【江苏省国土资源节约集约利用综合评价考核工作】

经江苏省人民政府批准，印发《江苏省国土资源节约集约利用综合评价考核实施细则（2017年版）》；3月上旬，正式下发通知开展2017年度综合考评工作。5月初，形成综合考评初步结果，经江苏省国土资源厅厅务会审议，报请江苏省人民政府批准，对获评地区通报表扬，并在江苏省国土资源厅召开的第28个全国"土地日"纪念大会上对获奖地区颁奖表彰。同时，配合江苏省国土资源厅办公室，联合人民网等多家国家和省级媒体，对无锡市、徐州市贾汪区国土资源节约集约利用工作进行了广泛深入报道，充分发挥了典型示范带动作用。

【自然资源部国土资源节约集约模范县（市）创建工作】

6月下旬，参加自然资源部创建办召开的节地中国学术研讨会（2018），围绕乡村振兴、绿色发展与土地节约高效利用在会上作了主题发言。10月中下旬，按照自然资源部创建办的安排，组织两批市县级自然资源主管部门从事资源节约集约利用工作的同志参加部创建办组织的国土资源节约集约模范县（市）创建活动培训班，交流地方资源节约集约利用经验，探讨创建活动指标体系及评选办法。11月，参加国土资源节约集约模范县（市）创建活动中西部片区交流推进会，交流本地区推进资源节约集约利用的举措、经验及成效，并对创建活动指标体系及评选办法提出修改意见。12月，自然资源部创建办来我厅专题调研模范县（市）创建工作，充分肯定了江苏省创建工作的成效，指出很多做法经验值得在全国推广借鉴。

【加快改善苏北地区农民群众住房条件工作】

一是专题调研提前了解政策需求。在徐州、淮安、苏州、扬州各选取了一个行政村进行典型村庄专题调研，深入了解乡村改革开放四十年的发展历程，梳理农村人、地、产、房的历史演变脉络，分析农民与土地的依赖关系和变化规律，为构建新型人地关系提供理论基础。总结推广滨海县主动破解农村集中居住点选址难问题的先进经验，坚守永久基本农田红线，合理布局农村集中居住点。

二是研究出台自然资源支持政策。按照江苏省委省政府要求，起草《关于加快改善苏北地区农民群众住房条件推进城乡融合发展的意见》初稿。为贯彻落实江苏省委省政府《关于加快改善苏北地区农民群众住房条件推进城乡融合发展的意见》要求，研究起草《江苏省自然资源厅关于支持加快改善苏北地区农民群众住房条件推进城乡融合发展的有关政策措施》，报请江苏省苏北地区农民群众住房条件改善省级工作推进办公室转发。

三是支持苏北地区优化用地布局。2018年，江苏省自然资源厅批复了苏北21个县（市、区）对土地利用总体规划（2006-2020）的修改申请，并对睢宁县、沛县、淮安市淮安区、滨海县、东台市等5个县（区）追加了流量指标，支持当地优化用地布局，调整用地结构，促进永久基本农田保护，服务支撑苏北地区农民群众住房条件改善工作顺利推进。

四是用地计划指标重点向苏北倾斜。2018年自然资源部批准江苏省增减挂钩指标18万亩，工矿废弃地复垦利用计划7万亩，共比去年增加5万亩的流量指标。在指标的分配上，重点向苏北地区倾斜，下达苏北五市增减挂钩计划7.68万亩，工矿废弃地复垦利用计划3.8万亩，下达总量较2017年增长了38%。

五是组织指标流转和调剂筹措资金。加快改善苏北地区农民群众住房条件工作推进以来，江苏省自然资源厅积极组织指标流转和调剂，除未申请的地区外，截至目前，共交易增减挂钩节余指标0.87万亩、交易金额82.65亿元，增减挂钩节余规划建设用地规模有偿调剂0.90万亩、交易金额27.01亿元，调剂补充耕地指标1.79万亩，交易金额61.59亿元，三项交易总额共计171.25亿元，超额完成了江苏省委省政府确定的目标任务。会同江苏省财政厅组织开展2018年度省级投资土地整治项目的申报、审查与入库工作，共审查通过28个项目，安排资金9.11亿元。

（朱洪蕊）

政策法规工作

【概述】

2018年，在省委、省政府和自然资源部的正确领导下，省自然资源厅始终坚持以党的十九大和习近平新时代中国特色社会主义思想为指导，以落实《江苏省贯彻落实法治政府建设实施纲要（2015-2020年）实施方案》为重点，以强基础、补短板、创特色为主抓手，在法治建设中贯彻新发展理念，落实高质量发展要求，聚焦突出问题，紧盯关键节点，以务实的作风、扎实的行动推动自然资源法治建设改革再深入、实践再创新、工作再落实，确保自然资源法治建设基础更稳、短板更长、特色更显，全年各项工作均取得了明显成效。

【"放管服"工作】

全力建成"四全"标准。经过近5年的努力,《国土资源"四全"服务规范》（DB32/T3420-2018）正式通过地方性标准审查，成为全国系统首份综合服务标准，打造了具有我省系统特色的"放管服"改革的金字招牌。

深入推进简政放权。围绕落实"不见面"改革要求，我厅"不见面"事项超过90%。围绕落实3550改革部署，常规不动产登记最长5个工作日办结，国务院第五次大督查通报表扬。围绕营商环境优化，加大放权力度，大力支持江阴县级集成改革试点和国家东中西区域合作示范区建设，分别下放6项、2项行政审批权力，下放省级审批事项比例居于前列；推进减费提效，联合省财政厅、环保厅出台《关于取消矿山地质环境治理恢复保证金建立矿山地质环境治理恢复基金的通知》，对矿山地质环境治理恢复基金的提取、使用、监督管理作出明确规定；联合省财政厅下发《关于返还省级收缴的矿山地质环境治理恢复保证金的通知》《关于退还政策性关闭矿山企业缴纳矿业权价款的通知》，及时将矿山地质环境治理恢复保证金、政策范围内矿业权价款全额退还到相关企业；对涉企保证金开展自查自纠，全面停止土地、矿产交易领域竞买保证金等项目；出台《关于严格执行小微企业（含个体工商户）不动产登记收费政策的通知》，切实降低小微企业发展成本。

【完善科学民主决策机制】

落实重大决策各项制度。制定《中共江苏省自然资源厅党组工作规则（试行）》，厘清了工作职责，明确了议事清单，完善了决策程序，实现了职能、程序、责任的闭环管理；制定《中共江苏省国土资源厅党组研究"三重一大"事项清单》，坚持"三重一大"事项集体会商制度；严格执行《江苏省国土资源厅厅务会议事规则》《江苏省国土资源厅厅长办公会议议事规则》等文件规定，全年召开厅党组会议17次，厅务会2次，厅长办公会3次，重大决策集体讨论决定比例达100%。严格执行《江苏省国土资源厅重大行政决策程序暂行规定》，将制定出台《江苏省不动产登记条例》作为重大行政决策事项，严格履行五大必经程序，完善合法性审查制度，确保重大行政决策决策有审查、有效果、有权威。

【提升立法制规水平】

健全法治体系。积极推动省人大出台《江苏省不动产登记条例》，成为全国首个省级不动产登记地方性法规。全面深入开展地方性法规、规章、政策文件清理工作，先后就生态文明、产权保护、公平竞争等多个领域、400余件次文件开展全面审查，提请省人大修改地方性法规 2 部；提请省政府废止规章 1 部，修改 3 部，废止省政府制发的涉及国土资源管理文件 10 份；拟废止厅发规范性文件 11 份，努力以良法保障善治，加快构建符合我省自然资源管理实际的法治体系。

加强规范性文件管理。制定《2018 年度规范性文件制定和后评估项目计划》，明确 3 个制定项目和 2 个后评估项目。以合法性和公平竞争“双审查”为重心，对《关于印发江苏省矿业权出让收益基准价的通知》等 4 个文件进行全面审查并出具合法性（公平竞争）审查意见。已出台规范性文件报备率、及时率、规范率达 100%。高质量完成 300 余件次省委、省人大、省政府、省厅立法和政策文件征求意见工作，认真开展党内规范性文件的审查工作。对设区市局报备的规范性文件进行全面审查，确保有件必备、有备必审。顺利通过省公平竞争审查督查考核。

【严格规范行政执法】

强化监管合力。加强制度建设，出台《关于建立完善土地执法同步监督机制的意见》，构建并落实信息双向报告、监管数据共享、综合分析判研、失职渎职预防、监管责任追究和案件联合查处六大机制，切实发挥监督执纪问责职能；出台《关于贯彻实施 < 江苏省行政执法机关移送涉嫌犯罪案件程序规定（试行）> 的通知》，对移送涉嫌犯罪案件的程序进行规范；积极支持指导江阴“执法公示制度”试点。健全工作机制，加强执法证件管理，全年共办理执法证件 336 本；开展行政处罚案卷评查，对 6 份优秀案卷予以通报表扬；开展执法模范创建工作，分别授予丰县等 10 地、海安县等 9 地“土地执法模范县（市、区）”“土地执法先进县（市、区）”称号。加大执法力度，立案查处土地违法案件 482 件、矿产违法案件 14 件，没收违法建筑设施 300.98 万平方米，拆除违法建构筑物 46 万平方米，罚款 5.35 亿元，收回土地 3337.1 亩，移送纪检监察机关追究责任 67 人。省厅督办案件 42 件，其中公开挂牌督办 4 件，公开通报 3 件，开展专项执法、专项督查和专项清理 5 批次。

稳妥解决信访难题。积极建章立制，制定《开展信访工作“落实五责、畅通五路、调控五量”试点工作方案》，选取部分试点单位开展“三五工作”试点；印发《关于认真贯彻落实网格化社会治理机制工作的通知》，要求聚焦土地征收、违法用地、不动产登记等容易引发矛盾领域，通过网格化管理把矛盾纠纷和安全隐患化解在源头、防范在网格。厅领导带头办信接访和包案处理信访事项已形成常态化制度化，全年包案处理 35 件信访事项。扎实推进信访基础业务规范化建设，省厅作出复核（复查）意见 5 件，撤销信访处理意见 7 件；参与涉及信访事项行政诉讼 34 件，无一败诉。

【行政权力的制约与监督】

完善政务公开机制。突出制度规范，制定《江苏省国土资源厅政务公开基本目录（2018 年）》，划定公开范围；制定《关于印发政府信息依申请公开文书模板的通知》，制定了依申请公开文书模板共 11 类 19 种，补齐了依申请公开文书不规范、答复内容不严谨的短板。强化系统监管，充分利用政务公开平台运维监测系统，实时对全省政务公开平台进行扫描监测，每季度对全省系统政务公开情况进行汇总和通报。推进行政公开，主动公开政府信息 3598 条；办理依申请公开 908 件；研发“土地征收信息查询系统”，建立三级联动机制，在省、市、县三级自然资源管理部门门户网站同步主动公开土地征收相关信息，充分保障被征地农民的知情权、参与权、监督权和合法收益权；省厅政务微博全年发布消息 2993 条，政务微信推送消息 706 条，网站发布新闻 2300 多篇，举办“在线访谈”栏目 10 期。

加强信息解读研判。加强政策解读，在省厅门户网站中设立政策解读和新闻发布专栏，对新出台的政策及时做好政策解读工作，做到同步起草、同步审查、同步发布。落实新闻发言人制度，全年共举办新闻发布会（新闻通气会、记者招待会、记者见面会）3 次，分管厅领导在《黄金时间 — 改革政策 E 解读》第一期全面解读我厅不见面审批制度改革。强化舆情监测，全年共编发各类舆情信息

277期，不断提升舆情监测、处置水平，掌握主动权。

【行政争议化解】

加大案件办理力度。积极维护权益，全年共办理各类行政争议案件825件，其中省厅复议各设区市局案件297件，纠错率为9.2%；省厅行政应诉案件280件，无一败诉。完善工作制度，出台省厅《行政复议和行政应诉工作暂行办法》，是全国系统首个贯彻《国土资源行政应诉规定》《国土资源行政复议规定》的实施意见，《国土资源报》头版予以报道。健全工作机制，在全国系统率先开展行政复议法律文书履行情况专项检查并在全省系统内进行通报，通过强有力的层级监督提升复议法律文书的权威和约束力；编印省厅2017年行政争议典型案例15件，召开全省系统行政复议案卷评查会暨行政争议典型案例研讨会，加大对基层的案例指导，进一步提升“以案释法”效用；通报2017年度及2018年度上半年行政争议案件办理情况，编发《行政复议委员会通报》7期；对2017年度全省系统行政败诉案件进行全面分析，提出改进举措。

妥善应对公益诉讼。高度重视案件解决，全省系统2018年无一起被提起行政公益诉讼的案件。最高人民检察院、原国土资源部在南京召开国土资源行政公益诉讼座谈会，江苏经验得到充分肯定。全省系统各设区市和省直管县均已基本建立与检察机关的联席会议机制并出台相关文件，全力推动我省系统行政公益诉讼从个案解决向建章立制阶段的转变。积极配合省人大公益诉讼专题询问工作，我省系统特色做法获人大代表点赞。

【依法行政工作】

夯实工作基础。我厅在省政府法治政府年度考核中多次居于前列。全省系统法治国土年度考评首次对普法工作开展单独考核，突出普法宣传重要地位；首次对法治工作基础薄弱的地区登门反馈并落实整改要求，加码推动薄弱地区补强工作。印发2018年度依法行政工作要点，首次对党内法规制度建设作出部署。召开2018年度全省系统法制工作会议，认真总结经验，查找不足，分析应对举措。开展基础研究，省厅集体土地征收、非诉执行、不动产登记等三个课题通过专家评审，为行政实务提供强有力的理论支撑。发挥法律顾问律所效能，组织厅法律顾问律所就信息公开、投诉举报、征地批复等问题突出领域案件制作法律意见书，推动行政争议案件从个案解决向类案解决转变。首次举办全省系统行政执法人员培训班，400余人参加。

完善普法机制。强化组织领导，主要负责人积极履行法治建设第一责任人职责，定期听取年度法治政府建设报告、全省系统法治政府建设考核报告，专题听取行政争议案件情况专报；厅党组书记以《入脑入心学党章 旗帜鲜明讲政治》为主题，给全体党员上了一堂融法治与党建于一体的专题党课。统筹规划计划，印发《江苏省自然资源系统开展法治宣传教育的第七个五年规划（2016年-2020年）》，布局五年普法工作重心；制定省厅党内法规第二个五年规划（2018-2022年）实施计划，党内法规管理有了总路线图；制定《贯彻落实“谁执法谁普法”责任制实施方案》，打造分级实施、协作配合、共同参与的普法大格局。健全普法宣传和法治建设联动机制，确保年初同步制定要点，年底同步开展考核。开展全省系统“七五”普法中期检查，并对部分单位进行重点抽查。完善基础保障。探索建设“自然资源法治文化建设基地”，着力打造省级法治文化建设实验田。邀请南京大学法学院教授、博导肖泽晟作“凝聚宪法共识 维护宪法权威”专题讲座。

（齐晓宇）

调查监测工作

【概述】

2018年是第三次国土调查全面开展的一年，任务重、时间紧、要求高、难度大。我省按有关指示要求和既定工作计划，统筹兼顾，多措并举，扎实推进各项调查工作。第三次国土调查方面，此项工作启动以来，全省各地工作有序开展。南京市高淳区、常州市金坛区、如东县、灌云县四个先行开展三调地区，已全部完成外业调查举证和数据库初步建库。土地变更调查方面，结合2017年度土地变更调查"互联网+"举证等新技术要求，顺利完成2017年度土地变更调查与遥感监测工作。按时完成城镇地籍调查成果的上报工作。农村建设用地调查方面，完成了全省13个设区市的农村建设用地调查成果资料的完整性和规范性抽查工作。为省委省政府出台改善苏北农村住房条件有关文件提供基础数据和决策依据。

【第三次国土调查】

组织部署全省三调工作。《国务院关于开展第三次全国土地调查的通知》印发后，各级政府部门高度重视，省政府主要领导作出重要批示，及时印发通知在全省部署开展三调工作。国务院电视电话会议后，省政府立即召开电视电话会议，结合韩正副总理讲话精神开展再动员、再部署。11月16日，厅党组书记孔海燕主持召开第2次厅党组会议，要求扎实做好第三次国土调查工作。按照规定时间节点和任务目标，倒排工期，真抓实干，确保按要求如期完成各项任务。省三调办及时将全国省级三调办主任会议精神和我省贯彻落实举措上报省政府领导阅示。组织召开全省第三次国土调查动员部署会，统一调查工作思路，为三调工作高质量推进奠定了坚实的基础。

举办培训，印发相关技术规程。面向系统内外举办两期业务培训班，共计700余人，全面提高从业人员专业能力素质。大力推进省级举证平台、数据库核查系统、不动产权籍调查数据库检查系统招标和建设工作。开展0.3米分辨率航片的领取和分发工作。完成相关数据2000坐标系转换工作。上报第三次国土调查行政区域界线和零米线调整成果。印发我省调查实施方案，编制《江苏省城镇村庄内部土地利用现状调查实施方案》《江苏省第三次土地调查实施细则（征求意见稿）》《江苏省第三次土地调查百问百答（初稿）》《江苏省第三次国土调查地类认定导则》等指导性文件。启动第三次国土调查宣传工作，在自然资源报、新华日报等多家媒体刊发报道，同步在省厅门户网站推出三调宣传专栏。

深度调研，开展技术交流。在先行开展第三次土地调查的南京市高淳区东坝镇开展驻点调查。在如东县召开全省三调工作座谈会，围绕技术方法和经济社会发展需求开展交流。多次组织先行地区召开座谈会议。多次召开技术讨论会，研究调查地类认定、城镇村范围划定和细化调查等工作。邀请有关专家召开自然资源调查研讨会，共同探索自然资源调查技术路线和方法。邀请国务院三调办人员到我省南京市高淳区、常州市金坛区调研指导三调工作。前往福建省调研，学习交流三调和自然资源调查工作。

因地制宜开展自选调查工作。高度重视自行开展全域农村不动产权籍调查和自然资源调查两项自选任务，积极研究探索，同步组织推进。要求地方上报农村不动产权籍调查三年工作计划，分年度倒排时序，落实任务，压实责任，在多次调研基础上，形成"两证入库、单证补充、无证详查"的推进工作思路。大力鼓励各地自主探索开展自然资源调查，积极探索寻找路径，选择我省先行开展第三次土地调查的常州市金坛区和如东县同步开展自然资源调查试点，编制自然资源调查试点技术方案，积极推进探索工作。

整体推进取得初步成果。建立全省调查进度半月跟踪机制，督促各地强化目标意识，加速推进各项调查工作，确保按计划节点完成国家规定任务。至2018年底，我省103家调查单位已全部完成印发通知、组建机构、落实经费等前期工作，共计申请落实经费17.5亿元。97家完成本地调查实施方案编制，97家完成招标工作。全省已有101个乡镇完成调查，占比8%。南京市高淳区、常州市金坛区、如东县、灌云县四个先行开展三调地区，已全部完成外业调查举证和数据库初步建库，正在开展调查成果的确认、接边、互检、复核和修改完善工作，同步启动数据分析。

【土地变更调查】

完成2017年度土地变更调查。根据《关于开展2017年度全国土地变更调查与遥感监测工作的通知》（国土资发〔2017〕131号）要求，省厅统一部署，扎实推进，顺利完成2017年度土地变更调查与遥感监测工作。

严格标准，调查组织工作有条理。结合2017年度土地变更调查“互联网+”举证等新技术要求，加强组织领导，认真研究政策，把握工作要点，系统梳理历年调查工作经验，开展有针对的培训和技术指导，掌握工作主动。严格按照国家土地分类标准、调查技术规范等开展调查，继续执行《江苏省土地变更调查实施细则（试行）》规定程序，对各地土地变更调查成果质量和工作进度进行不定期的全省通报、提醒谈话等。

综合联动，责任机制落实有力度。进一步强化各相关部门的分工协作，明确职责分工，相互做好衔接，实现动态互动。地籍部门负责牵头组织开展年度土地变更调查，规划部门对增减挂钩等备案数据进行核实和补充报备，耕地保护部门对土地整治新增耕地及时督促补充备案。严格执行县级自查、市级复查与省级抽查的三级检查制度，群策群力保障年度变更调查工作高效推进。

目标务实，调查数据成果有质量。2017年度土地变更调查，我省共接收部遥感监测成果11批次，下发监测图斑75899个，涉及土地738970.6亩。调查成果按时上报自然资源部，在国家组织的三类用地图斑外业抽查和内业抽样检查工作中，我省调查成果一次性通过国家核查。根据2017年度变更调查最新工作要求，内外业检查工作结束后，自然资源部对各省全部图斑再次进行一轮全面核查，省厅高度重视，本着实事求是的原则按要求完成核查整改。按时完成城镇地籍调查成果的上报工作。

与时俱进，深度共享应用有成效。进一步深化调查成果广泛应用，调查数据经部确认下发后，及时开展变更调查成果统计汇总，编制2017年度变更调查成果数据册，供各相关部门参阅。开展年度土地利用变化情况分析，组织编写全省年度变更调查分析报告。将变更调查成果纳入自然资源“一张图”管理。根据调查成果共享发布要求，于省厅门户网站公开发布2017年度变更调查数据。

部署2018年度土地变更调查。及时印发《江苏省自然资源厅转发自然资源部关于开展2018年度全国土地变更调查与遥感监测工作的通知》，结合我省实际提出具体要求。12月20日在南京举办培训班，全面部署2018年度全省土地变更调查工作，以三调的工作标准组织好土地变更调查工作。积极配合和按照自然资源部相关要求开展内、外业核查，力争一次性通过检查。

【农村建设用地调查】

按照《江苏省农村建设用地调查实施方案》要求，通过听取汇报和察看报告、表格、图件等资料的形式，完成了全省13个设区市的农村建设用地调查成果资料的完整性和规范性抽查工作。调查成果应用效能初步显现，为省委省政府出台改善苏北农村住房条件有关文件提供基础数据和决策依据。

（王　昕）

确权登记工作

【概述】

全省自然资源系统积极贯彻落实省委省政府“放管服”和“3550”改革，全力打造高质量的不动产登记服务，为企业和群众提供方便，营造最优营商环境，形成了“一证首发、一面旗帜、一窗受理、一城通办、一周办结、一键申请、一网共享、一号咨询、一指评价、一部法规”的“十个一”不动产登记江苏模式。在国务院第五次大督查营商环境评价中，抽查的我省不动产交易登记案例，时间最短、环节最少、材料最简，位列全国第一。截至2018年底，我省共颁发不动产权证书1028万本、证明644万份，不动产权证书颁发量居全国第一。我省完成了徐州国家级和如皋、东海、东台省级自然资源确权登记试点工作，成果通过验收，积累了相关工作经验。

【不动产登记】

推进党建业务融合发展。为推动全省不动产登记窗口党建与业务深度融合，充分发挥党组织的示范引领作用，中共江苏省国土资源厅党组在全省不动产登记窗口开展了争创“党员先锋岗”活动，在徐州市召开了现场会，制定了争创“党员先锋岗”活动方案，明确了创建指标体系。经全省国土资源基层党组织层层推选，各设区市国土资源局党组（党委）审查审核，省国土资源厅党组专题研究并对外公示公告后，授予徐州市不动产登记交易服务中心党支部等20个不动产登记窗口所在党组织全省第一批不动产登记窗口“党员先锋岗”称号。各地在提升服务质量的同时形成了各具特点的党建品牌，如徐州市的“零障碍服务”党建做法、南通市的“保姆式服务”党建服务品牌等，在全省不动产登记窗口起到积极的示范引领作用。全省20个窗口列入了“全国百佳不动产登记便民利民示范窗口”创建候选名单，居全国第一。

提升便民利民服务水平。一是规范登记行为。在全国省（区）中率先出台地方性法规《江苏省不动产登记条例》。江苏省国土资源厅与江苏省人力资源和社会保障厅、江苏省总工会在全国率先联合举办了全省第一届不动产登记业务技能竞赛，全省113支队伍、480名选手参加了各地组织的预赛选拔，13支队伍、52名选手在无锡参加了决赛，起到了以赛促学的积极效果。出台《关于严格执行小微企业（含个体工商户）不动产登记收费政策的通知》（苏自然资发〔2018〕39号），规范登记收费，降低小微企业发展成本。二是分类压缩不动产登记办理时限。全省基本实现新建商品房首次转移登记、统一登记实施后办理过不动产登记的房屋再次办理转移登记、实体企业不动产登记3个工作日内办结。三是优化不动产登记“一窗受理、集成服务”模式。该模式被省政务办评为江苏政务服务创新成果奖。截至2018年底，全省设置不动产登记、房产交易、缴税“一窗受理、集成服务”窗口740个，比2017年底增加了126个。南京、无锡、徐州、镇江、盐城等地已建成集成服务一体化平台，实现了“一人收件、数据共享、业务协同”。全省一半以上地区实现不动产登记与水、电、气、有线电视、网络等业务联动办理。四是增设服务网点。截至2018年底，全省共设置不动产登记服务网点1111个，较2017年增加了323个，其中有749个不动产登记机构服务网点，群众在同一个征税区域内可以同城通办登记业务。在银行、公积金中心等场所设立抵押登记便民服务点362个，方便企业、群众申请贷款时一并办理抵押登记。

推进“互联网+”不动产登记。基本建成省级不动产登记信息管理基础平台。各市县不动产登记平台实时接入省级平台，新增登记数据通过省级平台统一上报国家级平台，日均上报数据3万条。完善不动产登记信息共享交换系统，全年为法院、民政、公安、监察委等单位提供信息共享查询285万人次。各地通过网站、微信、手机App开通了预约受理、进度查询、权属查询、证书查验、线上登记等服务功能，并全部集群到江苏政务服务网。组织徐州、泰州、盐城、连云港开展不动产登记"不见面"服务试点工作，积极推广试点经验。全省一半以上的地区开通了不动产登记"线上登记"，实现"外网申请、内网审核、现场核对、即时领证"，徐州完成"线上登记"6.5万宗。南京市通过"我的南京"App实现预售商品房首次转移登记、开具电子购房证明等不动产登记事项全程"不见面"。宿迁、徐州、苏州等地启用不动产抵押登记电子证明。徐州、盐城、锡山、丹徒等地设置了24小时自助服务区域。全省各地开展了EMS寄证服务，南京、宿迁、宜兴等地免收邮寄费用。

全面提升作风建设水平。江苏省自然资源厅高度重视不动产登记作风建设，切实提高群众满意度和服务水平，公布了不动产登记"一窗受理、集成服务，同城通办、就近服务，限时办结、高效服务，公开收费、透明服务，文明礼貌、廉洁服务"五项社会承诺，聘请了20名省级不动产登记行风监督员。在江苏省自然资源厅门户网站设置了不动产登记纠正"四风"意见箱，接受群众意见和建议。在全国率先启用全省统一的不动产登记服务热线"96510"，共设置138个热线座席，月均接听群众来电5万次，方便群众咨询业务。建立健全不动产登记窗口明察暗访机制，组织业务骨干、行风监督员分四批暗访不动产登记大厅65家，形成评价报告并督促地方限期整改到位。建立不动产登记窗口视频省级监控平台，实现对主要登记大厅的实时监控。在全国率先开展了不动产登记窗口服务评价工作，评价结果直接上报省厅，已在53个大厅部署637个评价器，累计接受群众评价14万条，满意率99%以上。落实中共自然资源部党组关于开展不动产登记窗口作风问题专项整治工作的要求，完成我省专项整治工作，取得了积极的成效。

开展其他不动产登记专项工作。将省政府批准项目用海的海域使用权纳入不动产统一登记，2018年完成省级海域登记发证84宗。完成首批特色田园乡村房地一体的不动产权籍调查工作，依法颁发不动产权证书。结合第三次国土调查，加快推进农村不动产权籍调查工作，2018年每个县（市、区）新增一个乡镇完成农村不动产权籍调查，对符合登记条件的各地正陆续颁发不动产权证书。按照自然资源部要求，完成省农垦国有土地权籍调查和发证工作。

【土地权属争议调处】

总体工作情况。为有效化解矛盾纠纷，管控社会风险，维护群众的合法权益和社会稳定，我省高度重视土地权属争议调处工作，贯彻落实以人民为中心的发展思想，从健全制度入手，建立起健全高效、顺畅的土地权属争议调处工作机制，全面掌握全省土地权属争议调处工作动态情况，推动地方依法解决各类土地权属争议，促进了社会的和谐稳定。

争议调处情况。截至2018年12月20日，我省现有争议21件，面积180.9354公顷，均为县级受理。当年受理争议14件，面积176.663公顷，均为县级受理。已处理争议1436件，面积2025.6021公顷，其中市级处理158件，面积61.184公顷，县级处理1278件，面积1964.4181公顷。当年处理现有争议38件，面积60.3625公顷，其中市级处理6件，面积23.04公顷，县级处理32件，面积37.3252公顷。当年受理当年处理现有争议30件，面积44.3022公顷，其中市级处理4件，面积21.54公顷，县级处理26件，面积22.7622公顷。

从土地权属争议的类型来看，国有土地使用权争议、集体土地所有权争议、宅基地使用权争议、集体建设用地使用权争议、国有土地与集体土地之争议均有涉及。从数量上看，最多的是已处理的集体土地所有权争议和宅基地使用权争议，有540件；从面积来看，最多的是已处理的国有土地与集体土地之争议，有791.082公顷。在当年受理当年处理的土地权属争议中，数量最多的是宅基地使用权争议，有18件，涉及面积1.2089公顷；面积最多的是集体土地所有权争议，有9件，涉及面积42.9公顷。

我省的土地权属争议调处工作集中在市、县两级，以县级为主，省本级没有直接调处的土地权属争议。其中，市级处理争议158件，占总数的11%，面积61.184公顷，占调处总面积的3.02%；县级处理争议1278件，占总数的89%，面积1964.4181公顷，占调处总面积的96.98%。2018年，我省未发生重大突发土地权属争议。

【自然资源统一确权登记试点】

2018年7月，徐州市国家级试点通过自然资源部验收。徐州市国家级试点重点探索以水流为独立登记单元的全要素自然资源统一确权登记模式。根据自然资源禀赋条件、现有工作基础等因素，选取了贾汪区和沛县两个工作区域，在全要素统一确权登记基础上，分别以水生态空间和探明储量矿产资源作为试点重点。试点工作先后完成了登记单元预划、首次登记通告发布、自然资源调查与数据建库、信息系统研发、成果登簿等工作，共划定62个登记单元（贾汪区32个、沛县30个），形成《徐州市水流确权登记操作指引》、《徐州市自然资源统一确权登记数据库标准（试行）》、《徐州市自然资源类型分类标准》等文档成果，建设了自然资源确权登记数据库以及权籍管理和登记业务系统，依托信息系统平台，形成了登记簿及登记档案。

2018年11月，省级试点地区如皋、东海、东台通过省自然资源厅组织的评估验收。省级试点工作各有侧重，在全要素自然资源统一确权登记的基础上，如皋以滩涂和水流确权登记为重点，东海以探明储量矿产确权登记为重点，东台以沿海滩涂确权登记为重点。试点地区划定了登记单元，开展了自然资源确权登簿，依托不动产登记信息平台建立了自然资源确权登记数据库，形成了试点的《实施方案》《技术方案》《工作报告》《自然资源确权登记操作指引》等文档成果，并对《自然资源统一确权登记办法（试行）》提出了修改建议。

（闫　艳）

所有者权益工作

【概述】

2018年，全省所有者权益工作以“履行所有者职责、落实所有者权益”为主线，以探索建立配置高效、监管有力的自然资源资产管理制度为重点，以实现自然资源资产保值增值和保障资源高质量供给为目标，按照江苏省自然资源厅全年工作总体部署，认真践行新发展理念，建立保护、保障和调控工作新机制，整合资源，重点突破，精准施策发力，不断优化资源配置效率，服务支撑我省高质量发展走前列。

【改革试点工作】

推动工业用地供应方式改革落地见效。根据省政府办公厅《关于改革工业用地供应方式促进产业转型升级和企业提质增效的指导意见》（苏政办发〔2016〕93号），江苏省自然资源厅持续跟踪掌握各地工业用地供应方式改革的实施情况，总结和推广相关经验，指导各地结合地方实际，探索长期租赁、租让结合、先租后让、弹性出让等多种供地方式，切实提升我省土地资源要素配置效率。2018年5月，赴徐州市、常州市、苏州市、淮安市和扬州市开展工业用地供应方式改革实施情况调研，了解各地实施过程中存在的问题，总结相关经验。2018年，全省通过长期租赁、租让结合、先租后让、弹性出让等方式供应工业用地406宗、1.49万亩。

开展国有建设用地供应监管试点。为进一步提升土地资源要素配置效率，强化建设用地供应管理，完善现行国有建设用地使用权出让格式合同，适应新时期监管需要，根据省主要领导指示要求，经征求地方意愿，在南京市江宁区、徐州市云龙区、常州市新北区、苏州市工业园区、南通市海安县、连云港市连云区和泰州市靖江市开展国有建设用地使用权供应监管试点工作。通过制定完善国有建设用地有偿使用补充合同和投资发展协议的样式文本、建立健全多部门联合监管制度，充分体现合同双方对等的权利和义务，为研究和完善建设用地供后监管制度的必要性、可行性和操作方法提供借鉴依据，为强化土地供后监管、提升土地产出效益积累经验，形成可复制、可推广、有江苏特色的模板。

【优化资源要素配置】

优化资源要素配置，服务保障高质量发展。印发《关于进一步降低企业发展成本服务保障实体经济高质量发展的指导意见》（苏自然资发〔2018〕1号），进一步降低企业发展成本，优化用地、用矿、用海服务，促进实体经济高质量发展。要求各级自然资源主管部门聚焦企业发展诉求，履行好自然资源管理职责，统筹运用好当前自然资源各项政策措施，发挥政策集成集聚效应，全力支持企业发展。

全面完成工业企业用地年度更新调查工作。在全省工业企业用地初始调查的基础上开展年度更新调查工作，全面调查了工业企业产业类型、投入产出、能耗排放等情况，掌握工业用地利用现状与开发潜力，更新完善工业用地利用现状成果数据库，汇总分析生产力空间布局，动态监测评价资源要素配置效率和产出效益。全面衡量年度土地资源要素配置效率水平变化情况，形成《江苏省工业企业用地调查分析报告（2017）》，报送省政府，为我省社会经济发展提供翔实的决策依据，得到省政府领导充分肯定。

持续推进高标准厂房建设与使用。会同省经信委组织开展2017年度高标准厂房建设与使用先进地区评选工作，对先进地区在国土资源节约集约利用综合评价考核中进行加分奖励。部署开展了2018年度高标准厂房建设与使用先进地区申报工作。2018年，全省共24个地区申报建成高标准厂房建筑面积797.61万平方米。从实际使用情况来看，高标准厂房能够有效地促进土地要素集聚和产业布局集中，在优化工业用地结构和提高土地配置效率方面取得了良好成效，为科技孵化器和中小微企业提供了用地支撑，在此基础上引导和鼓励规上企业自建自用高标准厂房，有力支持了地方社会和经济发展。

【国有建设用地供应管理】

进一步规范国有土地供应。为使市场在资源配置中起决定性作用和更好发挥政府作用，有效促进土地节约集约利用和土地市场平稳健康运行，维护公开、公平、公正的土地市场秩序，服务支撑全省高质量发展走在前列，印发《关于进一步加强土地供应和开发利用监管工作的指导意见》（苏自然资发〔2019〕9号），在增强供地计划调节作用、健全供地集体决策机制、规范供地方案编制、明确土地使用规划条件、落实土地供应政策、严格土地出让公告发布审查等方面予以规范，切实加强全省土地供应管理。

规范一级市场供地行为。完善土地出让公告审查制度，将各类土地供应信息及时纳入江苏省建设用地全程管理系统。深化土地有偿使用制度改革，减少非公益性用地划拨范围，推进经营性基础设施用地有偿使用。2018年，全省有偿供地32.60万亩，占比近六成。其中招拍挂方式出让32.12万亩，占有偿供地的98.53%；协议出让0.42万亩，占有偿供地的1.29%；租赁方式供地0.06万亩，占有偿供地的0.18%。

【土地储备管理】

加强土地储备管理。根据《土地储备管理办法》（国土资规〔2017〕17号），结合我省实际，会同省财政厅、中国人民银行南京分行、江苏银监局印发实施《江苏省土地储备管理实施办法》（苏国土资发〔2018〕147号），进一步加强土地储备机构、业务和资金管理，规范土地储备融资行为，切实防范金融风险，保障土地储备工作规范、健康运行。完成2018年度全省土地储备机构名录更新工作。印发《江苏省土地储备规划编制规范（2018年修订版）》和《江苏省土地储备年度计划编制规范（2018年修订版）》。配合省财政厅完成2018年度江苏省政府土地储备专项债券发行工作，发行债券495亿元，涉及储备土地面积3033公顷。

【国有土地资产处置】

稳妥开展企业改制土地资产处置。按照依法依规妥善处置、有利于企业发展、有利于显化和盘活土地资产、有利于社会稳定的原则，积极为国有企业改革做好服务。根据中央办公厅、国务院办公厅《关于从事生产经营活动事业单位改革的指导意见》（厅字〔2016〕38号）和省委办公厅省政府办公厅《关于从事生产经营活动事业单位改革的实施意见》（苏办〔2018〕23号）精神，研究制定了配套文件《关于做好省属从事生产经营活动事业单位改革中有关土地资产处置的意见》，进一步明确土地资产处置的相关政策规定。

（王力凡）

开发利用工作

【概述】

2018开发利用管理工作总体以国土资源供给侧结构性改革为主线，以保质保量高效发展走在全国前列为目标，根据省自然资源厅全年工作总体部署，认真践行新发展理念，建立保护、保障和调控工作新机制；整合资源，重点突破，精准施策发力，推进城乡土地高效利用，不断提高土地资源供给质量和效益；开展建设用地节约集约利用，从严把关，有效控制建设用地总量；规范土地使用权网上交易，完善了土地资源市场化配置机制；提升土地资源业务服务保障效能，全力服务我省市场经济高效快速发展。

【供地政策制定及落实】

有保有控差别化制定供应政策。认真贯彻落实国家和省委、省政府重大战略部署，完善产业用地差别化供应机制，大力支持先进制造业、战略性新兴产业、现代服务业，新产业、新业态和大众创业、万众创新用地，严格落实产业政策，把好土地供应关口。2018年，全省土地供应总量为73.91万亩，同比增长20.81%。其中：新增建设用地29.39万亩，占供应总量的39.76%；盘活存量用地44.52万亩，占供应总量的60.24%，存量用地供应比重较2017年底提升5.54个百分点。供地结构优化明显。

推动工业用地供应方式改革。积极跟进、持续跟踪掌握各地的改革实施情况，总结和推广相关经验，指导各地结合地方实际，探索长期租赁、租让结合、先租后让、弹性出让等多种供地方式，切实提升我省土地资源要素生产率。赴徐州市、常州市、苏州市、淮安市和扬州市开展工业用地供应方式改革实施情况调研，了解各地实施过程中存在的问题，总结相关经验。2018年全省通过长期租赁、租让结合、先租后让、弹性出让等方式供应工业用地406宗、1.49万亩。

落实产业用地政策。持续补充更新《产业用地政策文件选编》。一方面，通过江苏省国土资源厅门户网站、微信公众号和手机App等多种方式扩大宣传和引导渠道，让社会公众了解熟悉相关产业用地政策；另一方面，要求各级国土资源主管部门进一步改进工作方式，主动对接产业用地需求，全力做好用地服务保障工作。2018年以来，全省落实产业用地政策供应土地552宗、2.10万亩。

参与房地产市场调控。强化房地产市场运行情况监测，根据国土资源部统一部署，督促各设区市和百万人口以上县（市、区）按照因城施策、分类调控的要求，确定本地区住宅用地供应分类调控年度目标，编制并发布住宅用地供应三年滚动计划，合理安排住宅用地供应数量和节奏。2018 年以来，全省实际供应住房用地 12.47 万亩（其中，供应中低价位、中小套型普通商品住房用地 2.02 万亩，其他普通商品住房用地 8.13 万亩，保障性住房用地 2.32 万亩）。

持续推进高标准厂房建设与使用。会同省经信委组织开展 2017 年度高标准厂房建设与使用先进地区评选工作，对先进地区在国土资源节约集约利用综合评价考核中进行加分奖励。部署开展了 2018 年度高标准厂房建设与使用先进地区申报工作从实际使用情况来看，高标准厂房能够有效地促进土地要素集聚和产业布局集中，在优化工业用地结构和提高土地利用效率方面取得了良好成效，为科技孵化器和中小微企业提供了用地支撑，在此基础上引导和鼓励规上企业自建自用高标准厂房，有力支持了大众创业、万众创新。

【节约集约用地评价】

认真落实建设用地总量与强度双控任务。切实提高土地资源利用效率，以土地利用方式转变促进经济发展方式转变。按照我省确定的“十三五”时期单位 GDP 建设用地使用面积下降目标和我厅确定的全年工作目标，确保年内实现全省单位 GDP 建设用地使用面积同比下降 5.8%，建设用地地均 GDP 同比增长 6.2% 的目标任务。加强节约集约用地核心指标动态监测，对全省、各设区市单位 GDP 建设用地使用面积下降、建设用地地均 GDP 增长、存量建设用地任务盘活等指标进行监测。

开展多层次的建设用地集约利用评价工作。一是部署 2018 年度城市区域建设用地节约集约利用状况更新评价工作。根据自然资源部要求，印发了《江苏省国土资源厅关于开展 2018 年度城市区域建设用地节约集约利用状况更新评价工作的通知》，对全省参评的 13 个省辖市、21 个县级市、20 个县和 15 个区部署开展更新评价工作，完善了组织流程，强化了主体责任。二是部署 2018 年度全省开发区土地集约利用全面评价工作。会同省发展改革委、科技厅、住建厅、商务厅、南京海关等部门印发《关于进一步做好开发区土地集约利用评价工作的通知（2018 年度）》（苏国土资发〔2018〕223 号），建立了共同工作机制，完善了评价指标体系，增加了实际管辖范围评价任务，强化了评价成果应用。三是通报了 2017 年度全省开发区土地集约利用情况。印发《江苏省国土资源厅关于 2017 年度全省开发区土地集约利用更新评价情况的通报》，向省相关部门、各参评开发区管委会、市县国土资源局通报了 2017 年度全省开发区土地集约利用状况。

严格执行土地使用标准，有序开展节地评价工作。严把建设项目用地准入关，切实贯彻落实国家和省有关产业政策，严格限制“两高一资”和过剩产能项目用地。依据《江苏省建设用地指标（2014 版）》，从严控制用地规模，切实提高项目用地单位面积投资强度和产出强度。对尚未发布土地使用标准、建设标准和因安全生产、地形地貌、工艺技术等确需突破土地使用标准的建设项目，开展建设项目用地节地评价，依据节地评价结果科学确定用地规模，从严控制建设用地总量。省厅预审的项目用地均按建设用地标准，对项目用地规模进行了总体控制。修订新编《江苏省建设用地指标（2018 版）》。

【市场化配置土地资源】

全面实施土地使用权网上交易。充分发挥市场在土地资源配置中的决定性作用，全面实施国有建设用地使用权网上交易工作。2018 年，全省国有建设用地使用权网上交易 8360 宗，面积 36.23 万亩，金额 6516.00 亿元。

进一步规范土地供应，完善市场配置机制。完善土地出让公告审查制度，将各类土地供应信息及时纳入江苏省建设用地全程管理系统。严格执行土地利用动态巡查制度，落实预警 - 督办机制，加快已供建设用地开发利用进度，促进已供土地开发建设。深化土地有偿使用制度改革，减少非公益性用地划拨范围，推进经营性基础设施用地有偿使用。2018 年以来，全省有偿供地 32.60 万亩，占比近六成。其中招拍挂方式出让 32.12 万亩，占有偿供地的 98.53%；协议出让 0.42 万亩，占有偿供地的 1.29%；租赁方式供地 0.06 万亩，占有偿供地的 0.18%。土地出让金合同总额 6002.48 亿元，同比下降 4.94%。其中：经营性用地出让合同金额 5519.78 亿元，同比下降 6.73%，占出让总金额的 91.96%，工矿仓储用地出让合同金额 368.66 亿元，同比增长 21.85%，占出让总金额的 6.14%，其他用地出让金 114.04 亿元，占出让金总额的 1.90%。

【建设用地供应与监管】

全力推进批而未供和闲置土地处置。上半年，部署全省批而未供土地专项处置工作，印发《江苏省批而未供土地专项处置工作方案》，要求各地逐批次、逐宗地梳理批而未供土地产生原因，制定并落实整改措施。2018 年 2~5 月，全省消化利用 2008~2016 年间批准的批而未供土地 7 万亩。根据自然资源部推进建立“增存挂钩”机制工作部署，经省政府同意，印发《关于下达 2018 年度批而未供和闲置土地处置任务的通知》（苏国土资发〔2018〕336 号），分解下达各设区市处置任务，并成立批而未供和闲置土地处置工作领导小组，强化日常工作监管。同步印发了《关于加快推进批而未供和闲置土地处置工作的通知》（苏国土资发〔2018〕364 号），针对性地制定相关政策措施，指导各地加快批而未供和闲置土地处置。2018 年 9 月起，每周通报各地批而未供和闲置土地处置情况，督促各地加大处置力度，全力推进批而未供和闲置土地处置。召开全省批而未供和闲置土地处置工作会议，厅主要领导出席会议并讲话，要求各地把握重点地区、重点环节和重点领域，切实落实好批而未供和闲置土地处置工作。根据自然资源部土地市场动态监测与监管数据， 2018 年全省共处置批而未供土地 23.2 万亩；处置闲置土地 2.8 万亩。

大力推进城镇建设用地提效工程。落实《关于全面开展城镇建设用地提效工程的意见》（苏国土资发〔2017〕177 号），通过严把新建项目用地准入关、实施城镇低效用地开发利用、消化利用批而未供土地和推进闲置土地处置等途径，综合施策，实现城乡土地高效利用。印发《江苏省城镇低效用地再开发规划和年度实施计划编制指南（2018 年版）》，有序推进城镇低效用地再开发。2018 年以来，全面完成城镇低效用地再开发规划编制工作；完成批而未供土地专项处置工作。

【地价监测与更新】

推进地价动态监测与基准地价更新。深入了解全省土地市场运行态势，掌握全省城市地价变化信息，按季度对全省 71 个监测县（市、区）13000 余个地价监测点进行动态监测，编制形成全省 2017 年度城市地价动态监测报告，并在江苏土地市场网发布。加强公示地价体系建设和管理，开展基准地价电子化备案工作，确保保证备案数据的时效性、规范性。开展公共服务项目用地基准地价、国有农用地基准地价制定研究。在无锡市、常州市部署开展集体建设用地和农用地基准地价制定试点工作。

（李兰图）

国土空间规划工作

【概述】

按照省委省政府机构改革的部署要求，2018年11月省发展改革委、省住房城乡建设厅相关职能划转、人员转隶到位，与原省国土资源厅规划处整合组建省自然资源厅国土空间规划工作团队。在厅党组的坚强领导下，厅国土空间规划工作团队认真学习贯彻习近平新时代中国特色社会主义思想和习近平生态文明思想，坚决落实中央和省委省政府的决策部署，推进“多规合一”、推动建立国土空间规划体系，各项工作任务圆满完成。

【落实主体功能区制度】

完善主体功能区战略和制度。省委省政府印发实施《关于完善主体功能区战略和制度的实施意见》（苏发〔2018〕27号），进一步明确我省完善主体功能区战略和制度的总体要求、战略格局和长效机制。

构建资源环境监测体系。省委省政府办公厅正式印发《关于建立资源环境承载能力监测预警长效机制的实施意见》（苏办〔2018〕30号），为推动实现我省资源环境承载能力监测预警常态化、规范化、制度化提供重要保障。

【城乡规划管理工作】

以区域规划引导省级空间布局优化。一是编制完成《徐州都市圈规划》《沿海城镇体系规划》，有序引导人口、产业等各类要素合理集聚。二是在相关区域规划研究的基础上，研究形成《关于推动苏锡常都市圈一体化发展的相关建议》《关于促进苏北地区小城镇多元特色发展的建议》，均获娄勤俭书记批示。三是落实《江苏省城乡空间特色战略规划》，完成沿江、沿海城镇群特色资源保护和特色风貌塑造规划等，进一步指导各地彰显风貌特色、提升发展品质。四是编制环太湖地区绿色生态空间规划，获得国际城市与区域规划师学会（ISOCARP）2018年度“规划卓越奖”。五是完成《改革开放四十年江苏省城市发展报告》，总结评价全省城镇化发展历程和发展质量，为准确研判城乡发展规律提供支撑。

以城市总体规划引领城市发展。一是按照省政府“两步法”的审查要求，推动《昆山市城市总体规划（2017-2035年）》《宜兴市城市总体规划（2017-2035年）》分别通过省政府专题会议、常务会议审查，并获省政府批准。另有19个城市（南京、无锡、徐州、常州、苏州、南通、扬州、镇江、泰州、连云港、淮安、宿迁、邳州、新沂、溧阳、东台、仪征、句容、丹阳）陆续推进2035城市总体规划修编工作，其中淮安、句容已上报省政府。二是指导城市总体规划依法修改，办理盐城、太仓、常熟、张家港、沙溪镇等城市、镇总体规划修改的审查、指导工作，以上城市、镇总体规划修改均获批复。

以历史文化保护彰显城市空间特色。一是持续推进新一批历史文化名镇名村保护规划和历史文化街区保护规划编制。徐州历史文化名城、如东栟茶和扬州大桥历史文化名镇、南京漆桥历史文化名村等保护规划已经省政府批复。组织苏州桃源和平望历史文化名镇、溧阳沙涨历史文化名村、常州青果巷历史文化街区等保护规划审查工作。二是加强地域特色传承研究，同步开展全省13个设区市的城市空间特色塑造专题研究，指导各市完成城市空间特色塑造指引。

指导各地有序开展专项规划编制。一是指导苏北五市启动镇村布局规划优化完善工作，明确改善农民住房条件的工作对象、村庄布局和实施步骤。二是指导各地有序推进城市轨道交通、地下空间、养老服务设施、学前教育、港口布局等重要专项规划编制，为推进相关设施的有序建设提供规划依据。

提升规划信息化工作水平。一是按照《城市总体规划成果数据标准》《城市总体规划成果 CAD 制图标准》等数据标准、规范，完成 54 个市县城市总规成果入库工作。二是实现全省报批城市总规成果数据在线审查，累计实现 31 个 46 轮城市总规成果数据标准化审查。三是实现 50 个市县开通用户并按季填报“一书两证”信息，系统内累计填报证书件数为 150104 件，其中 2018 年填报 58946 件。

优质服务保障重大项目建设。积极做好省级重大项目规划选址和各类园区设立审查工作，共核发交通、水利、电力等省级以上重大建设项目的选址意见书 18 件，审核各类开发区、高新区、旅游度假区、综合保税区等设立、升级事项 40 余件。

加强行业管理工作。一是发挥优秀规划设计项目示范作用，组织省优秀城市规划项目专业评选，共评出城市规划类 106 项，其中一等奖 12 项、二等奖 35 项、三等奖 59 项。二是 2018 年 3 月，江苏省城市规划学会和江苏省城市规划协会合并整合为江苏省城市规划研究会。目前，全省共有规划编制单位 130 家，其中甲级 20 家，乙级 51 家，丙级 59 家。全省注册规划师共 1360 人，高级规划师约 2600 人。

【土地利用规划管理工作】

加强规划实施管理。一是出台《江苏省国土资源厅关于进一步加强土地利用总体规划实施管理的通知》（苏国土资发〔2018〕183 号），强化建设用地总量控制，建立了台账管理制度，明确了规划空间管制和单独选址项目规划管理的相关要求，并提出了规划实施的保障措施。二是加大地方规划流量指标归还的力度，全年全省规划流量归还达到 30 万亩左右，流量归还率达到 65.26%，比去年年底提高 26.1%，切实提高了规划实施的严肃性。

稳步推进村土地利用规划编制。开展农村土地制度改革三项试点、特色田园乡村建设试点、县级集成改革试点的地区，必须开展村土地利用规划编制工作。其他地区可结合自身条件，因地制宜开展。全省已有 156 个村完成编制，武进区全域完成了村级土地利用总体规划编制，有 40 个村正在开展规划编制工作。

开展土地利用总体规划修改。报经省政府同意，对 35 个县（市、区）开展土地利用总体规划修改工作。根据地方申请，在统筹测算建设用地复垦潜力、用地需求、节约集约用地水平等因素的基础上，对海安市等 21 个地区追加安排了一定数量的规划流量指标。

有序推进省级国土规划编制工作。组织编制了省级国土规划，并在征求领导小组成员单位和相关单位、专家意见的基础上，对规划文本进行了修改完善，形成了《江苏省国土规划（2016-2035 年）（征求意见稿）》，初步确定了我省国土空间保护、开发和利用战略目标和总体格局。

积极推进土地整治规划编制。指导市、县组织规划审查和报批工作，全省 13 个设区市土地整治规划已经全部批准实施，县级土地整治规划基本完成，并按照自然资源部的统一部署，组织开展了省级土地整治规划评估工作。

释放部分省留规划空间专项用于省以上重大基础设施项目用地保障。针对规划空间不足、项目落地存在压力等问题，我厅专题请示省领导，将规划调整完善期间省留新增建设用地规划空间释放部分按一定比例配给地方，专项保障省为主建设的省以上重大基础设施项目，释放的 12 万亩规划空间中 10.37 万亩用以保障铁路、高速公路、干线航道等交通项目建设。根据交通项目实施进展，已完成苏南沿江铁路、溧阳至广德高速公路等项目的规划空间配给工作。

（杜佳飞）

国土空间用途管制工作

【概述】

2018 年，我省国土空间用途管制工作紧紧围绕服务全省高质量发展、苏北农民群众住房条件改善和深化自然资源供给侧结构性改革等工作，以完善计划管理、优化用地审批、强化增减挂钩管理为抓手，积极作为、锐意创新，各项工作有序推进，**取得显著成效。**

【土地利用计划年度调控】

做好 2018 年土地利用计划编制下达工作。一是为进一步强化国土资源保障能力，稳定土地资源有效供给， 1 月份预下达新增建设用地计划 3.06 万亩。二是根据部下达我省的年度土地利用计划指标，编制了 2018 年度计划分配方案，在经厅务会议审查同意后上报省政府批准，于 8 月份下达各地执行。计划分配中充分落实了差别化管理的要求，苏南、苏中、苏北的农用地计划在分配市县农用地计划总量中的占比，与 2017 年相比分别下降了 0.41%、下降了 0.55%、上升了 0.96%。三是为充分保障脱贫攻坚用地，全面贯彻落实国家和省委省政府脱贫攻坚决策部署，单列扶贫和革命老区用地计划 2200 亩，对 22 个扶贫及革命老区分别单列安排 100 亩。四是为保证保障性安居工程建设任务的顺利推进，单列下达了全省保障性安居工程新增建设用地计划 1.1 万亩。

重点保障年度重大项目用地。严格执行土地使用标准，提高土地使用效率，重点保障省政府确定的 200 个年度重大项目用地，2018 年安排省重大产业项目农用地计划 1.1 万亩。对省级立项的单独选址项目实行核销制，重大基础设施项目做到应保尽保，全年共核销农用地计划 2.9 万亩。

加强用地计划的执行监管。实时掌握计划执行的进度和速度，分析各地区间各类计划使用的差异，下发了加强用地计划执行的通知，并按照时间节点实施了计划考核和收回，持续增强计划调控力度，最大程度发挥计划的使用效益。

【城乡建设用地增减挂钩】

认真落实国家下达的跨省调剂任务。2018 年 3 月份，国务院办公厅印发《城乡建设用地增减挂钩节余指标跨省域调剂管理办法》(国办发〔2018〕16号),启动了跨省域节余指标交易工作。7月初，根据国务院要求，自然资源部下达我省 2018 年增减挂钩节余指标跨省域调剂任务 2.63 万亩。为了落实国家下达的调剂任务，省国土资源厅研究制定了《增减挂钩节余指标跨省和省内调剂使用工作方案》，并报省政府专题会议审议通过。协调省内贫困县（区）2016、2017 年节余的规划建设用地规模约 9000 亩，按照比例进行配比，以 30 万元的价格有偿调剂给跨省节余指标调入地区使用，涉及资金 27 亿元。

统筹做好省内增减挂钩节余指标调剂工作。为了激活省内节余指标调剂市场，保证省内贫困地区不受大的影响，经省政府同意，允许省内节余指标带规划建设用地规模调剂。9 月份， 2018 年首期省内节余指标调剂工作顺利完成，共成交节余指标 8700 亩，为贫困地区提供收益资金 82.65 亿元，为省内扶贫开发以及苏北地区农民住房条件改善工作提供了资金支持。

持续做好城乡建设用地增减挂钩工作。2018 年，国家下达我省增减挂钩计划 20.63 万亩（含跨省调剂任务）。综合考虑节约集约用地、依法用地、挂钩指标使用、复垦项目库结余以及系统备案等情况，并与新增建设用地计划相统筹，做好增减挂钩指标下达工作。严格增减挂钩实施规划审查，全年批复城乡建设用地增减挂钩实施规划 190 件，建新用地总规模 89356 亩，涉及耕地 65703 亩。

规范开展第三批同一乡镇范围内村庄建设用地布局调整试点工作。在总结第一、二批试点工作基础上，开展第三批试点工作。第三批试点共涉及 7 个设区市、20 个县（市、区）、42 个乡镇，涉及拆旧复垦规模约 2.52 万亩，拟建新规模 2.27 万亩，落实建设用地减量化任务约 2525 亩。

稳步推进工矿废弃地复垦利用工作。2018 年，稳步推进工矿废弃地复垦利用工作，全年共办理工矿废弃地复垦利用实施方案 56 件，涉及建新用地总规模 2.7 万亩。

【建设项目用地选址及预审】

积极做好省级重大项目规划选址和各类园区设立审查工作，在落实城乡规划要求的前提下充分支持地方经济社会发展。共核发中俄东线天然气管道工程（永清 - 上海）江苏段、常泰过江通道交通等 18 个水利、电力等省级以上重大建设项目的选址意见书，及时有效配合了重大项目建设。

强化土地调控职能，落实建设用地“双控”机制，优化土地资源要素配置为目标，认真开展省级建设项目用地预审工作。按照建设用地控制标准，从严控制建设项目用地规模，主动服务，加快预审效率，存在问题一次性告知用地单位，减少用地单位补正频率。全年完成建设项目用地预审 120 件。

【深化供给侧结构性改革】

强化部门沟通协作，掌握项目用地需求。邀请省水利厅等 6 部门召开省以上重大基础设施项目用地需求对接会，了解沟通 2018 年重大基础设施项目用地报批、耕地占补平衡和永久基本农田划定等需求，统筹推进重大基础设施项目建设。

建立重大项目协调机制。一是与交通、铁路、水利等部门召开协调会议 7 次，及时沟通工作进度，切实推进重大项目用地审批。二是对高速公路、铁路、水利等重大项目逐个项目召开用地组卷推进会。

畅通“绿色通道”。采取优先受理、重点保障、责任到人、限时办结等措施，为急需开工建设的 7 个重大项目办理先行用地。据统计，省政府审批的农用地转用和征收，我省审查办理时限为 11 个工作日，报省政府审批时限为 5 个工作日。建设用地审批时效位于全国前列。

严格建设用地审批。进一步明确建设用地报批中的违法用地审查和查处要求，将违法用地查处情况、财政部门对征地预存款到位审核情况、对人社部门的函告情况作为建设用地审批的必备材料。

2018 年，我省共批准各类建设用地 1495 件，总面积 59.29 万亩，涉及转用农用地 41.43 万亩（其中耕地 29.53 万亩），征地土地 52.81 万亩。其中：省政府批准各类建设用地 1442 件，面积 39.70 万亩；国务院批准各类建设用地 53 件，面积 19.59 万亩。

（陆志均）

国土空间生态修复工作

【地质灾害防治】

全面开展地质灾害隐患年度“三查”工作。2月下旬至3月底，由省厅统一部署，以县（市、区）为单元全面开展了地质灾害隐患拉网式排查，排查结果经设区市自然资源部门复核后，全部录入了全省地质灾害防治管理系统。根据各地上报情况，厅地质灾害应急技术指导中心组织专业技术队伍对危害性大、危险度高的地质灾害隐患点进行了实地核查，并提出针对性防治措施。通过排查与核查，目前全省共有地质灾害隐患点1098处，其中重要地质灾害隐患点313处。在此基础上，省厅编制了《江苏省2018年地质灾害防治方案》。入汛后，各地及时启动了对现有地质灾害隐患点和易于发生地质灾害的危险区域、危险部位和危险地段的巡查工作，做到雨前排查、雨中巡查和雨后复查，发现地质灾害前兆或险情第一时间处置并上报，及时把新发现的地质灾害隐患点纳入群测群防体系进行防控。汛期结束后，各地又组织力量认真开展汛后复查工作，查漏洞、补短板，进一步加大防范力度，确保人民群众生命财产安全。

强化地质灾害防治知识宣传和业务培训。全省各级自然资源部门以“4.22”地球日、“5.12”防灾减灾日等宣传活动为契机，采取制作展板、张贴海报、举办展览、发放宣传册、组织现场咨询等方式大力宣传普及地质灾害防治政策法规和防灾避险、自救互救等知识，进一步增强基层干部群众的防灾减灾意识和自我防护能力。今年以来，各地累计印发地质灾害防治科普材料2万余份，制作宣传展牌200余块，开办防灾知识讲座和业务培训42场次，培训人数近1700人。4月26-27日，省厅举办了2018年度全省地质灾害防治业务专题培训班，对各设区市、地质灾害防治重点县（市、区）自然资源部门负责同志在内的150余名地质灾害防治管理人员进行了专题培训，提高了基层一线地质灾害应急防治工作水平。

深入开展汛期地质灾害防治工作检查指导。5月8日，厅主要领导和分管领导专门赴南京市、镇江市实地检查指导地质灾害防治工作情况。并在镇江为省厅地质灾害应急技术指导中心苏南、苏中、苏北分中心授牌，同有关县（市、区）政府、市县自然资源部门、地勘单位负责同志就做好地质灾害防治工作进行了座谈交流。要求各地各部门时刻绷紧防灾、减灾这根弦，不断增强做好地质灾害防治工作的责任感和紧迫感，结合实际，正确处理好已知和未知、汛期和非汛期、防灾和救灾、信心和能力的关系，积极主动做好地质灾害防治工作，为建设“强富美高”新江苏、推进高质量发展走在全国前列提供坚实保障。6月-9月，省厅分5个批次派出检查组，采取实地察看、座谈交流、查阅台账等方式，对全省13个设区市和44个重点防治县（市、区）进行了地质灾害防治工作检查，督促指导各地进一步抓好各项汛期地质灾害应急防治工作，确保责任到位、人员到位、措施到位。

严格落实地质灾害监测和气象风险预警。全省各地不断完善地质灾害群测群防监测网络，进一步充实监测力量，落实了基层群测群防员津补贴经费，不断改进监测方法，及时掌握地质灾害隐患点发展变化情况。在全省地质灾害隐患点群测群防全覆盖的基础上，对人员密集区、重大工程所在区域等周边的重要地质灾害隐患点，布设了专业监测仪器，实现监测数据的智能采集、及时发送和自动分析，提高突发地质灾害的专业监测水平，累计建成突发地质灾害专业监测站（点）44 处，进一步织密了群专结合的地质灾害监测网络。全省自然资源系统继续深化与各级气象部门的合作，4 月 20 日，省厅与省气象局联合召开了 2018 年地质灾害趋势预测分析会，研判今年的雨情、水情、汛情以及地质灾害防治形势，会商做好今年地质灾害气象风险预警工作。全省共发布地质灾害气象风险预警 120 余次，发送预警短信 50000 余条。

全力做好应急值守和突发地质灾害应急管理。全省各级自然资源部门以高度的政治责任感，严格落实各项应急值守和信息报送制度，确保一旦发生地质灾害险（灾）情，及时准确报送信息。汛期带班领导和值班人员到岗到位，24 小时保持通讯畅通。提前做好人员队伍、装备物资等各项应急准备，及时高效开展应急处置。汛期重点时段，全省地质灾害防治技术人员深入基层一线，为基层防灾减灾和应急处置提供技术支撑。截至 10 月底，全省累计出动应急队伍（专家组）330 余人次，成功处置地质灾害险（灾）情 12 起。各地也因地制宜组织受地质灾害隐患点威胁群众开展不同规模的应急演练，全省组织不同规模的地质灾害应急演练 11 场，参演人数 655 人。

【矿山地质环境恢复和综合治理】

摸清现状，深入推进全省矿山地质环境详细调查。对全省矿山按照露天开采矿山（非砖瓦用黏土）、地下开采矿山和砖瓦用黏土矿山三大类进行了详细调查。据初步汇总成果，全省矿山总数为 2228 个（其中关闭矿山 1824 个，生产矿山 404 个），需治理的总面积约 35000 万平方米。编制了《江苏省矿山地质环境恢复和综合治理规划》（2017~2025 年）。

落实省领导要求，突出抓好重点地区矿山环境整治。省委主要领导于去年和今年分别对位于南京市和镇江市的中国水泥厂及其周边矿山环境整治和无锡江阴市矿山环境治理提出明确要求。为落实省领导要求，刘厅长带队于今年 2 月份实地察看了中国水泥厂及其周边矿山环境情况，要求南京市和镇江市加快实施治理工作。我处迅速贯彻落实，督促指导开展相关工作。目前中国水泥厂矿权范围内的矿山环境整治工作已经完成。中国水泥厂周边的句容范围内实施的项目已经基本完成了招标工作，下一步将按照实施方案施工。今年 5 月 24 日 -25 日，我处按照厅领导指示要求，派员赴江阴市了解调研矿山地质环境治理情况，指导地方编制了治理工作方案，并在今年地勘专项资金中安排部分经费予以支持。

以铁路沿线矿山环境整治为抓手，推动全省矿山地质环境治理工作。宁安铁路（江苏段）沿线江宁区铜井洪幕和祖堂山南坡关闭矿山、宁启铁路沿线六合区横山南部关闭矿山、郑徐高铁徐州段荆山废弃矿山地质环境项目治理工作已列入 2018 年度省委常委会和省政府重点工作安排。其中，宁安铁路（江苏段）沿线江宁区铜井洪幕和祖堂山南坡关闭矿山、宁启铁路沿线六合区横山南部关闭矿山的治理工作已经完成；郑徐高铁徐州段荆山废弃矿山的地质环境治理项目初步完成。据统计，今年全省完成矿山地质环境治理面积约 300 万平方米。

制定建立矿山地质环境治理恢复基金制度。为贯彻落实《财政部 国土资源部 环境保护部关于取消矿山地质环境治理恢复保证金建立矿山地质环境治理恢复基金的指导意见》（财建〔2017〕638 号），健全矿产有偿使用制度，落实企业矿山环境治理恢复责任，我处广泛开展了矿山地质环境治理恢复基金的工作调研，制定了《关于取消矿山地质环境治理恢复保证金建立矿山地质环境治理恢复基金的通知》并广泛征求了相关单位、企业的意见。

【推进地质公园建设】

多次组织专家赴连云港花果山地质公园实地进行指导，督促公园完成相关建设任务。在此基础上，上报部申请验收。2018 年 3 月，连云港花果山地质公园通过国土资源部专家实地验收。6 月 25 日，国家林业和草原局批准同意将其命名为国家级地质公园。公园总面积 21.84 平方公里，以典型的超高压变质岩、海蚀遗迹地貌景观和崩塌等环境地质遗迹为特色。

（马　闯）

耕地保护监督工作

【概述】

2018年，按照国家和省委省政府关于严格保护耕地的一系列决策部署和要求，以贯彻落实中央4号文件和苏发15号文件为主线，坚持系统化思维，锐意进取、主动服务、积极作为，深化耕地保护“责任＋激励，行政＋市场”机制建设，持续放大实施效应，全面推进耕地保护各项工作，取得了显著成效。

【耕地和永久基本农田保护】

严格耕地保护责任目标考核。提请省政府出台《江苏省设区市政府耕地保护责任目标考核办法》，牵头组织开展了耕地保护责任目标省级自查。经省政府同意，会同省农委、统计局下发了《关于开展2016-2020年设区市政府耕地保护责任目标期中检查工作的通知》，开展了对设区市政府的期中检查工作。

强化永久基本农田特殊保护。对17个项目占用永久基本农田补划方案开展了省级论证，从严管控建设占用永久基本农田，落实永久基本农田特殊保护。

扎实开展“大棚房”问题专项清理整治工作。全力配合省农业农村厅迅速落实全国和全省开展“大棚房”问题专项清理整治行动电视电话会议部署，扎实开展“大棚房”问题专项清理整治行动。

率先完成耕地质量和耕地产能评价试点。作为全域开展耕地质量和耕地产能评价国家试点的2个省份之一，及时部署开展并在全国率先完成评价试点工作，得到了部领导的充分肯定。

继续贯彻落实中央4号文件精神。开展贯彻落实中央4号文件的自评工作，就中央4号文件贯彻落实情况等5个方面的重点评估内容开展自评，并顺利完成了实地调研评估。指导各地及时出台新时期加强耕地保护和改进占补平衡的政策文件。

【耕地占补平衡管理】

出台江苏省改进占补平衡的具体办法。根据国家改进占补平衡的文件精神，于6月正式印发江苏省改进管理方式落实占补平衡的具体办法，建立以数量为基础、产能为核心的占补平衡新机制。

率先实行占补平衡新管理。开展全省报备补充耕地的清理核实，在全国率先完成了占补平衡指标的清理核实及三类指标的转换工作，于2018年9月正式启用新系统，实行数量、类别、产能三类指标核销制落实占补平衡。

有序开展省域内易地补充耕地。各地积极通过自行协商、省级交易平台、省统筹配给等易地调剂补充耕地指标。今年，全省跨市域易地调剂补充耕地指标共计3.17万亩。

开展补充耕地项目实地核查。按照国家部署，成立了13个省级核查工作组，对全省2009年以来部随机确定的609个（占全国抽查项目的1/10）补充耕地项目逐一开展实地核查，顺利完成了迎检工作，得到部核查组的充分肯定。

全力推进新增耕地任务落实。严格管理耕地占补平衡补充耕地项目、增减挂钩复垦项目、工矿废弃地复垦项目等项目。今年，已验收可用于占补平衡的耕地19.96万亩。同时，继续推进省农垦集团、省沿海集团等省属企业利用自有土地、自筹资金开展补充耕地工作。

【征地管理和征地制度改革】

进一步规范被征地农民安置流程。下发《关于严格用地报批做好被征地农民社会保障情况审查工作的通知》，要求各地国土部门在征地项目准备实施前，适时将被征地的权属等情况函告人社部门。从 2018 年 1 月 1 日起，用地报批中将国土部门函告人社部门的材料作为必备附件材料。

总结推广各地好的经验做法。会同省人社部门在南通召开全省征地补偿和被征地农民社会保障工作现场会、在南京召开全省被征地农民社会保障工作研讨会，共同研究全省被征地农民社会保障工作对策措施。参加盐城市被征地农民社会保障“不见面”审批工作现场会，与人社部门联合推进盐城市被征地农民社会保障信息系统建设与运用，为下一步全省试点和面上推开工作奠定基础。

大力推进征地信息公开。研发“土地征收信息查询系统”，建立三级联动机制，在省、市、县三级自然资源管理部门门户网站同步主动公开土地征收相关信息，充分保障被征地农民的知情权、参与权、监督权和合法收益权。

（谭　梦）

地质勘查管理工作

【概述】

2018 年地质勘查管理工作贯彻落实全国国土资源工作会议精神，紧贴地方经济社会发展需求，做好经济发展新常态下地质勘查管理工作，深入推进找矿突破战略行动，开展一系列综合地质调查拓展了地质工作服务领域，全力做好地质灾害防治相关工作。

【地质勘查行业基本概况】

一、地质勘查单位人员结构

截至 2018 年底，全省地质勘查单位职工总数 22509 人，其中在职职工 12493 人、离退休人员 10016 人，在职职工与离退休人员比例为 1:0.8。全省地质勘查单位在职职工报酬总额为 13.55 亿元，人均 10.64 万元。

按地质勘查单位属性分：属地化管理地质勘查单位职工总数为 8852 人，中央管理地质勘查单位职工总数为 6078 人，油气地质勘查单位职工总数为 4754 人，其他地质勘查单位职工总数为 2825 人。

在职职工中：地质勘查人员 8020 人，工程勘察与施工人员 1245 人，矿产开发人员 390 人，其他人员 2838 人。地质勘查人员中，技术人员 5144 人。其中：高级职称 1892 人，中级职称 2550 人，初级及以下技术人员 702 人。

二、地质勘查单位收入支出与资产状况

总收入及其构成。2018 年，全省地质勘查单位总收入 73.98 亿元，其中：属地化管理地质勘查单位收入 34.06 亿元，中央管理地质勘查单位收入 9.42 亿元，油气地质勘查单位收入 23.37 亿元，其他地质勘查单位收入 7.13 亿元。

从产业结构看，全省地质勘查单位总收入中，地质勘查收入 26.65 亿元，矿产开发收入 1 亿元，工程勘察与施工收入 43.27 亿元，其他收入 3.06 亿元。

总支出及其构成。2018 年，全省地质勘查单位总支出 61.56 亿元，其中：属地化管理地质勘查单位支出 21.24 亿元，中央管理地质勘查单位支出 8.62 亿元，油气地质勘查单位支出 25.71 亿元，其他地质勘查单位支出 5.99 亿元。

地质勘查单位资产状况。截至 2018 年底，全省地质勘查单位总资产为 103.81 亿元，其中：属地化管理地质勘查单位为 39.25 亿元，中央管理地质勘查单位 14.54 亿元，油气地质勘查单位为 34.02 亿元，其他地质勘查单位为 16.00 亿元。

截至 2018 年底，全省地质勘查单位净资产为 40.45 亿元，其中：属地化管理地质勘查单位 20.33 亿元，中央管理地质勘查单位 8.90 亿元，油气地

质勘查单位 -1.01 亿元，其他地质勘查单位 12.22 亿元。

【地质勘查监督管理工作】

一、地质勘查行业管理

2018 年，积极争取中央财政对我省地质勘查工作的支持，统筹推进全省公益性地质调查工作。做好省级地质勘查专项资金项目全过程监管工作，对 2017 年度省级地质勘查专项资金部分项目开展了野外实地中期检查。召开工作推进会，加强地质勘查行业管理，提高省级地质勘查专项资金的使用效率。

根据部统一部署和要求，组织全省地质勘查单位按时完成地质勘查行业、勘查成果等年度各项网络直报工作。组织编制了《2017 年度江苏省地质勘查年报》。

二、油气勘查项目检查

1 月 9 日，省厅在泰州召开 2017 年度全省石油天然气勘查开采督察工作会议，并组织部聘国家级油气督察员赴江都对某油气勘查区块新井试油及勘探评价井施工项目进行了现场督察。

按照部办公厅统一部署要求，省厅对“江苏苏北海安 - 黄桥地区油气勘查”项目进行了监督检查。7 月 17 日至 18 日，组织检查组现场实地检查了北凌 1 井、花 2 井、侧张 2-5 井等 3 口钻井施工场地，察看了部分钻井岩心，听取了矿业权人工作汇报，查阅核实了有关书面印证材料，并形成了监督检查意见，作出“不列入异常名录”的结论建议。9 月 19 日，及时将监督检查总结材料报送自然资源部。

【地质勘查资金投入】

2018 年全年，江苏省地质勘查工作支出资金 24487.02 万元，其中：中央财政 1856.96 万元，地方财政 17263.5 万元，社会资金 5366.56 万元。从资金投向上看：矿产勘查 6663.83 万元，基础性地质调查 2545 万元，地质环境与地质灾害调查评价 11307.03 万元，地质科技及其他 3971.16 万元。

一、基础地质调查投入。2018 年度，开展基础地质调查项目 10 个。其中：区域地质调查项目 2 个，区域地球化学调查项目 4 个，矿产远景调查项目 1 个，区域矿产地质调查项目 2 个，航空遥感调查项目 1 个。共投入资金 2545 万元，其中，中央财政 682 万元，地方财政 1863 万元。

二、矿产资源勘查投入。2018 年度，开展矿产资源勘查项目 32 个，涉及地热、铜、锌、钼、岩金、锆、晶质石墨、磷、芒硝、矿盐（含地下卤水）、石榴子石、水泥用灰岩等 12 个矿种。本省共支出资金 6663.83 万元，其中，地方财政 1961.83 万元，社会资金 4702 万元。

三、地质环境与地质灾害调查评价投入。2018 年度，开展水文地质、工程地质、环境地质等地质调查项目 36 个，其中：环境地质调查评价项目 20 个，水文地质调查评价项目 2 个，地质灾害调查项目 5 个，其他水文地质、工程地质、环境地质类项目 9 个。本省共支出资金 11307.03 万元，其中，中央财政 451.36 万元，地方财政 10675.5 万元，社会资金 180.17 万元。

四、地质科学研究及其他投入。2018 年度，开展地质科学研究及其他项目 38 个，其中：地质科学研究类项目 2 个、技术方法创新项目 7 个、各类报告编写项目 28 个、资料信息类 1 个。共投入资金 3971.16 万元，其中：中央财政 723.6 万元，地方财政 2763.17 万元社会资金 484.39 万元。

【基础地质调查工作】

一、区域地质调查进展及主要成果。1:5 万北安丰镇、刘庄、戴家窑、东台市、沈灶镇、时堰镇、安丰镇幅区域地质调查，完成图幅 7 个，调查面积 3010 平方千米。江苏 1 ∶ 5 万灌云县、同兴街平原区填图，完成图幅 2 个，调查面积 851.6 平方千米。

二、区域地球化学调查进展及主要成果。扬州市土地质量地球化学更新调查评价项目完成 1:5 万区域地球化学调查图幅 2 个，面积 533.8 平方千米。昆山市 1:5 万土地质量地球化学调查项目完成 1∶5 万区域地球化学调查图幅 1 个，面积 160 平方千米。江苏省盱眙县黄花塘镇土地质量地球化学调查评价与应用项目完成 1∶1 万区域地球化学调查图幅 1 个，面积 128.8 平方千米。

三、矿产远景调查进展及主要成果。江苏省沭阳－泗洪地区磷矿整装勘查区矿产调查与找矿预测共完成 1:5 万区域地质矿产调查图幅 1 个，面积 413 平方千米。

【找矿突破战略行动】

2018 年度，全省矿产资源勘查累计完成机械岩心钻探工作量（不含油气）29800.2 米、槽探 5856 立方米。机械钻探工作量按矿产类别划分：能源矿产 12413 米、有色金属 4443 米、贵金属 3158 米、稀有矿产 468 米、化工建材及其他非金属 9318 米。

一、新增一批资源储量

经评审备案的矿产资源储量。全省新发现矿产地 4 处，提高规模级别的矿产地 1 处。其中，淮安市淮安盐盆杨槐块段石盐矿普查新发现大型矿产地 1 处，新增查明矿产资源储量（333 及以上）为：矿盐（NaCl）21 亿吨；东海县双湖晶质石墨矿预查与东海县彭宅矿区金红石矿普查新发现中型矿产地 2 处，新增查明矿产资源储量（333 及以上）为：晶质石墨矿物 5.47 万吨，石榴子石矿物 391.8 万吨；淮安市洪泽盐盆赵集矿区李庄块段石盐、芒硝矿普查新发现小型矿产地 1 处，新增查明矿产资源储量（333 及以上）为：矿盐（NaCl）0.31 亿吨；洪泽区顺河集南芒硝矿勘探提高规模级别（由中型提高至大型），新增查明矿产资源储量（333 及以上）为：芒硝（Na_2SO_4）3227.53 万吨。

未经评审备案的矿产资源储量。南京市溧水区麻山头 - 西湖村锶矿普查，初步估算出 333 工业矿石量 78.96 万吨，天青石矿物量 38.527 万吨，平均品位 49.82%，可提交 1 处大型锶矿产地。邳州市花山子地区在我国首次发现小型古滨海型沉积锆（铪）矿砂矿床，初步估算锆（以 ZrO_2 计）资源量（333）3243 吨，平均品位 0.209%，可达小型矿产地规模。南京市溧水区马场铜金矿普查共圈定 21 个隐伏矿体，初步估算 333 工业铜金属量 1124.63 吨，平均品位 1.55%；333 工业硫铁矿矿石量 87.08 千吨，平均品位 18.28%；333 工业电气石矿矿物量 12.44 千吨，平均品位 31.42%；333 低品位金属量 39.13 千克，平均品位 1.32g/t。

石油资源勘查工作情况。截至 2018 年底，全省有效期内的油气勘查探矿权共 14 个，勘查面积 28294.93 平方千米。全省有效期内的油气采矿权 27 个，采矿权面积 1544.36 平方千米。截至 2018 年底，全省累计探明石油地质储量 33110.04 万吨，技术可采储量 7414.08 万吨，剩余技术可采储量 2458.71 万吨。累计探明气层气技术可采储量 17.43 亿方，剩余技术可采储量 12.89 亿方。2018 年共生产原油 158.3683 万吨，天然气 7000 万方。

重点项目获得新进展。苏北铜山地区金刚石矿产调查，新发现 1 条金伯利岩岩脉和 2 条橄榄金云母岩岩脉，并在西村金伯利岩中选获大量的镁铝榴石、铬铁矿和铬透辉石等金刚石指示矿物。江苏省页岩气资源调查与评价项目施工的汤地 2 井在 1700-1800m 及 2500-2650m 两段有明显录井气测反应及浸水实验反应，取得了页岩气发现。江苏省干热岩资源调查评价项目，已全面完成已有钻孔地温场测量（37150m）和控热构造调查野外工作，正在开展浅孔施工和专题研究，已发现地热异常数处，为圈定钻探验证靶区奠定了良好基础。江苏省沭阳 - 泗洪磷矿整装勘查区勘查通过 1：50000 重力测量，圈定 7 个局部重力高异常，2 个局部重力低异常，经推断解释和分类，推测其中 G6、G7、G10 等 3 处局部重力高异常由锦屏岩群含磷层位引起，优选 G6 异常进行钻探验证，目前已揭露至基岩，疑似锦屏岩群含磷层位。成立《中国矿产地质志 • 江苏省及上海市卷》编纂工作领导小组，组建专家技术委员会，并召开领导小组暨领导小组办公室工作会议。召开专家技术委员会全会，围绕江苏重大地质矿产问题进行研讨。

二、预查普查新发现一批异常、矿（化）点

赣榆区黑林 — 吴山地区金矿调查评价，完成 1：10000 土壤地球化学测量约 80km^2，圈定综合异常 19 个。南京市堂莫山铜金矿普查施工 24 条探槽均发现有不同程度的铜金矿化。南京市溧水区国塘山铜金矿普查圈定局部激电异常 10 个，经钻探验证，发现多个铜金矿（化）体。其中钻孔 ZK0001 控制铜金矿（化）体累计钻厚 14.27m，金矿体最高品位4.036g/t，铜矿体最高品位1.265%；钻孔ZK0004于孔深45.25～47.78m处见2.53m铜矿（化）体。连云港市赣榆区姜斗沟钼、多金属矿普查，圈定激电异常11个，通过槽钻验证圈定6条铜、钼、钨矿（化）体。南京市江宁区阴山-铜子山铁铜矿普查施工钻孔ZK1003中55.89-229.85m见较强磁性的磁铁矿（化），视厚度173.96m。

【拓展地质工作服务领域】

江苏沿海地区综合地质调查。2018年，江苏沿海地区综合地质调查工作重点围绕促进项目成果快速转化应用下功夫。省地质调查研究院编制提交了《新建盐城至南通铁路地面沉降调查和评价报告》，为盐通铁路建设提供了有力的地质技术支撑。1月，连云港市政府会同省国土资源厅赴广东湛江国家能源储备库建设项目部开展专题调研，学习借鉴国内已有洞库选址及建设经验。省有色金属华东地质勘查局地球化学勘查与海洋地质调查研究院与连云港市、南通市海洋与渔业局精准对接，建设了“连云港市海洋生态保护建设管理可视化系统”及“南通海域三维可视化展示系统”。6月，省级地质勘查专项资金部署开展“连云港地下空间能源储备库精确选址研究”工作。11月27日，省厅与中国地质调查局南京地质调查中心在南京联合召开“江苏沿海地区综合地质调查”总成果评审会，项目总成果得到了林学钰院士、陈骏院士等评审专家的高度评价，评定为优秀级。11月28日，我省在中国地质调查局组织召开的海岸带地质调查工作会议上作题为“综合地质调查支撑沿海规划建设”的经验介绍。

苏南现代化建设示范区综合地质调查。3月和10月，先后组织召开苏南现代化建设示范区综合地质调查应用性专家咨询会。加强与苏南五市的沟通协商，积极落实市县财政配套工作经费，完成了无锡、常州、苏州、镇江等市县财政配套资金项目设计审查工作。

完成苏南地区1:5万土地质量地球化学调查约2万平方公里，采样约6.8万件，有力支撑了江苏省耕地土壤环境质量类别划分试点工作；圈定了富硒耕地范围，合作建立了宜兴市太华镇富硒农产品基地；开展了地面沉降调查、区域构造稳定性调查、地下水资源调查，进一步总结了苏南地区有利地质条件和重要地质环境问题。

全省城市地质调查工作。2018年，徐州、宿迁、南通、常州、连云港、淮安等地城市地质调查积极推进，并取得了新的成果。

【地质灾害防治相关工作】

全面开展地质灾害隐患年度“三查”工作。2月下旬至3月底，由省厅统一部署，以县（市、区）为单元全面开展了地质灾害隐患拉网式排查。根据各地上报情况，厅地质灾害应急技术指导中心组织专业技术队伍对危害性大、危险度高的地质灾害隐患点进行了实地核查，并提出针对性防治措施。通过排查与核查，目前全省共有地质灾害隐患点1098处，其中重要地质灾害隐患点313处。在此基础上，省厅编制了《江苏省2018年地质灾害防治方案》并报省政府批准后发布实施。

强化地质灾害防治知识宣传和业务培训。全省各级自然资源部门以“4.22”地球日、“5.12”防灾减灾日等宣传活动为契机，大力宣传普及地质灾害防治政策法规和防灾避险、自救互救等知识，进一步增强基层干部群众的防灾减灾意识和自我防护能力。各地累计印发地质灾害防治科普材料2万余份，制作宣传展牌200余块，开办防灾知识讲座和业务培训42场次，培训人数近1700人。4月26-27日，省厅举办了2018年度全省地质灾害防治业务专题培训班。

开展汛期地质灾害防治工作检查指导。5月8日，厅主要领导和分管领导专门赴南京市、镇江市实地检查指导地质灾害防治工作情况。并在镇江为省厅地质灾害应急技术指导中心苏南、苏中、苏北分中心授牌，同有关县（市、区）政府、市县自然资源部门、地质勘查单位负责同志就做好地质灾害防治工作进行了座谈交流。6月-9月，省厅分5个批次派出检查组，采取实地察看、座谈交流、查阅台账等方式，对全省13个设区市和44个重点防治县（市、区）进行了地质灾害防治工作检查，督促指导各地进一步抓好各项汛期地质灾害应急防治工作。

严格落实地质灾害监测和气象风险预警。全省各地不断完善地质灾害群测群防监测网络，进一步充实监测力量，落实了基层群测群防员津补贴经费，不断改进监测方法，及时掌握地质灾害隐患点发展变化情况。在全省地质灾害隐患点群测群防全覆盖的基础上，对人员密集区、重大工程所在区域等周边的重要地质灾害隐患点，布设了专业监测仪器，实现监测数据的智能采集、及时发送和自动分析，提高突发地质灾害的专业监测水平，累计建成突发地质灾害专业监测站（点）44 处。全省自然资源系统继续深化与各级气象部门的合作，4 月 20 日，省厅与省气象局联合召开了 2018 年地质灾害趋势预测分析会，研判雨情、水情、汛情以及地质灾害防治形势，会商做好今年地质灾害气象风险预警工作。全省共发布地质灾害气象风险预警 120 余次，发送预警短信 50000 余条。

全力做好应急值守和突发地质灾害应急管理。严格落实各项应急值守和信息报送制度，确保一旦发生地质灾害险（灾）情，及时准确报送信息。汛期带班领导和值班人员到岗到位，24 小时保持通讯畅通。提前做好人员队伍、装备物资等各项应急准备，及时高效开展应急处置。全省累计出动应急队伍（专家组）330 余人次，成功处置地质灾害险（灾）情 12 起。全省组织不同规模的地质灾害应急演练 11 场，参演人数 655 人。

（范钦成）

矿业权管理工作

【概述】

2018 年，全省矿业权管理工作认真贯彻落实自然资源部部署要求，按照全省国土资源工作会议精神，以厅重点工作任务为核心，深入推进地质矿产管理深化改革，加强矿业权审批管理，规范矿业权出让工作，促进矿业开发与生态环境保护的协调发展。

进一步规范矿业权审批管理，严格依据矿产资源规划，按照发证权限审批矿业权，加强矿业权审批的生态审查；加强部门沟通，共同推进矿业权有偿出让，全面实行全省矿业权网上交易，全省矿业权交易活动规范有序；扎实推进生态红线、各类保护区矿业权清理核查工作，为保护区内矿业权处置工作奠定基础；全面完成全省矿业权统一配号系统数据库清理工作，公告注销了一批过期矿业权，确保我省矿业权登记数据的有效性和准确性；按照“谁发证、谁公告”的原则，做好有效期内矿业权基本信息公告工作；按时按质完成矿产资源开发利用统计与网络直报工作。

【矿业权管理】

矿业权审批 。全省矿业权审批登记管理工作规范有序，廉政风险点排查准确，控制得力，保证了矿业权审批的公正廉明。2018 年 5 月，省厅发布了《关于进一步规范探矿权采矿权审批初审意见的通知》（苏国土资发〔2018〕184 号），切实加强省厅审批矿业权的初审核查，明确对矿业权范围与生态红线及各类保护区等限制或禁止勘查开采区域重叠情况进行审查，进一步规范和完善了矿业权审批登记管理工作。

2018 年，全省共颁发勘查许可证 48 个，其中新立 9 个，延续 7 个，保留 32 个；注销勘查许可证 48 个。全省共颁发采矿许可证 67 个，其中新立

4个，变更34个，延续29个。省厅办理划定矿区范围批复3个，颁发采矿许可证27个，其中新立3个，变更5个，延续19个。

矿业权有偿出让。根据省委省政府的有关要求，省矿业权交易中心交易职能已整合至省公共资源交易中心，省厅按照有关工作规程，加强与省公共资源交易中心对接，做好交易的监管工作，共同推进矿业权有偿出让。省厅根据《关于进一步加强全省采矿权出让转让公告公示信息审核工作的通知》要求，进一步加强采矿权出让转让公告审查，指导各市开展采矿权交易前的信息发布工作，全面实行矿业权网上交易，营造矿业权交易“公开、公正、公平”的市场环境。

2018年，全省有偿出让采矿权17宗，出让收益191.98万元；有偿出让探矿权1宗，出让收益111万元。

各类保护区（生态红线）内非油气矿业权清理核查。为深入贯彻党的十九大精神，全面落实党中央、国务院关于加快推进生态文明建设的决策部署，2018年4月，省厅在全省范围组织开展生态红线、各类保护区内非油气矿业权清理核查工作。下发了《江苏省国土资源厅关于开展生态红线（各类保护区）内矿业权清理核查工作的通知》，以省级自然保护区为重点，对全省各类保护区（生态红线）内禁止或限制勘查开采矿产资源的范围内有效的非油气矿业权进行全面调查摸底。

各级自然资源主管部门认真组织、分类梳理，系统分析了保护区内非油气矿业权基本情况，提出分类处置的意见或建议，并将核查结果报当地政府，为保护区内非油气矿业权处置工作奠定了基础。

全省矿业权统一配号系统数据库清理。开展全省矿业权统一配号系统数据库的清理工作，对部配号系统数据库与全省各级发证的登记库数据进行逐一核实，对过期矿业权数据进行逐一清查，编制完成了省级发证的过期矿业权清理报告。

为充分确保矿业权人的合法权益，将清理成果征求了各级自然资源主管部门意见和相关处室意见，并对拟公告注销的矿业权进行了公示，在公示期满且无异议后以厅发文形式进行了公告注销。共注销过期矿业权46个，其中：探矿权32个、采矿权14个，确保了我省矿业权登记数据的有效性和准确性。

有效期内矿业权基本信息公告工作。按照“谁发证、谁公告”的原则，通过全国矿业权统一配号系统核实确认省厅审批登记的有效矿业权项目，以正式公告的形式向社会公开，接受社会监督。截至2018年11月30日，全省共有省厅审批登记的有效探矿权102个，省厅审批登记的有效采矿权133个。

对全省各设区市、县（市、区）有效矿业权公告信息进行审核，确保了全省各级有效期内矿业权基本信息公告工作按时按质完成。

矿产资源开发利用统计。2018年全省共有各类矿山总数235个（非油气矿山总数233个），开发利用矿产34种，年产矿石量1.19亿吨（非油气矿山年产矿石量1.18亿吨），其中固体矿产1.14亿吨，液体矿产318.21万吨，气体矿产47.38万吨。全省矿业工业总产值达237.38亿元（非油气矿山工业总产值173.62亿元），矿产品销售收入204.85亿元（非油气矿山矿产品销售收入153.42亿元），矿业从业人员总数4.49万人（非油气矿山从业人员总数3.73万人）。

（汪宗余）

矿产资源保护监督工作

【概述】

2018年，我省矿产资源储量管理工作按照全省国土资源工作会议精神，认真落实国家、省放管服改革要求，深化改革创新，不断提高矿产资源储量管理能力和水平，各项工作取得了明显成效。

【全面推进区域性压矿调查评估工作】

贯彻落实省政府关于审批制度改革的精神，积极推进压矿区域评估工作，在压覆重要矿产资源审批改革基本实现了市、县、园区“三级”全覆盖的基础上，今年重点推进重要矿产资源不丰富地区以县（市、区）为单元的压矿调查，积极拓展区域性压矿调查评估范围。2018年完成19个县(市、区)压矿调查工作，新增区域压矿评估覆盖面积1.6万余km^2，南通市、扬州市全面完成全域调查评估工作，江都、灌云、灌南、高淳、吴江等13县(市)压矿区域调查评估将于年底完成，全省重要矿产资源不丰富地区以县（市、区）为单元的压矿调查工作基本完成，完成了14个县（市、区）城市建设用地范围、省以上开发园区的压矿调查工作。

全省累计完成60余个区域性压矿调查工作，压矿区域调查评估覆盖面积5.89万km^2，占全省面积的57%，各设区市国土资源局共办理600个建设项目未压矿批文，占全省比例达到56%。省厅共审批建设项目压覆重要矿产资源473份。

加强压矿审批权力下放后的事后监管，对徐州、无锡、扬州等设区市国土资源管理部门出具的建设项目压覆重要矿产资源查询证明情况进行了抽查。

【矿产资源监督管理】

扎实做好矿山储量动态监管工作。按照自然资源部的要求，进一步强化对部、省发证的矿山储量年报审查，扎实做好我省的矿山储量动态监管工作，全面提高矿山储量年报质量。保证储量及矿山“三率”数据客观、可靠，完成2017年度部、省发证矿山储量年报的审查验收工作。

推进矿产资源储量管理信息化建设。开展水泥用灰岩矿储量利用调查综合数据库建设工作，并通过储量统计库、储量年报等数据更新矿产资源储量综合数据库，并归入省厅“一张图”数据库。新增和改进储量动态监管系统的压覆重要矿产资源查询及报备模块，完成已批复的各类区域压矿调查范围上图。

认真做好储量评审备案工作。切实把好储量数据的入口关。按季度向自然资源部直报了我省2018年储量评审备案情况，通过部验收后由省厅门户网站向社会进行公告。共完成各类矿产资源储量报告评审备案43份。根据自然资源部要求，加强我省矿产资源储量评审备案管理工作。

建立了我省首批矿产资源储量评审专家库，54位矿产资源储量评审专家经公开推荐、审核、公示、培训和考核等程序，成为首批江苏省矿产资源储量评审专家库成员，将为全省矿产资源储量评审和储量管理发挥重要作用。

组织开展第二批水泥用灰岩矿储量利用现状调查工作。完成第二批江苏省优势矿产（水泥用灰岩）资源利用现状调查项目20个矿区的核查管理和验收工作，取得了预期的成果，进一步摸清了全省水泥用灰岩矿资源家底，为探明储量的矿产资源统一确权登记奠定了基础。

推进我省探明储量的矿产资源统一确权登记工作。根据原国土资源部《探明储量的矿产资源纳入自然资源统一登记试点工作方案》（国土资厅函

〔2017〕409）的有关要求，组织编制了江苏省探明储量的矿产资源统一确权登记工作方案，为全面开展我省探明储量的矿产资源统一确权登记工作奠定基础。

【完成矿业权出让收益基准价制定工作】

根据部要求，及早启动我省矿业权出让收益基准价制定工作。与省财政厅共同赴河南、湖北两省调研、学习借鉴矿业权出让收益基准价制定经验和做法，按计划完成了江苏省矿业权出让收益基准价制定成果（送审稿）。主要成果包括：我省34种矿种的采矿权出让收益基准价，27种一、二类矿产的探矿权出让收益基准价和7种矿产的空白区探矿权出让收益基准价。本次基准价制定矿种较为全面，部、省、市、县四级发证矿种基本覆盖，与我省矿产资源开发利用状况和经济发展特征符合。经厅长专题办公会审议同意报省政府批准公布。

按国家和省有关规定开展矿业权出让收益评估管理工作，努力做到公开、公平、公正，维护国家和矿业权人的权益。2018年，完成矿业权出让收益评估4宗。

（四）地质资料管理与服务

开拓创新，落实地质资料统一汇交制度，重点加强建设项目地质资料管理和服务工作。在地质资料管理制度建设、汇交监管、职能延伸等方面取得了新进展，地质资料管理和服务工作继续走在全国前列。

一是“工程建设项目地质资料管理试点”获自然资源部批准。9月底，自然资源部同意在我省开展工程建设项目地质资料管理试点工作，我省成为自然资源部批准的首个以省域开展工程建设项目地质资料管理试点省份，将在建立地质资料管理职能向市县延伸的管理体系、工程地质资料的汇交与共享服务机制、地质资料汇交人依法汇交信用体系建设等方面进行探索。12月初省厅召开全省地质资料管理职能延伸工作座谈会，邀请部矿保司和全国地质资料馆到会指导，大力推进我省的试点工作。

二是持续推进地质资料管理市县延伸。徐州市地质资料馆于年初开馆并提供服务，我省已形成以省馆为中心，苏南、苏中、苏北市级馆藏机构构成的服务网络，拓展了服务的广度和深度。如皋市国土资源局自加压力，结合本地实际，出台了地质资料管理办法，落实了地质资料管理机构和人员，在全国率先建成了县级地质资料馆。12月6日，自然资源部矿保司、全国地质资料馆领导参加如皋市地质资料馆揭牌开馆仪式并赠送宝贵地质资料，高度肯定我省地质资料管理工作，称赞我省地质资料管理职能向市县延伸工作走在全国前列。淮安市局也启动了市级地质资料馆藏机构建设工作。

三是加强制度建设。将江苏省地质资料管理办法修订工作列入规范性文件制订计划，赴山东、浙江等省调研，了解地质资料管理制度建设经验和做法。对《江苏省地质资料管理办法》进行了修订，将明确设区市、县自然资源管理部门在地质资料管理中的职能、政府有关部门在地质资料管理上的职责、大中型工程建设项目地质资料汇交要求和建立地质资料汇交诚信体系。

四是省地质资料库进展顺利。厅地质资料库建设领导小组按季召开厅长专题办公会，协调有关部门和单位，解决工程建设中出现的各种问题，部署加快省地质资料库建设。我处协助和督促省地质资料馆克服困难，扎实推进各项工作。目前，主体工程建设已经完成，开展室内装修等工作。省地质资料库建成后，将实现成果、原始、实物“三位一体”的地质资料统一汇交、保管，夯实地质资料开发利用与服务基础。

五是多措并举，着力加强大中型工程建设项目地质资料汇交。主动与省交通运输、省铁路办等部门宣传、沟通，工程建设项目地质资料汇交工作取得明显成效，省厅与省铁路办签订地质资料汇交共享合作协议，首批“南沿江城际铁路勘察地质资料”完成汇交，南京等市地铁项目地质资料在着手汇交。

六是强化汇交监管。找准着力点，严格地质资料汇交监管。对70多个欠交地质资料的汇交人进行催交，将49个未按时汇交地质资料的汇交人列入地质资料汇交异常名录。

2018年，省地质资料馆共接受成果地质资料188档，其中工程勘察报告70档，入库成果地质资料168档。馆藏地质资料7841档，新汇交的成果地质资料均按规定及时提供社会利用。

【矿产资源储量登记统计】

强化矿产资源储量登记、统计管理工作。利用矿山储量动态监管系统开展储量登记网上办理，方便基层单位。完成储量登记书30份。按时完成2017年度全省矿产资源储量统计报表的审核、汇总工作，向自然资源部上报成果并通过审查验收，编制印发了《2017年度矿产资源储量统计表》。

（王立宁）

海洋规划与经济工作

【概述】

2018年，我省深入贯彻习近平总书记关于建设海洋强国的重要论述，持续推进海洋经济立法与规划制定，全国首部促进海洋经济发展的地方性法规--《江苏省海洋经济促进条例》将于6月1日起正式施行，加强海洋经济试点示范，促进金融支持海洋经济发展，优化海洋产业结构，构建现代海洋产业体系，拓展蓝色经济空间，着力推动海洋经济走高质量发展之路。

2018年我省海洋生产总值达7619亿元左右，同比增长9.8%，超过全省GDP增速3.1个百分点，占全省GDP比重约为8.2%。江苏沿海发展上升为国家战略以来，全省海洋生产总值由2009年2717亿元增至2018年7619亿元，年均增长12.1%，海洋生产总值占全省GDP的比重由7.9%提高到8.2%，海洋经济已成为全省经济发展的重要增长极；海洋三次产业结构也由6.2：51.7：42.1调整为4.0：46.9：49.1，海洋产业结构持续优化，为全省经济高质量发展提供了有力支持。

海洋支柱产业加速转型升级，实现平稳较快发展。海洋交通运输业平稳增长，2018年全省沿海沿江港口完成货物吞吐量21.1亿吨，同比增长3.5%；集装箱吞吐量1765.8万标箱，同比增长3.9%。海洋船舶工业呈现恢复性发展态势，三大造船指标均有增长。2018年全省造船完工量为1499万载重吨，同比增长6.1%，占全国份额的43.3%；全省新承订单量为1799万载重吨，同比增长29.1%，占全国份额的49.1%；全省手持订单量为4202万载重吨，同比增长14.7%，占全国份额的47%。海洋旅游业增速有所放缓，2018年沿海三市接待入境过夜旅游者29.43万人次，同比增长6.4%，接待国内游客1.19亿人次，同比增长12.7%。海洋渔业转变发展方式，逐步实现优化发展。2018年全省海水养殖产量达到91.8万吨，与上年相比大致持平；海洋捕捞产量47.5万吨，同比下降8.3%。

海洋新兴产业实现较快发展。其中，海洋工程装备制造业实现跨越式发展，产量约占全国的1/3、世界的1/10，一批在行业内外具有影响力的“大国重器”相继诞生。2018年6月，亚洲最大、最先进的绞吸挖泥船--“天鲲号”自航绞吸挖泥船成功完成首次海试；8月，国内第一艘海上风电管桩特型运输船——神山1-海桩近海运输船在江苏响水灌河下水。海洋可再生能源利用业发展迅速，海上风电装机容量和发电量大幅提升，2018年全省海上风电装机容量达到302.5万千瓦，同比增长86.2%；海上风电发电量达到61.9亿千瓦时，同比增长89.9%。

【海洋经济立法与规划】

制定《江苏省海洋经济促进条例》

为了加快海洋经济立法，统筹促进海洋经济高质量发展，江苏省十三届人大常委会将《江苏省海洋经济促进条例》列为2018年正式立法项目。该条例是全国首部促进海洋经济发展的地方性法规，具有突出意义。同时，由于没有上位法可遵循，立法难度较大，起草小组吸收并借鉴国家、我省及其他沿海省份海洋经济相关法律法规和政策文件，广泛征求相关单位意见建议并多次修改，形成《条例（草案）》（送审稿），于2018年6月份报送省政府。

多次召开立法座谈会和立法协调会，征求省有关部门和13个地级市意见，对相关条款进行推敲和完善，形成《条例（草案）》（修改送审稿），报送省政府常务会议研究。10月18日，省政府第17次常务会议讨论通过了《条例（草案）》，报送省人大审议。11月20日省十三届人大常委会第六次会议一审通过了《条例（草案）》。2019年3月29日省十三届人大常委会第八次会议表决通过《江苏省海洋经济促进条例》，将于6月1日起正式施行。《江苏省海洋经济促进条例》的出台将为促进江苏海洋经济高质量发展提供有力保障，也将为沿海省份相关地方性法规的制定提供有益借鉴。

颁布实施《江苏省海洋主体功能区规划》

为有效规范海洋空间开发时序，形成协调有序的主体功能区布局，经深入调研论证、反复修改完善，多次征求国家部委、省级有关部门、专家学者和地方政府的意见，编制形成了《江苏省海洋主体功能区规划》，于2018年6月由原省海洋与渔业局会同省发展改革委正式印发。该规划以沿海15个县级行政区管理海域为基本单元，划分优化开发区域、重点开发区域和限制开发区域，分别占全省海域面积的53.65%、9.36%、30.70%。此外，禁止开发区域包括3个自然保护区和3个领海基点所在岛屿，占全省海域面积的6.29%。海洋主体功能区规划的编制印发对于统筹海洋空间开发活动，优化海洋产业结构和空间布局，构建陆海统筹、人海和谐的海洋空间开发格局具有重要意义。

开展《江苏省“十三五”海洋经济发展规划》中期评估

在国家发展改革委、自然资源部的有力指导下，《江苏省“十三五”海洋经济发展规划》实施顺利。2018年9月，对《江苏省“十三五”海洋经济发展规划》进行了中期评估，完成了《规划》中期评估报告，评估结果显示规划确定的海洋经济总量持续增长、海洋产业结构进一步优化、海洋生态环境持续改善等海洋工作主要目标和重点任务均能按时间节点有序推进和落实。

【海洋经济监测评估】

根据海洋统计制度等有关要求，高效完成省内重要涉海企业直报数据收集整理工作，汇总分析2017年度海洋统计数据和2018年各季度主要海洋产业增加值等数据，与省统计局会商，核算沿海三市海洋生产总值，并上报国家。借助海洋经济调查形成的成果，更新完善了我省重点涉海、用海企业名录。2018年5月份，通过江苏卫视、《新华日报》《中国海洋报》等主流媒体，发布了2017年度《江苏省海洋经济统计公报》，产生了较好的社会影响。编制《2017年江苏省海洋经济发展报告》，首次增加了沿江海洋经济带发展分析板块，通过深入分析我省海洋经济发展现状和存在的问题，提出海洋经济发展的政策建议。

【第一次海洋经济调查】

第一次全国海洋经济调查是国务院统一部署的一项国情国力调查，旨在摸清海洋经济“家底”，科学筹划海洋经济长远发展。此次海洋经济调查涉及全省所有13个设区市、28个海洋及相关产业、近15个涉海部门。为科学有序开展海洋经济调查工作，我省成立了以分管副省长为组长的海洋经济调查领导小组，印发了《江苏省第一次全国海洋经济调查实施方案》，召开了全省海洋经济调查动员部署会，指导各设区市成立海洋经济调查机构、编制调查实施方案、开展海洋经济清查等工作。

在上年完成全省涉海单位清查的基础上，2018年，开展了产业调查及专题调查工作，并完成了对

13 个设区市调查以及 6 个专题调查的验收工作。目前，省级自验收也已完成，正在积极准备接受国家验收。经过初筛、清查，从全省 19.3 万家海洋产业涉海单位底册中，确认涉海企业总计约 1.1 万家（不含海洋相关产业）。全省入户调查阶段，企业填报率为 97.5%；6 个专题调查阶段，企业填报率达到 99.9%。总体来看，我省海洋经济调查工作总体进度和调查数据填报率在全国位居前列。

【海洋经济分析研究】

为更加科学研判海洋经济发展走势，引导海洋经济发展方式转变，我省与国家海洋信息中心合作，在省级层面首次开展江苏海洋经济发展指数研究，初步形成 7 个方面 23 个指标进行量化评价，并从其中选择海洋经济发展的五个主要方面建立模型，收集海洋经济发展指数相关数据，编制并发布了《2018 江苏省海洋经济发展指数报告》。这是我省首次发布海洋经济发展指数，该指数综合反映了江苏海洋经济的发展水平、发展成效和发展潜力，为制定全面科学的海洋经济发展战略提供了科学依据。

此外，从定性和定量角度出发，通过海工装备产业景气评价的理论模型，确定景气评价指标权重与赋权，研究出一套计算方法，编制《江苏省海工装备产业景气指数评价技术方案》，初步形成了一套海工装备产业景气评价指标体系。

【海洋经济试点示范】

指导和支持南通市围绕区位优势和产业优势，扎实推进海洋经济创新发展示范城市项目建设，较好地完成了国家对示范城市建设的阶段性考核目标。截至 2018 年底，示范项目牵头单位及协作单位共实现销售收入 51.96 亿元，利税 10.62 亿元。示范项目实现成果转化 59 项，申请专利 343 件，新建企业研发中心 6 个，其中国家级企业研发中心 1 个，带动新增龙头企业 3 家，新增就业 6827 人。

2018 年 11 月，国家发展和改革委员会、自然资源部联合印发了《关于建设海洋经济发展示范区的通知》（发改地区〔2018〕1712 号），支持全国 14 个海洋经济发展示范区建设，江苏入围的有两个，分别是连云港示范区、盐城示范区。连云港市建设海洋经济发展示范区主要任务是推动国际海陆物流一体化模式创新，开展蓝色海湾综合整治。盐城市建设海洋经济发展示范区主要任务是探索滨海湿地、滩涂等资源综合保护与利用新模式，开展海洋生态保护和修复。我省认真落实国家文件精神，指导盐城市、连云港市编制示范区总体方案。目前，两市均已完成方案编制工作，盐城市正在就总体方案征求有关部门意见，连云港市已完成意见征求和方案修改工作，待上报省政府批准实施。

【金融支持海洋经济发展】

2014 年以来，原省海洋与渔业局先后与省农行、省邮储银行、国家开发银行江苏分行签署合作备忘录，三大银行在海洋与渔业领域累计投放超千亿元。其中，2018 年，省农业发展银行在海洋领域共投放 2 亿元，省邮储银行在海洋及渔业领域共发放贷款 32 亿元，省农业银行在海洋及渔业领域共发放贷款 85 亿元，国家开发银行江苏分行在海洋领域共投放 20.84 亿元。支持南通市成立政府主导的南通陆海统筹发展基金。支持国家开发银行江苏省分行、省农发行等金融机构为南通创新示范项目提供投融资服务，到 2018 年底，两家银行在海洋领域重点示范项目信贷投放超 200 亿元。

2018 年 3 月，原省海洋与渔业局与农发行江苏省分行共同下发了《关于转发国家海洋局中国农业发展银行 <关于农业政策性金融促进海洋经济发展的实施意见> 的通知》，加强政策宣传与引导，为海洋经济发展提供优质海洋金融服务。4 月，人民银行南京分行会同省发展改革委、原省海洋与渔业局等 8 家单位共同转发国家八部委《关于改进和加强海洋经济发展金融服务的指导意见》，加大金融支持海洋经济力度，推动海洋产业与金融对接，促进海洋经济可持续发展。

（胡德义）

海域海岛管理工作

【概述】

全年贯彻落实中央深改领导小组印发的《围填海管控办法》《海岸线保护与利用办法》《海域、无居民海岛有偿使用的意见》和国务院印发了《关于加强滨海湿地保护 严格管控围填海的通知》（国发〔2018〕24号）等重大决策部署，依法履职，认真工作，助推江苏沿海地区高质量发展。

加大围填海管控力度。贯彻国发〔2018〕24号文件精神，按照国务院部署，除党中央国务院中央军委确定的重大战略项目，全面停止新增围填海审批。

组织开展围填海现状调查。全面部署开展全省围填海现状调查。研究制订《江苏省围填海现状调查工作方案》，成立省围填海现状调查工作领导小组，组织技术人员我省围填海图斑开展外业测量，填报围填海现状调查数据。做好向自然资源部的沟通汇报和对市县指导工作。

做好项目用海服务保障工作。2018年，共提请召开海域使用审核委员会会议11次，审查用海事项118宗，出具项目用海预审意见40件；行政办公会议审议用海项目79宗；省级共征收海域使用金6894万元。国家取消地方围填海计划、暂停围填海项目审批后，及时将已经进入审批流程、符合申报要求公益类和民生类围填海项目，上报自然资源部审查。及时提供国家围填海最新政策，供省领导决策时参考。

做好海洋督察整改工作。收回授权至南通陆海统筹综合改革试验区内10公顷以下围填海项目的海域使用权审批权限，接收南通市移交的27宗项目用海卷宗；加大围填海项目竣工验收力度，完成围填海竣工验收项目56宗；印发《关于调整全省海岸线整治修复长度的通知》，对海洋功能区划确定的整治修复岸线长度进行调整，确保不少于300公里的目标任务，落实2018年度省级岸线整治修复补助资金1000万元。

强化海域使用动态监管工作。加强对海域海岛动态监视监测。开展存量围填海项目的跟踪监测，组织市、县监管中心对9个在建区域用海规划项目和109个重点用海项目开展了现场监测，累计监测用海面积16201公顷。组织编制了《2017年度区域用海规划围填海存量分析报告》《单宗项目围填海存量分析报告》《构筑物用海核查分析报告》。加强疑点疑区监测工作，对4个疑点疑区进行了现场核实，将核查和处置结果上报东海分局。

做好海洋生态修复工作。积极做好中央财政支持的5个在建海岛海岸线整治修复项目，按时督促工作进展情况。认真做好2017年度省级资金补助的岸线整治修复项目。2018年，省级财政1000万资金补助4个岸线整治修复项目。

做好海岛管理工作。完成秦山岛、竹岛、鸽岛、开山岛、阳光岛等无居民海岛无居民海岛开发利用现状统计工作。完成兴隆沙海岛生态保护与修复项目验收工作。

【海域海岛管理工作座谈会】

4月27日，原江苏省海洋与渔业局在南京召开江苏省海域海岛工作座谈会。沿海各设区市、县（市、区）海洋行政主管部门分管领导、海域处（科）长和海域使用动态监管中心负责同志参会。会议要求，加大整治修复力度，强化海岸线保护与利用；坚持生态优先，实行最严格的围填海管控；深化“放管服”，全面实施海域有偿使用制度。

【传达国务院重大决策部署】

8月10日，原省海洋与渔业局召集会议，传达贯彻国发〔2018〕24号文件精神。沿海设区市海洋行政主管部门主要领导、分管领导、海域处（科）长参加了会议。会议强调，提高政治站位，坚决贯彻落实党中央、国务院对滨海湿地保护和严格管控围填海的要求，是维护习近平总书记核心地位、维护党中央权威和集中统一领导的具体化体现，将是今明两年海洋口非常重大的工作。除党中央、国务院、中央军委确定的国家重大战略项目涉及的围填海和省级人民政府为落实党中央、国务院、中央军委决策部署，提出的具有国家战略意义的围填海项目外，全面停止新增围填海项目审批。同时，要全面开展围填海现状调查，加快处理围填海历史遗留问题。

【全面开展围填海现状调查工作】

按照自然资源部统一部署，9 月 14 日上午，原省海洋与渔业局召开全省围填海现状调查工作部署电视电话会议，全面部署我省围填海现状调查工作。沿海 3 市先后召开围填海现状调查推进会，层层推进落实调查任务。组织技术单位负责人和业务骨干参加国家海洋信息中心组织的视频培训；与省人社厅、省总工会和省测绘局联合举办全省海洋测绘技能竞赛，为现状调查提供技术支撑。组织 60 名技术人员，成立 11 个调查小组，对国家下发我省的 2082 个围填海核查图斑（其中围填海 1113 个，围海养殖 969 个）开展外业测量，共实地核查图斑 2284 个，拍摄现场图片 5036 张。

【海岛海岸线整治修复投入】

2015 年，共争取中央财政资金 2 亿元，实施了 5 个海岛海岸线整治修复项目。2017 年，省级财政共安排 950 万资金补助 2 个岸线整治修复项目。2018 年，省级财政共安排 1000 万资金补助 4 个岸线整治修复项目。

【海域海岛海岸带整治修复进展及成果】

中央财政支持的 5 个整治修复项目进展情况。临洪河口岸线整治修复项目 7 月份已完工验收；射阳县和滨海县海岸线整治修复项目已完工，进入竣工验收和资金结算阶段；兴隆沙海岛生态保护与修复项目 8 月底已完工验收；羊山岛海岛整治修复项目主体工程已经完工。秦山岛无居民海岛保护与开发利用项目已于 2017 年 12 月 25 日通过验收。

2017 年省级财政补助岸线整治修复项目进展情况。连云区小官山岸线整治沙滩修复已完成；东凌湖岸线整治修复项目已完成岸线修复 3.2 公里、湿地建设 0.72 平方公里、环湖绿化 0.087 平方公里。

2018 年省级财政补助岸线整治修复项目进展情况。赣榆区已完成 7 公里砂质岸线整治修复，响水县已完成 7.6 公里岸线整治修复，射阳县编制了县级海岸线整治修复规划，启东市开展了 4.1 公里的红树林和中山杉种植试验。

据统计，2018 年度，全省共完工岸线整治修复项目 7 个，完工长度 37.65 公里；开工岸线整治修复项目 9 个，开工长度 47 公里；完成了省政府今年十大主要任务百项重点工作中“完成岸线整治修复 10 公里以上，争取新开工不少于 19 公里”的计划目标。

（胡永歌）

海洋预警监测工作

【概述】

2018年，江苏省海洋预警监测工作紧紧围绕保障有力的总要求，狠抓海洋观测、预报、减灾、生态灾害监测工作，重点开展汛期海洋灾害预警报工作，较好地保障了沿海地区经济社会发展和人民群众生命财产安全。

【全年海洋灾害概况】

2018年江苏省全年海洋灾害造成直接经济损失8535.53万元，死亡（含失踪）6人；与2017年比较，直接经济损失和死亡（含失踪）人数均有所下降。其中，发生风暴潮灾害3次，直接经济损失8043.03万元；发生海浪灾害3次，直接经济损失482.5万元，死亡（含失踪）6人；未发生海冰、海啸灾害；渔业浮标损失10万元；江苏管辖海域全年未发现赤潮；5～8月我省海域发现浒苔绿潮，持续时间100天，最大覆盖面积68.00平方公里；1～5月、10～12月，江苏局部海域发现马尾藻金潮，最大覆盖面积86.00平方公里。全省沿海海平面较常年（1993～2011年的平均海平面）上升30毫米；受侵蚀海岸长度35.98公里；监测断面海水入侵有不同程度发生。

【开展海洋观测站点运行维护】

组织江苏省海涂研究中心对自建的21座海洋观测站点进行了24次例行巡检维护，巡检内容涵盖仪器设备的清洁与保养、仪器设备的校准与比对、部分仪器设备的维修与更换、电源及线缆等配件的检修与更换、站点设施的维修与加固、升级完善观测系统与软件、汇总统计观测数据等。开展了4次应急维护，有效的保障了仪器设备的安全与数据畅通。全年出海维护作业累计60天，有力保障了海洋观测站点持续稳定运行。

【开展海洋预警报服务工作】

2018年累计制作发布江苏海域海洋环境预报365份、江苏八大渔场海面风和海浪预报各365份、洋口中心渔港72小时海浪、潮汐预报365份，海上丝绸之路环境保障预报365份，浒苔打捞专项预报38份，海浪消息33份、海浪警报41份、风暴潮消息7份、风暴潮警报21份、传真14249份、邮件4619封、短信133142人次、微博101条。对卫星通信、海洋预警报业务、视频会商、数值预报、短彩信和传真发布等系统等进行了巡检维修，共检查设备200余台（套）。完成VSAT卫星通信、气象水文填绘、气象综合分析、视频会议终端等业务系统设备、软件及数据资料的备份，对海洋预警报信息发布名录进行了更新。

【开展汛期台风预警报工作】

2018年先后有10号“安比”、12号“云雀”、14号“摩羯”、18号“温比亚”、19号“苏力”、25号“康妮”等6个台风影响江苏海域，为近28年来影响江苏海域台风最多的年份。海洋预警监测处（原江苏省海洋与渔业局预报减灾处）严格按照省委和省政府办公厅《关于做好当前防汛抢险救灾工作的通知》要求，认真落实各项防御措施，做好每个台风的防御工作，掌握防台抗台工作的主动权。江苏省海涂研究中心及时发布台风消息，提前发布灾害预警，滚动发布预报信息。汛期累计制作发布江苏海域海洋环境预报164份、海浪消息9份、海浪警报32份，风暴潮消息5份、风暴潮警报21份，传真730份、邮件1968封、短信67189人次、微博61条，保障了沿海人民群众的生命和财产安全。

【拓展专项海洋预报服务】

为做好上合组织峰会期间的浒苔防控工作，开展了海洋环境专项预报，共发布浒苔打捞专项预报38份，每日通报江苏海域风速、风向、浪高、视程等情况，为浒苔防控和海上作业船舶安全提供了技术支撑和保障。为服务保障国家“一带一路”战略实施，组织开展了海上丝绸之路江苏省海洋预报服务工作，每日制作连云港、射阳港、吕四港72小时海面风、海浪、潮汐预报，提升了重点港口等保障目标精细化预报水平。为服务海洋渔业安全生产，组织开展了江苏八大渔场72小时风、浪预报预警工作。

【开展海洋防灾减灾专项建设】

海平面变化影响调查评估。组织沿海三市14县（区、市）全面采集江苏沿海基础地理、堤防、海洋工程、地面沉降、海岸侵蚀、海水入侵与土壤盐渍化、生态、灾害和社会经济等海平面变化影响信息；开展海岸侵蚀灾害详查和灾损评估、重点岸段堤防和围填海状况的实地调查，对调查区内发生的海平面变化影响典型事件进行跟踪调查。编制了《2018年江苏省海平面变化影响实地调查技术报告》和《2018年江苏省海平面变化影响工作评估报告》，并汇交自然资源部。

海洋灾害风险评估和区划。组织连云港市连云区和盐城市滨海县开展县级海洋灾害风险评估和区划试点工作。2018年6月11日，下发《关于组织开展我省海洋灾害风险评估和区划县级试点工作的通知》，并抄送连云港市及连云区人民政府、盐城市及滨海县人民政府，推动工作开展。

【开展海洋防灾减灾宣传】

在“5·12防灾减灾日”和“6·8世界海洋日”等活动期间，全省海洋主管部门充分利用广播、电视、报刊等传统媒体和互联网、微博、微信等新兴媒体，广泛开展海洋防灾减灾宣传教育活动，大力普及海洋灾害风险知识和避险救灾技能。共计制作展板210余块，发放宣传资料3500余份，接受宣传的群众达2300余人次。活动得到了江苏电视台、江苏交通广播网和沿海市、县电视台等媒体的关注和采访报道，提高了社会大众的海洋防灾减灾意识。2018年8月30日，省海涂研究中心参加江苏交广网应急大讲堂活动，录播了一期海洋防灾减灾访谈节目，对宣传我省海洋防灾减灾工作、提高公众防灾减灾意识和应急避险能力起到了很好的促进作用。

（王康康）

国土测绘工作

【概述】

2018年，江苏省国土测绘法治建设取得重要突破，质量提升行动全面开展，新型基础测绘不断推进，保障服务能力不断增强，科技创新引领作用不断增强，进一步为经济社会发展提供测绘保障。

【法制建设】

配合省人大法工委完成《江苏省测绘地理信息条例（草案）》的审查修改。《江苏省测绘地理信息条例》于2018年1月24日审议通过，5月1日起施行。这是全国贯彻新修订的《测绘法》出台的第一部地方性法规，而且是废旧立新。开展地图管理立法调研，按照原省法制办提出的修订程序，修订《江苏省地图管理办法》。按要求报备《关于促进地理信息产业园建设的补充意见》《江苏省卫星导航定位基准站管理办法》等规范性文件。

【法制宣传】

配合省人大常委会组织召开《江苏省测绘地理信息条例》贯彻实施座谈会，省人大常委会邢春宁副主任、省政府费高云副省长到会并讲话。在省人大常委会公布《江苏省测绘地理信息条例》之际，在《新华日报》刊发省测绘地理信息局主要领导署名文章。利用省政府网站《在线访谈》栏目，开展《江苏省测绘地理信息条例》专题宣传。面向全省测绘地理信息主管部门负责人及全省甲乙级测绘单位负责人培训《江苏省测绘地理信息条例》。到南京、无锡、常州、南通、淮安、宿迁等市宣讲《江苏省测绘地理信息条例》。在“4.27”“8.29”测绘法宣传日活动期间，在南京市新街口、玄武湖市民广场组织《测绘法》《江苏省测绘地理信息条例》系列宣传活动，省人大环资城建委、省政府及原省政府法制办、省国土资源厅等部门负责人现场指导。在南京地铁、公交上播放测绘地理信息法治宣传视频。组织开展学习宣传贯彻《江苏省测绘地理信息条例》征文活动。

【综合执法】

行业法治意识增强，投诉举报案件增多。通过书面来信、电话记录、局网站信箱和协会转交等方式举报11起，在监管工作中发现2起。其中1起涉嫌违法主体是省外单位，2起省外单位举报。对2017年立案调查的1起违法分包测绘项目案作出行政处罚并执行完毕，对1起骗取测绘资质证书从事测绘活动案立案调查并作出行政处罚，对1起地理信息项目违法招标案发出责令改正通知，其他案件根据案情口头责令改正。按照属地管理原则，移交市县测绘地理信息主管部门调查处理5起举报案，其中原无锡市国土资源局对1起分包给无测绘资质单位测绘项目案已作出行政处罚，原太仓市国土资源局立案调查1起建设工程竣工测绘案。指导无锡、苏州、南通及昆山等市测绘地理信息主管部门调查处理案件。通过查处违法案件，有效遏制违法行为，形成良好的测绘地理信息市场法治环境。

【“放管服”改革】

深入推进“放管服”改革，梳理局行政权力事项和公共服务事项，全面落实权力清单和责任清单，进一步简化行政许可事项审批流程，不断提高审批效率。全面推进“证照分离”改革，制定测绘资质“证照分离”改革实施意见和措施。落实政协提案意见，制定非营利性科研项目参照《测绘法》有关规定无偿使用省级基础测绘成果制度。完成涉密基础测绘成果提供审批176件，对外提供涉密基础测绘成果审批2件，发出地图审图号37个，永久性测量标志迁建审批9件，批复镇江市建立“2018镇江坐标系”，处理“12345”在线服务18个工单。

【测绘资质管理】

完成测绘资质审查，新增测绘单位165家、资质升级70家、业务范围变更98家、注销28家，全省2018年共有测绘单位1201家，其中甲级69家、乙级247家、丙级614家、丁级271家。

【信用管理】

向国家测绘地理信息市场信用平台、省“双公示”信用平台报送信用信息一千多条；指导协会开展行业自律管理和行业“诚信单位”评审，组织开展测绘单位市场信用评价。

【日常监管】

组织完成涉全省测绘地理信息市场公平竞争制度的清理审查、测绘地理信息“双随机”抽查事项的清理调整工作。组织局行政执法人员培训，部署测绘地理信息市场省级“双随机”抽查，4个组共抽查29家测绘单位。依法发布市场监管信息，按季度向全行业发布甲乙级测绘单位项目备案信息，对备案情况异常的测绘单位依法加大监管力度。依法协调规范多起测绘地理信息项目招标活动。专题研究市场出现的“联合体投标”“联合体运营”等新现象，明确市场监管意见。

【基础测绘】

经费投入 2018年，省级基础测绘经费投入9900万元，主要用在陆海统一的测绘基准升级改造、航空航天遥感数据获取与处理、基础地理信息数据更新与维护、“全景江苏”三维地理场景建设、地理国情动态监测与综合评价、智慧江苏时空信息云平台与天地图建设、基础设施建设与应急保障服务、公益性测绘地理信息服务应用等8大类项目的建设。

测绘基准建设与应用 进一步完善优化省级现

代测绘基准体系。新建淮安市朱桥镇，盐城市五汛镇、冈东镇，沭阳县青伊湖镇等4座江苏连续运行参考站基准站，升级改造10座基准站。完成一等水准测量600km复测工作。完成100个一、二等重力点平差计算工作。加快推进2000国家大地坐标系转换使用，面向市县测绘地理信息主管部门管理人员和技术人员，举办了2000国家大地坐标系转换与使用技术培训班，为2000国家大地坐标系转换提供技术支持与服务。

基本比例尺地形图测制与更新　获取6.9万k㎡的机载激光雷达点云数据并进行处理，完成2100幅1:1万高精度数字高程模型、数字表面模型制作。更新“十三五”第一轮数字线划图数据，成果已提交档案馆并向社会提供使用。配合自然资源部完成南京市、扬州市、淮安市1:5万地形数据更新生产。完成年度“两会”图集的制作和印刷，组织开展1:30万、1:50万、1:70万、1:100万政区系列图更新。编制完成《江苏省地图集》。

航空航天遥感影像获取与应用　完成全省10万k㎡ 0.3m分辨率航空摄影测量。为2018年基础性地理国情监测提供优于1m分辨率数字正射影像图。为第三次全国国土调查提供遥感影像数据保障服务。制作全省2.5m数字正射影像图。为智慧城市建设配套影像数据。

【智慧城市数字城市建设】

推进智慧江苏时空大数据与云平台建设，印发《智慧江苏时空大数据与云平台建设工作方案》，成立智慧江苏时空大数据与云平台建设领导小组，明确职责分工和任务节点。“数字射阳”“数字靖江”“数字高邮”三个县级地理空间框架建设项目完成验收。智慧宜兴时空大数据与云平台项目设计书通过评审。国家级试点“智慧大丰”时空大数据与云平台项目通过省级预验收，“智慧无锡”初步完成建设任务，“智慧洪泽”项目设计书按照国家最新技术大纲要求进行了修改完善并获得批复。启动“智慧淮安”“智慧昆山”“智慧句容”时空大数据与云平台建设项目。批复立项常州殷村职教特色小镇、镇江扬中智慧电气特色小镇、无锡甜美阳山特色小镇、泰州孤山空调特色小镇、徐州窑湾特色小镇等5个特色小镇时空信息云平台项目。

【地理国情监测】

完成影像制作、专题资料收集与整理、监测数据采集、数据建库等任务，基础性地理国情监测数据成果作为全国第二家正式向国家汇交。完成江苏省城市地理国情监测项目、南京市江北新区空间格局变化监测项目、江苏省海岸带开发利用变化监测项目、长江经济带监测项目（江苏）和江苏省特色小镇地理国情监测等5项国家级专题性地理国情监测和项目验收工作。继续开展主体功能区监测、沿海防护林监测等8项省级专题性地理国情监测项目。持续开展全省地理国情综合统计分析，联合中国测绘科学研究院实施江苏省重点大气颗粒物污染源监测和江苏省自然生态空间变化监测二期项目。

【测绘质量管理】

组织开展全省测绘地理信息质量提升行动，成立质量提升行动领导小组，印发《江苏省测绘地理信息质量提升实施方案》。举办两期950人次的省级质量技术培训班。对55名省级质检专家库成员进行培训。市县级质量技术培训3100多人。组织开展测绘地理信息项目调查并建库。随机确定省内外90家被检测绘单位开展省级年度监督检查工作，抽查结果依法向社会公告。市级质量监督检查244家单位。对15家申请甲级资质的测绘单位进行了质量体系考核，14家通过质量体系考核。对4家测绘单位及其所在市级主管部门进行质量约谈。对11家年度成果质量监督检查“不合格”的测绘单位限期整改。省内测绘单位先后获得了国家级测绘地理信息优秀工程奖46项、省级优秀工程奖137项。

（张晓涛）

地理信息管理工作

【概述】

2018年，江苏省地理信息管理工作取得重要突破，质量提升行动全面开展，地理国情监测常态化展开，智慧城市建设稳步推进，保障服务能力不断增强，科技创新引领作用不断增强，为经济社会发展提供了坚实的基础地理信息服务保障。

【“天地图·江苏”建设】

开展天地图省市数据融合更新、天地图市县节点建设、天地图涉密版建设，天地图服务应用不断拓展。通过“天地图·江苏”信息融合、数据更新、云上部署、功能拓展等改版，在全省政务外网部署天地图国家和省节点数据，实现天地图在省市县乡四级政府部门互联互通，成为“智慧江苏”大数据共享平台重要组成部分。召开以“聚焦地理信息，服务智慧社会”为主题的“天地图·江苏”应用交流大会。“天地图·江苏”各项成果在各级政府部门信息化建设和城市建设、公共管理、决策指挥、应急保障等方面发挥了重要作用。“天地图·江苏”在国家年度测评中被评为“五星级”。

【地图公共服务】

充分调研辅助决策用图需求，引进并开发了基于移动终端在线更新技术，建立本地、在线两种服务模式，提供世界和分国、中国和分省、江苏和市县以及天地图、专题图为主要内容的电子地图服务。编制26幅综合交通、水利、建设、环保专题地图，并实时上传更新数据，使省委省政府领导真正实现一部政务终端在手，浏览全部辅助地图。完成长三角系列和沪苏浙交界地图，满足省委省政府领导及有关部门的需求。完成江苏省地图编制出版管理办法、测绘地理信息共建共享管理规定和目录起草，丰富标准地图，开展省市县辅助决策地图联动更新，增加县级城区地图，满足领导机关、新闻机构、科研单位、政府部门多样化地图需求。编制“改革开放四十年”专题地图，用地理信息技术和地图表现手法展示江苏四十年改革开放成就，为“两会”代表和委员参政议政提供辅助参考。

【测绘科技】

科技创新体系建设。贯彻落实十九大提出的“科技强国”战略和习近平在两院院士大会上的重要讲话精神、省科技创新大会、全省测绘地理信息科技创新大会精神，围绕新时期我省测绘地理信息科技事业发展的目标和任务，开展科技创新发展、政策执行落地等宣传、调研、督查等工作。出台《关于深入贯彻落实全省测绘地理信息科技创新大会精神的通知》，进一步要求和促进把科技创新大会提出的各项政策和措施落到实处。召开江苏省测绘地理信息局科学技术委员会第一次全体会议，制定科技委《章程》，成立测绘工程、摄影测量与遥感、地理信息系统与制图、自然资源监测、青年人才与新技术等5个专业委员会，全面发挥局科技委的智库、咨询和参谋作用。加强院士工作站建设，推动江苏省地理信息技术重点实验室、卫星测绘技术与应用国家局重点实验室等创新平台开展“智慧城市”建设、自然资源监测等关键技术攻关。开展省科技成果综合服务平台建设需求、建设条件、可行性等调研工作。助力长江经济带地理信息协同创新联盟建设，注重科技创新，继续开展长江经济带基础设施、空间格局变化等监测工作。积极推进科技成果转化应用，推动挖掘“基于可量测实景影像的智慧城管信息融合表达技术研究”“面向地理国情的卷积神经网络遥感影像分类研究”“犯罪时空转移规律挖掘方法研究”等多项具有实用价值的成果进行了生产转化。继续推动信息化测绘体系建设的实施工作，指导督促市、县测绘地理信息管理部门及有关行业单位进行信息化测绘体系建设。推动完善省测绘工程院信息化示范基地建设工作。编制完成《江苏省信息化测绘体系建设顶层设计方案》和《江苏省新型基础测绘体系建设方案》。

科技项目与科技奖励。开展2018年度省测绘地理信息科研项目资助工作，21个项目列入年度科研资助计划，资助总额111万。严格科研项目管理，完成2016（含）年之前所有项目结题工作。按照《关于促进全省测绘地理信息科技创新发展的实施意见》，给予自然资源部下达的“《基础地理信息系统安全风险评估规范》地方标准升级适用性研究”项目5万元经费支持。积极承担国家和省科研项目，继续开展“基于卷积神经网络的遥感影像地理国情分类研究”等多项跨年度科研攻关任务，开展了2018年省决策咨询研究基地课题——“1+3”重点功能区建设的绩效考核评价体系研究。推荐国家、省各类科技奖项，2018年局系统7个项目获得国家及省部级科技奖项，其中“基于云架构的时空一体化交通地理信息共享服务平台建设与应用”项目获地理信息科技进步一等奖，“省第一次地理国情普查省级数据库建设及信息系统研发”获中国测绘地理信息产业工程银奖，“《江苏省地图册》”项目获中国测绘学会裴秀奖。局系统有3个往年申请的专利获得国家知识产权局授权，其中“地下建（构）筑物测绘方法”获发明专利认可，“捷图时空大数据分析挖掘与可视化软件V1.0”等24个科技成果获国家版权局软件著作权登记。

测绘地理信息标准化工作。2018年，省测绘地理信息局牵头组织完成了国家时空信息基础设施建设与服务关键技术标准研究《倾斜数字航空摄影技术规程》初稿。2项省级地方标准《基础地理信息系统安全风险评估规范》（DB32/T 3421-2018）和《地理信息公共服务平台 公开版电子地图处理规程》（DB32/T3412-2018）经省标准委（质监局）批准并发布实施。由省测绘地理信息局牵头、泰州市国土资源局和泰州市公安局等单位参与的“《基础地理信息系统安全风险评估规范》地方标准升级适用性研究”项目获批国家基础测绘科技与标准计划。组织省内测绘单位有关专家对10个2017～2018年测绘地理信息标准项目征求意见稿进行修改。

（张晓涛）

执法监督工作

【概述】

2018年，执法监督局局紧紧围绕厅中心工作部署，将党建与业务工作相融相促，主动对接部执法局、国家自然资源督察南京局相关政策变化与要求，“严”字当头，及早谋划制定下发了《2018年江苏省国土资源执法监察工作要点》，坚持加强和改进全省日常执法监管工作，抓日常、锁重点、强督办、求实效，始终保持高压态势，精准开展重点领域重点行业专项整治，违法违规用地势头得到有效遏制。

【违法案件查处】

2018年全省共新发现国土资源违法用地行为961件，已立案查处土地违法案件595件、矿产违法案件14件（其余为非立案处理），没收违法建筑设施436.39万平方米，拆除违法建构筑物63.75万平方米，收缴罚没款7140.05万元，收回土地4017亩（其中耕地813亩），移送纪检监察机关追究责任159人，落实党政纪处分99人。省厅直接督办处理案件42件，其中公开挂牌督办4件，公开通报3件，开展专项执法、专项督查和专项清理5批次、44人次。2017年度土地卫片执法检查发现违法用地面积3.51万亩（耕地1.97万亩），比上一年度下降24%，与往年同期相比违法用地量呈下降趋势，执法环境得到有效改善。

【日常执法监察】

注重党建引领作用。一是增强队伍凝聚力。新形势下国土资源执法监察工作面临“执法难、难执法、法难执”等一系列困惑，我局始终坚持将政治学习贯穿于业务工作的全过程，每月结合厅党建重点工作安排，在完成规定动作学习的同时，注重通过各种形式的思想碰撞和交流，开展经常性思想教育，促进全局人员的思想认识水平与执法业务能力双提升。注重对下表率和帮扶，2018年8月，我局党支部与泰兴市国土资源局黄桥分局党支部签约结对共建，旨在进一步加强基层党组织建设，进一步提高党支部的创造力、凝聚力、战斗力，提高党建工作水平。二是转变工作作风。通过加强政治学习，激发工作人员爱岗敬业的工作热情，在实际工作中，坚持依法规范严格公正文明执法，敢于顶真碰硬，严格履职尽责。注重调查研究，2018年7月，我局专门就土地执法监管过程中存在的重点难点问题，在苏南、苏中、苏北各选定一个地区进行专题调研，总结经验，梳理汇总，形成意见提交自然资源部，并在日常征求意见工作中予以反馈。在督查检查和实地调研中，我局工作人员始终坚持实事求是，坚持严格执法，履职尽责，做好表率作用。三是加强党风廉政建设。我局始终加强党风廉政建设教育工作，引导党员干部自觉加强道德修养，严格执行廉洁从政各项规定，于2018年5月专门制定了局廉政风险防控模式，并执行执法工作与廉政纪律“双部署”制度，即每次开展执法活动之前，将执法业务工作和廉政纪律要求同步部署，增强了全局党员干部拒腐防变的能力。同时，积极安排党务骨干参加了省厅11月组织的红旗渠党务骨干培训班，着力提升局党务工作能力水平。

夯实执法工作基础。一是严格落实违法用地报告制度。为切实推进全省违法用地查处报告制度落实，着力解决有案不查、瞒案不报、数据失真等问题，我局通过加强日常执法监管各类数据比对，依托卫片执法、土地例行督察以及专项执法等方式进行数据验证，加强督查、推进整改。从各地统计上报情况看，2018年全省共新发现国土资源违法用地行为为961件，涉及土地面积1.64万亩（耕地4688.9亩），面积与去年同比下降51.29%。二是认真开展案卷评查并规范行政执法业务工作。3月中旬，以省厅名义下发《关于加强和改进国土资源行政处罚案卷质量评查工作的通知》，建立自评制度，通过以评促改提升行政处罚能力水平。5月份，组织对全省报送的29件参加省级评查的案卷进行了严格评审，共评出南京、丰县、常州、金湖、扬州等优秀案卷6卷，并向全省系统进行了通报。严格对照《国土资源执法监督规定》相关要求，加强执法证件管理工作，全年共办理执法证件336本。为进一步规范“两法衔接”工作中涉嫌犯罪案件的移送，省厅年初即印发了《江苏省国土资源厅办公室关于贯彻实施<江苏省行政执法机关移送涉嫌犯罪案件程序规定（试行）>的通知》，对国土资源系统移送涉嫌犯罪案件的程序进行了规范。三是注重典型示范的引领作用。认真组织开展执法模范创建工作，今年2月份，在各设区市局自评推荐的基础上，我局对经国务院批准设立的96个县（市、区）2017年度创建土地执法模范县工作进行了省级综合考评，按照择优评定、集体研究、网上公示程序，省厅授予丰县、沭阳县、如皋市、盐城市盐都区、常州市新北区、无锡市惠山区、南京市雨花台区、淮安市淮安区、扬州市邗江区、太仓市“2017年度江苏省土地执法模范县（市、区）”称号。授予海安县、连云港市赣榆区、靖江市、泰兴市、宿迁市宿豫区、响水县、镇江市润州区、仪征市、江阴市“2017年度江苏省土地执法先进县（市、区）”称号。四是畅通违法线索举报渠道。2018年全省累计接听12336举报电话1407条，其中省厅共接听534条（有效线索367条，涉及土地违法336条、矿产违法31条）、转办部执法局12336线索408件，市县两级共接听 873 条（有效线索 536 条，涉及土地违法 404 条、矿产违法 132 条），均严格按照要求进行转办、交办和督办，并按要求反馈举报人；微信平台（部统一平台、按地域自动转办属地）共涉及我省各类举报线索 1686 件，其中土地类 1629 件、矿产类 57 件。五是坚持开展问责问效工作。除了对重点地区重点案件采取公开挂牌督办和案件通报外，我厅还根据土地矿产卫片执法检查情况和挂牌督办以及日常巡查等情况，提请省政府对镇江市、睢宁县、如东县、高邮市、泰州医药高新区政府主要领导进行了警示约谈，并由省厅对镇江市丹徒区、丹阳市、句容市、徐州市铜山区、东海县政府分管领导进行了警示约谈，传导执法监管压力、推进基层有效整改。

开展专项执法检查。针对今年中央和省领导就违法违规建设“大棚房”“高尔夫”和“别墅”等事项的指示、批示精神，以及省委巡视反馈问题，我局紧跟工作要求，精心组织、扎实开展了相关专项清理和专项检查工作以及配合工作。一是组织开展省级以上风景名胜区核心区违规建设“别墅”专项检查工作。在前期各市县国土资源主管部门自查摸底、市主要领导签字确认上报的基础上，根据省政府领导批示精神，我局又从 13 个设区市国土资源局抽调执法人员组成 6 个检查组，采取交叉互查和巡查的方式，对全省 22 个省级以上风景名胜区核心区违建“别墅”情况进行了专项检查，并将检查结果向省政府作了专报。二是积极做好 2018 年高尔夫球场清理整治“回头看”工作。根据工作安排，今年 7 月，我厅带队会同省银监局组成第一检查组，实地检查了徐州、淮安、宿迁等 3 市高尔夫球场清理整治工作。2018 年以来上述地区未出现新的顶风新建扩建球场、隐瞒不报球场，也未出现死灰复燃情况，已整改到位的整改类球场得到有效维持。三是配合省农委开展“大棚房”整治督导工作。10 月份，我局派员参加了“大棚房”问题专项清理整治行动督导工作。11 月下旬，由省开展“大棚房”问题专项清理整治行动领导小组牵头，我厅作为成员单位，我局再次派员参加了政府层面的“大棚房”问题专项清理整治行动督导工作，督促各地进一步全面彻底排查“大棚房”问题，从严从快整治整改。同时，派员参加了由农业农村部和自然资源部联合开展的“大棚房”问题专项清理整治行动调研工作。四是积极推进省委巡视发现问题的整改工作。针对省委巡视组指出的我省 2016 年土地例行督察发现问题整改不彻底的情况，我厅在 2017 年已经部署开展有关违法违规用地专项整治行动的基础上，于 2018 年 4 月再次下发《关于进一步巩固和深化专项整治违规违法用地行动成果的通知》，要求各地切实提高依法管护资源意识、始终保持高压态势扎实推进整改，确保全面完成整改任务，截至 2018 年 7 月底，整改率达 95.9%。

【卫片执法检查】

强化日常执法监管。一是推进卫片执法检查。今年的卫片执法检查时间紧、任务重、要求高，一方面，提前谋划，做到“三同步”：省、市、县工作同步推进，与变更调查工作同步推进，与土地例行督察工作同步推进。另一方面，从严要求，做到“三结合”：结合土地例行督察发现问题不吻合的退回，结合重点执法检查发现问题不吻合的退回，结合国土资源违法案件统计比对数据不吻合的退回。经过各地上报、省厅审核、重点核查、退回重报后，6 月底顺利完成了各地上报卫片数据的省级审核和数据报部工作。据统计，全省土地卫片检查结果中实际占用的新增建设用地面积 34.41 万亩（耕地 19.79 万亩），发现违法用地 6647 宗、面积 3.51 万亩（耕地 1.97 万亩）。二是开展重点执法检查。综合土地例行督察、卫片执法检查以及日常执法监管工作情况，5 月上、中旬，会同规划院对常熟市、如东县、灌云县、射阳县、淮安市洪泽区及泰州市医药高新区、宿迁市洋河新区等 7 个县（市、区）及园区开展了重点执法检查，发现违法用地 5811.1 亩。检查结束后，向被检查县（市、区）政府、国土资源主管部门主要负责同志进行了反馈，通报存在问题，提出整改建议，及时进行预警，通过对重点地区的执法，促进全省面上违法违规问题的整改。三是强力推进查处整改。针对群众举报、媒体反映、领导批示等重点违法用地案件，我局在专门发函督办的基础上，派人前往实地督查，提出查处整改期限，对整改情况，专门召开局务会进行会办，对于未能完成整改的案件，指定专人进行二次督办，确保锁定的重点案件查处整改到位，达到查处一案、震慑一片的执法效果。6月初，经厅长专题办公会研究，我局在省厅门户网站公开挂牌督办了4起违法案件，公开通报了3起违法案件，并对所有案件对人对事跟踪处理到位。四是健全同步监督机制。2018年8月，针对省委巡视工作意见，我局主动对接，由我厅和驻厅纪检监察组联合下发了《关于建立完善土地执法同步监督机制的意见》，意见明确构建并落实信息双向报告、监管数据共享、综合分析判研、失职渎职预防、监管责任追究和案件联合查处六大机制，切实发挥监督执纪问责职能，坚决遏止土地违规违法行为。为进一步落实省委巡视整改要求，我局目前正在起草《关于自然资源违法行为实时监管的通知》。

有力推进矿产执法。一是开展矿产卫片执法检查。全省2017年度矿产卫片执法监督检查疑似违法图斑共111个，经审查，其中合法图斑15个，违法图斑15个，伪变化图斑81个。15个违法图斑中，涉及无证开采11个，越界开采4个。在各市上报初步核查和处理意见的基础上，我局会同矿管处、地环处组成联合检查组，对下发图斑逐宗进行核查，督促各地从严查处。二是开展矿产资源破坏价值鉴定。2018年，省厅共收到有关矿产资源价值鉴定请示件3件，均根据《最高人民法院、最高人民检察院关于办理非法采矿、破坏性采矿刑事案件适用法律若干问题的解释》有关条款，进行了复函。三是履行枪爆整治等工作职责。作为省打击整治枪爆违法犯罪联席会议成员单位，在第一次联席会议结束后，于4月27日向全省国土资源系统下发了《江苏省国土资源厅关于进一步加大巡查力度严肃查处矿产勘查开采违法行为的通知》，明确部门职责边界，提出针对性具体要求。随后，我局会矿管处、地环处组成联合检查组，对南京、徐州、连云港、镇江等地，进行了枪爆整治专项行动督查，均未发现非法开采区域违法使用爆炸物的现象。省联席办第5期工作简报刊登了我厅的做法。同时，根据工作安排，我局对全省系统扫黑除恶工作进行了摸底了解，并将有关情况向自然资源部和省扫黑办做了报告。

【配合例行督查】

借力土地督察整改。一是强势推进遗留问题整改。针对2017年土地例行督察发现问题的整改情况，省委、省政府高度重视，我厅根据省领导要求专门下发了《关于进一步做好2017年土地例行督察发现问题后续整改工作的通知》，要求确保在8月底前完成后续整改任务。针对南京市违法违规问题相对突出、问题查处整改迟缓的现状，我厅提请省政府同意，专门向南京市政府发出了《国土资源执法监督建议书》，通报情况，提出问题，督导整改。二是配合土地例行督察。一方面，我局积极协助国家土地督察南京局协调落实外协督察人员，并派员全力配合开展驻点督察。我局协调抽调10名业务骨干为安徽例行督察组外协人员，并于4月中旬至6月中旬派员全程参与我省驻点督察及外业抽查工作。另一方面，认真组织开展疑似问题核实举证。专门印发了《关于开展2018年土地例行督察疑似问题核实举证工作的通知》，要求各级国土资源主管部门扎实做好本辖区疑似问题核实举证工作，全力做好被检地区沟通协调，确保督察工作落实到位。三是扎实推进2018年督察发现问题整改。精准制定有关整改实施方案，在收到《例行督察意见书》后，根据省政府和厅领导要求，我厅在报经省政府同意后，于2018年11月初就土地例行督察发现问题的有效推进、精准落实专门制定了《江苏省2018年土地例行督察发现问题整改工作实施方案》并下发各设区市人民政府，对整改的总体要求、整改方法、指导部门、责任主体、工作步骤和工作要求进行了明确。

（花美净）

科技对外交流合作工作

【概述】

2018年江苏省国土资源厅，认真贯彻全省国土资源工作会议暨党风廉政建设工作会议和全省国土资源科技创新大会精神围绕厅年度重点工作确定了国土资源领域科技创新的战略目标、重点任务和政策措施，大力开展科技创新工作。

【科技项目进展、成果和奖励】

2018年省国土资源厅开展了面向全省国土资源系统科技项目立项工作，下发了《2018年度江苏省国土资源科技项目指南》。经专家论证，有69个项目通过论证被列入科技项目计划，其中指令性项目20项，指导性项目49项，省厅对指令性项目给予部分引导资金。

2018年《〈江苏省不动产登记条例〉起草中的重大问题研究》等23个科技项目通过了省国土资源厅组织的验收、评审。

根据国土资源部及省科技厅科学技术奖推荐申报要求，2018年省国土资源厅组织开展国土资源科学技术奖及省科学技术奖的申报工作，其中“中国东部典型平原区第四纪地质调查与研究工作示范”“江苏省重要矿产资源潜力评价及预测研究”“长江三角洲地区土地宏观调控决策支持关键技术研究与示范”“长江三角洲地区土地宏观调控决策支持关键技术研究与示范”四个项目获评2018年度国土资源科学技术奖二等奖。

【科技管理工作】

2月24日，在南京召开全省国土资源系统首次科技创新大会。会议总结了近年来我省国土资源科技创新工作取得的成绩，研究部署了当前和今后一段时期国土资源领域科技创新的战略目标、重点任务和政策措施，动员全省系统大力实施创新驱动发展战略，为全省国土资源事业系统化提升和高质量发展提供持久动力。

【科研平台建设】

2017年省厅组织开展省级国土资源卫星技术应用中心申报工作，由省地质调查研究院牵头，省土地勘测规划院和省测绘工程院联合申报的江苏省国土资源卫星应用技术中心获自然资源部批准建设。组织开展国土资源工程技术创新中心建设申报工作，省地调院为主体申报“土地质量监测与安全利用工程技术创新中心”获自然资源部批准建设。根据《江苏国土资源智库建设方案》，在省内一些知名的科研院校设立研究基地，5月、11月分别将南京农业大学、中国矿业大学纳入智库研究基地，这是省厅深化厅校合作的重要举措，标志着江苏国土资源智库研究基地建设正式启动。

【科普工作进展】

省厅结合“世界地球日”“全国土地日”“全国科技活动周、省科普宣传周”等活动，大力宣传基本国情、基本国策和国土资源科学知识，有效地增强和提升全社会的资源忧患意识和保护意识。

【科技人才培养】

2017年省厅完成部科技创新领军人才、杰出青年科技人才及科技创新团队申报工作。我省有1人入选科技创新领军人才和1人入选杰出青年科技人才。开展全省国土资源专家库成员增补工作。根据《江苏省国土资源专家库建设与管理暂行办法》，4月份省厅开展江苏省国土资源专家库成员增补工作，共增补152名专家。

【国际合作和对外开放】

按规定组织外事出访计划。严格执行《江苏省国土资源系统因公出国（境）管理规定》，进一步加强和规范全省国土资源系统工作人员因公出国（境）管理工作。全年完成自组团7批次56人次，其中计划单列1批次6人次，培训团1批次20人次，厅级4批次24人次。

落实"一带一路"倡议、做好我省境外矿产资源勘查开发服务保障的相关工作。围绕"一带一路"矿产资源开发，推进矿业"走出去"，提升我省矿产资源国际合作水平。参与完成了2018年省级地质勘查专项资金境外项目的立项论证等工作。对已开展的工作进行自查总结并提出下一步工作计划及建议。

加强国际矿业合作交流。组织我厅相关处室及有关单位参加新疆国际矿业与装备博览会、中国东盟矿业合作论坛、中国国际矿业大会等矿业大会，学习交流国际矿业的相关信息。完成了2018中国国际矿业大会的布展工作。

（姜耀宇）

财务与资金运用、审计工作

【预算管理】

江苏省国土资源厅预算经省人大审议通过，省财政厅共批复我厅本级2018年度部门预算1.27亿元，较2017年增加440万元，均为财政拨款安排保障。其中：基本支出预算4175.72万元，专项支出7600万元，预留机动930.48万元。2018年预算分配方案经第5次厅党组会讨论通过，及时下达各单位、各部门。

【专项收入征管】

全年共实现收入51.95亿元，其中：新增建设用地土地有偿使用费38亿元，农业重点开发建设资金7.1亿元，耕地开垦费5.5亿元，两权价款及使用费1.35亿元。收入总额超过了去年水平，较去年增加3.5亿元，增幅7.2%。

【完成机构改革保障任务】

新一轮机构改革涉及我厅职能整合和人员的划入划出，这将对全厅2019年部门预算有较大影响。对此，省厅财务处积极协调，主动与原海洋与渔业局、原省沿海办、省住建厅、省发改委沟通、专门对接，对涉及划入职能的预算和专项资金安排做了充分了解。主动协调省财政厅经建处等有关处室，提出经费划转和业务需求，积极争取将划入职能的部门预算和专项资金整合到我厅，为全省自然资源事业发展做好保障。

【财务管理与监督】

一是加强地质勘查专项资金检查整改工作。去年，省财政厅对2016年省级地质勘查专项资金的使用进行了全面检查，并对我厅出具了《关于2016年省级地质勘查专项资金检查情况的函》。组织召开专题座谈会，下发整改通知书，逐项提出整改要求，限期整改到位。

二是组织开展专项资金绩效检查工作。按照项目种类对有代表性的专项资金项目开展绩效检查，其中：地质勘查类专项2个、地质环境与治理类专项2个、部门预算专项2个。根据检查情况，制定了符合各类项目实际的、可操作性更强的绩效评价指标。

三是配合省财政厅做好2017年预算执行情况检查工作。9月份，省财政厅组织检查组对我厅及直属预算单位2017年预算执行情况进行检查。积极配合，及时按要求提供部门预算管理、会计核算等具体材料。同时，组织好厅机关和各直属单位与检查组的对接、沟通工作，力求达成一致意见。

四是组织开展全省防风险自查和抽查工作。根据自然资部切实做好防范化解重大风险专项检查工作要求，我处牵头对全省专项检查进行具体布置并选择南京、常州、南通市(县、区)进行省级抽查。通过采取听取汇报，查阅卷宗，核实自查情况统计表，实际调研等方式，进一步了解了各地土地储备、土地登记、土地征收补偿、土地指标收入、政府融资等工作中的薄弱环节，梳理分析了存在的问题并提出整改措施，及时完成了自查工作。

【审计工作】

一是经济责任审计有序推进。根据厅党组决定，对任职满5年的苏州、镇江、徐州、昆山市局、和地调院等5个单位主要负责人开展了任中经济责任审计。审计中坚持问题导向，围绕权力运行和责任履行两条主线，重点审计各单位财政财务收支的真实、合法及效益情况，内部控制制度建立及执行情况，重大经济决策和执行情况，财政专项资金管理及使用情况，以及单位遵守国家财经法规和个人遵守廉政规定情况。累计查阅账套160余套、会计凭证6000余本，调阅国土资源管理卷宗800余宗，其他资料400余份，编制审计工作底稿200余份。

二是财务收支审计实现全覆盖。根据年度工作安排，对厅属事业单位财务收支情况全部进行了审计，各设区市也逐步实现了对所属事业单位财务收支审计的全覆盖。审计主要对各单位财务管理、资金使用、会计核算、支付手续、补贴标准等情况的进行审核、监督。提出了各单位加强财务管理具体举措，促进了各单位财务管理工作的规范化。进一步规范各单位三公经费、人员生活福利经费、评审费及项目经费等管理工作。

三是完成自然资源离任审计等外部审计配合工作。配合审计厅开展宿迁市领导干部自然资源资产离任审计。主要检查土地出让、耕地保护、矿产开采等方面存在的违法违规问题，督促地方党委、政府进一步加强耕地保护，节约集约利用土地资源，从源头处理好耕地保护、节约集约用地与经济发展的关系，促进当地经济社会的可持续发展。同时，认真做好长江经济带生态环境保护和重大政策落实等各项外部审计的牵头联系以及审计移送件的查处办理工作。

（曹兴华）

人事工作

【领导班子和干部队伍建设】

贯彻党管干部原则。严格执行《党政领导干部选拔任用工作条例》制度规定，充分发挥厅党组在干部选拔任用工作中的领导和把关作用。坚持德才兼备，以德为先，坚持事业为上，公道正派，坚持“信念坚定、为民服务、勤政务实、敢于担当、清正廉洁”20字好干部标准，突出德、能、勤、绩、廉等方面的全面考核。严把选人用人关口，坚持民主集中制，落实“凡提四必”制度，切实防止“带病提拔”。

积极稳妥推进机构改革。根据《江苏省机构改革方案》和省委、省政府统一部署，按照职责上下基本对应和职责完整统一的原则，落实机构转隶、职责人员划转、制定“三定”方案、人事调配等任务，实施中分步实施、梯次推进，注重改革与工作相促进、党建与业务相融合、岗位与人员相匹配。推动厅内设机构制定职责清单、人员分工清单、AB角互补清单，确保职责细化到位、责任落实到位。积极推进市县机构改革，及时向省委组织部汇报，主动与设区市委及组织部门协调沟通，强化对市县自然资源机构改革工作统筹指导，按照自然资源机构干部管理体制暂维持不变的政策口径，推进市县自然资源机构转隶工作，指导落实“三定”规定。按照履行“两统一”核心职责要求，积极推动全省自然资源机构职能转变，主动协调沟通，将省测绘地理信息局机构职责和人员整合到厅，推动省级海洋行政管理执法监督机构职责优化整合，稳妥处理转隶单位人员编制、资金资产等遗留问题。

深入推进强基固本工程。认真落实省厅《关于实施强基固本工程全面加强基层国土资源所建设的指导意见》，扎实开展强基固本“三年行动”，突出加强党建引领，层层传导工作责任，营造推进强基固本工程的浓厚氛围。通过组织调研、指导督导、推广经验等方式，持续深入推进基层国土资源所建设，无锡市局组织实施“1050 工程”标准化建设，连云港市局组织开展全系统“清风专项行动”、建设“四型国土所”，南京、苏州、南通、盐城、镇江、扬州、泰州、宿迁市局出台相应措施，全省系统基层国土资源所建设水平不断提高。坚持问题导向，注重工作创新，大力推进全省基层系统党建工作，开展厅机关、事业单位与基层国土资源所党支部结对共建和“举旗当标兵、聚力助脱贫”等活动，提升国土资源部门服务保障高质量发展的能力水平。

强化干部考核。根据《江苏省年度综合考核工作规定（试行）》《江苏省 2018 年度综合考核实施办法》等文件精神，按照综合评价、注重实绩、突出重点、简便易行的原则，组织开展 2018 年度厅管领导班子和厅管干部考核工作。12 月 29 日江苏省自然资源厅办公室下发《关于做好 2018 年厅管领导班子、厅管干部考核工作和开好民主生活会的通知》（苏自然资党组〔2018〕22 号），由厅领导带队分 15 个组对全省系统厅管领导班子和厅管干部开展年度综合考核工作。2018 年度综合考核更加突出日常考核、分类考核和近距离考核，在方式方法上，实行百分制，由日常考评和民主测评得分组成，各占 50%，对单位和部门的日常考核增设了机关与基层双向评价；在结果评定上，实行分类评定，对单位“一把手”和部门主要负责人进行横向对比，单独评分，同时，注重鼓励激励，单位和部门被评为第一等次的，新增优秀名额优先安排。2019 年 4 月 3 日，省厅分类反馈年度考核结果，提出整改意见，并对成绩突出的单位和个人进行通报表扬，其中工作成绩突出的单位（部门）17 个、年度考核优秀等次 78 名、三等功 8 名，努力营造积极进取、奋发向上的工作氛围。

【干部管理监督】

研究出台“三项机制”。认真贯彻落实“三个区分开来”要求和省委健全完善“三项机制”文件精神，紧密结合国土资源工作和干部队伍建设实际，研究出台《关于贯彻落实鼓励激励、容错纠错、能上能下“三项机制”的实施办法》，注重系统性、整体性、指导性，突出政策措施的针对性和系统上下的联动推进。突出指导性，对全省系统贯彻落实省委健全完善“三项机制”部署的指导思想、基本原则、目标任务、组织领导等提出明确要求，指导全省系统结合工作实际和干部队伍建设情况，压紧压实责任。突出系统性，以鼓励激励为基础，以容错纠错和能上能下为保障，以担当作为为目的，注重贯彻落实“三项机制”政策措施的内在统一、相互衔接。突出配套性，注重健全和完善与贯彻落实“三项机制”衔接配套的政策制度体系，与国土资源系统服务保障高质量发展实施意见、完善厅管领导班子和厅管干部考评考核办法、建立党建工作考核体系等“四体系一平台”党的建设工作机制等一系列政策制度体系相统一，确保“三项机制”在全省系统贯彻落实取得实际效果。

干部日常管理监督。落实《中共江苏省委组织部关于省委管理的领导班子成员分工调整报备有关问题的通知》的规定，严格按规定程序做好机构改革后厅领导班子成员、巡视员、副巡视员分工调整备案工作。严格落实组织人事部门对领导干部进行提醒、函询和诫勉的要求，全年，函询 7 人，诫勉 7 人。对 2018 年度干部个人事项报告核查发现问题按规定函询并责成说明情况的 6 人。组织干部进行廉政谈话提醒，坚持从严管理监督干部和关心爱护干部相结合，做到干部廉政谈话经常化、制度化。严格落实内部审计要求，对 5 名离任厅管领导干部进行经济责任审计。新增任中审计，对任职满 5 年的厅管领导班子主要领导开展常态化任中审计；并按照干部管理权限，指导各设区市局有序开展干部任中审计。规范干部在企业、学会（协会）兼职审批备案工作，2018 年完成省土地学会、省地质学会厅管干部换届兼职。切实加强领导干部出国（境）证件管理，严格执行处级以上干部因私出国（境）审批备案制度。加强证件集中管理和行前教育提醒，督促因私出国（境）的领导干部按规定在回国（境）后 10 天内，将所持因私出国（境）证件交由人事处集中保管。2018 年审核同意因私出国（境）18 人次。

突出绩效管理国土特色。进一步完善具有国土特色的绩效管理目标体系和工作机制，按照“明确导向、注重实效、广泛参与”的工作思路，坚持突出重点、精心组织、落细落实，注重结合工作实际，与干部队伍建设、党风廉政建设和作风建设有机结合；注重抓好目标任务分解，及时强化薄弱环节；注重创新创优推动，持续提升管理水平。省厅连续 6 年列省级机关绩效管理第一等次。

强化人事基础工作。严密组织领导干部个人有关事项报告集中填报工作，按照最新文件要求，认真组织对 8 项家事、6 项家产等 14 项报告事项的填报工作，并在 3 月 5 前完成全省系统集中填报工作。完成原国土资源部组织的国土资源人事统计工作，认真做好全国、全省公务员信息系统和直属事业单位人事系统基础数据录入、校核等工作，全国公务员信息系统数据录入、校核统计工作被省委组织部评为优秀。组织人事数据分析，撰写题为“应用互联网技术加强国土资源系统党建工作研究——建设江苏省国土资源党建网”的研究报告荣获全省一等奖。积极主动做好 2018 年劳动工资工作，完成工资年度和日常调整，养老保险待遇申领，公积金和住房补贴调整等工作。完成省级机关公费医疗年审。组织厅机关干部职工进行体检。

【干部培训和人才队伍建设】

积极开展干部培训。印发《2018 年度干部培训计划》，按照“统一组织实施教学、分级承担培训费用、优先服从上级调训”的原则，会同各市、县（市、区）国土资源局联合主办，认真筹划、周密组织、精心施教、注重实效。厅全年共举办各级各类培训班 26 个，培训干部职工 3639 人次。组织全省系统干部参加国土资源部局长班培训 14 期，培训 99 人，所长班培训 4 期，培训 36 人；组织厅机关干部参加“876”和各类党校培训 21 期，培训 81 人；参加公务员局举办的“公务员大讲堂”2 期，22 人。

扎实做好人才工作。完成全省国土资源工程高级职称申报、审核、面试和评审工作。组织系统“333 高层次人才培养工程”培养对象资助项目申报和结题验收，报送业绩总结材料，发放相关津贴补贴。推荐全省系统符合条件人才参加全国第十四届高技能人才评选，省测绘工程院顾芒同志被评为国家技能人才培育突出贡献个人。

【扶贫工作】

认真贯彻落实省委、省政府脱贫攻坚决策部署，注重发挥部门优势，集成集聚政策，突出创新推动，加强制度供给，深入推进厅扶贫 26 条、富民 20 条政策的落实，认真落实“五方挂钩”帮扶责任，召开专题推进会，量身定制 10 条帮扶措施，选派政治素养好、能力素质强的干部到贫困地区挂职，确保国土支持扶贫行动取得成效。今年以来，为贫困地区新增建设指标 1.54 万亩，占全省计划指标 7.98%，全省流转增减挂钩节余指标 0.87 万亩，筹集资金 82.65 亿元，向挂钩帮扶的淮安区贫困镇安排专项资金 320 万元。深入推进苏陕两厅合作，跨省指标流转、土地调查等合作、干部培训挂职等协作项目稳步推进，取得实效。我厅支持扶贫工作经验做法，在全省打赢打好脱贫攻坚战三年行动现场推进会、自然资源部扶贫用地政策论坛上作了交流，我省国土支持脱贫攻坚工作成效在新华日报、自然资源报上刊发。

（周　茹）

机关党建群团工作

【概述】

2018年度，按照党建工作“抓系统、系统抓”的要求，扎实构建“四体系一平台”党建工作格局，推进党建工作与业务工作深度融合，为服务全省高质量发展走在全国前列凝聚思想共识，提供强大精神动力。全年起草江苏省自然资源厅党组、厅机关党委、厅党建办等文件50多份，组织中心组学习10次，配合做好巡视督查、作风建设、意识形态等督查检查6次，组织支部书记、党务干部培训班3次，组织参观学习、参加省级机关运动会等重大活动3次，组织工会活动15次。江苏省自然资源厅机关党委被评为省级机关先进机关党委，耕地保护处党支部被评为省级机关先进党支部，不动产登记局党支部被评为省级机关“两聚一高”先锋行动队。郑友明（省国土资源厅办公室主任）被评为省级机关优秀党员。在省级机关党建工作会议上，省国土资源厅机关党委副书记黄建春作了《强化党建统领、推进巡视整改，为国土资源事业发展提供坚强政治保证》的交流发言。中国自然资源报专题介绍了江苏省自然资源厅党建工作的经验做法。

【党建工作】

全面提升党建质量。按照“抓系统，系统抓”的党建工作格局，成立了江苏省自然资源厅党的建设工作领导小组及办公室，大力推进党建工作责任体系、组织体系、制度体系、考核体系和信息化平台（“四体系一平台”）建设。出台江苏省自然资源厅党的建设工作要点、厅党组落实党建领导责任清单工作方案、厅党组关于加强党的政治建设推动全省自然资源事业高质量发展的意见等文件，组织学习党的十九大精神、《党章》《中国共产党纪律处分条例》《习近平新时代中国特色社会主义思想三十讲》等，落实落细全面从严治党要求。强化“不忘初心、牢记使命”主题教育，深化“两学一做”学习教育常态化制度化落实。认真开展“三会一课”、组织生活会、主题党日等活动。组织开展“解放思想”专题组织生活会和“意识形态”专题组织生活会。在延安举办了党支部书记培训班，在淮安周恩来纪念馆开展“不忘初心、牢记使命”专题教育，在红旗渠举办党务骨干培训班。组织观看专题片《大无大有——身边人眼中的周恩来》，厅党组书记结合学习贯彻十九大精神上《入脑入心学党章旗帜鲜明讲政治》专题党课。持续推进解放思想大讨论，出台解放思想大讨论活动方案，建立落实厅领导班子成员联系点制度，面向省级机关部门、地方党委政府和基层国土部门征求150条意见建议。

创新机制拓展渠道。在全国国土系统率先建成并启动“江苏自然资源党建网”和“党建e家”微信公众号。将全省自然资源系统四级党组织17300余名党员和1500余个党组织全部纳入党建网管理，实现了党建工作省、市、县、乡四级互联互通。推送《习近平新时代中国特色社会主义思想三十讲》、《平“语”近人——习近平总书记用典》《榜样3》《廉政讲堂》等优秀课件。党建专题分析报告“应用互联网技术加强自然资源系统党建工作研究”荣获全省一等奖，系省级机关唯一获一等奖的项目。

统筹业务深度融合。组织54个厅机关和事业单位党支部与基层国土所党支部结对共建。耕地保护处党支部与江苏省交建局等6个党支部，在苏锡常南部高速公路工程建设现场开展了“聚力擎旗同心筑梦”共建活动，得到交通部、省级机关工委领导的充分肯定。厅人事处、办公室、机关党委支部向全省系统联合发出“举旗当标兵、聚力助脱贫”倡议，号召全省系统党支部和全体党员突出党建引领，发挥党支部在贯彻党的决策部署和推动各项中心工作有效落实中的作用，增强责任感和使命感，以实际行动让党旗飘扬在打赢脱贫攻坚战的第一线。

【党风廉政建设】

强化全面从严治党主体责任，细化责任清单，层层落实“一岗双责”制度。在江苏省自然资源系统工作会议和党风廉政建设工作会议上，厅党组书记与各设区市局、省直管县（市）局党组（党委）书记签订党风廉政建设责任状。针对全省系统党风廉政建设和反腐败工作形势，提出工作要求。全省系统认真抓好预防，结合审计、巡视、巡察反馈意见整改等工作，突出对各级“一把手”的监督，强化对“三重一大”、行政审批、不动产登记、执法监察等关键环节和重点部位的监督，让权力在阳光下运行。对服务中心、培训中心、地质资料馆、中华曙猿遗迹保护区管理处等单位开展了巡察。召开了江苏省自然资源系统党风廉政建设工作推进会，约谈了3个设区市局的党组（党委）主要负责人。每周给厅机关工作人员和事业单位处级干部发送一条廉政短信，2018年发送信息4500多条。在新沂市马陵山国土资源所设立全省国土资源系统警示教育基地。在全系统下发《全省国土资源系统违纪违法案件案例选编》和《省级机关党员干部违纪案件案例选编》4000册。落实了省委巡视反馈问题整改意见和省纪委监督意见的整改。

【机关作风建设】

下发《关于中秋国庆期间加强正风肃纪工作的通知》，针对中秋和国庆两大节日作风建设特点，组织人员对相关单位进行明察暗访，针对存在的苗头性、倾向性问题，举一反三，抓好整改。根据江苏省委办公厅、省政府办公厅下发的《关于在全省开展作风建设自查自纠专项行动的通知》，下发《关于开展作风建设自查自纠专项行动的通知》，对自查自纠工作进行部署安排，提出要求，明确整改内容、方法及整改时限。厅作风办召开会议进行部署，进一步细化分工，派出两个自查自纠专项行动督查组进行督查，自查自纠的问题全部整改到位。我厅作风建设的满意度为96.12％，比2017年的93.92％上升了2.2个百分点。我厅连续4年获得省级机关绩效考核第一等次，连续两年被评为省级机关先进单位。

【意识形态风险排查工作】

组织机关直属单位开展意识形态风险排查工作，并针对排查的问题进行整改。组织“意识形态”专题组织生活会，明确班子成员意识形态工作的职责和分工，及时传达学习中央和省委关于意识形态工作的决策部署及指示精神，切实把思想认识统一到中央、省委对意识形态工作要求上来。强化意识形态领域管理。全面做好自然资源舆情监测引导处置工作，加强自然资源热点舆情分析研判，牢牢掌握舆论主动权。

【文明创建】

以创建省级文明行业为目标，加强对全省系统文明创建工作的指导，持续推动系统文明创建活动。加强精神文明建设工作的组织领导，下发《关于调整江苏省国土资源厅精神文明建设工作领导小组成员的通知》（苏国土资党组〔2018〕40号），进一步明确厅文明办的职责。开展“学雷锋”活动、“弘扬时代新风，文明单位在行动”主题活动、不动产登记“党员先锋岗”创建活动、“巾帼文明岗”创建活动等。面向全系统开展了纪念改革开放40周年主题征文活动、“我为高质量发展献一策”金点子征集活动。联合人事处、办公室党支部在全省系统发起党支部聚力助脱贫的倡议。编印《书香国土》《春风化雨》征文、摄影作品汇编。

【统战群团工作】

积极参加江苏省省级机关第三届运动会，获得省级机关第三届运动会优秀组织奖和团体总分二等奖，广播操二等奖，地调院聂瑛荣获女子青年组健身个人跑冠军。积极落实淮安区“五方挂钩”工作，攻坚克难助力精准扶贫。根据江苏省委宣传部、省委省级机关工委、省慈善总会等部门《关于开展2018年“精准扶贫·慈善一日捐”活动的通知》（苏慈）〔2018〕32 号）要求，组织厅机关及直属单位干部职工捐款，共募集捐款 24.45 万元，捐予淮安市淮安区。组织厅机关、直属单位爱心献血活动。组织“不忘初心，永远跟党走”国土青年论坛演讲活动。积极开展“巾帼建功”活动，信息中心数据事业部主任周卫娟被评为江苏省“三八红旗手”，信息中心政务服务部获江苏省省级机关“巾帼文明岗”荣誉称号，中心数据事业部副主任吴相燚被评为“巾帼建功标兵”。

（韩　璐）

离退休干部工作

【概述】

2018 年，离退休干部处认真学习贯彻中央和省、部老干部局的指示精神，按照中办发〔2016〕3 号文件要求，坚持为党的事业增添正能量价值取向，以“让党组放心，让老同志满意”为标准，以争创先进处室为目标，围绕中心、服务大局，科学统筹、主动作为，一手抓为党的事业增添正能量；一手抓离退休干部“两项待遇”落实，倾情为离退休干部提供优质服务，较好地完成了各项工作任务。

截至 2018 年底，厅机关共有离退休干部 220 人（其中离休人员 5 人，退休厅级干部 30 人，处级干部 131 人，科级 33 人，职工 21 人）。党员 187 名。

厅机关设有离退休干部工作领导小组，厅党组书记、厅长任组长，分管副厅长任副组长，办公室、财务处、人事处、机关党委、离退休干部处、机关服务中心为成员单位。主要负责离退休干部工作的组织、协调工作。1 月 2 日，厅机关召开厅离退休干部工作领导小组会议，传达学习习近平总书记等中央领导同志在全国离退休干部“双先”表彰大会上的重要讲话和全国老干部局长会议精神，会议充分肯定了 2017 年离退休干部服务管理工作，研究部署了春节期间离退休干部的重点工作。会议研究了厅离退休干部领导小组人员组成调整情况。审议通过了《2018 年春节慰问离退休干部工作方案》。李如海副厅长要求离退休干部处精心筹划、科学安排、周密组织，及时把厅党组的关怀和温暖送到生活困难党员、老党员和老干部心坎上，让他们度过一个欢乐祥和的节日。

离退休干部设有党总支，隶属于厅机关党委，下辖 5 个离退休干部党支部。其中离休和退休厅级干部党支部 1 个、退休干部党支部 4 个（其中 2018 年 11 月 9 日从原海洋渔业局转隶 52 人中有 39 名党员，组成第五党支部）。

【离退休干部服务管理】

一、落实“两项待遇”。“两项待遇”即政治待遇和生活待遇。

在政治待遇方面，我们定期召开离退休党总支扩大会议以及支部会，传达学习上级有关精神，通报国情省情，今年重点抓好全国“两会”和习近平新时代中国特色社会主义思想的学习贯彻。适时召开座谈会听取老同志对自然资源事业发展和对离退休老同志服务保障方面的意见建议，增强了工作有针对性、有效性。一是认真落实老干部座谈会制度，听取老同志对自然资源工作的意见建设。1 月 5 日，省厅召开部分离退休厅局级老干部座谈会。厅党组书记、厅长李侃桢，厅党组成员分管副厅长李如海参加会议。李侃桢通报了省委十三届三次全会精神，回顾了 2017 年度全省国土资源工作，通报了 2018 年总体工作思路，就以党的十九大精神统领新时代国土资源工作，为推进“两聚一高”新实践、建设“强富美高”新江苏提供更加坚实的国土资源保障征求了老同志们的意见和建议。二是认真落实情况通报制度。4月19日，省厅组织召开厅局级离退休老干部情况通报会。党组书记孔海燕同志主持会议，厅长刘聪、副厅长李如海出席会议。会上，刘聪厅长首先从耕地和永久基本农田保护、节约集约用地、重大项目用地保障、国土资源改革创新、矿地融合工作、国土民生建设等六个方面通报一季度工作情况。并就下一步工作思路和举措及当前省厅重点推进的六个方面工作逐一向老干部们做了通报。还就机构改革情况向老干部作了说明。党组书记孔海燕作了总结讲话，并就做好新时期老干部工作提出了明确要求。孔书记强调，做好新时代老干部工作要提高政治站位，一是要讲政治；二是要讲大局；三是要讲感情。坚持把“让党放心、让老同志满意”作为工作的出发点和落脚点，善于换位思考，多为老同志考虑问题，多听取合理化建议，切实将老干部工作做实做细做好，体现组织的关心关怀，让老同志安心舒心暖心。要提高老干部的满意度，进一步提升服务水平，推动老干部工作不断创新发展，让各位老领导、老同志们更加满意。一是要掌握情况问题；二是要创新工作内涵；三是要完善平台阵地。要按照新时代党的建设要求，以提升组织力为重点，突出政治功能，扎实推进离退休干部党组织建设。坚持共建共享为导向，创新工作活动的载体，搭建更多更好的平台，让老领导、老同志们更好地参与推进新时代全省国土资源事业高质量发展，推动国土资源工作不断迈上新的台阶。在全体离退休老同志开展“奉献新时代，共建新江苏”主题实践活动，6月20日至22日，省厅组织厅局级离退休老干部赴苏州周边地区考察调研，先后到苏州相城区湿地公园、太仓市沙溪古镇、浏河古镇、江滩湿地公园、太仓水源地和太仓规划展示馆等地参观调研，实地考察了太仓港集装箱码头、昆山智谷小镇和昆山杜克大学。8月2日上午，省厅组织召开厅局级离退休老干部上半年情况通报会。李如海副厅长首先传达了省委十三届四次全会精神，从保护措施更实、保障发展的针对性更强、调控作用更加凸显、服务措施更细、自身建设再上台阶、党建引领推动高质量发展等六个方面通报上半年工作情况。并就高质量推进下半年六个方面重点工作逐一向老干部们做了通报。三是认真落实厅局级干部阅文制度。6月份和12月份认真组织厅局级离退休老同志阅文活动。

在生活待遇方面，按时足额为6位无工作遗属发放困难生活补助费7万余元；为异地安置3名退休老同志代报医药费6万余元；组织32名厅局级老干部赴无锡疗养院进行年度体检；组织健康体检143人，组织10位厅局级老干部和特约特门老同志健康疗养；全年共保障老同志用车600多人（台）次、安全行车4万公里，实现安全无事故；协助家属妥善办理3位老同志后事，并按规定做好抚恤金发放工作。

二、狠抓 “两项建设”。即思想建设和组织建设。

在思想建设上，重点是加强党的大政方针的学习传达，在学习上采取个人自学为主、集中学习为辅的形式，组织收听收看“两会”盛况，组织全体离退休厅局级党员赴南京国际展览中心，参观了“筑梦新时代 共创美好生活——江苏省庆祝改革开放40周年图片展”；组织全体离退干部赴扬州仪征参观江苏省第十届园艺博览会。全年共购买发放学习资料450余份，为老同志订阅报纸杂志10余类，1200余份，为老同志学习创造了条件。

在组织建设上。选送10名同志参加省老干部局和厅机关党委举办的党支部书记委员培训班，提高支部书记和委员工作能力。9月25下午，省厅离退休干部党总支在徐州市新沂市组织开展了党支部书记和委员培训工作。党总支书记陈明同志以《以党建为统领做好离退休干部工作》为题进行了培训授课；参观了宿北大战革命旧址，重温了入党宣誓；参观了省国土资源系统警示教育基地及马陵山国土所党支部建设。坚持每季度一次离退休干部党支部活动，传达上级有关精神，通报国情省情，征求意见建议；结合各党支部实际，积极开展保健知识讲座、冬季防火知识讲座、书画笔会交流等特色活动，增强党支部凝聚力。根据省级机关机构改革的要求，我厅按照省委老干部局关于离退休干部移交的指示要求，第一时间上门接受原省海洋渔业局新转隶的52名老同志，并适时组织逐一登门慰问，在厅机关组织全体新转隶人员见面会。11月9日召开了新转隶人员第一次党员大会，成立了离退休第五党支部，选举产生了书记和委员，确保了新转隶人员党建工作的无缝对接。全年申报评选表彰优秀共产党员5名、先进党支部1个。

三、搞好“两项服务”。即日常服务保障和活动中的服务保障。

日常服务。全年累计探望老同志580人次，其中厅领导探望慰问老领导、老同志50余人次；重大节日上门慰问450人次；探望慰问住院病号80人次； 2018年为30名离退休老同志向省委老干部局和省级机关工委申报特殊困难帮扶补助；为5名离休干部发放生活补贴4.6万余元；为6名老专家发放专家特殊津贴4.32万元；为35名离退休干部、厅局级干部发放电贴、烤火费0.52万余元；帮助32名厅局级离退休老同志办理了优待证；配合人事处完成了220名离退休老同志医疗证的年审工作；按照党费新标准完成了186名离退休党员的党费测算收缴工作。

丰富文化活动。广泛开展春秋季南京周边考察郊游、纪念三八国际妇女节郊游、棋牌、乒乓球、台球、象棋等老同志喜闻乐见的文体活动和比赛；积极参加省老年体协举办的乒乓球和掼蛋比赛，充分展示老同志精神风貌；精心组织好离退休老同志迎春团拜会活动，2月8日下午，省厅举办离退休老同志迎新春团拜会。厅领导和各位老领导、老同志欢聚一堂，共迎新春、共度佳节。厅长李侃桢代表厅党组向各位老领导、老同志，致以亲切的节日问候和美好的新春祝愿。副厅长李如海主持团拜会。认真开展“敬老节”活动。10月18日，省厅组织全体离退干部赴扬州仪征参观江苏省第十届园艺博览会。

【离退休干部工作队伍建设】

完善工作制度。坚持每周召开一次处务会，以会代训，及时学习传达上级有关老干部工作的政策文件、会议精神，加强研讨交流，互相取长补短，并认真搞好总结提高。坚持把长效机制建设作为老干部工作的重点来抓，坚持情况通报会、日常走访、住院探视、去世送葬等各项制度。牢固树立全心全意为老干部服务的思想，以“让党组放心 老干部满意”为工作目标，以提高服务管理质量水平出发点，认真学习，加强管理，精准服务，高标准完成服务保障任务。

抓好工作调研。每年本着“带着问题下去，找到原因上来，带着课题下去，形成思路上来”的原则，通过上门走访、电话咨询等方式，召开支部书记委员、厅局级老干部、处以下老同志等人员参加的座谈会，对如何做好新时代离退休干部工作认真的调查研究。形成了“探索新时代国土资源系统离退休干部工作”的调研报告，并及时论证上报，在实际工作中遵照执行。

创新方法载体。大胆探索加强自身建设的有效途径，开展多种形式和主题的争创和竞赛等活动，不断强化自身建设成效。把创建先进处室和争做优秀共产党员作为加强自身建设的龙头和重要载体，进一步强化创建意识，加大创建力度，推动离退休干部处精神文明建设。

营造和谐环境。倡导团结互助、以诚待人的风气，促进人际关系的和谐和干部职工队伍的稳定。离退休干部处每周利用处务会的时机，进行汇报交流，除汇报工作外，对自身和家庭中的突出问题，让大家出主意想办法。处内同志相互关心，相互支持。处领导以身作则，模范带头，在做好本职工作的同时，还积极协调解决工作人员的实际困难和问题，处内风正气顺，干劲足，大家一致认为要把心思凝聚到事业上，把精力集中到工作上，高质量完成离退休干部工作。

2018年离退休干部党总支被厅机关党委评为先进基层党组织；在2018年江苏省老年人体育节活动中，我厅被评为优秀组织奖。

（丁海波）

直属单位及学会、协会篇

地质调查研究工作

【概述】

2018 年，江苏省地质调查研究院经济收入规模 4.8 亿。连续 3 年蝉联中国地质调查局评选地质调查院（地质环境监测总站）优秀。4 个项目荣获自然资源部国土资源科学技术奖二等奖。申报成功自然资源部工程技术创新中心、江苏省国土资源卫星应用技术中心及智慧城市时空信息江苏省工程研究中心。

【服务支撑国家重大战略成效显著】

1. 开创“4M+1S”综合地质调查模式。江苏沿海地区综合地质调查项目顺利完成，围绕空间布局、资源保障、环境安全三大目标，成功构建基础性、应用性、战略性等三个层面的成果体系。战略性成果之一《关于我省连云港地区具备大型地下能源储备库建设条件的报告》得到江苏省委省政府主要负责同志的批示，正积极开展连云港地区地下能源储备库精确选址，实现连云港地区资源协同开发利用，助力连云港产业转型升级。开创了综合地质调查新模式，首创“4M+1S”（填图、监测、模拟、管理 + 服务）互馈的综合地质调查模式，总结出以“省部联合投入、海陆统筹部署、调查与专题研究、监测预警结合、产学研用协同攻关，应用性成果定制”为特色的海岸带综合地质调查工作路径，积极为新时期央地合作开展综合地质工作提供了江苏经验。

2. 国家重点研发计划申报取得突破。作为参与单位申报成功国家科技支撑计划“农业面源和重金属污染农田综合防治与修复技术研发”重点专项 2 项。

【围绕矿地融合服务经济社会发展】

苏南现代化建设示范区综合地质调查项目立足矿地融合，在土地质量地球化学调查、地质资源环境调查等方面全面推进，结合地方实际需求，加强成果应用转化。基本实现了苏南区域 2 万平方公里土地质量地球化学调查全覆盖，采样约 6.8 万件，圈定了富硒耕地范围，有力支撑了江苏省耕地土壤环境质量类别划分试点工作；全面推进重大地质环境问题调查，探索了地质调查成果在空间规划、绿色矿山建设等工作中的应用路径，推进了宜兴市矿地融合示范区建设；并全面推进市县财政部署工作，巩固了部省市三级合作机制。为支撑宜兴、淮安及自然资源协同监测，成功申报 3 个省厅矿地融合试点项目，矿地融合工作走在全国前列。

【城市地质全方位服务高质量发展】

徐州、泰州城市地质调查项目成果顺利移交地方政府使用。启动淮安、扬州城市地质调查项目，为“十三五”实现城市地质全覆盖打下坚实基础。总结推广“中央 - 省 - 市联合推进城市地质调查”的工作思路和运用“矿地融合指导城市地质调查”的工作理念，在中国地质调查局举办的城市地质调查业务培训班上作了经验介绍。统筹协调连云港海洋地质调查和城市地质调查协同部署，形成统一的地质信息系统框架。城市地质调查项目工作模式、结构思路、成果体系走在全国前列，树立了江苏城市地质调查品牌。

【全面构建自然资源多要素监测网】

建成并完善了覆盖全省的地面沉降、地下水、国土（耕地）生态地质环境、地质灾害、矿山地质环境监测网等。构建了江苏海岸带区域覆盖滩涂资源、地下水资源、地面沉降、岸线侵蚀淤积、土壤环境等资源环境多要素综合监测网络。进一步完善群专结合的突发地质灾害监测网络和气象风险预警平台，加强地质灾害巡查力度。建成苏南、苏中、苏北地质灾害应急技术指导分中心，市级应急体系做到全覆盖。进一步完善江苏省地质环境信息化平台。成功申报江苏省典型地区自然资源环境综合监测试点项目，探索促进自然资源领域在管理理念、调查评价、综合监测、统筹规划等方面大融合的新路径。

【积极推进江苏新型能源矿产调查】

启动江苏省干热岩调查评价工作，发现2处最佳分布区域。提交大型锶矿产地1处。发现可供进一步勘查的铜钼金硫矿产地3处。支撑江苏省矿业权人勘查开采信息公示工作。负责勘查的扬州高邮神居山地热井成功出水，温度达80℃。

【部省科技创新平台建设稳步推进】

国土资源部地裂缝地质灾害重点实验室完成了学术委员会的换届工作，在地裂缝模型模拟及地裂缝光纤监测技术两方面取得突破性的成果。测试研究所入选全国土壤污染状况详查地勘行业十佳实验室，承担了《江苏省农用地土壤污染状况详查》中近三分之二的检测工作量，完成了约50000件样品的检测，测试任务量位居全国之首。

【地质调查社会影响力更为彰显】

启动了连云港地下空间能源储备库精确选址研究工作，预选出四处库址，为国家能源安全提供技术支撑。

合作建立了宜兴市太华镇富硒农产品基地，成果促进乡村振兴，“富硒灵芝康养小镇”项目投资15亿；另有50亿左右的意向投资正在进一步推进之中，实现了地调成果转化为生产力的落地应用。

苏陕合作交流不断深入，已与陕西省地质调查院建立合作机制并实现交流互动常态化。自筹经费与陕西省地质调查院合作开展《陕西典型地裂缝监测与成因机理研究》与《北方典型镉污染耕地生态修复示范》。

在报刊媒体发表文章255篇次，其中在《中国自然资源报》《中国矿业报》发表头版头条3篇，在《新华日报》科技版发表头条1篇，分别介绍了在矿地融合及沿海地质调查中的创新成果及地调成果转化应用、促进社会经济发展、服务社会民生的显著成效。在《中国自然资源报》专题宣传了建院20年来的发展思路、工作成果。编辑出版江苏省地质调查研究院二十周年地质调查科研成果与综合建设成就汇编。

【人才队伍建设、基础设施保障情况】

4名同志入选中国地质调查局第一期城市地质人才库。江苏省“333”第三层次培养对象增至8名。博士后科技工作站招收了第5名博士后进站工作。获得授权专利8项，其中1项为发明专利。编写专著2部。获得计算机软件著作权1项。发表论文34篇，其中国外期刊发表5篇，国内核心期刊发表23篇。

院科研基地科研大楼和职工食堂正式建成启用，为科技创新平台建设提供了物质保障，改善了科研人员的工作条件。

【重要事件和活动】

1. 连续3年蝉联中国地质调查局评选地质调查院（地质环境监测总站）优秀。连续3年蝉联中国地质调查局评选地质调查院（地质环境监测总站）优秀第一名，全国仅有江苏省地质调查研究院连续3年入榜。

2. 申报成功3个部省科技创新平台。牵头申报获批自然资源部首批工程技术创新中心—国土（耕地）生态监测与修复工程技术创新中心。牵头申报获批自然资源部首批省级卫星应用技术中心—江苏省国土资源卫星应用技术中心。与东南大学联合申报成功智慧城市时空信息江苏省工程研究中心。

3. 共4个项目荣获自然资源部国土资源科学技术奖二等奖。4个项目荣获自然资源部国土资源科学技术二等奖（三项独立或牵头、一项参与），获奖数量在全国地调院中位居第一。

（陈　娟）

土地勘测规划工作

【概述】

2018年，江苏省土地勘测规划院按照省厅“高质量发展、系统化提升”的总体工作部署，紧紧围绕“服务中心、支撑省厅”工作定位，以真抓实干的精神做好各项工作，同时提前思考、系统谋划机构改革后自然资源技术业务重构，为全省自然资源管理工作持续科学发展提供强有力的科学支撑、技术支撑和人才支撑。

【全面做好技术支撑服务工作】

1. 发挥熟悉政策研究优势，提升我省耕地和永久基本农田保护水平。开展了永久基本农田特殊保护政策研究工作，协助省厅制定了加强和改进永久基本农田保护相关政策。协助省厅完成了省政府和13个设区市市级政府耕地保护责任目标期中考核。及时完成建设项目占用永久基本农田的技术检查，全年共完成100个重大项目占用永久基本农田、临时用地占用永久基本农田及土地复垦方案中涉及永久基本农田的数据检查，为用地审批提供依据。

2. 拓展“互联网+”技术应用，全面支撑卫片执法、全天候遥感监测等工作。全面采用“互联网+”外业调查与举证系统，开展外业调查和内业核查工作，提高了核查数据的真实性和准确性，全省2017年度变更调查成果一次性通过国家级内外业核查。配合省厅完成2018年度土地卫片执法检查系统填报，完成全省省级以上风景名胜区“别墅”专项检查和特色小镇违法用地的内业检查工作。顺利完成2017年全国土地利用变更调查与核查遥感监测12分包项目工作任务，并通过国务院验收。2018年，成功中标全国土地利用变更调查与核查遥感监测20分包项目、成功中标第三次全国国土调查内业信息提取项目。

3. 发挥空间规划技术优势，加强全省国土空间的规划引领与管控。积极顺应机构改革后国土空间规划在职能整合、规划体系重构等方面的重大变革，开展前瞻研究，全力夯实规划工作基础。牵头编制形成《江苏省国土规划（2016-2030年）》（征求意见稿），完成了省级专家咨询论证和部门征求意见，此后按照改革要求，完善了相关专题研究成果，深化资源环境承载力评价和国土空间适宜性评价研究，细化全省评价单元，基于“双评价”开展了我省各市县区2035年国土开发强度研究，为下一步《江苏省国土空间规划（2020-2035年）》及全省市县国土空间规划编制奠定良好基础。受邀参加了自然资源部国土空间规划局、部规划院组织开展的空间规划体系重构、省级国土空间规划、日本国土空间规划等研究工作，参与起草相关技术文件。研究探索市县国土空间总体规划编制关键技术，率先形成《金坛区国土空间总体规划（2020-2035年）》技术方案。协助省厅完成全省各级土地利用总体规划调整完善成果、十三五土地整治规划成果的技术审查与备案工作，以及相应的数据库成果的检查与更新；协助编写了省级十三五土地整治规划中期评估报告、我省2018年土地利用计划分配方案等。协助完成我省《土地利用总体规划评估修改技术指南》修订工作。协助省厅开发了土地利用规划计划管理系统，负责了全省规划台账管理的数据和系统维护等技术支撑工作。积极推进村土地利用规划编制工作，参与编写形成《武进区村土地利用规划编制技术导则》，完成宿迁、扬州、盐城等部分村土地利用规划成果编制工作，为下一步村庄规划编制贮备了技术与经验。

4. 发挥勘界征地报批专业优势，保障重点建设项目依法合规用地。按照深化供给侧结构性改革相关要求，全力保障省以上重大基础设施和民生项目用地。通过多部门协同，提前介入、现场指导，在省、市、县三级国土资源部门之间建立工作同部署、同落实的定期协调沟通制度。一年来完成阜兴泰高速公路建湖至兴化段等4个项目用地预审，完成溧阳至宁德公路江苏段等6个重大建设项目的征地报批材料编制、组卷及上报工作。在用地报批、基本农田补划、规划空间调整等方面为全省高速公路、过江通道的建设，完成省政府既定目标提供有力保障。认真落实自然资源部、农业农村部关于推进农垦系统国有土地分类调查登记的决策部署，与厅不动产登记局、省农垦集团及相关县区国土局多方协调，推动江苏省农垦系统国有土地确权登记工作取得阶段性成果，完成了连云港东辛农场等7个农场的土地登记发证工作。

5. 发挥集约用地综合评价服务能力，促进我省建设用地提质增效。协助省厅开展2018年度城市区域建设用地节约集约利用状况更新评价工作，做好更新评价成果省级检查工作及汇总分析，为我省城市建设用地盘活挖潜、结构调整、布局优化、用地方向改进等提供依据。协助省厅完成了2017年度开发区土地集约利用更新评价省级汇总及成果报部备案工作，成果已顺利通过自然资源部验收。编制完成《江苏省建设用地指标（2018年版）》，为服务供给侧结构性改革，引导产业转型升级，推动高质量发展发挥节约集约用地控制作用。

6. 发挥资源调查技术领先优势，全力保障全省第三次国土调查工作。全程参与第三次国土调查省级技术试点、省级方案编制和省级技术培训等工作，协助省厅开展了江苏省第三次国土调查实施方案、实施细则、地类认定导则、百问百答、城镇村庄内部土地利用现状调查实施方案等指导性文件编制以及省级举证平台建设工作。完成江苏省第三次国土调查县级调查界线调整工作，基于CGCS2000国家大地坐标系的县级行政界线及控制面积成果已于11月份报部审查，为我省第三次国土调查工作的顺利推进夯实了工作基础。

7. 发挥产学研用科研能力，大力推进部重点实验室、江苏国土资源智库及创新联盟建设。部海岸带开发与保护重点实验室持续开展了基础科研、人才培养、开放交流、运行管理等工作，成效显著。成功举办第二届学委会第一次工作会议，举办或协办了“面向新时代的国土空间规划理论与实践”“土地与乡村振兴”“自然资源管理新体制下的土地管理创新”等多场学术会议；举办或参与了地球日、土地日、土地科技活动周等6场科普宣传活动；编写了重点实验室五年发展规划、年度工作报告、自评估报告，全面开展了自评估工作。根据部对科研平台管理的新要求，修订了部苏南土地整治-江苏金坛野外基地建设方案，完善了基地发展定位、观测指标体系，调整优化观测样点，推进了基地融入全国国土资源科学观测研究网络平台。

稳步推进江苏国土资源智库和江苏国土资源创新联盟的建设工作，建立健全运行体系。起草智库决策咨询奖励、外聘人员管理、专家建议管理、智库项目管理办法等制度文件。积极搭建咨政平台，2018年2月正式创办了《江苏国土资源智库专家建议》内刊，至今已出版了7期，共发表15篇咨政文章，其中1篇报告获得原国土资源部副部长王世元批示。同时积极开展江苏省国土资源创新联盟建设工作。

【以国土资源科技研究支撑系统决策】

1. 聚焦重大问题开展调查研究。围绕部、省重大任务和省厅决策咨询需求，积极开展以重大问题、重大决策、重大试点和重要课题为主的调研咨询研究。开展了包括“1+3”重要功能区差别化的国土资源调控政策、国土资源政策助推乡村振兴、自然生态空间用途管制制度、江苏城镇工业用地集约利用路径、国土支持扶贫专项行动评估、滨海县农村集中居住区用地保障、改革开放以来我省农村人地关系变迁等10多个方面的调研、咨询课题研究，部分调研成果为推进我省改善苏北地区农民住房条件工作提供了参考。

2. 推进重大科研项目和课题。完成国家科技支撑计划课题《长三角经济区基本农田建设技术研究与示范》、部公益性行业专项课题《长三角经济发达地区土地生态空间管控红线划定技术示范》的年度研究任务。完成部规划院、部咨询中心委托的外协项目《江苏省土地制度改革试点增值收益分配研究》《长三角城市群江苏土地生态状况调查与评估数据收集整理与村庄用地变化分析》《江苏省土地利用状况综合分析评估》《长江经济带国土空间纠错机制研究》《2018 年江苏、安徽、江西三省土地利用和管理形势分析》、厅科研项目《江苏省“人地挂钩”实施政策机制创新研究》等 10 多项科研项目或课题。成功申报了国家重点研发项目、省海洋科技项目、厅国土资源科技项目近十项。全年全院共发表学术论文 20 余篇、出版专著 1 部，形成调研报告 10 多篇，获中国土地学会优秀论文 2 篇、省厅优秀调研报告一二三等奖共 9 篇。

【重要事件和活动】

1. 部海岸带开发与保护实验室 11 月顺利通过了自然资源部组织的专家评估，成为首批 30 家纳入自然资源部重点实验室管理序列的实验室之一。

2. 受省厅委托完成《2017 年江苏省工业用地调查分析报告》，为全省生产力空间布局、区域产业发展政策、差别化用地政策、有序释放存量空间等工作提供了更为全面、更加详尽的参考资料，成果获厅领导充分肯定、省政府领导的高度评价，马秋林副省长专门作了批示。

3. 江苏省国土资源创新联盟在全省国土资源科技创新大会上揭牌，进一步修改完善联盟章程，组织开展“江苏国土资源创新联盟成员大会暨国土资源科技创新论坛”筹备工作。

4. 完成江苏国土资源智库南京农业大学研究基地、中国矿业大学研究基地挂牌工作，完善了智库的建设体系。围绕重大问题，与研究基地等科研团队开展合作开放项目 5 项。

5. 为顺应空间规划改革，更新全院职工的业务知识体系，成功举办了院“南京大学城乡规划专题培训班”，起到良好效果。

【获得荣誉及奖项】

2018 年，院党总支被评为厅机关“先进基层党组织”；部海岸带开发与保护部重点实验室被省总工会评为“工人先锋号”；《全数字化快速土地调查执法技术及应用》获江苏省科学技术三等奖；《土地资源综合监测关键技术及工程化应用》获中国地理信息产业协会地理科技进步奖一等奖；此外还获得省厅奖项共计 12 项。

（郭　昱）

土地开发整理工作

【概述】

2018 年，在省自然资源厅的正确领导下，江苏省土地开发整理中心按照“立足岗位做贡献，服务创新当标兵”的目标要求，紧扣年度工作任务，围绕职责定位，强化责任担当，全体干部职工履职尽责，较好地完成了全年各项工作。

【严格落实耕地保护责任】

1. 督促地方按时开展 2017 年耕地后备资源年度更新，对全省成果数据进行检查、汇总、分析，形成 2018 年度耕地后备资源更新成果，建立了以 2017 年 12 月 31 日为统一时点的耕地后备资源年度更新调查数据库。2. 积极开展全省高标准农田上图入库。编制高标准农田上图入库工作方案并报五部委。（根据机构改革部门职能调整安排，高标准农田建设项目已划转至省农业农村厅）3. 开展 2017 年度耕地保护激励绩效评价，梳理全省各地提交的耕地保护激励机制建设情况，对 2017 年度耕地保护各项评价指标进行统计打分，协助完成拟激励乡镇上报统计、公示、核查等工作。

【实施土地综合整治战略】

1. 做好省投项目前期管理。完成2个批次省级土地专项资金项目规划设计的预审、踏勘、评审、复核、预算审计汇总等工作；完成对2018年拟立项省以上投资土地整治项目的查重预审工作；完成社会资金投资补充耕地项目的入库审查及项目验收审核工作；完成省级投资土地整治项目的决算审计合同及省级土地整治项目预算审查合同的拟定工作。2. 强化项目日常审查监管。完成各类型土地整治项目报备审核工作；完成2017年度已验收占补平衡项目监管的内、外业检查及抽查工作；完成补充耕地项目质量核查工作，首次利用部耕地核查软件上报项目视频资料，按时提交成果。3. 加强省投项目跟踪监管。新项目获批后，及时组织项目法人培训班，对获批项目实施管理人员进行技术培训；对实施进度滞后的项目进行统计、督查；对全省在建项目进行全面核实；定期对实施进度滞后的项目进行筛查、统计；利用实施监管平台锁定问题项目，定期进行实地监管；摇号确定2018年批复的2个批省以上土地整治项目的监理单位。4. 严格项目竣工验收核查。完成省以上投资土地整治项目竣工验收，24个批次工矿废弃地复垦项目、1个批次万顷良田复垦项目的核查验收和社会资金投资补充耕地项目验收审核备案。

【开展土地整治综合成效评估】

组织对全省2017年度竣工验收的9088个土地整治项目进行评估，完成省级评估报告、典型案例（盱眙县黄花塘镇常庄、绿化村土地整治项目）报告及增补项目数据库。

【持续开展土地复垦方案审查】

认真审查生产建设项目土地复垦方案，对地方提交的土地复垦方案及矿山环境保护与恢复治理方案进行初审，对论证后的方案进行复核、备案。全年共完成53个生产建设项目临时用地复垦方案的初审、48个项目复核、备案工作及20个矿山地质环境保护与土地复垦方案的初审工作。

【认真组织补充耕地指标交易】

全年省补充耕地指标交易平台完成了1个批次现场交易和南沿江城际铁路省级指标配比，完成交易合同的签订及相应的指标拨付工作。同时，做好耕地占补平衡动态监管系统中省级结余指标汇总。

【扎实开展增减挂钩结余指标流转】

省增减挂钩节余指标流转平台完成1期省级增减挂钩节余指标流转工作；完成2018年省级规划建设用地空间指标流转工作；完成交易合同的签订及资金拨付；完成盐城市市级滨海县和盐城市开发区增减挂钩节余指标专场工作。

【开展课题研究等相关工作】

开展土地整治项目典型案例实地调研，撰写《江苏省土地整治二十年——探索、实践与展望》专著；组织申报地方标准项目《江苏省土地综合整治工程建设标准》；开展土地整治与乡村振兴相关的专题研究，撰写《土地整治助推江苏乡村振兴的思考与实践》中国土地整治蓝皮书约稿。

【积极开展援藏援疆技术服务帮扶】

1. 在西藏拉萨提供技术服务，先后开展了拉萨经济技术开发区2017年度及2018年度土地集约利用评价、拉萨高新技术产业开发区2018年度土地集约利用评价、拉萨综合保税区节地评价等工作。专业技术人员克服地域环境差异、数据资料薄弱等困难，在资料梳理、数据分析、技术路线、上报流程等多方面提供咨询服务。2. 组织业务骨干在伊犁哈萨克自治州国土资源勘测规划院，就"农村土地整治、乡村振兴、产业结构调整"等课题与新疆伊犁州同仁进行座谈交流。调研走访基层乡村，了解该地区在实施农村综合整治过程中好的经验做法，对存的的重点难点问题，结合各自专业背景积极提出意见和建议。此外，还开展了"项目监管"相关业务的培训。

【实施生态景观型土地整治项目】

贺州市平桂区黄田镇长龙村生态景观型土地整治示范项目是广西壮族自治区生态景观型土地整治试点项目之一，该项目在充分保护项目区现有生态元素的基础上，合理构建"斑块—廊道—基质"的生态网络，形成较为完善的农田生态景观体系。该项目是公司在生态型土地综合整治项目的进一步尝试，在与广西壮族自治区兄弟单位的相互学习、密切协作下，其作为第一个试点项目通过了专家评审，并得到当地的好评。

【配合做好其他相关工作】

配合完成挂钩节余耕地转占补的内业核查；与南京大学共同起草关于生态修复项目规划的入库标准与验收的规程文件；完成2017年度国土资源节约集约综合考核等工作。

【重要事件及活动】

开展全省在建省级投资土地整治项目稽查工作。2018年1月8日至19日，开展全省在建省以上投资土地整治项目实地稽查工作。稽查内容：调查所有核查项目实施进展，对工程质量进行察看，对逾期项目重点核查逾期原因及后续实施计划，督促尽快实施项目；稽查方法：核查人员通过听取汇报、实地抽查等方式对具体情况进行核实。

举办一期法人培训班。2018年3月20日至22日，针对2017年省厅批复第一、二、三批及2018年第一批部分省以上投资土地整治项目，与江苏省土地管理干部培训中心在徐州市贾汪区联合举办了一期法人培训班。

《江苏土地整治二十年——探索、实践与展望》出版。2018年12月，由江苏省土地开发整理中心负责编撰的《江苏土地整治二十年——探索、实践与展望》正式出版，本书全面收集了江苏省20年来有关土地整治的政策制度及实施情况数据，其以江苏各地在土地整治中形成的经验做法、典型案例为主要内容支撑，为新时代土地整治转型发展提供理论参考和实践指导。

（韩效楼）

不动产登记工作

【概述】

2018年，江苏省不动产登记中心（江苏省地价所），在省自然资源厅党组的正确领导下，全体干部职工认真履职，围绕工作大局，落实工作部署，较好完成各项工作任务。

【全力支撑全省不动产统一登记工作】

1. 配合开展不动产登记窗口“党员先锋岗”争创活动。首批20个“党员先锋岗”。完成第二批“党员先锋岗”创建活动的指标体系修改及通知下发。全省20个窗口列入了“全国百佳不动产登记便民利民示范窗口”创建名单，居全国第一。2. 完成不动产登记窗口作风问题专项整治。共组织完成4个批次、覆盖全省13个设区市65个不动产登记窗口的暗访工作。制定不动产登记五项社会承诺，并在全省公布。3. 稳步开展省级海域使用权登记发证工作。具体业务涉及首次登记、转移登记、变更登记、抵押权首次登记、抵押权注销登记、海域使用权注销登记、查封登记、换发证书等。4. 做好不动产登记证书、证明申领工作；做好领导干部个人有关报告抽查核实；加强微信公众号信息发布，全年共发布112期，其中发布新闻资讯315篇，理论研究文章64篇。

【有序开展不动产登记信息共享建设】

全省市、县级不动产登记发证单位全部接入省级不动产信息平台。与省监察委、省高院、省公安厅等单位提出的共享需求对接。通过省级不动产登记信息平台，对近130万名在册低保户在全省范围内的不动产登记信息进行了统一核查。全年累计提供273万次不动产登记信息查询服务。

【持续推进我省自然资源统一确权登记】

在徐州国家试点通过国家验收的基础上，组织我省南通、连云港、盐城三个试点的省级评估验收工作，顺利通过验收。制定完善《江苏省不动产“不见面”登记试点工作方案》；落实全省不动产登记相关信息更新、统计和核实工作。

【配合做好政策法规事务工作】

1. 配合省厅推进《江苏省不动产登记条例》立法。在组织召开多轮次研讨会、专家咨询论证会，配合省政府多次征求省有关部门、单位及设区市政府意见。2. 配合完成行政审批制度改革工作。完成省政府研究室要求提供“放管服”有关材料；梳理基层政务公开标准化规范化相关内容；梳理机构改革其他部门涉及国土职责的权力事项。3. 做好行政复议、诉讼、裁决等支撑工作。办理厅本级行政复议案件 23 件，答复省政府行政复议提出说明案件 20 起，答复国土部行政复议案件 10 起，配合法律顾问应诉 71 次，配合省厅赴省政府法制办听证 6 次；整理归档行政复议案卷，共整理案件案卷 200 多本。4. 完成行政争议案件数据统计；开展 2018 年度依法行政考核；办理省厅公职律师证申领工作；完成 12345 服务工单及政策法规咨询等工作。

【加强地价体系建设和耕地质量等级管理】

1. 在全省 71 个监测城市 12722 个监测点的基础上，编制形成省级年度城市地价动态监测报告并公布，建成国家级重点城市监测与省级全覆盖监测的完整体系。2. 完成全省 2017 年度城镇地价动态监测与基准地价更新成果验收工作，成果在资产核算、出让评估、司法仲裁、以价计税等方面得到应用；按照全国基准地价电子化备案系统要求，指导 67 个监测城市完成基准地价备案工作；部署开展公共服务用地基准地价制定工作，进一步完善基准地价体系，为扩大国有土地有偿使用范围、规范公共服务项目有偿使用价格管理提供科学依据。3. 探索开展国有农用地基准地价制定工作，在无锡、常州 2 个地区开展集体建设用地和农用地基准地价制定试点工作，为健全完善全民所有自然资源资产有偿使用制度改革和城乡地价一体化建设提供基础依据。4. 按照自然资源部相关文件和《标定地价规程》要求，开展标定地价体系建设工作，为宗地评估、地价管理和有关税费确定提供重要依据。5. 完成全省 2017 年耕地质量等级调查评价与监测工作，对 21 万个新增耕地图斑、15 万个质量建设图斑进行更新评价；对 538 个固定监测点、9911 个随机监测点的耕地质量进行监测分析；完成 2017 年 13 个试点地区的耕地质量定级工作；全面开展 2018 年耕地质量等级调查评价与监测工作。6. 在全国率先完成全省县（市、区）耕地质量和耕地产能评价试点工作，受到部耕地司和部整治中心的高度评价，填补了国内和省内空白，首次摸清了全省耕地质量和耕地产能总体情况，创新了评价指标体系和评价方法，为全国试点提供了强有力的支持，也为后续开展三调耕地分等调查评价、跨省域补充耕地国家统筹等工作提供数据基础。

【开展不动产登记重点课题研究】

赴广东省、珠海和深圳三地不动产登记中心开展实地调研；结合与法院的点对点查控系统建设，开展《不动产登记与法院“点对点”司法协助查控机制建设》课题研究；开展《基于取消继承和受遗赠强制公证背景下的不动产登记保险机制研究》调研；配合完成《江苏省不动产统一登记工作中土地承包经营权过渡研究》课题研究。

【重要事件及活动】

开展省级海域使用权登记发证。2018 年 1 月 29 日，江苏省第一本海域使用权不动产权证书颁发。

全省不动产登记统一咨询电话启用。2018 年 4 月 27 日，全省不动产登记统一咨询电话“96510”正式启用。

开展全省不动产登记技能大赛。2018 年 8 月 9 日至 10 日，全省第一届不动产登记技能大赛在无锡举办。同时，本次竞赛是全国省级举办的第一次不动产登记业务技能竞赛。

（韩效楼）

国土资源信息化工作

【概述】

2018 年，信息中心围绕十九大精神和省厅党组的系列工作部署，坚持问题导向，目标导向，不断深化“互联网 + 自然资源”成果应用，逐步适应机构改革调整变化，进一步提升信息化建设水平。

【统筹管理能力加强】

加快市县统筹。整合省、市、县（区）三级自然资源信息化资源，编制省以下信息化统筹工作方案，探索建立“省、市”两级统筹模式。起草《市县“自然资源云”技术体系设计指导方案》，规定江苏省市级“云”建设的内容、程序、方法和要求，构建总则、总体架构，统一全省建设思路。开展“十三五”信息化相关规划和政策意见落实情况中期自评估。

推进规范管理。以深化“互联网 + 自然资源”成果应用为重点，确定 2018 年重点工作任务分解方案，明确 11 大项 99 子项任务的实施要求、责任部门和完成时限。制定并出台《合同签订管理规范》《项目经费预算编制规定》《厅内网政务系统运维规定》，修订《项目采购管理规定》，进一步规范项目合同、经费预算和项目采购等环节。严格项目建设督办，依据时间节点，实行月度督查模式。加大督查督办力度，开展项目内审，对重点项目逐一过堂，逐项督查，及时掌握项目进度。

加强培训学习。组织业务技术人员和部分市县技术骨干赴上海市局、广州市信息化服务中心、江苏省产业技术研究院、华为深圳基地等单位考察学习，参加第六届江苏互联网大会、南京华为政务微峰会、阿里云栖大会、Esri 数字中国时空云等行业科技会议，深入了解新一代信息技术特点和相关行业信息化建设进展。

【互联网 + 自然资源服务与监管】

深化大数据应用。整合入库全省农村建设用地调查、工业用地调查、2017 年度土地变更调查等数据。省级大数据平台开发取得明显进展。建立江苏省自然资源大数据平台 V1.0 ，并于 2018 年 7 月 1 日正式上线运行。“江苏天地图”平台矢量地图、遥感影像数据成功接入，实现了两个平台数据资源共享。6 月 30 日起，全省系统和“一厅三局”已经具备现有各类数据在线共享服务。全面启用 2000 国家大地坐标系，按节点切换新系统，实现平稳过渡。编制市县自然资源空间数据向 2000 国家大地坐标系转换技术指南，指导地方开展坐标转换。

深化技术创新。开发启用全国系统首个自然资源党建网，涵盖 1549 个党组织和 1.7 万余名党员，实现了党建工作省、市、县、乡四级互联互通。由中心主要执笔起草的党建专题分析报告“应用互联网技术加强自然资源系统党建工作研究”荣获全省一等奖，系省级机关唯一获一等奖的项目。建成网站集群应用服务平台、信息服务平台、监测监管平台。编制《江苏省自然资源政务公开平台管理制度》，建立了“制度 + 技术”的站群管理体系。完成 101 个站点数据迁移和共享接口开发，对建设用地审批、土地矿业权出让、不动产登记等业务数据进行全省共享发布，实现了全省系统网站资源集约化、栏目规范化和监管常态化的目标。在 2017 年度全国国土资源政务信息网上公开执行情况检查中，我省考评总分位列全国第一， 6 个设区市局和 4 个县级局进入前 30，占部表扬总数 16%，实现全省系统政务公开工作由单项突破向整体突破的历史转变。建设完成全省自然资源“四全”服务平台。通过统一政务服务门户网站，推进政务大厅与网上服务的线上线下融合。厅机关移动办公系统建设完成，所有政务审批事项均实现互联网阅办、修改和签批。截至目前，已经成功处理各类文件约2.7万件。

深化决策支持。开发“慧眼守土”管理平台，合理划分视频管理职责，提高视频监测网络智能识别能力，加强重点监测领域的视频监测应用分析。升级态势感知与决策支持系统。改造大屏可视化内容，使用自行开发的可视化平台，开发决策支持系统数据源管理模块，数据更新可视化显示直观清晰；开发市县级模块功能，合理剥离决策支持系统数据及功能，方便全省各级用户使用。综合监管监测建设取得系列成果，开发完成全省开发区管理系统，加强对项目用地的跟踪管理。建成城镇低效用地再开发管理系统，实现全省低效用地的“一张图”展示、查询、检索、分析。建设江苏省矿业权出让监测监管系统，有效弥补矿业权交易行为的监管空白。升级江苏省矿业权人勘查开采信息公示服务系统，实现定向、随机查询公示。

【服务满意度持续提升】

政务服务满意度进一步提升。对2017年度窗口服务情况进行“回头看”，广泛征求服务对象意见和建议。建立评价体系，从工作态度、工作能力等10项内容进行考核，全面、客观地对窗口工作人员服务质量进行评价。健全服务制度，修改完善10项具体制度。规范服务标准，重新梳理业务流程和操作模式，编制《窗口工作操作细则（2018版）》。全年政务服务窗口共受理6大项14小项行政许可事项2709件，28次受到省政务中心通报表扬。

市场服务能力进一步提升。承办2018中国（上海）城市土地展暨第五届百强房企土地投融资年会。升级优化二级土地市场交易专业平台，提供交易信息的归集、发布和查询、交易服务等功能；起草《江苏土地市场网发展规划》，指导未来江苏土地市场网发展。

信息服务成效进一步提升。完成《江苏国土资源年鉴》（2017年卷）和（2018年卷）编纂和创刊出版工作，填补了我省空白，工作成效得到部办公厅、部史志办、省地方志办、省厅领导和同行的肯定好评。

舆情监测和服务新闻宣传水平进一步提升。稳步推进舆情监测服务。2018年收集整理《每日舆情》194期共1019条信息，厅主要领导批示8期。新闻宣传工作成效明显。全年推送微信150余期，发布各类新闻780余篇，粉丝数由年初的6000多名上升到1.3万余名。微信综合影响力由改版前省级政务新媒体第45位上升到第7位，达到历史最好成绩。全年共编发《江苏国土资源信息》和《江苏自然资源信息》，92期，编辑政务信息1288篇。编辑制作在线访谈14期，保障发布省厅门户网站新闻1424篇。

维护保障服务质量进一步提升。全年完成建邺大厦等机关软硬件维护4642件。保障39次重要会议和6次视频会议的顺利召开。加强网络安全维护，针对机房服务器集中爆发中毒事件，进行内、外网服务器全面病毒查杀，有效控制病毒扩散。组织对全厅145人次290台终端正版化摸底排查，顺利通过上级检查。推进数据备份，完成电子政务平台、综合监管、三级公文交换等数据库、文件和应用系统数据的备份184次，数据增量备份1011次，累计压缩并备份数据近3T。省厅重要数据异地离线备份数据量合计约8TB。加强对南通国土资源数据备份中心技术指导，开展网络、机房和软硬件设备运行远程检查和监测。

【扎实开展党风廉政建设】

牢固树立支部抓大事，大事支部抓的思想。年初以来，共召开中心支委会12次，研究落实厅党组关于解放思想大讨论部署、深化“互联网+自然资源服务与监管”工作成果、“互联网+党建”、廉政风险点排查等45个重大事项。支部开展的系列活动均在江苏自然资源党建网、江苏自然资源党建管理平台、江苏机关党建信息化工作平台及时记录。其中在江苏自然资源党建网以支部为单位加载信息量位列第一。严格组织生活。制定年度党建工作计划，并通过严格坚持三项制度，确保计划有效落实。支部书记先后开展3次党课主题教育，统一干部职工思想。今年以来，共组织开展包括学习交流讨论、现场实践教育、扶贫帮扶共建等各类组织活动 41 次。开展党建工作规范化评估。设置“四规范一融合”5 个一级指标，下分 20 个二级指标。按照厅党组统一部署，中心党支部与常熟市局沙家浜分局党支部签订共建协议。在南京开展了党建规范化互学与警示教育活动。在常熟市局开展了“党建 + 信息化”共建活动，对常熟市局约 70 人进行信息化培训。突出党性教育的主体地位。以周五党小组学习活动为主要抓手，重点学习习近平新时代中国特色社会主义思想和党的十九大精神。以“不忘初心牢记使命”为主题，开展理想信念教育。积极响应脱贫攻坚号召，全体干部职工捐赠 1.1 万元善款，向淮安工作队和张集村共援助扶贫款 25 万元。党风廉政建设紧密联系实际。2018 年初，制定《项目合同签订管理规范》，对项目合同模板、条款、正式签订和原件管理等进行了详细规定，封堵了廉政风险和管理风险。结合预算管理，制定《项目预算管理规定（试行）》，从源头上固定项目资金预算开支，最大程度压缩项目建设的寻租空间。年初以来，重点针对执行中央“八项规定”、省委“实施细则”及省厅“十项禁令”中，存在的廉政风险点和中心各部门、各业务、各岗位的廉政风险，先后两次进行全面排查，制定了定人定位的 14 种廉政风险防控模式，党风廉政建设取得明显成效，获得省厅纪检部门、机关党委等上级单位肯定。

（黄河清　张苏枢）

地质资料馆工作

【概述】

2018 年是贯彻落实党的十九大会议精神的开局之年，是改革开放 40 周年，是实施“十三五”规划承上启下的关键一年。江苏省地质资料馆在江苏省自然资源厅党组的正确领导下，以习近平新时代中国特色社会主义思想为指导，紧紧围绕江苏省自然资源厅的决策部署，扎实重点工作，努力推进地质资料“三位一体”管理与服务新提升。

1. 日常工作。2018 年，地质资料馆新接收汇交成果地质资料 117 档，工程地质勘察报告 70 档，安徽省地质资料馆转送 1 档，共通过监管平台验收 129 个项目并发放汇交凭证。至 2018 年底，馆藏成果地质资料共 7841 档，累计 104133 件，数据容量 1351.59GB。

2018 年，累计接待借阅者 428 人次，提供借阅利用成果地质资料 2343 档，计 59927 件；复印、打印成果地质资料 182 人次，499 档，计 1339 件，复印、打印报告 16923 页，复印、打印图件 775 幅；累计复制成果地质资料电子文档 688 档，计数据量 21.83GB；馆网站访问量 35351 人次，总访问量达 230351 人次。

2. 实物地质资料库建设。为贯彻原国土资源部《关于印发 <实物地质资料管理办法> 的通知》（国土资发〔2008〕8 号）精神与要求，在省内外调研工作基础上，启动了实物地质资料库建设工程。在省厅领导的指导和关心下，2018 年 7 月 25 日地质资料库完成了主体结构封顶，并通过市质监站组织的验收。资料库建成后，将实现全省成果、原始、实物地质资料“三位一体”的接收、保管和利用目标。

【重要事件和活动】

1. 构建汇交平台，探索地质资料数据在线汇交。为强化地质环境资料汇交的监督管理，促进全省地质资料信息的汇聚与共享利用。申请的地质勘查资金项目“江苏省环境地质资料数据库建设”项目的主体--“江苏省地质资料信息管理服务系统”已进入测试阶段。管理系统包含汇交管理、共享服务、汇交公示、汇交人子系统，能有效衔接全国地质资料管理业务数据，支撑省、市、县多级地质资料汇交、管理、服务一体化，积极探索地质资料数据在线汇交。

2. 查清实物资料家底，确保按要求入库。地质勘查资金项目“江苏省实物地质资料调查与评价”有序开展。编制了“江苏省实物地质资料清理技术要求”，组织十家地勘单位进行技术培训，统一实物地质资料清理要求，对全省现存实物地质资料进行清理、核实。2018 年 12 月，省地质资料馆组织有关专家对清理的实物地质资料进行了实地核查，基本查清了全省现存实物地质资料现状。包括：岩（矿）心 200092.96 米，标本 184 块，光片 741 件，薄片 2899 件，样品 164155 袋。

3. 因地制宜，持续推进地质资料管理职能市县延伸。在省厅领导下，矿产资源保护监督处和省地质资料馆通过宣传、督促、配合各市（县）行政主管部门因地制宜制定建馆方案，依据各市（县）特点、需求和实际情况推动地质资料管理工作向市县延伸。省地质资料馆协助个市（县）级馆藏机构根据地方特点，出台了各自的地质资料管理办法，并将各行政区内的地质资料复制赠送与各市（县）级馆藏机构。

2018 年 1 月 12 日，徐州市地质资料馆成立，与已建成的常州（苏南）、泰州（苏中）两个地质资料馆构成苏南、苏中、苏北的市级地质资料馆藏机构网络。12 月 6 日，全国第一家县级地质资料馆－如皋市地质资料馆开馆。

4. 开展工程地质资料集成，服务地方经济发展。利用城市综合地质调查的成果和省内线性工程资料，建设全省工程地质钻孔数据库，根据“1+3 功能区”划分，分期建设。开展的“扬子江城市群地区工程勘察地质资料信息集成”项目，2018 年 6 月获得地质勘查资金支持，10 月设计通过专家评审，目前正在开展钻孔数据库建设工作。

5. 江苏省重要地质钻孔数据库建设取得新进展。2018 年，“江苏省重要地质钻孔数据库建设”项目，完成 39 个项目，328 个钻孔“三图一表”的数据建库工作。累计完成 1238 个项目，22077 个钻孔“三图一表”的数据建库工作，钻孔长度达 6612668.1 米，数据库电子容量文件 288.33GB，其中平面布置图 1779 张，勘探线剖面图 8803 张，钻孔柱状图 36542 张，样品分析表 45586 页。

6. 广泛调研，制定江苏省矿业权出让收益基准价。在江苏省自然资源厅指导下，和江苏省地质调查研究院合作，在广泛收集 16 个已制定矿业权出让收益基准价的省份基准价资料的基础上，借鉴外省在制定基准价的较好的思路和做法，分析筛选 34 种矿种，分质量、开采条件、区位，细化基准价标准。在对以往价款评估和模拟评估结果进行综合研究的基础上，制定了江苏省矿业权出让收益基准价方案。该方案已征求江苏省有关部门、各市县国土资源局、地勘单位和有关矿山企业的意见，经合法性审查、专家论证、厅长专题办公会集体讨论，并经省厅发布使用。

7. 接收首份铁路项目工程勘察地质资料。省自然资源厅十分重视水工环地质资料，特别是大中型建设项目工程勘察地质资料的汇交与共享服务工作。一是将推进工程勘察地质资料共享与服务被列为 2018 年度省厅重点工作加以监督。二是开展跨部门协调工程勘察地质资料的汇交与共享工作。2018 年 9 月，省自然资源厅与省铁路办签订了共享合作协议，明确了目标任务及铁路项目工程勘察地质资料的汇交和推进铁路前期地质资料支撑服务的要求。2018 年 12 月 26 日，省地质资料馆在南京接收了江苏省铁路集团工程部汇交的首份铁路项目工程勘察－“江苏南沿江城际铁路工程（南京至常州段）工程地质勘察”地质资料，为跨部门重要工程勘察项目地质资料的汇交与共享服务建立了模式。

8. 强化履职尽责，扎实推进党建各项工作开展。

一是着力提升党组织的组织力。充分发挥党支部功能作用，规范落实“三会一课”、民主生活会、组织生活会、民主评议党员、谈心谈话等制度。

二是推进“两学一做”常态化。继续落实好“两学一做”学习教育常态化制度化，建立健全符合地质资料馆工作实际、行之有效的学习制度。

三是加强主题教育活动。组织党员干部参加井冈山“不忘初心、牢记使命”主题教育；赴金寨县革命老区踏寻先烈足迹，接受革命传统教育；赴延安红色基地接受延安精神及时代价值教育；赴新沂马陵山警示教育基地，接受心灵的洗礼，在宿北大战纪念碑前重温入党誓词，坚定入党初心。

四是开展党支部共建。本着“相互学习、相互促进；务求实效，共同提高”的原则，与宿迁市宿豫国土分局大兴国土资源中心所党支部开展结对共建活动；与江苏省自然资源厅矿产资源保护监督处党支部、江苏省铁路办公室第二党支部、江苏省铁路集团工程部党支部开展联建活动，签订联建协议。通过跨部门党支部沟通协调，探索推进党建和业务融合的新机制、新途径和新方法。

五是开展党性意识培养。开展“精准扶贫·慈善一日捐”活动；学习王继才英雄事迹；组织观看《赵亚夫》《邹碧华》《厉害了，我的国》等影片，丰富党员生活，增强党性意识。

六是开展风险点排查。为杜绝风险隐患，开展意识形态领域风险点排查。列出风险点清单，责任到人，进一步完善制度建设。

（金　乐）

地质遗迹保护工作

【概述】

2018 年在江苏省自然资源厅党组的关心下，在地方两级政府及溧阳市自然资源局的大力支持下，江苏溧阳中华曙猿遗迹保护区管理处全面完成年度工作计划。

【主要工作及成效】

一是全年坚持保护区日常巡查工作，及时制止保护区及控制区域发现的违法建设和乱挖乱倒现象，维持保护区日常工作的正常运行。

二是根据国家林业和草原局办公室下发文件对中华曙猿遗迹保护区及周边进行了全面严格的大检查工作，并根据实际检查情况编写了总结报告。

三是配合常州市自然资源局完成对溧阳市上黄水母山省级地质遗迹保护区生态保护红线的审核工作。

四是联合溧阳市自然资源局、江苏省溧阳中学等单位共同举办“第 49 个世界地球日”主题宣传活动，通过引领参观，科普讲解的形式，深入了解了中华曙猿化石遗迹的科学价值和保护意义，并由管理处工作人员特别担任讲解员，对中华曙猿化石以及上黄古生物群的发现，所包含的地质演变过程以及相关的科普知识进行了全方位讲解。

五是联合溧阳市科协、溧阳市科普志愿者协会共同完成了溧阳科普资料手册的编制工作，在其中积极宣传了中华曙猿的历史文化科考价值。配合溧阳市博物馆开展布馆工作，确保博物馆在溧阳“两节”前如期开馆，其中有关中华曙猿化石遗迹的科普部分堪称市博物馆的亮点。

六是利用保护区的专项资金对保护区的护栏、观光亭、道路、宣传栏等进行了全面维护与整修，尤其注重保护区绿化环境的建设，确保保护区内自然生态环境得到切实保护。七是配合环保部门做好保护区及周边建设项目的专项检查工作。

（翟沛儒）

机关后勤服务工作

【概述】

2018年，江苏省国土资源厅机关服务中心紧紧围绕全厅中心工作和各项决策部署，积极履职尽责，较好完成了物业管理、餐饮服务、会议服务、前台接待、停车管理、报刊收发、节能创建等各项后勤保障任务。

【加强政治建设】

进一步提高政治站位，把学习宣传贯彻习近平新时代中国特色社会主义思想和党的十九大精神作为首要政治任务，2月份，组织全体党员开展学习党的十九大精神心得体会研讨。3月份，组织党员干部赴徐州开展“不忘初心，牢记使命”主题教育，学习调研贾汪区马庄村党建工作经验，缅怀淮海战役革命烈士，重温入党誓言。5月份，组织党员干部赴贵州进行理想信念教育和履职能力提升培训。6月份，与谷阳国土所达成结对共建协议。11月份，与谷阳国土开展学习交流、共同参观渡江胜利纪念馆和梅园新村纪念馆等活动。

【强化安全与保障】

全力做好机构改革转隶保障工作。配合厅办公室实施办公用房改造、转隶人员后勤服务和安全保障工作，用20天时间顺利完成了3900多平方米的房屋改造、28间房屋的出新整修、90余部电话的开通或移机安装。积极为新转隶人员提供建邺大厦服务指南，升级一卡通消费系统，增加食堂就餐座位，并做好停车证办理、办公室安排等服务工作，完成新转隶人员固定资产的划出、接收工作，全力配合做好“江苏省自然资源厅”挂牌的相关工作。

重点抓好食品安全卫生工作。严格执行《省级机关食堂管理工作实施办法》，重点对职工食堂进行全方位、常态化监管。加大对食堂场所、设施设备的投入改造，实施“明厨亮灶”建设，成功通过2018年全省餐饮质量安全示范食堂现场复核评议。

是经常性开展安全检查及防护工作。重点对建邺大厦的消防设备、监控设备、水电设备进行全面隐患排查，对煤气炉具、燃气报警系统进行维护检测，确保安全工作“零事故”“零失误”。强化特种设备的日常维修保养工作。

持续推进节能创建工作。以创建国家级公共机构节能示范单位为契机，实施合同能源管理，今年，建邺大厦1-12月的用电量，比实施节能改造前四年的平均用电量节约了61万度，成功通过国管局组织的国家级公共机构节能示范单位创建验收。

【提升服务品质】

深入开展解放思想大讨论活动。结合工作实际，坚持对标找差，先后到省法院、省检察院、省市场监督管理局、省信访局、省教育厅、省住建厅、省财政厅以及省地调院、南京市国土局、雨花台区政府等单位学习调研，借鉴其他单位在食堂管理、车辆管理及办公用房使用等成功经验，研究制定了餐饮服务、车辆管理整改提升方案。完成车牌识别系统的升级改造。

不断提升食堂餐饮服务质量。不断创新推出菜肴品种，举办铁板美食周、春季时令菜品美食周、武汉热干面美食周、台湾美食周等一系列美食活动，增设留言板与就餐人员及时进行互动，切实提高服务质量和接待水平。配合办公室做好厅食堂工作餐安排工作，完成接待任务117批次。

不断提升重要会议和接待活动的服务能力。细心细致，统筹协调，全力以赴安排好厅机关重要会议和重要活动，提供规范、细致、周到的服务保障。全年共保障完成了各种会议608场，其中100人以上大型会议 19 场，中型会议 53 场，小型会议 526 场，视频会议 10 场。

认真做好故障报修和来访接待工作。完成了信访室的装修改造，实施了建邺大厦外墙及玻璃幕墙、顶层玻璃面的清洗，重点对西侧墙体和顶层外墙交接处的孔缝进行了修补，处理公共区域报修 1019 起，处理房间内报修 889 起，接待来访登记 10635 人次，配合督查信访处处理上访事件 500 余起，其中堵门及缠访行为的 92 起，联系派出所出警 225 次，维持了建邺大厦良好的工作环境和秩序。

理顺厅机关固定资产委托管理工作。加大力度，搜集、补充厅机关固定资产原始数据和原始凭证，实现了账、卡、物三相符。2018 年，在省机关事务管理局资产管理绩效评价现场考评中，取得了 75.5 分的理想分值。

（叶亚峰）

干部培训教育工作

【概述】

省土地管理干部培训中心围绕省厅 2018 年度工作部署，以支部建设为抓手，忠诚履职尽责，扎实创新工作，坚持问题导向、着力聚心提气，找准目标定位，各项工作取得了明显的进步。

【党建工作】

强化党支部的坚强领导。制定《江苏省土地管理干部培训中心管理制度（试行）》，完善细化了培训中心支部党员大会、主任办公会等议事决策制度，坚持民主集中制，坚决发挥党支部的核心作用，认真贯彻落实上级党组织的决策部署，着力推动培训中心党建和业务工作向纵深发展。

提升管党治党责任意识。认真落实党风廉政建设“两个责任”。切实履行党支部书记第一责任人职责，统一领导、直接主抓、全面落实，对党风廉政建设做到重要工作亲自部署、重大问题亲自过问、重点环节亲自协调，真正把党风廉政建设“一岗双责”放在心上、扛在肩上、抓在手上。

坚持政治学习制度化。深入推进“两学一做”学习教育常态化制度化，突出日常教育，铸牢理想信念。从年初开始就建立支部学习制度，规定每个星期五的 9:00，全体党员（一般都扩大到全体工作人员）都要进行政治理论学习，主要根据省厅有关安排，采取集中领学、党员自学等方式，先后学习了《党章》《宪法》《习近平新时代中国特色社会主义思想三十讲》《纪律处分条例》等有关内容。

扎实开展支部活动。泰州市国土资源局海陵分局第二党支部结对共建，在签订协议后，中心党支部非常重视，邀请第二党支部的党员参加我们组织的党性教育和国土资源所业务培训班；10 月 15 日，两个支部党员联合开展主题党日活动，召开座谈学习会、探访最美老支书、参观海陵党员组织生活馆等活动，还一起聆听了《共产党人怎样对待组织》的专题党课。充分利用自身的资源优势，分批组织党员干部参加党性教育培训班，接受党性教育。

坚持党内生活规范化。6 月 22 日、9 月 30 日，培训中心分别组织召开了“进一步解放思想，激励新时代新担当新作为”和意识形态工作专题组织生活会。

【强化制度建设】

一是修订完善制度，严格内部管理。根据培训中心的特点，在充分调研、深入讨论的基础上，对培训中心原有的各项规章制度，进行了修订和完善，印发了《江苏省土地管理干部培训中心管理制度（试行）》，包括支部学习制度、会议制度、考勤和请销假制度、车辆管理制度、财务管理制度等，通过近一年来运行实践，得到了全面的落实，中心的各项工作也更加规范有序。二是关心职工利益，增强凝聚力。因补交社保金和人员增加等原因，中心的经费严重不足，从2017年10月份起职工已连续多月没有发放工资，干部职工精神萎靡。陆利群主任想群众之所想，急群众之所急，到任后多次向厅领导和财务处汇报中心的实际情况，最终在厅领导和财务处的协调下，从整理中心借款100万元，并在2018年春节放假前的最后一天补发到位，使职工过了一个安心的春节。建立健全组织，改选支部、成立工会，明确责任分工，从细微之处入手，关心职工的工作和生活，实现了支部活动有人组织、职工困难有人关心、廉政建设有人监督，全体干部职工都能够感受到党组织的温暖，能够享受到集体的关心，单位凝聚力进一步增强。

【干部培训工作】

2018年共举办各类培训班21个，培训人员3215人次，其中：党性教育培训班7期，学员612人；政策法规培训班2期，学员455人；不动产登记业务培训班2期，学员387人；国土资源所业务培训班3期，学员303人；另外还有规划业务、土地利用业务、耕地保护业务、第三次土地调查业务、信访业务等培训班等，学员1458人，实现了创收零的突破。

【党风廉政建设】

中心领导带头执行规定，自觉接受法律监督、民主监督和群众监督，严格落实逢会必讲、融入日常、落实在行动中的教育机制，突出从细节上盯紧、从制度上狠抓、从行为上严扣，锲而不舍地推进作风建设，提高廉洁自律的主动自觉性，给全体职工做出了好的榜样，营造了一个反腐倡廉的新常态。

加强预防监督，建设纯洁队伍。1.坚持谈心谈话制度化。2018年，中心领导与中心的全体干部职工进行了两轮谈心谈话，通过谈话，进一步统一思想，聚心提气，激发热情。

2.坚持“四种形态”经常化。树立“严管即是厚爱”的理念，坚持挺纪于前，用纪律管住大多数。运用好监督执纪“四种形态”，健全完善廉政教育谈话制度，加强日常监督管理，注重八小时之外监管。目前干部职工精神饱满，工作努力，精气神十足，单位有了较强的凝聚力和战斗力。

规范权力运行，自觉接受监督。1.削减权力规范操作。作为单位主要负责人，陆利群同志主动削减手中权力，规定中心单件2000元以上的物资采购或一次性5000元以上的经费开支全部需要集体研究，共同决策；能要求财务人员严格执行财务、税务管理相关规定，中心支付给授课人员的讲课费，除严格执行相关定额标准外，还要到税务部门代缴税款，确保规范。中心内部管理规范，资金管理严格，2018年继续保持了公务接待零支出。

2.积极完善内部监督制约机制。着眼干部作风建设常态化长效化，全面梳理培训工作风险点，制定相应防控措施，始终把严格落实规章制度作为重要手段，认真抓好请假汇报制度、上下班制度、出差培训和服务保障纪律，确保大家懂纪律、守规矩、重形象、成习惯。同时，在中心内部建立帮带提醒机制，通过面对面交流、短信微信提示等措施，形成全时段、互监督、共提醒的约束氛围，有效杜绝了违纪违规行为的发生。经统计，2018年，培训中心没有在党风廉政建设方面发生任何问题。

（姬晓波）

海洋经济监测评估工作

【概述】

2018年，省海洋经济监测评估中心（省海域使用动态监视监测中心）立足海洋经济统计监测评估、海域使用动态监视监测两大职能，围绕海洋经济发展和海域保护利用，扎实推进体系建设、队伍建设、能力建设，不断拓展延伸监测范围，加强海洋经济核算研究，提升分析评估能力，为我省海洋经济高质量发展总结经验、研判趋势。紧扣海洋管理新形势新要求，在海洋督察整改、围填海管控、海域使用后评估等几项重点工作上，强化海域使用事中事后监测，为科学用海节约集约用海和生态保护提供技术支撑。

【江苏省第一次全国海洋经济调查】

中心人员作为省调办主要技术力量，妥善解决调查中遇到的技术难点问题，切实做好调查质控工作。编制了《江苏省第一次全国海洋经济调查涉海单位清查工作若干问题处理意见》，创新制作了《清查小助手》和《清查系统问题指南》，为调查员和指导员入户调查提供了解决方案。选聘约6500多名调查员和指导员，对全省约53万家底册单位开展海洋经济调查。截至年底，涉海单位清查、产业调查及专题调查全部结束，各设区市完成验收。

【率先发布海洋经济统计公报】

编制完成《2017年江苏省海洋经济统计公报》，我省在沿海省份率先发布。2017年，我省海洋生产总值7217亿元，比上年增长9.2%，海洋生产总值占地区生产总值的8.4%，海洋经济实现稳中向好发展。统计公报显示，在海洋生产总值的构成中，海洋产业增加值4119.8亿元，海洋相关产业增加值3097.2亿元。海洋第一产业增加值291.8亿元，第二产业增加值3402.4亿元，第三产业增加值3522.8亿元，三者占海洋生产总值的比重分别为4.1%、47.1%和48.8%。从主要海洋产业发展情况看，2017年我省海洋产业总体保持稳步增长。其中，主要海洋产业增加值2764.8亿元，比上年增长8.5%；海洋科研教育管理服务业增加值1355.0亿元，比上年增长11.9%。

【率先发布省级海洋经济发展指数】

会同国家海洋信息中心等机构研发编制了《2018江苏省海洋经济发展指数（JSOEDI）报告》并正式发布，是我省首次发布海洋经济发展指数。2010-2017年，江苏省海洋经济总体发展态势较好，海洋经济发展指数年均增速4.2%，2017年达到133.5，比上年增长3.7%。其中，发展水平指数为138.3，比上年增长6.2%，发展水平显著提升。2010-2017年，发展水平指数年均增速4.7%，增长稳中有升。经济效益提升和经济规模的扩大对发展水平增长的贡献较高；发展成效指数为128.1，比上年增长2.7%，发展成效小幅提高。2010-2017年，发展成效指数年均增速3.6%，呈现平稳增长态势。

【海洋经济统计进展有序】

按照自然资源部海洋经济统计制度、核算制度要求，组织沿海三市及相关涉海厅局，按时按质完成上报2017年度《海洋统计报表制度》报表和2018年度季度、半年度核算定期报表。

【海洋经济研究及应用不断深入】

编制《2017年江苏海洋经济发展报告》，分析我省的海洋经济发展现状，首次对沿江7市的海洋经济运行情况进行了回顾和分析。编制《多种用海方式海洋产业经济效益评估研究》，以实证分析的方法研究了江苏省海域利用对海洋经济增长的影响，提出促进海洋经济增长的海域使用策略。编制《2017年用海企业调查报告》，强化对涉海企业直报数据的分析利用。

【围填海现状调查顺利实施】

按照自然资源部办公厅《关于开展全国围填海现状调查的通知》要求，作为技术牵头单位，组织市县海域动态监视监测中心和相关技术单位，历时124天，对合法合规围填海进行了现场核查，对违法违规围填海和自然淤积成陆海域在现场核查基础上进行实地测量，共调查海域126253.31公顷，投入3000多人次，累计采集照片5036张、权属证书1379份，完成全部围填海和围海养殖核查图斑外业测量和内业数据处理，编制了《江苏省围填海现状调查报告》，全面掌握了全省管辖海域内围填海审批状态、工程状态、开发利用状态和自然淤积等数据。

【海域使用事中事后监测成效显著】

一是率先在全国海洋系统开展后评估工作。选取吕四大唐电厂和启东滨海工业集中区作为试点，构建了一套适合我省的后评估指技术体系，为全国海域后评估工作的开展提供示范。二是监测通报制度化，首次编制《海域使用动态监测季报》，分析海域现状、疑点疑区、岸线变化等情况，报送分管领导和有关处室，并通报至沿海市县海洋主管部门，提高了监测时效性和问题处置针对性。三是组织市县中心开展全省15个区域建设用海规划和268个单宗重点用海项目监测，编制完成2017年度《区域用海规划围填海存量分析报告》《单宗项目围填海存量分析报告》，为海洋督察工作提供了详实的基础性数据。升级改造海洋综合管控系统，实现海洋管理“一张图”。

【海域使用数据分析与评价持续深化】

率先在沿海省份开展用海承载指数和用海活力指数研究，掌握了不同地区海域资源承载情况和多年海域使用活动变化情况，为海域综合管理和生态用海提供决策依据。对我省30多年的遥感海岸线进行提取和分析，掌握了我省岸线岸滩现状和变化趋势，研究成果得到海域海岛司领导的高度认可。全年开展海域使用技术复核453个，为管理部门把好技术审查关。

（陆　飞）

海洋渔业指挥部工作

【概述】

2018年，江苏省海洋渔业指挥部（以下简称“省海指”）紧紧围绕“护海富民”总目标，坚持以提高发展质量与效益为主题，加强队伍建设，依法履行职能，抓重点、攻难点、补弱点、创亮点，着力推进单位各项事业进步发展，先后获得2017-2018年度全国青年文明号、全国渔业执法工作先进集体、江苏省水上搜救先进集体、省级党员教育实境课堂、省级机关党支部书记工作室等14项荣誉。一是海洋监察工作。省海指全年现场检查南通、盐城、连云港地区用海项目50余个，完成江苏全省近岸海域巡查全覆盖。开展海岛巡查、“两沙”养殖用海专项检查，落实“两会”及“上合峰会”期间海底光缆巡护任务，着重开展海洋工程环保设施验收运行情况专项执法检查、重点商用海港码头环境保护设施专项执法行动。转隶后牵头梳理全省围填海案件情况、违法违规用海查处整改情况，并完成3个批次共13个项目用海预审核查。全年共办结海监案件5起。二是海洋与渔业管理工作。机构改革前，省海指重点打好“亮剑2018”伏休保卫战，执行各类巡航任务81航次，查处渔业违法违规案件246件，移送司法处理案件36件。重点清理取缔海洋涉渔“三无”（无船名船号、无船舶证书、无船籍港）船舶及违规渔具，举办“三无”船舶公开处置活动。全年形成一批先进经验，代号为“601”的非法捕捞水产品案受到《今日说法》专题报道，通州湾非法捕捞鳗鱼苗案入选2018年度全国渔政执法监管十大案例，6篇论文在中国渔政60年征文中获奖。三是海洋生态保护工作。省海指全年组织海洋增殖放流苗种投放4.3亿数量单位。顺利完成江苏南黄海海洋牧场示范区建设年度任务，投放人工渔礁2320个。开展全省海洋捕捞渔情信息采集分析，实施吕四渔场小黄鱼、银鲳国家级水产种质资源保护区及江苏省蒋家沙竹根沙（以下简称“两沙”）泥螺文蛤国家级水产种质资源保护区管护。常态监测“两沙”海域海洋环境，及时监控上报浒苔绿潮、赤潮等海洋灾害情况。坚决落实上合峰会期间浒苔绿潮防治工作，完成浒苔打捞任务，有效遏制浒苔绿潮爆发趋势。四是“两沙”海域综合管理工作。省海指认真落实海域管理“三项制度”（海域权属管理制度、海洋功能区划制度、海域有偿使用制度），统筹开展海域年审及登记备案工作，截至2018年底，“两沙”海域共确权发证155宗，确权总面积29038.905公顷。完成海域金及渔业资源增殖保护费征收任务。开展“两沙”海洋经济调查，持续强化海域动态监视监测，打造蒋家沙“三位一体”综合管理平台及“两沙”可视化管理系统，逐步增强“两沙”海域信息化管控能力。协调推进风电项目平稳落地，见证相关补偿协议签订，调解用海矛盾16起，积极维护“两沙”和谐稳定局面。

【重要事件和活动】

“上合峰会”期间浒苔防治工作。为认真落实上海合作组织青岛峰会期间江苏浒苔防控工作任务，5月至6月，省海指组织所属执法船舶常态巡航监视江苏海域浒苔绿潮发展动态，开展辐射沙洲区域浒苔绿潮布防工作，并组织协调48艘渔船在辐射沙洲海域、射阳海域、苏鲁交界海域实施浒苔打捞工作。根据“一经发现，立即打捞”要求，省海指建立了浒苔绿潮打捞分级处置机制，明确辐射沙洲区域全天候巡查及打捞，安排36艘渔船，在江苏辐射沙洲海域12条沟槽内布防；全省近岸海域多手段巡查及打捞，利用卫星遥感、无人机航拍、船舶监视等手段，关注江苏近岸海域浒苔绿潮发生情况，并由沿海三市组织力量进行打捞处置。防控期间，省海指累计打捞浒苔及马尾藻3.3万余包、湿重1.0万余吨，打捞量占全省打捞总量一半以上，有效遏制了浒苔绿潮爆发态势。

江苏海域海底光缆巡护。为保障“两会”及上海合作组织青岛峰会期间江苏管辖海域海底光缆的安全畅通，2018年3月及6月，省海指开展了海底光缆巡护专项执法行动，对江苏海域亚太、欧亚、TPE等多条海底光缆进行了重点巡护。行动期间，省海指所属执法船舶在海底光缆保护区内，劝离不当作业船舶，清理整治违规网具，宣传海底光缆保护相关法律法规，及时立案查处危及海底光缆安全的违法行为。两次专项执法行动共历时26天，航时100小时，航程923海里，巡航范围包括亚太光缆登陆点至东经122°20′、欧亚光缆登陆点至东经122°15′、TPE光缆SIS段登陆点至东经122°20′，重点巡护海底光缆两侧各2海里范围内海域。行动期间，共观察船舶80艘次，劝离21艘次，拆除清理网具25顶，确保途经江苏海域海底光缆未发生一起中断事故，有效保障了重大会议活动期间江苏海域海底光缆的安全畅通。

召开江苏省蒋家沙竹根沙海域管理委员会第十三次全体委员会议。2018年3月16日上午，江苏省蒋家沙竹根沙海域管理委员会（以下简称省“两沙”海管委）第十三次全体委员会议在南通召开，全体委员、特邀代表和列席代表50余人参加会议。会议由省“两沙”海管委副主任委员、办公室主任丁汉明主持。会上，丁汉明主任作了题为《坚持生态优先，厚植产业优势，着力打造全省海域转型发展示范区》的工作报告。与会代表共同审议了工作报告，就进一步做好省“两沙”海域管理工作进行了认真讨论并形成了一致意见。会议肯定了2017年“两沙”海域管理工作取得的成绩，同时指出，2018年“两沙”海域工作要把“生态优先”确立为“两沙”终一发展理念，明确“两减、三规范”工作目标，即减少养殖规模，减小养殖密度，规范转租行为，规范安全生产，规范风电建设；采取“停、防、处、养”四项措施，即暂停养殖用海审批，防治新的海域污染，查处新的违法用海，养护“两沙”生态资源；打好“宣传教育，排查整治，提质减量，风险防控，生态养护”五场硬仗。以新理念新目标新定位新措施推动“两沙”海洋经济的高质量发展。

重大项目建设。2018年5月22日，投资8700余万元的中国海监南通维权执法基地竣工验收。该项目位于启东圆陀角风景区连兴港港口东侧，地处长江、黄海、东海三水交汇处，分为水域和陆域两个部分。水域工程建设规模为2000吨级泊位1个，1000吨级泊位1个，500吨级泊位4个以及相关配套保障设施。陆域执法基地总面积约63亩，建设有传达室、配电房、机修车间、物料仓库、油罐及配套工程，并设有中型直升机坪、体能拓展区、运动场以及绿化景观等设施。2018年12月27日，中国渔政32503船重大改造项目通过验收，该船总长40.7米，深静水航速不小于15节，经济航速续航力1000海里，并搭载气象监测、实验检测等先进设备，具备现代化渔政管理手段和专业化海洋环境监测能力，为我省第一艘专业海洋环境监测船。

江苏省南黄海海域国家级海洋牧场示范区建设。2018年，省海指在吕泗渔场顺利投放人工鱼礁单体2320个，至此，江苏省南黄海海域国家级海洋牧场示范区累积投放的人工鱼礁已达到10万空方，海洋牧场区面积12平方公里，建设初具规模。江苏省南黄海海域国家级海洋牧场示范区位于江苏南部海域吕泗渔场154渔区、小黄鱼银鲳国家级水产种质资源保护区实验区内，是我国首个位于领海外的海洋牧场，也是江苏中南部海域特殊地形地貌条件下的首个海洋牧场。该海洋牧场2015年始建，2016年正式启动试验性人工鱼礁建设并取得初步成功，2017年入选农业农村部第三批国家级海洋牧场示范区。建设过程中，省海指通过开展巡护管理、增殖放流、生态监测、声呐扫测、水下监视、科普宣传等多方面工作，保障和提升海洋牧场建设的生态效益和社会效益。经过长期系统监测，结果显示海洋牧场区域底栖生物数量、游泳动物种类均有所增加，海洋生物资源得到了一定程度的修复，为江苏中南部沿海发展海洋牧场提供了经验借鉴。

（范留邦）

海涂研究工作

【概述】

2018年，省海涂研究中心按照“立足江苏，面向全国；立足海涂，面向海洋；立足创新，面向经济”的目标定位和“建设创新研究平台、提供决策技术支撑、开展海洋公益服务”的发展方向，在原省海洋与渔业局、省自然资源厅的正确领导下，团结一心、开拓创新、攻坚克难、奋力拼搏，认真做好党建和党风廉政建设工作，积极推进各项业务科研工作，努力加快中心综合业务楼建设，为我省沿海开发提供有力技术支撑，为海洋强省建设作出新贡献。

【党建工作】

2018年，江苏省海涂研究中心党委进一步明确党委的主体责任和纪委的监督责任，以及各分管领导和部门负责人的责任，实行一岗双责。切实加强组织建设，对中心四个党支部进行调整加强，每个党支部配齐了纪检委员，进一步强化制度建设和纪律教育，聚焦问题，修订完善了中心纪检、财务管理、三重一大决策等方面的规章制度；坚持不懈地抓好纠“四风”、改作风工作。中心党委加强对重大建设项目、大额资金使用、重大科研项目等重大事项的督促检查，加强对实施执行全过程的监督。一年来，中心督查各类工作38项、推进重点工作5次，约谈有关人员2人次，有力推动了各项工作任务的实施和落实。

【海洋生态预警监测】

海洋观测站点运行维护。2018年，省海涂研究中心组织对自建的21座海洋观测站点进行了24次例行巡检维护、4次应急维护，出海作业累计60天，有力保障了海洋观测站点持续稳定运行。

海洋预警报服务工作。2018年，江苏省海涂研究中心累计制作发布江苏海域海洋环境预报365份、江苏八大渔场海面风和海浪预报各365份、洋口中心渔港72小时海浪、潮汐预报365份，海上丝绸之路环境保障预报365份，浒苔打捞专项预报38份，海浪消息33份、海浪警报41份、风暴潮消息7份、风暴潮警报21份、传真14249份、邮件4619封、短信133142人次、微博101条。对卫星通信、海洋预警报业务、视频会商、数值预报、短彩信和传真发布等系统等进行了巡检维修，共检查设备200余台（套）。完成VSAT卫星通信、气象水文填绘、气象综合分析、视频会议终端等业务系统设备、软件及数据资料的备份，对海洋预警报信息发布名录进行了更新。

汛期台风预警报工作。2018年，先后有7号“派比安”、8号“玛莉亚”、10号“安比”、12号“云雀”、14号“摩羯”、18号“温比亚”、19号“苏力”、24号“潭美”、25号“康妮”等9个台风影响江苏海域，为近28年来影响江苏海域台风最多的年份。省海涂研究中心及时发布台风消息、提前发布灾害预警、滚动发布预报信息。汛期累计制作发布江苏海域海洋环境预报164份、海浪消息9份、海浪警报32份，风暴潮消息5份、风暴潮警报21份，传真730份、邮件1968封、短信67189人次、微博61条，保障了沿海人民群众的生命和财产安全。

专项海洋预报服务。2018年，为做好上合组织峰会期间的浒苔防控工作，省海涂研究中心开展了海洋环境专项预报，共发布浒苔打捞专项预报38份，每日通报江苏海域风速、风向、浪高、视程等情况，为浒苔防控和海上作业船舶安全提供了有力的技术支撑和保障。为服务保障国家“一带一路”倡议实施，组织实施了海上丝绸之路我省海洋预报服务工作，每日制作连云港、射阳港、吕四港72小时海面风、海浪、潮汐预报，有效提升了重点港口等保障目标精细化预报水平。为服务海洋渔业安全生产，组织开展了江苏八大渔场72小时风、浪预报预警工作。

海洋防灾减灾专项工作。海平面变化影响调查评估。2018年，省海涂研究中心组织采集江苏沿海基础地理、堤防、海洋工程、地面沉降、海岸侵蚀、海水入侵与土壤盐渍化、生态、灾害和社会经济等海平面变化影响信息；开展海岸侵蚀灾害详查和灾损评估、重点岸段堤防和围填海状况的实地调查，对调查区内发生的海平面变化影响典型事件进行跟踪调查；编制了《2018年江苏省海平面变化影响实地调查技术报告》和《2018年江苏省海平面变化影响工作评估报告》，并汇交自然资源部。

海洋灾害风险评估和区划。2018年，省海涂研究中心牵头开展连云港市连云区和盐城市滨海开展县级海洋灾害风险评估和区划试点工作。配合连云区和滨海县开展了“风险评估项目”前期调研、方案制定工作，下一步将力争严格按照国家的技术规范和时间进度，高质量完成项目全部目标任务。

灾情评估和海洋灾害公报编写。2018年，省海涂研究中心按月、季度、年度开展海洋灾情调查评估，及时搜集获取海洋灾害、海上突发公共事件伤亡损失等数据，并在此基础上编制了《2018年江苏省海洋灾害公报》，有效提升了江苏海洋减灾服务保障业务能力。

海洋防灾减灾宣传。2018年，江苏省海涂研究中心积极开展了“5·12防灾减灾日”和“6·8世界海洋日”海洋防灾减灾宣传活动，充分利用广播、电视、报刊等传统媒体和互联网、微博、微信等新兴媒体，广泛开展宣传教育活动，大力普及海洋灾害风险知识和避险救灾技能，活动得到了江苏电视台、江苏交通广播网和沿海市、县电视台等媒体的关注和采访报道，提高了社会大众的海洋防灾减灾意识。2018 年 8 月 30 日，参加江苏交广网应急大讲堂活动，录播了一期海洋防灾减灾访谈节目，对宣传我省海洋防灾减灾工作、提高公众防灾减灾意识和应急避险能力起到了很好的促进作用。

海洋生态预警监测研究与应用。2018 年江苏省海涂研究中心强化以浒苔绿潮为重点的海洋生态灾害早期预警监测和应急监测，开展了浒苔、马尾藻卫星遥感跟踪监视监测工作；联合有关单位积极开展浒苔打捞、资源化利用工作，打捞浒苔（含马尾藻）并资源化利用 15700 余包，湿重约 4700 吨；协调滨海县海洋主管部门开展无害化处置浒苔 39600 余包，湿重约 11880 吨；开展了浒苔研究前期工作，初步分析了浒苔发生、发展规律。聚焦海洋生态空间保护，重点推进海洋生态保护红线区和典型生态系统监测，开展了入海污染源普查第二阶段筛查、核对工作，共计核实各类污染源 440 个。同时积极探索海洋生态预警监测指标体系和方法。

【科研水平不断提高】

2018 年，江苏省海涂研究中心共申报国家重点研发计划、省科技厅、省地方标准等各类科研项目 12 项，获得立项 6 项；完成项目验收 6 项、成果鉴定 1 项；获得上海海洋科学技术奖一等奖 1 项；省地方标准“岸基雷达溢油监测规范”通过省质监局审查，待发布；组织科技骨干在职深造 3 人，参加各类学术交流、培训活动 50 余人次，发表论文 17 篇。

【海洋预警报综合业务楼建设】

2018 年，江苏省海涂研究中心定期召开综合业务楼建设工作例会，及时会商技术难题，加强重大事项汇报，规范完善记录档案，积极推进综合业务楼的建设。一年来，项目规划设计总体方案通过了规划部门审批；完成了地块管线图测量和规划红线内管道的外迁工作；招标采购确定了跟踪审计单位；项目初步设计方案获得省发改委的批复；完成了综合业务楼地块综合管线图编制报批和现势性地形图编制工作；完成了地块勘测定界和规范化围挡建设工作；开展了新建民用建筑防空地下室报批，完成地下室防空图专家审查工作；完成了项目市政工程规划相关部门（电力、自来水、燃气、通信、有线电视、排水管理、研创园）意见征求；完成项目地块不动产证书申领，推进民用建筑设计方案绿色设计报批工作。

【重要事件和活动】

科技项目研究。完成国家重大科学仪器设备开发专项任务九《全固态高分辨力海洋测量雷达溢油测量应用研究及软件开发》研究工作，编制了《岸基雷达溢油监测规范》，通过省质监局组织的专家审查，开展了规范报批稿上报工作，形成了《全固态高分辨力海洋测量雷达溢油测量应用研究及软件开发验收报告》，协助项目总牵头单位顺利通过了科技部综合验收。完成国家重点研发计划重点专项《河口海岸滩涂资源保护与高效利用关键技术研究及应用》子任务“河口海岸滩涂资源利用保护红线”任务书申报、实施方案撰写和项目初步研究。完成 2017 年度省海洋科技创新项目《江苏海涂资源分布与演变研究》主要研究任务，编制了《海涂资源调查技术规范》，开展了专家函审和规范审查稿上报工作。初步形成了《江苏海涂资源调查研究报告》《江苏海涂空间资源开发利用和保护政策措施报告》，摸清了江苏海岸线、海涂资源分布和海涂的冲淤概况，为江苏海涂空间资源开发利用和保护提供了支撑。完成 2017 年度省海洋科技创新项目《基于海港资源可持续开发的江苏沿海滩涂围填控制线研究》专题“围填海工程的规划符合性”主要内容的研究，形成了《围填海工程规划符合性研究报告》。完成 2018 年度省海洋科技创新项目《基于海涂演变的湿地退化机理及修复技术研究》项目建议书、实施方案和阶段性研究工作。

积极开展浒苔卫星遥感监视监测和应急处置工作。在原省海洋与渔业局的组织下，江苏省海涂研究中心与省海洋渔业指挥部等有关单位协同合作开展了浒苔打捞、资源化利用及无害化处置工作。首次发布了“浒苔打捞海洋环境专项”预报，为浒苔防控和海上作业船舶安全提供了安全保障。我省浒苔打捞、资源化利用及无害化处置工作取得了良好的生态效益和社会影响，为上合组织青岛峰会的顺利召开提供了环境保障和强有力的支持，获得了自然资源部、生态环境部、省委省政府的表扬。

开展区域海洋生态红线保护规划研究。江苏省海涂研究中心组织开展了《连云港市海洋生态红线保护实施规划》和《盐城市海洋生态红线保护规划》研究编制工作，先后完成了草案编制、图件制作、征求意见、专家评审等工作。其中《连云港市海洋生态红线保护实施规划（2016-2020年）》已于2018年4月经连云港市人民政府批复实施。

“5·12”海洋防灾减灾日系列宣传教育活动得到了省级媒体高度关注。“5·12”海洋防灾减灾日系列宣传教育活动得到了江苏电视台等多家省级媒体的全程采访报道，引起了社会公众的关注和重视，进一步提高了全社会的海洋防灾减灾意识。

开展江苏重点港口等保障目标精细化预报工作。为服务保障国家“一带一路”倡议实施，提升海洋预警报服务保障能力，省海涂研究中心首年度开展了江苏重点港口等保障目标精细化预报工作，有效提升了海上丝绸之路环境保障预报服务水平。

（孔得雨）

土地学会工作

【概述】

2018年，江苏省土地学会以持续深化改革为推动，以“四服务一加强”为工作重点，在扎实有序做好换届筹备工作的同时，毫不松懈地推进学会全面工作正常开展，学会自身能力建设和学术交流、科普宣传、决策咨询、人才服务等各项工作在创新中开拓，继续保持了良好的发展势头。

【学术研究和交流】

围绕江苏高质量发展工作中心，聚焦自然资源体制改革背景下土地领域重点难点热点问题，深入开展土地学术研究。以“土地与乡村振兴”为主题开辟网上论坛，并在淮安召开专题研讨会。以“自然资源管理新体制下的土地资源管理创新”为主题，在徐州召开2018年学术年会。会同南京相关高校，承办、协办“2018年中国土地资源科学创新发展暨倪绍祥先生学术思想研讨会”“国土空间优化与自然资源资产管理研讨会”“华夏土地杯”第一届全国土地利用规划技能大赛暨国土空间规划研讨会等全国性学术活动。联合江苏土地市场网、土拍网举办2018中国（上海）城市土地展。学会各工作机构、分支机构也先后以“面向新时代的国土空间规划理论与实践”“编制村土地利用规划 助力乡村振兴”“国土空间综合整治与生态修复”“自然资源开发利用研究”“自然资源管理信息平台建设”等为主题举办学术论坛，搭建了多形式、多层次的学术交流平台。

【土地科普宣传】

围绕世界地球日、全国土地日、科普宣传周、全国科普日等重要主题纪念日，开展土地国情国策系列宣传和现场咨询活动。认定第二批9家江苏省土地科普基地，召开土地科普基地建设座谈会。会同南京大学等单位共同承办由中国土地学会主办的土地科技活动周。会同省厅党建办成功举办纪念改革开放40周年主题征文活动。学会开展的“珍惜土地资源 建设美丽家园”系列科普讲座，获省科协“全国科普日”优秀活动项目认定。

【服务科技工作者】

举荐36位专家进入中国土地学会专家库。评审认定第二届30名江苏省优秀土地科技工作者。持续做好会员申报职称咨询服务工作，2018年土地从业机构专业技术人员中有 18 人被评为高级职称、15 人被评为中级职称。举办 200 余人参加的国土空间规划与生态修复培训研讨班。以“生态整体保护与乡村振兴”为主题，组织 16 名土地科技工作者赴台进行学术交流。会同常州、无锡学会圆满接待台湾同行来访。支持学会会员参加在台湾举办的第 27 届海峡两岸土地学术研讨会。

【学会能力建设】

以筹备换届为契机，推进学会治理结构和治理方式改革，按照规定程序基本完成换届筹备工作。深入实施“党建强会”计划，学会党支部坚持组织生活制度，召开民主生活会，积极参加省科协、省级机关工委组织的学习教育和培训。推进土地科普信息化建设，加大学会门户网站和微信公众号科普宣传服务力度。《江苏土地》出版 6 期，刊印 3 万余册，获省科协期刊建设项目内刊二等认定。建立健全学会工作目标责任制，推进学会工作创新争先。被省科协考核认定为“特专优精”学会。

【服务党委政府决策咨询】

组织专家团队自主开展《基于江苏“特色田园乡村”建设的土地利用调研及对策建议》等三项课题研究。向省科协报送乡村振兴背景下江苏实施宅基地“三权分置”的科技工作者建议。学会副理事长、南大黄贤金教授参与撰写的省科技智库专报建议，得到省领导批示。学会向原省国土厅报送的土地利用计划执行状况研究报告，获评全省系统优秀调研报告一等奖。继续做好土地规划机构和土地整治项目规划设计机构水平评价认定工作，推荐 65 家机构进入推荐名录。完成《江苏省土地管理志（1996-2015）》编纂工作，并通过评审。

（曹　华）

土地估价师与土地登记代理人协会工作

【概述】

本协会以引导、服务全体会员及本省的土地评估与不动产登记代理中介机构、土地估价与不动产登记代理从业人员为宗旨，督促会员机构与从业人员共同遵守国家有关法律、法规和规章；联合协会会员共同制定、执行土地估价与不动产登记代理的职业道德和执业准则等行业规范，实施行业自律；积极协助政府加强行业管理，努力营造公平竞争的市场环境，当好政府、会员之间的桥梁和纽带；积极反映会员的愿望和要求，维护行业的合法权益；调解业内关系，促进行业和谐、健康发展；督促、帮助土地估价和不动产登记代理从业人员提高执业技能，为发展社会主义市场经济、构建和谐社会提供优质服务。

【协会业务工作】

协会日常主要业务包括召开专门委员会工作会议，完成土地估价机构备案等工作，认真抓好继续教育工作，积极申报并开展课题研究，组织开展行业内部刊物编辑和网站、微信平台运营等。

1. 召开技术审裁、教育学术、组织会籍三个专门委员会工作会议。专门委员会是在理事会领导下，负责研究、制定、审查有关行业发展及行业管理制度、事务的专门工作机构。技术审裁委员会、教育学术委员会、组织会籍委员会分别由副会长兼任主任、副主任，他们积极努力，开动脑筋、名副其实地开展工作。在认真筹划、充分调研的基础上，各专门委员会于 11 月 22 日、11 月 29 日、12 月 18 日，分别召开了组织会籍、教育学术、技术审裁委员会工作会议。对行业自律公约、组织会籍、资信等级评定、会费收缴以及继续教育、培训、科研、杂志编辑、网站、微信平台宣传和技术仲裁、专家库的建立、诚信体系建设等工作，作了全面的研究和规划，秘书处按照三个专门委员会的要求，进一步细化和落实，制定了具体的实施方案，提交理事会。

2. 完成土地估价机构备案等工作。根据原国土资源部《关于开展土地估价机构备案工作的通知》（国土资规〔2017〕6号），从事土地估价业务且符合《资产评估法》规定的评估机构，要登陆“土地估价行业备案系统”进行备案。为此，省厅利用处向省协会发出了《关于商请配合开展土地估价机构备案信息核验工作的函》。省协会认真对照《资产评估法》和原国土资源部的相关要求，认真核验申请备案机构信息，遇到问题及时向省厅请示，提供相关技术支持并为土地评估机构及时发放备案文件，积极为政府部门提供服务，确保核验工作的顺利开展。为了更好地为会员服务，协会还专门拟定了《备案系统操作指南》发布至协会网站办事指南栏目和QQ交流群，并定时在备案开始和结束阶段在协会网站公示，及时告知会员机构有关信息。使土地评估机构从资质等级评定向备案得以顺利过渡，保证了土地评估机构生产和经营活动的正常进行。

截至2018年12月31日，本年度共有38家机构完成首次备案，已备案机构共完成224次变更。目前，全省已备案的土地评估机构共有201家。

3. 认真抓好继续教育工作。根据中估协《关于印发2018年全国土地估价师、土地登记代理人继续教育活动计划的通知》（中估协发〔2018〕5号），省协会分别于5月下旬、11月上旬举办了四期土地估价、土地登记代理继续教育业务现场培训。培训班主要面向所有土地估价技术人员和已在中估协执业的土地登记代理人，全年共有987名学员免费参加面授培训学习。

继续教育活动紧跟新形势、适应新变化、落实新要求。结合行业实际，把土地估价师和土地登记代理人职业道德和行风建设、行业相关政策解读、实务和技术研讨、机构建设管理和业务创新、拓展等作为主要内容。本年度继续教育培训内容涉及新形势下土地估价行业的挑战和机遇；估价师职业道德；国有建设用地使用权出让地价评估技术规范新旧对比；集体土地价格评估技术方法探讨和司法评估中存在的问题与处理对策五个方面。为丰富培训内容、创新培训形式，满足会员培训要求，协会于2018年12月还推出网络继续教育，免费为协会会员提供培训服务。网络培训得到了省内外土地估价师和土地登记代理人的积极响应，在学员的建议和要求下，为满足学员学习需求，网络继续教育培训班名额由500名增加至700名，较好地解决了继续教育培训供不应求的问题。2018年，网络教育报名的会员人数为700名，非会员人数为112名。

4. 认真抓好课题研究。课题研究方面，中估协年初发布了《关于申报2018年度课题研究计划的通知》（中估协发〔2018〕10号），省协会动员会员机构积极参加，并联合江苏金宁达、江苏同方评估公司，分别申报了《土地估价报告备案系统数据的分析和利用研究——以江苏省为例》和《不动产登记代理行业信用评价体系研究》两项课题。课题紧密结合当前实际需要，围绕目前行业急需的研究方向开展。课题开题报告经过中估协专家评审，顺利通过验收，课题申报取得成功。课题组分别召开了课题研讨会议，对课题有关问题及进度进行了研究和讨论，目前课题研究正在正常进行中，其中，《不动产登记代理行业信用评价体系研究》已基本形成研究成果。

5. 做好刊物出版和网站维护等宣传工作。一是通过了江苏省新闻出版广电局新闻报刊管理处关于内部资料性出版物的年检，更换了准印证，按时出版了2018年四期《江苏土地估价与不动产登记通讯》，共计采用稿件10余篇。二是加强网站和微信平台的维护，及时更新协会动态，发布通知公告，补充最新政策，展示机构风采，为会员提供了高效便捷的信息服务。

【重要事件和活动】

1. 召开第六次会员大会，顺利完成协会换届。省协会第四届理事会从 2013 年 1 月至 2018 年 1 月，5 年任期届满。适时平稳完成协会换届是 2018 年的重要工作。筹备工作从 2017 年 11 月就开始有计划、有步骤地开展。针对换届工作，原省国土资源厅人事处、科技处专门组织召开会议，提出了换届工作的有关规定和要求，明确了换届工作的指导思想，要求新一届协会的人事安排全部按照脱钩的部署进行。

筹备工作以中共中央办公厅、国务院办公厅印发的《行业协会商会与行政机关脱钩总体方案》（中办发〔2015〕39 号）、《中共中央组织部关于规范退（离）休领导干部在社会团体兼职问题的通知》（中组发〔2014〕11 号）以及省民政厅对行业协会脱钩要求等一系列相关文件精神为指导，多次召开各类会议，进行情况通报及广泛征求意见，对换届工作统一思想认识。在此基础上形成了《江苏省土地估价与不动产登记代理协会换届筹备工作方案》上报原省国土资源厅。

协会成立了由理事代表、监事代表、党组织代表和会员代表组成的换届工作领导小组，负责提名新一届协会负责人候选人，并组织换届选举工作。

根据省民政厅《全省性社会组织换届指引》，协会于 2018 年 3 月 1 日向省民政厅社会组织管理局报送了换届前预审材料，并通过了预审。于 2018 年 3 月 20 日在南京顺利召开了第六次会员大会，完成了新一届理事会的换届选举工作。全省各土地估价和不动产登记代理机构的会员代表、土地估价与不动产登记代理行业有关专家、学者以及原省国土资源厅有关处室和兄弟协会特邀嘉宾等 180 多人出席了会议。

会议审议通过了四届理事会工作报告、财务工作报告和协会章程修订说明；表决通过了协会章程、选举办法；经无记名投票选举产生了第五届理事会、常务理事会和第一届监事会。

2. 接待兄弟省来访，做好调研交流。先后接待山东等兄弟省份的来访交流，介绍各自省份土地估价、土地登记代理行业发展现状，探讨了《资产评估法》出台后，行业的发展前景和机遇，以及行业协会工作重心和方向。双方互通有无，互相借鉴，建立密切联系联动机制，共同提升服务水平，创新行业管理与服务模式，增强行业机构凝聚力，当好会员的娘家，共创土地估价与不动产登记代理行业更美好的明天。

（白　璐）

地质学会工作

【开展学术交流和研讨】

主办“第二届江浙青年地球科学论坛”。由江苏省地质学会主办，浙江省地质学会协办，南通大学地理学院、南通市国土资源局和南京大学地球科学与工程学院承办的“第二届江浙青年地球科学论坛”在南通成功举行。论坛分洋中脊构造-岩浆作用与成矿、大陆边缘地质作用与资源、全球变化及我国东部沿海地表环境与水土保持3个专题，进行了9个主题报告和22个学术报告。会后考察了蛎岈岛海蚀地貌。

协办第15届长三角科技论坛地质环境与绿色发展分论坛。论坛由江苏省地质学会等单位协办。我会派员参会。会议通过特邀专家院士报告等形式，围绕地质环境和社会发展，地质灾害监测与预警、土地质量调查、矿山地质环境保护、地下水及土壤污染修复等领域的最新进展、热点问题、发展方向等开展深入交流与讨论。

协办“华东六省一市地学论坛”。论坛由江苏省地质学会等学会协办。来自华东六省一市的地质科技人员在大会上交流了各自省市地质工作的最新研究进展。江苏代表汇报了耐盐水稻种植和盐碱地改良取得的重大进展，展示了“矿地融合”的最新成果。

与中科院南京地质古生物研究所联合主办的《达尔文大讲堂》第九讲两场讲座。学会与中科院南京地质古生物研究所联合主办了《达尔文大讲堂》第九讲两场讲座：《鸟的前世今生》和《从深海到世界屋脊》学术报告，两次都组织理事单位师生参会。

与江苏省土木建筑学会联合举办“第七期江苏省城市轨道交通大讲堂暨城市地下空间论坛”。学会岩土工程地质专委会和省土木建筑学会共同主办了第七期江苏省城市轨道交通大讲堂暨城市地下空间论坛。论坛以“城市轨道交通风险防控及地下空间利用”为主题，旨在加强我省城市轨道建设科技创新和技术交流及城市地下空间工作讨论，邀请了7位业内专家就城市轨道交通建设管理、规划、设计、施工等方面取得的进展和存在问题作特邀报告，专家们的报告引起与会人员浓厚兴趣。

赴台学术交流促进了两岸交流双向化。2018年，我会继续组织赴台交流，与台湾地质科学研究所、台湾东南科技大学、台湾应用地质技师公会、台北应用地质技师公会、台湾徐霞客研究会等进行学术交流，台湾东南科技大学和台湾应用地质技师公会代表三度赴大陆回访和出席专业会议。

【创新地学科普工作形式 开展内容丰富科普宣传】

一、科普活动

纪念第49个世界地球日。在省厅统一部署下，学会为承办南京绿博园广场咨询暨户外宣传活动、纪念第49个世界地球日主题报告会和“科普苏中行”活动三项重点纪念活动提供了内容策划、聘请专家、活动场地等会务保障等的服务。学会科普委还组织省地调院和南京地调中心专家为常州市武进区城东小学和南京工程高等职业学校举办了两场分别题为“变废为宝，珍惜自然资源”、“爱护水资源——就是爱护我们自己”的科普讲座，向小学赠送了有关“世界地球日”的科普图书和挂图。经学会推荐，华东有色地勘局海洋地质研究院副院长杨晋炜在南京广播电台南京新闻广播FM106.9《对话》栏目，以“珍惜自然资源，呵护美丽国土——讲好我们的地球故事”活动主题，进行直播访谈，介绍海洋院成立以来的工作性质及产业转型历程，海洋院盐碱地改良、耐盐海水稻种植等先进技术取得的成果。

全国科技活动周暨江苏省第30届科普宣传周。学会秘书处和科普委除了邀请地质专家携带珠宝鉴定仪器和地质科普图书、地质历史光盘、科普手册等宣传材料参加广场咨询外，还组织华东有色地勘局信息中心新近推出的《点石成金科普找矿系统》软件做现场演示，成为省科协领导、省市新闻媒体和市民们关注的热点；学会推荐的省地调院专家就污染土壤治理接受了南京新闻广播电台FM106.9《对话》节目访谈。

助力省厅全国土地日科普活动。学会和南京地调中心联手配合全国土地日宣传活动，学会秘书处成员和南京地调中心专家向市民群众发放了《地球科学》光盘和科普宣传材料，以及防震减灾知识丛书——《皮皮历震记》和演示光盘，这些生动、精致的科普宣传品受到现场市民群众的欢迎。

参加全国青少年地学夏令营。学会组织江苏营六名同学参加全国青少年地学夏令营锻炼了体魄，培养了集体意识，丰富了地质知识，结下了友谊。

参加“2018南师附中科技文化节——宝石鉴赏”。学会科普委组织省地调院和南京地质博物馆专家为师生做了南京地区地质演化历史的科普讲座，展示了南京地区古生代、中生代和新生代的代表性的古生物化石标本。地质专家给大家带来的珠宝玉石做了鉴定，解答了有关宝玉石鉴别的基本知识，发放了《认识矿物》科普宣传材料。

参加全国科普日江苏省主场咨询。学会联合华东有色地勘局、省地调院珠宝质监站专家参加了江苏主场咨询活动。市民们对华东有色地勘局海洋院耐盐水稻项目非常感兴趣，科普宣传材料《恐龙化石密码》、《江苏旅游地学手册》和《奇妙的澄江动物群》等被索要一空；全国科普日期间，我会和江都中学签订了江苏省地质学会科技服务项目协议，学会将资助江都中学开展科普宣传和机器人工程挑战赛等活动，签约后我会和扬州市江都区国土资源局在江都中学共同举行科普日报告会，地质专家为江都中学高二年级400多人做了“走进江苏地质遗迹和江苏地质公园”科普讲座。

二、科普工作成果

冯为民副理事长科普著作获奖。我会副理事长、中科院南京地质古生物研究所研究员、南京古生物博物馆馆长冯伟民博士撰写的科普图书《恐龙化石密码》荣获科普图书类一等奖。

学会两件科普作品获奖。在省科协、省文明办、省科技厅、省新闻出版广电局、江苏凤凰出版传媒集团联合举办的第九届江苏省优秀科普作品评选活动中，由江苏省地质学会监制、南京市国土资源学会申报的《一件玉琮的前世今生》获影视类二等奖；由江苏省地质学会、南京地质博物馆共同摄制的《地学摇篮——走出48位院士的地质调查所》获得影视类三等奖。

江苏省地质学会受邀成为南京广电集团网络传播中心新媒体环境战略合作伙伴。同时也为“牛咔视频探索频道”提供地学相关科普资源。

【服务会员和高新科技产业 努力提高学会创新能力】

一、为理事单位和会员提供服务。

扶持地质高新技术企业：我会帮助理事单位——江苏康迪射电科技有限公司推广新技术，学会专召开研讨会，邀请省内地勘单位从事地球物理勘探、勘查的技术人员、专家，听取了黄教授新技术原理介绍和设备使用现场展示，认为射电技术用于地下空间、地热、瓦斯和地质构造等的探测，具有重要的使用价值，值得进一步完善和推广。

参加中国地质学会“加强为会员精准服务”研讨会：在会上，我会代表汇报了江苏学会会员管理系统运行和管理现状，以及存在的问题，并为提升会员精准服务提出了建议。通过与中国地质学会秘书处和各省级地质学会的研讨和交流，明确了下步会员管理服务思路。

挂牌通州湾开发区，成立学会耐盐水稻协同创新示范基地：为了落实省科协关于省级学会服务科技创新能力建设，服务省厅“矿地融合”战略实施，我会在华东有色地勘局海洋院通州湾盐碱地改良项目现场挂牌设立协同创新示范基地。

二、用项目推动学会能力建设 为社会提供多样化地质服务

2018年学会获得省科协帮扶专项资金，在加强自身人员和制度建设基础上，学会本着抓项目促能力提升的宗旨，精心挑选了科普作品出版、耐盐水稻种植、学校科普大赛资助、科技服务站建设支持四个项目，在逐一签订协议同时，要求这些项目在规定时间内必须拿出相应的成果。

为电影《丁文江》拍摄提供帮助，学会还对泰兴黄桥丁文江纪念馆受赠的400多件标本的展陈和出版宣传册提供了分类技术帮助。

【积极推荐人才营造积极向上的科学氛围】

举荐人才是学会工作的重点之一。学会接受省自然资源厅委托，每两年评选一次“江苏省优秀地质科技工作者”。2016-2017年推荐评选工作已结束，推荐的30位优秀人员，已经审委员会评审并公示。

学会还积极动员理事单位参加向中国地质学会推荐“双十奖”“黄汲清奖”“李四光奖”“金罗盘奖”等候选人。2018年我会推荐3名金罗盘奖候选人，有两人入选。

【《地质学刊》办刊质量逐年提高】

助推季强博士的重大人类学考古发现。在2018年9月份季强博士举行东北哈尔滨发现的海德堡人头颅化石的新闻发布会上，《地质学刊》提前出版第三期刊登了季强团队研究成果进展的文章全球首发，得到了学术界的关注。

刊物质量稳步提高。2018年度，按时、按质出版正刊4期。在中国地质学会专家指导下，刊物编辑部充分发挥互联网优势，做好与新媒体融合的工作。刊物通过学会网站、刊物网站、编辑部微博、QQ群、专家微信群扩大影响。目前，论文淘汰率为47.1%，全年编校和载文质量保持在较好的水平。

（詹庚申）

矿业协会工作

【概述】

2018年，省矿业协会在省自然资源厅、省民政厅的领导下、在中国矿业联合会指导下，认真贯彻落实中央和省委、省政府重大决策部署，在“为全省矿业发展服务、为矿业企（事）业单位服务、为政府决策服务”中积极开展工作，并取得一定进展和成效。

【践行“三服务”工作】

一是召开协会秘书长工作会议，贯彻落实全省国土资源工作会议精神，制定协会年度工作计划；二是协助有关部门筹划“中国（南京）国际矿物宝石化石博览会”工作；三是参与《镇江市山体保护条例》（草案）、勘查开采规划区块局部调整、地质灾害防治规划、地质环境监测规划等论证；四是参与省内盐矿采矿权出让基准价制定与相关方面进行沟通协调；五是参与部分矿山企业和会员单位开展维权服务，维护了他们的合法权益；六是组织推荐涟水县申请命名成功江苏省首家、全国第十三家中国矿泉水之乡。

【四届理事会延期一年】

省矿业协会四届理事会2018年4月期满。因政府机构改革，新一届理事会人选不能及时的确

定，协会及时向省民政厅申请延期召开五届会员代表大会和五届理事会换届选举活动，获批准延期一年。

【继续完善脱钩试点工作】

一是完善财务制度管理，聘用了税务会计，推进第三方审计；二是落实矿协临时党支部的党员活动、组织关系、党费收缴、档案管理等事宜；三是为脱钩后首次换届做准备，到理事单位调研、听取五届理事会任用人选的建议和意见；四是主动推进协会服务工作的领域，新增15家矿山企业为理事单位。

【推进绿色矿山建设工作】

根据省自然资源厅要求，继续积极推进绿色矿山建设。一是组织开展了省级绿色矿山申报、推荐等工作。二是指导矿山企业制定绿色矿山建设规划。三是创建绿色矿山建设交流与合作平台。四是进行绿色矿山动态管理。到2018年底，全省共有近30家企业35个矿山积极申报省级绿色矿山试点单位。经实地考察，专家评审，省矿协公示，共20个获省厅公告正式成为省级绿色矿山试点单位（其中2018年申报的有11个）。

【开展学习交流考察活动】

1月，组织部分市局、地勘单位共15人，参加国土资源部培训中心在海南举办的地质灾害防治培训。11月，组织分管人员、专家赴宁波市学习交流、实地考察绿色矿山建设。12月，组织部分理事、专家学者15人赴台湾考察交流。在台期间，实地考察了水泥灰岩矿山、野柳地质公园等，同中华土地经贸发展协会进行了业务交流。8月，接待中矿联领导一行考察我省绿色矿山建设工作。

【组织参加有关会议】

一是组织参加2018年中国矿业循环经济暨绿色矿业发展论坛。此次论坛于2018年6月27日在浙江湖州召开，以“为经济发展助力，为绿水青山增彩”为主题，以重塑中国矿业形象为目标。论坛重点是学习贯彻习近平总书记关于“绿水青山就是金山银山”重要论断精神，探讨了绿色矿山建设的技术手段、标准等问题，交流了各地在绿色矿山建设中的成功经验。考察了安吉余村。

二是组织参加了矿业权审批制度改革和诚信体系建设座谈会。会议由中国矿业联合会和云南省矿业协会联合主办，于2018年7月17日在昆明召开。各省交流了矿业权审批制度改革和诚信体系建设的进展情况。明确了推进下一步工作的任务和要求。我会代表交流了诚信体系建设的意义和加快推进实施的建议。

三是组团参加2018年（第二十届）中国国际矿业大会暨2018中国探矿者年会。中国国际矿业大会于2018年10月18日在天津召开。大会以“开放新格局，合作新模式”为主题，以“一带一路”矿业国际产能合作为切入点，着力推进全球矿业界的对话、交流与合作。2018中国探矿者年会与国际矿业大会同期举行。会议以落实新时代地质工作的新任务、新使命，就进一步加强矿产勘查开发领域的交流合作、促进我国矿业经济健康可持续发展进行了交流和探讨。

四是参加全国省级矿业协会（联合会）会长、秘书长联席会和矿产资源权益金制度暨矿业权审批制度问题研究座谈会。会议于2018年12月24日在成都召开。重点研讨了矿产资源权益金制度暨矿业权审批制度问题。各省级矿业协会（联合会）主要负责人就本省的工作情况进行了交流。我会代表就绿色矿业发展、矿业权审批、矿产资源权益金制度等关心的话题进行了讨论交流。紫金矿业集团有限公司等企业相关负责人就《财政部、国土资源部关于印发<矿业权出让收益征收管理办法>的通知》（财综〔2017〕35号）文件执行过程中遇到的问题进行了座谈交流。

【做好自身建设工作】

一是加强政治理论学习，提高党性修养。我会临时党支部5位同志于2018年8月18日至25日赴陕西进行了一次红色传统与爱国主义现场教育暨地质考察活动。

二是修改协会章程，健全管理制度。进一步完善专委会组织机构和人事安排。强化财务管理，加强了审计、税务监管工作。

三是继续进行矿协门户网站维护建设工作。2018 年，协会网站共登载了各类信息 1 万余条，日均更新信息 30 余条。登载的信息内容主要有：将省矿业协会的活动信息和各类通知、公告、公示，部、省矿政管理工作和动态，国内外矿业经济新闻、省内外矿山企业的动态新闻，地勘单位的地质找矿成果，绿色矿山建设等方面内容，目前网站访问量已超过 24 万人次。

（陆元林）

徐霞客研究会工作

【概述】

2018 年，江苏省徐霞客研究会，认真学习党的十九大精神，积极开展学术交流活动，组织会员开展重走霞客路。成功承办了中国徐霞客研究会在北京举办的 2018 年中国徐霞客文化旅游大会；积极筹备江苏省徐霞客研究会第四届换届工作。现将 2018 年度工作总结如下。

【承办 2018 年首届中国徐霞客文化旅游大会】

为弘扬徐霞客精神，推进文化旅游事业的创新发展，促进和传承中华优秀文化，由中国徐霞客研究会和江阴市人民政府等单位主办，江苏省徐霞客研究会和江阴市徐霞客研究会承办的 2018 年首届中国徐霞客文化旅游大会，于 2018 年 10 月 12-13 日在北京长富宫饭店召开，来自全国各地的徐学专家、霞客路线城市景区的领导及各大知名投资机构的代表近 300 人参加了大会。

大会的主旨是“追寻霞客足迹，共享绿水青山”。明代著名学者徐霞客一生游历四方，经过 30 多年撰写的《徐霞客游记》，既是系统观察和记述自然的世界地理名著，又是描绘中国大好山河的旅游巨篇。内容丰富、层次多维，是推进产业融合、创新产品结构的理想资源。深入探讨新时代下文化产业的发展方向，可行的实践模式，是打造徐霞客旅游路线的资源，是整合平台和旅游产品孵化的平台。着力旅游产品创新，实施旅游精准 脱贫。助推徐霞客游线标志地所在区县和更多节点城市“全景、全业、全时、全民”发展旅游，发展美丽中国旅游，建设美好生活圈。

会上有俞敏洪、刘滨谊、沈波、梁留科、邱晓华等专家十多名中国著名专家、学者在大会上发言。大会取得圆满成功，并取得了预期的效果。

【组织会员重走霞客路】

根据研究会 2018 年度工作计划，为继承和弘扬徐霞客精神，体验当年徐霞客游历的艰险生活，深入徐学研究。2018 年 11 月 4-9 日组织了重走霞客路湖北行活动，此次活动由周康民会长带队，共有十位会员参加了活动。对徐霞客当年游历过的武当山 — 金顶 — 南岩官 — 紫霄宫进行全面考察。并参观了我国最宏伟的水利工程 —— 三峡大坝。

徐霞客志在五岳，而武当山又在五岳之上，武当山一称玄岳。一称太岳，而不直呼武当，《徐霞客游记》中称作太和山，可见对此山十分敬畏，看得十分神圣。徐霞客于天启三年（1623）从陕西南大进入三湖，于三月十一日入境，十二日抵均州，十三日登山，沿途游遇真宫，紫霄宫，五龙宫，览滴水，仙侣，凌虚岩，登绝顶，天柱峰金顶，十五日下山。以后取及水长江航行，于四月初九抵家，结束了这次河南、陕西、湖北的长途旅行。

重走霞客路活动，是为了深入了解和体验徐霞客当年的游历生活，对照《徐霞客游记》所记载的游历内容，了解当地民生民俗及地理、地质、地貌概况、风土人情、历史沿革变迁和改革开放带来的巨大变化，同时能激发会员的爱国热情和做好本职工作的责任感，加强和推进学习、弘扬霞客精神，争做传承中华优秀文化的践行者。

【加强与兄弟研究会联系和学术交流】

加强与兄弟研究会联系和互相参与学术交流，是促进徐学研究的有效方式之一，也是江苏省徐霞客研究会一直坚持的做法，2018 年共参加四次兄弟研究会开展的徐学研究的交流活动。

2018 年 9 月 21 日，周康民会长和朱士鹏秘书长参加由江阴市政府和江阴市徐霞客研究会举办的第 13 届中国徐霞客国际旅游节开幕式暨海澜飞马水城开园仪式。会议在海澜飞马水城举行，500 多位嘉宾、游客和市民代表共同见证了盛会的开启。无锡市委常委、江阴市委书记在大会上致辞，中国徐霞客研究会会长王宝才参加大会。

2018 年 10 月 12 日，周康民会长和朱士鹏秘书长参加中国徐霞客研究会年会，会议在北京长富宫饭店举行。来自全国各地徐霞客研究会的代表和中国徐霞客研究会的理事共 80 多人参加了会议。年会的主题是回顾与展望。中国徐霞客研究会会长王宝才在会上作了主题发言，并提出今后徐学研究的方向。江苏省徐霞客研究会会长周康民在会上作了“弘扬霞客精神 传承中华优秀文化”的专题发言，受到与会代表的好评。

2018 年 11 月 16-18 日，周康民会长和朱士鹏秘书长参加 霞客论道 - 中国金华徐霞客研究会的高峰论坛。金华地区历史悠久、人文惠萃、风景秀丽，是人文墨客的游览胜地。徐霞客 390 多年前在金华进行三天的考察，特别是对金华山溶洞进行了详细的描述。本次高峰论坛由金华山徐霞客研究会主办，中国徐霞客研究会、江苏、浙江、云南等各地徐霞客研究会都派代表参加了这次会议。

2018 年 12 月 14 日，周康民会长、朱士鹏秘书长参加无锡市徐霞客研究会成立三十周年庆典暨学术研讨会，来自北京、江苏、浙江徐霞客研究会的 80 多名代表参加了会议。无锡市徐霞客研究会会长许强在会上致辞，中国徐霞客研究会会长王宝才在大会上发言，无锡市徐霞客研究会创始人吕锡生教授作三十年工作总结报告。下午各位徐学专家就最新研究成果进行了学术交流。

【徐霞客旅行商商会的工作继续前进】

2018 年，江苏省徐霞客旅行商商会，紧跟全国旅游步伐，与时俱进，着力践行社会主义核心价值观，大力推动商会的文明旅游、理性旅游、绿色旅游，并创新机制，推进“旅游”+ 融合发展。在推进红色旅游、乡村旅游方面做了大量工作，坚定旅游为民、旅游惠民的理念和商会扶贫工作。如期完成了今年的工作任务和目标，取得了很大的进步。

【换届筹备工作基本就绪】

江苏省徐霞客研究会第三届理事会于 2013 年 1 月产生，2018 年任期届满，根据研究会章程应召开代表大会选举产生第四届理事会。据此，秘书处做了大量的前期筹备工作：五年来研究会的工作报告、章程修改稿、章程修改报告都已经完成草拟稿，第四届理事会会长、副会长、常务理事、理事分配方案也都拟定。由于省政府和相关部门正在进行改革，会长候选人相关部门还没有批复，此事已报省社科联、省民政厅批准，推迟到 2019 年进行换届。

（朱士鹏）

海洋经济协会工作

【概述】

2018年，省海洋经济协会在原省海洋与渔业局、省自然资源厅、省民政厅的关心、指导和监督下，在全体会员单位的支持和共同努力下，认真学习贯彻党的十九大精神和习近平总书记一系列重要讲话精神，围绕服务海洋经济发展、建设海洋强省的总体定位，把握大局，凝聚共识，履职尽责，不断加强自身建设，进一步发挥协会枢纽型社会组织的作用，成果丰硕，为江苏海洋经济发展和海洋强省建设做出了积极贡献。

【主要业务工作】

组织开展用海审批前置工作。受原省海洋与渔业局委托，从4月起，省海洋经济协会正式接手开展用海审批前置工作。为依法依规、及时、规范地组织开展全省用海工程海域使用论证报告和海洋环境影响报告初审、召开专家评审会以及出具意见书等工作，为我省海域使用的科学性提供保障，秘书处制定了《用海前置工作管理办法》，规范工作流程，明确责任分工，由秘书长在理事长领导下组织承担用海前置审核具体工作。经统计，今年共接收用海项目47个，组织召开专家评审会63场（其中海域40场、环评23场），出具技术审查意见46份。

积极参与海洋知识科普工作。“5·12防灾减灾日”活动期间，省海洋经济协会邀请南京信息工程大学海洋科学学院40多名师生来到省海涂研究中心参观学习。通过观看海啸、风暴潮、灾害性海浪等内容的海洋灾害科普视频，参观由海洋观测平台系统、志愿船观测系统、海洋渔业生产安全环境保障服务系统、防灾减灾辅助决策支持系统、卫星通信系统、网络系统、预警报业务系统、数值预报系统、视频会商系统和声像制作发布系统等组成的江苏省海洋预警报业务平台和中心海洋环境监测实验室，同学们对海洋防灾减灾工作、海洋预警报信息制作发布流程、海洋观测仪器设备及海洋环境监测工作有了较为全面的了解，增长了对海洋灾害预警监测知识。

促进会员间交流合作。6月，淮海工学院副校长陈先宏率院有关部门来省海涂研究中心就人才培养、科研项目等多方面合作进行洽谈，中心主任盛建明、相关部门负责人参加了交流。会上，双方就如何通过实习基地建设、科研项目合作等议题进行探讨，并就具体实施方案达成初步意向，助推双方合作进一步深化和拓展。为更好的服务会员单位，今年协会秘书处多次对会员单位用海工程审批报送程序、海域使用论证报告、生态评估报告等工作给予技术指导和帮助，使会员单位更好更快地开展用海工作，帮助企业走向更高的发展台阶。

2018年，通过协会平台，协会两家副理事长单位江苏省银宝盐业有限公司与中洋集团实现了业务互访，并在充分交流研讨的基础上，就智能、生态、旅游为一体的现代渔业工厂化养殖基地合作事宜达成了合作意向，为双方寻求更广大的发展空间搭建桥梁。

【重要事件和活动】

第一届理事会第二次会议。7月3日，省海洋经济协会在南京召开第一届理事会第二次会议。本次会议的主要议题是审议协会工作报告及2018年工作计划、审议协会财务报告、增选协会副理事长、理事、副秘书长、讨论通过新增单位会员以及交流讨论协会工作。会议由副理事长张建军主持，汤建鸣理事长出席会议并讲话。协会副理事长、理事、监事、秘书长、副秘书长以及相关工作人员共40

余人参加了会议。会议听取并通过了协会成立以来工作总结、审议协会财务报告、审议协会2018年工作计划、增选协会副理事长、理事、副秘书长。随后与会代表积极发言各抒己见，为协会下一步工作建言献策。最后，汤建鸣理事长在会议结束时做了会议总结。他用“一个升温、两个转型”对当前省海洋经济协会面临的形势进行了分析；对协会下一步工作，他强调要充分发挥桥梁纽带作用、协商平台作用、协调服务作用、承接政府服务作用；对协会自身建设，他从加强服务意识、规矩意识、联络意识等方面提出了要求。本次会议达到了预期效果，取得了圆满成功。

主办江苏省第二届大学生海洋装备创新设计大赛。围绕国家海洋战略的重大需求，展示海洋装备领域创新的最新进展和成果，吸引大学生积极参与海洋科技创新，3-9月，省海洋经济协会与江苏高校高技术船舶协同创新中心共同主办江苏省第二届大学生海洋装备创新设计大赛。参赛内容主要面向海洋装备的研发，如海洋运输装备、海洋开发装备、海洋安全装备、海洋科考装备等。参赛对象为江苏省内高等院校和科研院所的在校硕士研究生和高年级本科生，并邀请有关省外高校参加。

9月13日至9月14日，江苏省第二届大学生海洋装备创新设计大赛决赛在江苏科技大学举行，受汤建鸣理事长委托，协会秘书长盛建明应邀出席闭幕式及颁奖仪式。经过初赛，最终16件作品脱颖而出，入围决赛。通过决赛中实物模型展示、现场答辩等环节，大赛共评选出一等奖1名、二等奖3名、三等奖5名。其中，江苏科技大学船舶与海洋工程学院张学丰团队的作品《流线型封闭式观察型水下机器人》获得一等奖。活动取得了圆满成功。

参加“三海一核”人才战略合作发展论坛。6月9日，“三海一核”人才战略合作发展论坛在江苏南京隆重举行。此次论坛聚焦海洋开发、船舶工程、海军装备和核能应用等热门行业领域，搭建人才及智力资源、创业项目产业化的校地企合作平台。江苏省海洋经济协会理事长汤建鸣应邀作了《江苏海洋经济发展分析与思考》的主旨报告。汤建鸣理事长介绍了江苏海洋经济发展情况，梳理了江苏海洋经济发展的新成效，指出存在的问题，提出了下一步推进江苏海洋经济高质量发展的对策措施。

参加2018“一带一路”苏台海洋经济交流合作研讨会。7月23日，2018“一带一路”苏台海洋经济交流合作研讨会在淮海工学院召开。本次会议旨在加强“一带一路”倡议下两岸海洋经济与教育合作发展。江苏省海洋经济协会理事长汤建鸣应邀出席并作《江苏海洋经济发展分析与思考》的主题报告。报告从江苏海洋经济快速发展成效、江苏海洋经济下一步发展目标及主要任务、“一带一路”倡议背景下苏台海洋经济合作探讨三个方面进行阐述，受到与会代表的高度关注。

会员单位杰出代表被评为自然资源部“2017年度十大海洋人物”。6月8日是“世界海洋日”，由中华人民共和国自然资源部指导主办的海洋盛典在浙江舟山隆重举行。协会会员单位——中天科技集团董事长薛济萍被评选为“2017年度十大海洋人物”。坚持自主创新，服务国家海洋战略，近年来中天科技在海洋领域取得了多项第一。组委会对薛济萍给予高度评价，其颁奖辞为：“他是一位从田埂上走出来的民营企业家；他把一个乡镇小厂变成"行业巨人"；近200项行业标准的修订凝聚着他的智慧；800多项专利授权见证了他与企业的共同成长；他用深海光缆讲好"中国故事"；他就是中国制造的典范——薛济萍。”

4家协会会员单位荣获2018年度国家科技奖励。2019年1月8日，国家科学技术奖励大会在北京隆重举行。我协会共有4家单位荣获2018年度国家科技奖励。

（孔得雨）

市县局工作篇

南京市自然资源工作

【概述】

2018年，南京市自然资源工作以习近平生态文明思想为引领，紧扣“创新名城、美丽古都”的城市发展定位，坚持系统思维，强化创新意识，着力推动自然资源治理体系和治理能力现代化。

优化空间规划管控。深化“多规合一”，在完成主体功能区规划、城市总体规划、土地利用总体规划、生态红线区域保护规划等四规合一的基础上，拓展融合专项规划，全市全覆盖推广“多规合一”空间信息管理平台，建立“多规合一”业务协同平台；在新一轮城市总体规划基础上，提前开展国土空间总体规划编制准备工作，促进国土空间治理能力提升。成功举办“南京2035城市发展国际会议”，以国际视野、前瞻眼光，加强新一轮城市总体发展研究谋划。

落实“三位一体”保护。紧扣数量质量生态保护要求，转理念、探举措，出台文件进一步加强耕地保护和改进占补平衡管理，完善区级政府耕地保护责任目标考核办法，构建耕地保护新格局。持续推进耕地质量建设，推动14万亩耕地质量提升；组织市、区两级发放年度耕地保护补助资金8.2亿元；严查违法占用耕地，2017年度土地矿产卫片执法检查实现“零约谈、零问责”。探索生态修复治理。率先在省内开展生态型土地综合整治试点，改善土壤环境，强化生态保护。出台南京市矿山地质环境恢复和综合治理规划（2017-2025年），明确治理目标、计划和举措。落实土壤污染防治要求，把握建设用地登记、供应关口，出台文件明确土壤污染风险管控举措，14宗已修复污染地块信息纳入国土资源“一张图”管理。树牢节约集约导向。强化“以亩产论英雄”用地导向，落实建设用地总量、强度“双控”要求，推动建设用地地均GDP、存量用地供应比等指标列入市、区两级对标找差考核指标，强化全市上下节约集约用地责任意识。启动第三次国土调查，先行开展土地利用现状调查，摸清资源家底；严格土地利用规划实施管理，制定2018-2020年流量指标归还计划，推行新增建设用地“三挂钩”，即挂钩存量挖潜、规模减量和用地绩效，激发各方节约集约用地积极性。增进资源惠民利民。发挥职能优势，助力精准扶贫，耕地质量提升片区项目市级奖补启动资金累计拨付约6亿元，近80%投向经济薄弱村和欠发达村。省内率先施行征地留用地安置，为农村集体经济组织筹集留用地补偿资金1.14亿元，促进集体资产壮大。持续推进不动产登记提质增效，不动产登记指标在国务院第五次大督查营商环境评价中位居全国第一，在江苏省2018年营商环境评价中被评为“不动产交易登记”评价先进地区。加强地质灾害防治，提升应急处置能力，保障群众生命财产安全。

强化党建引领作用。落实新时代党的建设新要求，出台全系统党的建设实施意见、考核评价办法。强基固本提升基层组织“战斗力”，开展集中轮训、专题讲座强化党员队伍理论武装。落实意识形态工作责任制，守住、管好意识形态阵地。加强党风廉政建设责任体系建设，推行“两个责任”清单化管理，探索实施市局、分局、基层所三级嵌入式监督。以对标找差工作为抓手，开展大调研、“走访月”活动，集中整治形式主义、官僚主义，推动作风改进。在2018年度市级机关对标找差绩效考核中，市国土资源局获评优秀。

【资源开发利用】

深化“多规合一”实践 深化完善多规融合“一

张蓝图”，以四规合一“一张蓝图”为基础，逐步融合交通市政、园林水利、公共服务、历史文化保护等各类专项专业规划，累计完成40余项专项规划170余个图层的整合与发布，全市多规融合“一张蓝图”进入了新阶段。深化完善多规融合“一个平台”，建立、运行市区两级全覆盖的“多规合一”空间信息管理平台，在规划编制，以及制定年度项目计划、项目招商等项目储备阶段，加强合理合规性检查；建立跨部门的空间协同和服务协同机制，提高工程建设项目落地的空间引导和服务水平。

保障省市重大项目用地。以“保落地、保开工、保当年”为目标，紧扣全市重大项目用地需求，加强规划空间保障，通过跨省增减挂钩节余指标购买、省增减挂钩节余指标（附带空间规模）竞购等，新增规划空间7400亩；统筹安排4.07万亩增量和流量用地计划，跨市和跨区易地调剂补充耕地指标1.57万亩，全市2018年共获批征地5.64万亩，供地4.67万亩，实现各类土地出让金1171.65亿元，保障了中兴、格力、极光片羽等一批省、市重大项目建设，全市当年实施的449个重大项目实现了应保尽保。

优化产业用地供应管理。出台《关于创新名城建设土地保障政策实施办法（试行）》，印发《关于进一步优化工业用地供应管理的实施意见》，试行工业用地带方案公开出让。

提升节约集约用地水平。完成全市2017年度1.56万家工业科研企业、3.11万公顷产业用地调查，建立产业用地绩效评估系统，实施工业企业资源节约集约用绩效评价差别化政策。推进存量用地挖潜，清理处置批而未供和闲置土地2.49万亩，完成城镇低效用地再开发项目61宗、3525亩，全市2018年存量用地供应占比60%以上。在2017年度全省国土资源节约集约利用综合评价考核中，南京因成绩突出获评江苏省国土资源节约集约利用模范市，雨花台区、栖霞区获综合考评资金奖励。

【资源环境保护】

构建耕地保护新格局　出台《关于进一步加强耕地保护和改进占补平衡的实施意见》（宁委发〔2018〕27号），明确耕地保护工作总体要求，确定到2020年全市耕地保有量不少于342.62万亩，永久基本农田保护面积不少于292.20万亩，高标准农田占耕地面积比重达60%以上；推动出台《区政府和江北新区管委会耕地保护责任目标考核办法》，优化考核组织方式、指标标准、结果应用等，压实耕地“三位一体”保护责任。

深化土地综合整治。2018年度30个片区、14万亩耕地质量提升片区项目全部进入施工环节，同步开展了2019年度22个预定片区项目的市级会审工作。2018年度共入库实施各类农村土地综合整治项目398个，总建设规模约2.68万亩，可新增补充耕地指标6554亩，形成整治建新指标1.17万亩。积极争取生态型土地综合整治试点任务，选址江宁区横溪街道探索生态型土地整治项目建设。

持续推进“矿地融合”。编定南京市矿山地质环境恢复和综合治理规划（2017－2025年），明确规划期内完成全市260个关闭露采矿山地质环境治理任务，推动实现生态效益、社会效益和经济效益相统一的矿山地质环境保护和治理新局面。投入资金3000余万元（其中省地勘资金600万元），完成宁安、宁启铁路沿线44.7万平方米矿山环境治理任务。落实压覆重要矿产审批制度改革要求，探索推进区域性压矿评估，完成了南京市土地利用总体规划确定的中心城区和江心洲共920.54平方公里范围压覆重要矿产资源调查评估及压覆矿产资源储量预登记，并开展了高淳区重要矿产资源贫乏县（市、区）区域压矿调查工作。

加强地质灾害防治。修订《南京市市区地质灾害防治规划（2011-2020年）》和《南京市突发地质灾害应急预案》。开展地质灾害排查，编制南京市2018年度地质灾害防治方案，健全防灾体系，定人、定点、定时监测地质灾害危险点，安排驻点专家加强技术咨询和指导；严格汛期应急值守，加强全市汛期地质灾害防治工作培训，组织浦口区、六合区150余人开展地质灾害应急演练工作；加大地质灾害治理力度，投入资金1.7亿元，完成全市18个地质灾害治理项目。2018年未发生因地质灾害造成的人员伤亡。

落实土壤污染防治任务。督促2017年底前已收储且尚未出让的45幅原重点行业企业用地开展场地初步调查，推进污染场地土壤修复。出台文件加强国有建设用地供应过程中土壤环境保护管理工作，严格污染场地供应监管；明确污染场地不动产登记环节管理举措，落实污染地块信息标注，严格转移登记办理；完成固体矿山矿区及周边4935亩未利用地土壤环境风险排查。落实耕地土壤污染防治要求，指导江宁、六合、溧水、高淳等全市四个产粮（油）大区编定土壤环境保护方案，加强督促检查，促进保护方案实施。

【执法监察】

探索执法监管新方式。落实“综合治理”理念，在江宁区淳化等街道探索试行“网格化巡查、网络化处置、清单化管理、一体化考核”的工作方法，主动融入网格化社会治理体系，提升日常执法监管工作效能。推进“慧眼守土”工程，完成“慧眼守土”综合动态智能监管平台项目建设，构建了覆盖全市域的“空天地网”监测体系，资源开发利用现状监测监管实现了由“静态”向“动态”、由“人工”向“智能”的转变。

强化违法违规用地整改。加大2017年度卫片执法检查和土地例行督察发现问题整改力度，实施“建账销号、挂账监管”，严格依法履职，推动整改到位，市本级和各区均实现了年度卫片执法检查“零约谈、零问责”目标，例行督察整改工作通过上级阶段性检查验收。落实“大棚房”问题专项清理整治行动任务要求，督促开展拉网式排查，加强举报问题核查，促进专项行动有序开展。扎实推进风景名胜区违法违规建设别墅项目清理等专项工作任务，维护资源保护和开发利用秩序。

攻坚推进信访积案化解。组织开展全市国土资源信访突出问题大化解大突破专项行动、国土资源信访积案化解集中深度攻坚行动，着力化解疑难复杂信访矛盾纠纷。出台《南京市国土资源局领导干部接访下访和包案处理信访事项工作实施方案》，市局主要领导带头包案处理疑难等级信访积案。依托联席会议、矛盾调处中心等地方政府大信访平台，通过政府领导包案、专题会商会办等方式，强化矛盾纠纷化解合力。至2018年底，省自然资源厅交办的信访积案化解率达95%。

【改革创新】

探索乡村振兴用地保障路径。出台《关于支持乡村振兴的若干土地政策措施》。指导江宁区、高淳区等6个试点村完成村土地利用规划编制；支持高淳区垄上村、小茅山脚村通过租赁、作价出资等方式盘活利用存量集体建设用地、农民闲置宅基地；推进利用集体建设用地建设租赁住房试点；全市农村不动产权籍调查累计完成13.57万户，农村宅基地和农房累计申请登记1.25万户、登记发证0.45万户。

打造不动产登记“南京模式”。深化不动产登记服务改革，50%以上登记业务实现了现场办结，30%以上登记业务可全程“不见面服务”，在全国首家推出网上开具电子购房证明、房产交易与不动产登记全业务一体化办理、不动产登记与水电气有线电视线上联动办理、商品房交易登记全程“不见面服务”等特色举措，以服务提质增效打造了独具特色的不动产登记“南京模式”。市不动产登记中心被自然资源部列为“全国百佳不动产登记便民利民示范窗口”创建单位，被省自然资源厅党组授予“首批全省不动产登记窗口党员先锋岗”。

完成国有建设用地二级市场试点。推动出台《南京市国有建设用地使用权转让、出租、抵押二级市场交易管理实施细则（试行）》。建立二级市场交易线上平台，提供交易信息发布、归集、查询，以及土地抵押“不见面”审批和土地二级市场招拍挂服务。完成自然资源部交办的“土地转让25%投资额限制”专题研究任务，土地使用权分割转让、涉地司法处置、防范抵押风险等案例被自然资源部收录为典型案例。

启动第三次国土调查。成立市级、江北新区以及栖霞、雨花台、江宁、浦口、六合、溧水、高淳等7个区的区级第三次国土调查领导小组及办公室，确保组织推进有序。稳步开展高淳区东坝镇第三次国土调查试点，探索完善国土调查实施方案，保障全市各区有序推进图斑分析、图斑重构、外业调查、数据建库等工作。至12月，全市共落实调查经费0.61亿元，玄武、建邺、鼓楼、秦淮、栖霞等5区依据国家下发的影像和图斑完成了内业处理及外业调查，高淳区完成了内业处理、外业调查和数据库初步建库。

【法治建设】

落实“放管服”改革要求。聚焦企业群众获得感，强化用户思维，全面推进“四全”服务突破建设方案落地，进一步打通堵点、优化服务、营造环境。坚定简政放权，推动用地预审、征地报批、划拨供地等四项相关事权下放、调整至区；坚持“能进必进”原则，在各区政务中心打造全业务国土窗口，并在有条件的基层所设立业务窗口；整合市局、分局、基层所三级国土资源业务，纳入全市国土资源“一张图”管理，优化调整办事流程，强化信息资源共享，流程节点普遍缩减了70%，办理时限普遍压缩了40%，申报材料数同步精减50%。

提升依法争议化解水平。出台《行政复议工作办理规范》《行政应诉工作办理规范》。推动行政机关负责人出庭应诉常态化，自9月至年底行政机关负责人出庭应诉率提升至100%，促进了行政争议实质性解决，应对不动产登记类纠纷多发态势，加强与司法机关的沟通，充分发挥公益调解员作用，建立不动产登记案件庭前协调机制，促进矛盾纠纷化解。2018年市局受理行政复议案件数量同比减少31%，行政复议应复案件数量同比减少35%。

加强法治宣传教育。制定法治宣传教育工作年度计划，拓展宣传教育方式方法，增进宣传教育实际成效。加强主题日法治宣传教育，举办“纪念第28个全国‘土地日’暨不动产登记制度实施两周年知识竞赛”；举办“爱土护土”国土知识有奖竞答。推进“以案释法”宣传教育，组织干部旁听不动产登记等行政诉讼案件庭审；围绕行政诉讼案例剖析，邀请专家学者、法律顾问举办法治讲座；结合国土资源执法监察工作实践，创建“宁国土执法”微信公众号，设置“以案说法”“法规速递”等板块，累计推送案例分析等文章63篇。加大法治培训力度，先后举办8期国土大讲堂，结合国土资源管理业务宣讲法律法规，促进全系统干部职工进一步提升依法行政能力。

（李　谦　肖宇慧　季菲菲）

无锡市自然资源工作

【概述】

2018年，在省自然资源厅党组和无锡市委市政府的正确领导下，无锡市国土资源局坚持以党建工作为统领，以高质量发展走在前列为目标，全力推进“八个突出狠抓”和“十项重点攻坚”，创新实施党建和业务深度融合的“双增双进”工程，实现全市国土资源工作系统化提升。

坚持资源优配助推“产业强市”。“五个转变”的资源高效配置模式在实践中取得了明显成效，为全市高质量发展提供了重要支撑，受到吴政隆省长的批示肯定，2018年区域建设用地节约集约利用综合指数位居全国第六、全省第一，无锡市和所辖各板块节约集约模范创建实现了市域全覆盖。

坚持建管并举厚植“绿色基底”。推进永久基本农田储备区建设，开展“大棚房”问题专项清理整治，深化构建国土与城管联防联控机制，严厉打击违法占用耕地行为，积极探索“矿地融合”无锡路径，将土地综合整治与矿山废弃宕口复垦利用有机衔接，通过生态修复和综合整治，腾退建设用地空间，实现矿区生态重建和土地可持续利用。

坚持改革创新派发“民生红包”。持续深化“放管服”改革，实现常规不动产登记“3个工作日”办结、21项业务当场办结，建成不动产集成服务平台，创新“互联网+不动产登记”，形成老百姓只跑“一个窗口”、与工作人员“只见一次面”、“一小时”完成产权过户的服务模式，“不动产登记交易”指标在全省简政放权双创评价中持续保持全省前列；认真落实地质灾害防治等措施，依托“慧眼守土”工程实现对地灾隐患点的实时监测；坚持科技创新，建成并不断完善数字城市地理空间框架、“无锡·天地图”“智慧无锡时空云平台”；编制发布国土资源“四全”窗口公共服务6大类59个标准，顺利通过国家标准委的中期评估，“四全”窗口公共服务标准化项目荣获无锡市法治惠民实事工程优质项目奖。

【耕地和永久基本农田保护】

确立“五重保护”机制。构建无锡市耕地资源制度保护、特殊保护、生态保护、激励保护、底线保护的“五重保护”机制，在《新华日报》《国土资源通讯》《无锡日报》等主流媒体予以刊登。

建立健全制度建设。制定出台《关于切实加强耕地保护和改进占补平衡的实施意见》和《无锡市耕地保护补偿激励暂行办法》。

强化土地综合整治。实施土地整治新增耕地13791亩，是2017年度的2.6倍。其中：耕地占补平衡复垦项目新增耕地6068亩，实施城乡增减挂钩复垦项目7091亩，实施工矿废弃地复垦项目632亩。近五年来首次实现耕地净增加。

实施补偿激励。设立耕地保护激励专项资金，发放耕地保护补偿资金1.7亿元，评选1个区、5个镇、17个村为耕地保护激励单位，发放激励资金1350万元，发放城乡建设用地增减挂钩复垦奖励资金132万元。

【节约集约用地】

优化工业用地供应。报请市政府出台《关于进一步加强市区工业用地供应管理的实施意见》，通过设置和提高产出投资、建设用地、存量用地、用地产出、建筑容积率等五项定额配置标准，提高工业用地市场准入条件，开启先租后让、短租转长租等差别化供应模式，实行出让（租赁）合同与产出监管协议“双合同”管理。

存量资源精细化管理。构建批而未供管理系统，编制低效用地再开发专项规划，划定2017-2020年低效用地盘活路线图和时间表。

存量用地盘活利用。全年盘活存量资源5.41万亩，消化批而未供1.62亩，完成低效用地再开发2.01万亩；全市总供地中存量用地占比达到66.2%，市区供地中存量用地占比达到74.4%。全市单位建设用地GDP产出达到7.56亿元/平方公里，提前2年完成了“十三五”提升28%的目标。

工业用地绩效评价。完成全市工业用地更新补充调查工作，更新入库工业企业5.45万家、60万亩；配合经济信息化部门开展以单位资源产出效益为核心的工业企业资源利用绩效评价，配套制定差别化工业用地政策，明确对评价结果D类企业，在评价次年的土地供应上实施土地招拍挂限制，并作为重点低效盘活对象纳入低效用地库中予以监管。

【土地供应保障】

重大重点项目保障。对100个重点项目逐个制定用地保障方案，苏锡常南部高速公路、常宜高速、宜长高速、新孟河延伸拓浚工程、凤翔路快速化改造项目获自然资源部批准；苏南沿江城际铁路已上报审查。全年供地918宗，供地面积2879.04公顷，同比分别增长12.50%和26.82%。其中：划拨供地1385.33公顷，出让供地1365公顷（经营性用地出让566公顷，工业性用地出让785公顷，其他用地出让14公顷），其他供地128.71公顷。

土地市场调控。建立经营性用地出让服务协调机制，合理调整土地出让条件，适时适量推出地块，完善土地价格管理，优化国有建设用地使用权网上交易一体化集成平台建设，有效维护房地产市场稳健发展。全市全年经营性用地公开出让面积562.42

公顷。

【不动产登记和地籍管理】

不动产登记立法。江苏省第十三届人民代表大会常务委员会第三次会议批准通过，于2018年8月1日起实施。《无锡市不动产登记条例》成为全国首部地级市不动产登记法规。《新华日报》《无锡日报》等各大媒体进行了广泛报道。

“一窗受理、集成服务”。建成“不动产交易、登记、税务一体化”集成服务平台，推行“线上登记”和“不见面”服务，实现常规不动产登记“3个工作日办结”，商品房首次转移登记等21项业务当场办结。全年共颁发不动产权证书（证明）54万件，其中当场办结量33万件，联办业务11万件。简政放权双创评价“不动产登记交易”指标在全省13个设区市中位列第一，6个市（县）、区全部获评先进。

不动产登记窗口作风建设。制定《关于进一步加强作风建设，提升不动产登记窗口服务水平的通知》《不动产登记窗口服务规范》《不动产登记服务十条禁令》。原《中国国土资源报》进行头版报道，自然资源部《不动产登记与法制国土》全文予以刊发，并应邀在全国不动产登记窗口作风问题专项整治工作部署会作典型交流发言。

开展特色田园乡村不动产登记。启动阳山镇特色田园乡村不动产登记试点发证工作，按照“集体土地所有权、承包经营权、宅基地和农房的不动产权”等三权发证工作进行分类部署，全面完成阳山镇桃园村冯巷、桃源村前寺舍和阳山村朱村三个试点村庄的不动产登记工作，涉及农户273户，不动产权证应发尽发。

第三次国土调查。成立第三次全市国土调查领导小组，明确领导小组及其办公室的主要职责、内设机构及人员组成，工作经费全部列入各级政府专项支出预算。

【地质矿产管理】

地质灾害防治。完成制定《无锡市2018年度地质灾害防治方案》和《无锡市突发地质灾害应急预案（2017年修订版）》；编制完成93处地灾隐患点（不含不稳定斜坡）的地质灾害防灾明白卡、避险明白卡及单点应急预案，向各基层政府发放防灾宣传手册76份。落实汛期地质灾害巡查、零报告、险（灾）情速报、24小时值班等制度，开展巡查1352人次，向地灾隐患危险较大的6个地质灾害隐患点所在地政府发出了撤离通知书。发布突发地质灾害气象风险黄色预警短信3则，制作地质灾害气象风险预警产品122套，连续15年未发生因地质灾害造成人员伤亡事故。

矿山环境整治。完成江阴稷山滑坡地质灾害治理工程、华士砂山南坡地质灾害治理工程等2个市级生态文明建设和环境保护重点工程项目年度任务，稷山项目复绿2万平方米、治理2.4万平米，砂山项目（跨年度项目）实施过半、完成2018年任务。完成无锡市矿山地质环境详细调查、《无锡市矿山地质环境恢复和综合治理规划（2017-2025）》。对6眼地下水质量国家考核点位和2眼省级考核点位进行取样及水质检测，完成年度枯水期和丰水期的水质取样、监测工作。

【测绘、地理信息、信息化】

智慧无锡时空云平台项目。完成建设包括基础地理信息、公共专题、智能感知、空间规划等四大类数据在内的智慧无锡时空大数据库和时空信息云平台，在国土资源、公共安全、城市管理、税务管理、社区管理、智慧小镇建设、物联感知等领域开展了应用示范建设。项目通过试运行，报上级部门验收。

基础测绘基准体系。全面建立市级基础测绘体系，形成市辖区平面和高程376个测量标志点位构成的空间控制网，开展第二轮1：500-1000地形图更新，审核出版行政区域图，编制梁溪区域图和最新的城市影像地图。

“天地图·无锡”。完成天地图无锡电子地图网站升级，实现“天地图·无锡”的省、市节点数据融合；增加天地图示范应用建设12个，新增政务服务地图、无锡市科普地图示范应用建设。

国土资源大数据应用创新大赛。大赛吸引共115支队伍报名，征集作品50余份，经初赛、复赛和现场决赛产生一等奖1名、二等奖2名、三等奖3名、入围奖4名。

【法治建设】

执法联动机制。优化“两法衔接”，与法院建立定期涉法疑难问题研讨机制；与检察院建立国土资源行政执法与检察监督联动机制。

行政权力事项梳理 调整确定2018年无锡市国土资源局行政权力事项共177项，其中行政许可22项、行政处罚123项、行政强制2项、行政征收14项、行政给付1项、行政确认4项、行政征用1项、其他类服务事项10项。

“不见面审批”事项梳理。梳理调整“不见面审批”事项清单共62个业务项，其中实现“不见面审批”56项，实现“见一次面”6项，“不见面审批”比例达90.3%。

政府信息公开。全年主动公开政府信息9491条，政务微博、政务微信公开政府信息1367余条。受理并答复政府信息公开申请617件，答复率100%，其中：属于已主动公开范围的191件，同意公开86件，同意部分公开29件，不同意公开答复数60件，不属于本机关公开范围数35件，信息不存在数151件，告知作出更改补充数38件，告知通过其他途径办理数27件。

建议提案办理。办理市政府办交办的建议提案32件，其中：主办件5件（人大建议2件、政协提案3件），会办件27件（人大建议14件、政协提案13件）。荣获市委市政府年度人大、政协建议提案办理工作优秀单位、优秀个人、十大创新务实办理举措等三项殊荣，其中优秀单位荣誉为近5年来首次获得。

法治服务集中办公。全年规范办理依申请信息公开617件，办理行政处罚案件19件，作出集体土地征收责令交地决定10件，促进签订拆迁协议5户，办理行政复议案件65件、行政诉讼案件107件、仲裁案件4件。获评全省法治国土建设和普法工作成绩突出单位和无锡市规范执法示范单位，连续5年获评全省国土系统依法行政先进单位。

【土地执法监察和信访】

土地执法监察。 2018年土地例行督察发现问题85个、3783.30亩、7.1009亿元，问题个数、面积、金额整改到位率分别达到91.76%、95.27%、90.50%。土地矿产卫片执法监督检查工作连续10年一次性通过部、省厅的核查验收。全年组织集中督查4次，重点督查1次，随机督查1次，发出《督查通报》4份；组织动态巡查6845次，督查新建在建项目545宗，面积85876.1亩。

信访维稳。认真开展信访工作“落实五责、畅通五路、调控五量”试点工作，落实领导包案处理信访事项，实施信访积案集中攻坚，市本级全年受理群众来信65件，接待来访59批/155人次，受理阳光系统信访件176件，部交办和省厅交办的积案化解率分别达95%和100%，“12345”热线按期办结率达100%，连续两年获评市信访工作先进单位。

【从严治党】

夯实高质量发展基础。研究出台局党委《关于推进无锡国土资源事业高质量发展的实施意见》，明确了“五个更加”的发展目标以及六个方面27项高质量发展任务，为全市国土事业高质量发展确立了总纲，为无锡经济社会高质量发展奠定坚实的资源基础。

实施“双增双进”工程。出台《无锡市国土资源局党委关于实施“双增双进”工程全面推进党建与业务工作深度融合的意见》。成立党建工作领导小组办公室，整合机关党支部，指导基层落实“支部建在所上”。鼓励党支部与地方探索“党建联盟”制度，已有40个国土所支部与所在镇（街道）或企事业单位搭建了党建联盟平台。建立党建、业务两张责任清单，实施党建业务一体化综合考核，树立“旗帜鲜明讲政治”的正确导向。

落实从严治党责任。三次召开全市系统党风廉政建设专题会议，制定落实《省纪委关于推动省国土资源厅党组落实全面从严治党主体责任的监督意见》整改方案，组织修订2018年党风廉政建设责任清单，层层签字背书，全程履责记实。制定党风廉政工作实施意见、落实第一种形态、全程记实办法等16个文件，在全市国土所和不动产登记分中心确定纪检监察联络员73名，建立纪检监察上门培训制度。

加强学习教育。注重党委理论学习示范引领，召开党委中心组理论学习12次、专题学习研讨8次，“国土大讲堂”4次。组织党员干部赴瑞金、井冈山和红旗渠开展“不忘初心、牢记使命”主题教育。连续2年开展“身边人讲述身边事”巡回演讲。执行《公职人员日常异常行为管控》。全年开展日常廉政谈话282人次，约谈提醒32人次，批评教育196人次，警示谈话1人次。

强化意识形态观看。在省级以上媒体刊发我局新闻报道76篇，门户网站发布信息774条，微博1251条，公众微信号48期116条，策划“4.22世界地球日”“6.25全国土地日”等各类主题宣传。获全省第28个“全国土地日”宣传提名奖、优秀组织奖，1篇优秀新闻报道作品获“好新闻”二等奖。

狠抓督查检查。狠抓八项规定执行情况专项检查，对市级行政事业单位在22家银行开设的117个账户逐一登记和清理整改。狠抓重大节日作风效能督查检查，组织交叉检查6次、不动产登记窗口作风效能专项督查5次、暗访检查6次，发布检查通报5次，专项督查通报3次。狠抓基层党风廉政建设监督检查，组织党风廉政建设理论测试。狠抓服务效能监督检查，监督“四全”平台办件20万件，检查核对挂起件180件，发布效能督查通报12次。

【队伍建设】

“四个提升”行动。开展大培训和大练兵，与上海交大合作组织能力素质提升集中培训班，成功举办全市第三届不动产登记知识竞赛，组织专题培训31场，培训范围覆盖全员；在第一届江苏省不动产登记业务技能竞赛中获团体第一。

强基固本1050工程。深化实施“1050工程”全面加强国土资源所标准化建设，制定考核验收实施方案、验收细则等配套办法，实现“一套标准管到底”“一组机制促活力”“一所一品树样板”。全市66个国土所中，已有61个完成达标建设。1050工程在《中国自然资源报》头版头条报道，自然资源部网站同步刊载。

（钱　炜）

徐州市自然资源工作

【概况】

2018年以来，徐州市国土资源局认真贯彻习近平总书记视察徐州重要指示精神，以推进高质量发展为主旋律，系统化推进“三转一改”，高质量打造“八大国土”，为加快推进淮海经济区中心城市建设提供了强有力的支撑保障。全年共争取各类计划指标总量约2827公顷；市区公开出让土地451公顷，土地出让收入193亿元，同比增加38.5%。精准保障发展用地，大力支持实体经济发展，起草了关于实行差别化供地的意见，出台了降低企业用地成本服务保障高质量发展的实施意见。全市国土资源节约集约利用水平综合考核由全省第9名上升到第3名，获评2017年度全省国土资源节约集约利用模范市，获奖励新增建设用地计划指标173公顷。铜山茅村露采矿山生态修复项目及沛县矿地融合示范区项目成功申报省级矿地融合试点，获批专项资金2899万元。2018年8月，联合国人居署来徐州市调研，围绕采煤塌陷地治理、采石宕口修复等内容，全方位展示了近年来徐州在生态环境整治方面取得的突出成效，为全市荣膺“联合国人居奖”奠定了坚实的基础。落实省委娄勤俭书记来徐调研指示要求，以采煤塌陷地村庄搬迁为突破口，启动编制沛县全域“多规合一”空间规划。全市交易土地指标1300公顷，收益高达76.2亿元，是去年的2倍，有效助力了精准扶贫脱贫和乡村振兴。在全国率先推出不动产“线上登记”，首创“外网申请、内网审核、当面查验、即时领证”模式，15分钟办结、“只让群众跑一次”深受好评，徐州市不动产登记交易服务中心以全省第一佳绩入选自然资源部“百佳窗口”推荐名单，徐州市不动产统一登记技术研发与集成应用荣获2018年国土资源科学技术奖。承办全国水流产权确权试点现场会，自然资源部副部长王广华、省厅厅长刘聪来徐调研指导不动产登记工作，并给予高度肯定。坚持党建引领，深化干部队伍建设，全省建设“全国百佳不动产登记便民利民示范窗口”及争创不动产登记“党员先锋岗”活动现场会在徐州召开。新沂市马陵山国土所被评为“江苏省国土资源系统警示教育基地”，省厅孔海燕书记和市纪委董向阳书记共同揭牌。

【保障中心城市建设】

2018年，共争取各类用地计划2827公顷；争取各类规划流量指标3067公顷，组织报批土地3927公顷，供地6560公顷，有效保障了中心城市建设和重大项目用地需求。加强土地市场调控，实行大市区统一运作，推动土地储备管理体制改革，坚持“房住不炒”定位，编制《市区住宅用地供应三年滚动计划（2018-2020）》，组织参加2018年上海及深圳土地投资推介会，促进了房地产市场平稳健康发展。全市公开出让经营性用地1666公顷，出让收入485亿元，其中市区公开出让土地451公顷，出让收入193亿元。在全国率先细化土地二级分类用途基准地价，制定现代服务业差别化地价修正系数，徐州市区地价动态监测工作位列全国105个监测城市第一名。建立健全增存挂钩机制，全省率先完成省自然资源厅下达的批而未供和闲置土地处置年度任务，全市国土资源节约集约利用水平综合考核由全省第9名上升到第3名，徐州市获评2017年度全省国土资源节约集约利用模范市，贾汪区、新沂市、邳州市获评模范区（市），睢宁县获评进步奖，全市共获奖励新增建设用地计划指标193公顷。

【解放思想大讨论活动】

专门成立领导小组，印发了实施方案，明确了实施思想武装、定位提升、对标找差、发展升级、活力激发、环境优化“六大行动”及“四个阶段”任务。按照“思路项目化、项目具体化”的要求，梳理排定30个项目任务。征集了32个单位反馈的94条意见建议。积极开展“解放思想大家谈”“国土人向自然人转变大讨论”等专题活动和“我为国土事业发展献一策”金点子评选等系列活动。开展“党政一把手谈解放思想”活动，局主要领导以题为“借鉴国际经验打造生态修复治理新标杆”在省委《群众》杂志发表署名文章，并被多家媒体转载。

【行政审批制度改革】

大力推进“不见面审批”，国土资源审批事项全面开通网上办理渠道，行政许可事项全部实现“不见面审批”。全面推广区域性联合评价，在市区范围内实现地灾危险性评估、矿产压覆评估、土地勘测定界、基准地价评估等联合评估。每个建设项目，通过国土资源区域性联合评估，平均可节省评估成本8-10万元，压减评估时间10-15天，有效为企业降低了财务成本和时间成本。在全市范围内率先出台《关于进一步降低企业用地成本服务保障实体经济高质量发展的实施意见》，大力支持民营企业和实体经济发展，受到徐州市工商联及广大民营企业的好评。

【不动产统一登记】

开通不动产登记微信服务平台，在全国率先推出不动产“线上登记”，首创“外网申请、内网审核、当面查验、即时领证”模式，15分钟办结、“只让群众跑一次”深受好评，徐州市不动产登记交易服务中心以全省第一佳绩列入自然资源部“全国百佳不动产登记便民利民示范窗口”推荐名单，徐州市不动产统一登记技术研发与集成应用荣获2018年国土资源科学技术奖，“全国首创不动产线上登记模式，创建全国百佳便民利民示范窗口”项目荣获2018年“徐州市创新奖”优秀奖，“不动产登记徐州‘+服务’”品牌被授予“2018市级机关五星级服务品牌”。持续优化便民服务，在服务大厅配置自助缴费机、缴税机、查询机等设备，新增微信、支付宝等缴费方式，在9家银行设立19个抵押登记便民网点，启用电子版的《不动产登记证明》，实施了不动产登记窗口服务不满意“随手拍”，服务效率和服务质量显著提升。在全省率先探索推进“3550”向“3350”升级，将不动产登记办理时限由5个工作日压缩至3个工作日。全省建设“全国百佳不动产登记便民利民示范窗口”及争创不动产登记“党员先锋岗”活动现场会在徐州召开，全市不动产登记工作受到省厅领导高度评价。

【耕地保护】

提请市政府印发《徐州市耕地保护责任目标考核办法》，进一步建立健全了全市耕地保护责任目标考核制度。全面完成省政府对我市的耕地保护目标责任考核和对县级政府的考核工作，完成上级下达我市的576320公顷耕地保有量和519706.67公顷永久基本农田目标任务。健全耕地保护激励机制，提请市政府印发《徐州市耕地保护补偿激励暂行办法》，建立资金奖励制度，每年将发放4000万元用于奖励耕地保护成效突出的地区和单位，充分调动政府、社会、个人耕地保护积极性。提请市政府印发《关于做好2018年耕地占补平衡工作的通知》，分解下达全市补充耕地总任务1266.67公顷和统筹任务866.67公顷，建立以县域自行平衡为主、市域内调剂为辅、省级统筹为补充的补充耕地落实体系。深入挖掘耕地后备资源潜力，大力实施提质改造和“旱改水”工程，2018年全市入库项目2026个，建设规模10826.67公顷。联合自然资源部土地整治中心、中科院南土所推动新建双沟23.24公顷示范区，强化魏集镇示范区项目研究，完成两个项目区建设、土壤监测、粮食测产等工作并取得良好效果。

【土地综合整治】

继续开展村庄闲置建设用地复垦，2018年已立项305个，建设规模520公顷，预计新增耕地513.3公顷。充分发挥土地整治平台基础性作用，围绕区域资源特点，在黄墩湖滞洪区、湖西片区、沛北采煤塌陷区、黄河故道流域等区域范围内，编制镇、村级土地利用总体规划。认真落实省委书记娄勤俭来徐调研指示精神，启动编制沛县全域“多规合一”空间规划，争取省自厅下达333.33公顷流量指标和366.67公顷挂钩工矿计划专项支持沛县采煤塌陷地压煤村庄搬迁。加大挂钩指标和补充耕地指标市场化交易力度，流转指标1300公顷，收益达76.2亿元。“创新开展数量、质量、生态‘三位一体’土地整治，助推乡村振兴战略在徐州大地落地开花”项目荣获2018年度“徐州市创新奖”二等奖。

【矿地融合】

完成全市矿山地质环境详查，对2267余公顷废弃采石宕口建立项目库，编制徐州市矿山地质环境恢复和综合治理规划（2017-2025年）。完成邳州市小谷山、徐州经济开发区邱山矿山环境修复治理项目省级验收，治理面积10余万平方米。引导露采矿山有序退出，对2018-2019年内陆续到期的采矿权不再延续，计划到2019年底全市露采矿山数量压减至4家。铜山茅村露采矿山生态修复项目及沛县矿地融合示范区项目获批省厅矿地融合试点，获批专项经费2899万元。2018年8月，联合国人居署来徐调研，围绕采煤塌陷地治理、采石宕口修复等内容，全方位展示了近年来徐州在生态环境整治方面取得的突出成效，为全市荣膺“联合国人居奖”奠定了坚实的基础。做好地灾隐患防治，及时开展隐患点“三查”工作，对全市煤矿、铁矿和石膏矿采空区及山体崩塌、滑坡易发区等危险区域进行地质灾害隐患排查工作，完成全市129个地质灾害隐患点信息数据更新。

【地理信息测绘】

积极推进第三次全市国土调查工作，在完成国家和省定内容的基础上增加具有徐州特色的专项调查，将云龙区潘塘街道作为试点，在省内率先完成市级试点验收。完成全市135个乡镇、16万公项农村建设用地调查，徐州市农村建设用地调查项目荣获2018中国地理信息产业优秀工程金奖。会同水利部门开展水流产权确权试点，编写完成自然资源分类标准等规范制度。全要素自然资源统一确权登记工作试点顺利通过自然资源部验收。2018年5月，全国水流产权确权试点工作现场推进会在徐州召开，自然资源部副部长王广华对我市水流产权确权工作给予充分肯定。

【城市规划】

全面启动《徐州市城市总体规划（2020-2035）》编制工作，确定了徐州2049空间战略规划研究、徐州总体城市设计、徐州综合交通规划和徐州历史文化名城保护规划4个专项、若干专题研究以及数字总规平台建设等内容。其中，《徐州市历史文化名城保护规划》于2018年4月8日获得省政府批复。与联合国人居署签订“中国可持续城市规划项目”合作协议，围绕徐州建成区北部区域开展调查研究，进一步深化《徐州市城北塌陷区生态修复规划》成果。组织编制《淮海经济区区域交通一体化规划》并形成初步成果，旨在为构建以徐州为中心的淮海经济区区域交通一体化体系提供规划依据。

【林业生态建设】

2018年，全市共完成造林面积9.61万亩、其中成片造林面积6.3万亩，新建及更新农田林网面积36.72万亩，四旁植树843.3万株，新建成省级绿化示范村87个，培育珍贵用材树种318.2万株。“十百千万”工程建设完成示范县区1个、示范片8个、示范村34个、示范单位201个。

【法治国土建设】

对5起重大行政责任调查案件16名责任人追究行政责任，13起重大典型案件及督察意见中涉及的2起挂牌案件已全面整改到位，做到“既查事又查人”，消除土地违法状态。配合农业部门开展“大棚房”问题专项清理整治，对占用耕地，特别是占用永久基本农田的非农设施建设、改变土地性质和用途的违法违规建设行为进行了全面清理。联合公安、环保等部门开展打击非法采石专项行动，非法采石碎石点全部取缔关闭，全面强化市区储备地块扬尘防治，助力打赢大气污染防治攻坚战。联合徐州市中级人民法院率先出台土地行政执行案件“裁执分离”的意见，彻底解决“执行难”问题。与市检察院共同建立公益诉讼协作配合十项机制，力求降低履职风险。全市推荐的2宗行政处罚案卷均被评为全省国土资源系统优秀案卷。丰县国土资源局获评省土地执法模范县第一名，新沂市国土资源局、贾汪区国土资源局荣获全省国土资源信访工作先进单位。

【机关党建】

出台《党组议事规则》，优化党支部设置，将机关13个支部整合成8个。推动党建工作与业务工作深度融合，组织开展优化营商环境、筑牢理想信念等主题党日活动，“一支一项”品牌创建成效显著。2018年4月，省厅党组书记孔海燕专题调研徐州市局党建工作，对市局“12345”党建工作法给予高度评价。基层党组织建设颇有成效徐州市不动产登记交易服务中心、睢宁县不动产登记交易服务中心党支部均获评江苏省首批不动产登记窗口“党员先锋岗”，徐州市不动产登记交易服务中心被市委组织部授予“党支部书记工作室示范点”“徐州市基层党建示范点”。加强党风廉政建设，基层党建工作颇有成效。

【“土地调查监测空地一体化技术开发与装备研制”项目荣获国家科技进步奖二等奖】

2019年1月8日，中共中央、国务院在北京人民大会堂隆重举行国家科学技术奖励大会，徐州市国土资源局参与的“土地调查监测空地一体化技术开发与装备研制”项目荣获国家科技进步奖二等奖。

【“江苏省国土资源系统警示教育基地”在新沂揭牌】

2018年7月2日，“江苏省国土资源系统警示教育基地”揭牌仪式在徐州市新沂马陵山国土所举行。省厅党组书记孔海燕、徐州市纪委书记董向阳共同为“江苏省国土资源系统警示教育基地”揭牌，全市国土资源系统300余名党员干部参加揭牌仪式，教育基地为全省国土资源系统党风廉政建设提供了宣传教育的平台。为进一步夯实基层党风廉政基础，徐州市国土资源局在全市国土资源系统组织开展了创建“基层党风廉政建设示范点”活动，全年共创建13个“基层党风廉政建设示范点”，为基层党风廉政建设提供了有力支持。

【严厉打击非法采石专项行动】

提请出台《徐州市开展严厉打击非法采石专项行动实施方案》。开展打击非法采石、非法加工经营石料、越界超层、私自处置工程余量资源等行为，最大限度地消除安全和环保隐患。截至行动结束，全市共关闭346个非法采石点，其中共破获非法采石刑事案件23起，取缔、拆除非法石料加工点217处，累计抓获犯罪嫌疑人84名，其中逮捕10人，刑拘57人。通过开展此次专项行动，全市各区域均已建立长效执法机制，全面助力打赢大气污染防治攻坚战。

【“徐州市农村建设用地调查”项目获2018地理信息优秀工程金奖】

徐州市国土资源局完成的“徐州市农村建设用地调查”项目荣获2018地理信息优秀工程金奖。此外，徐州市国土资源局和北京市测绘设计研究院以及中国矿业大学等单位合作研究的“不动产测绘关键技术研究及应用”项目获得2018中国地理信息科技进步一等奖。

【“国土资源区域评价降低成本助企发展”案例获评全市营商环境建设“十佳”案例】

徐州市国土资源局“国土资源区域评价降低成本助企发展”案例获评全市营商环境建设“十佳”案例。该项目通过政府购买服务的方式，减少了企业因聘请中介机构而产生的费用，同时大幅压缩了相关评估所耗费的时间。为解决企业投资建设过程中的行政审批时间长、盖章多、收费多、中介多、材料多等“一长四多”问题，徐州市局在全国率先开展区域性联合评价工作，深入企业调研，了解企业需求，对审批项目及环节、收费、时限进行了重置。依托城市地质调查、矿产资源压覆、基准地价等数据成果，组织开发了“国土资源区域性联合评价系统”，2018年9月实现市区主城区全覆盖。通过区域性联合评价，平均每个用地项目办理时间减少15天，平均节约费用10万元以上。截至2018年年底，累计办件量105件，为企业降低成本约1000余万元，增强了企业的获得感，打造了有利于创业创新的营商环境。

（崔梦瑶）

常州市自然资源工作

【概述】

2018年，常州市国土资源管理工作和规划管理工作以习近平新时代中国特色社会主义思想为指导，按照常州市委、市政府和自然资源部、江苏省自然资源厅的工作部署，高举耕地保护的大旗，坚持生态优先、质效优先、创新争先，突出“重大项目增效年”主题，为增创发展新优势种好常州“幸福树”、建设“强富美高”新常州提供了坚实的保障。

高效利用土地有突破。全年分别盘活存量建设用地、开发低效用地、处置批而未供土地3.24万亩、2.75万亩、1.42万亩，完成年度目标任务的120%、248%、278%。常州天宁文化创意产业园和常州创意产业基地再开发项目作为低效用地再开发典型案例，被自然资源部在全国通报表扬推广。常州市建设用地节约集约利用综合水平在全国273个地级以上参评城市中排名第10。助力乡村振兴有突破。以市委、市政府名义出台了《常州市农村土地资源统筹配置示范点培育行动方案》，在全市范围内聚焦村庄规划、农用地整治、建设用地整治、生态修复整治、点状供地、闲置集体建设用地盘活利用6个类型60个示范点，部署开展示范点培育行动。通过示范点的示范带动效应，为乡村振兴发展谋出新路。深化改革创新有突破。武进区农村土地制度改革试点完成了全域多规合一的村土地利用规划编制。横林镇余巷村和嘉泽镇跃进村土地利用规划成果均入选中国土地学会组织的第一届全国乡村规划优秀案例，为全国23个优秀案例贡献了其二。公共停车场建设有突破。组织《常州市停车专项规划（2018-2035）》编制，指导各区编制停车布局规划编制。结合学校教职工和学生的出行方式，加强学校接送中心的科学设计，指导一中、田家炳初中、实验小学设置接送中心，为解决停车难问题提出了新思路，找到了新举措。规划科技协同创新有突破。全市全年规划科技协同创新成果共荣获国家奖项11项，包括全国地理信息科技进步奖二等奖1项、中国地理信息产业优秀工程银奖4项、铜奖3项、全国优秀测绘工程奖银奖2项、全国优秀地图作品裴秀奖铜奖1项。林业生态建设有突破。江苏溧阳天目湖和金坛长荡湖国家湿地公园（试点）通过验收，正式成为国家湿地公园。新建湿地保护小区1个。金坛区茅东林场半边山下入选国家森林小镇（试点）。建立了一批珍稀濒危野生植物极小种群保护基地。40.2万亩湿地列入省级重要湿地名录。

2018年，全市各辖市分局工作亮点纷呈，成绩斐然。原溧阳市国土局、金坛国土分局、高新区国土分局、武进国土分局、武进规划分局、钟楼国土分局、钟楼规划分局、天宁国土分局在地区综合考核中名列前茅，齐获地区综合考核优胜或优秀单位。

【自然资源保护】

耕地资源保护。以市委、市政府名义出台了《关于进一步加强耕地保护和改进占补平衡的实施意见》，进一步破解耕地保护和占补平衡难题。全年入库补充耕地项目213个，新增耕地3.10万亩，增减挂钩节余耕地指标0.52万亩。开展辖市、区政府耕地保护责任目标考核，首次将高标准农田建设、耕地质量保护与提升、耕地保护制度建设情况纳入考核，丰富了责任目标考核内涵。首次全面开展土地整治项目的耕地质量等别评定，涉及项目360个、面积3.11万亩。

矿山资源保护。结合全市“263”行动和大气污染防治工作，开展了打击非法采矿专项行动，制止了无证开采、越界开采等违法违规行为，强化了矿山防治工作，新增宕口扬尘防控设施投入近1700万元。金山、长山矿企创建省级绿色矿山试点通过省级审查。完成全市生态红线内矿业权清理核查，奠定了保护区内矿业权分类处置的工作基础。强化矿山资源行业安全生产工作，排查重要地质灾害隐患点73处，逐一制定了单点应急预案。

林业资源保护　全市完成成片造林1.3万亩，创成省级绿化示范村34个，林木覆盖率达26.41%。溧阳天目湖和金坛长荡湖湿地公园正式成为国家湿地公园，全市自然湿地保护率达52.7%，位居全省第四。武进水蜜桃全国首家通过森林认证，金坛茅东林场半边山下入选全省唯一一家国家森林小镇试点。在溧阳发现全省迄今为止单体最大的香果树。全面开展森林督查，制定出台了《常州市生态公益林区划界定标准》。美国白蛾防控措施得力，松材线虫病发生面积、病死树同比下降3.4%、32.9%。

【城乡规划】

总体与专项规划。推进新一轮城市总体规划编制，优化“三区三线”划定方案，完成“多规合一”数据库和空间信息平台建设。完善历史文化保护专项规划，完成水资源论证、环境影响评价专题研究。完成市区综合交通发展年度报告编制，开展城市综合交通、轨道交通线网、常州综合港务区、常泰过江通道交通用地等各类基础设施建设规划研究。编制完成2017年常州市区城乡发展报告，深化文化宫及周边地区综合提升规划、武进区全域旅游发展与布局规划、滨江产城融合组团用地规划研究。开展武进特色强镇规划研究和横山桥、横林、遥观核心区城市设计修编试点。

规划保护与服务。公布了全市第二批历史文化名城保护名录，完成市区范围有历史价值的优秀建筑普查，制定《常州市市区非国有历史建筑修缮补助管理办法》，完善了历史文化名城保护规划体系。开展大运河沿线“城市双修”研究，编制了大运河文化带精品段规划。完成城市空间和地域建筑特色传承塑造研究，同步推进运河沿线、高架路沿线等重点地区城市设计深化，全年荣获7项全国优秀城乡规划设计奖。精心编制水韵绿城规划、武进国家湿地公园景观规划。推进全市停车建设等涉及民生事项的规划编制。高效保障北郊中学等重点学校、健身设施、社区体育公园、学校接送中心等项目落地，规划服务为民取得新业绩。

乡村规划。牵头推进第一批美丽乡村“两区十点”示范项目落地，精心组织第二批“三区十点”示范项目申报实施，出台了《关于进一步加快推进全市美丽乡村示范项目建设的意见》《县域乡村建设规划编制指导意见》。2018年以来，梅林东南村、查家湾村、仙姑村、陡门塘村、塘马村相继揭牌。仙姑村成为全省唯一获得博鳌国际峰会“2018中国最美乡村”荣誉称号的乡村。

【国土资源配置】

重大项目保障。创新重大项目“全程包办”、村镇园区项目“全程代办”、建设项目“容缺受理”工作机制。全年共修改重点项目规划清单61项，报批项目和批次130个、3.98万亩，供应各类建设项目用地835宗、4.9万亩，核发建设用地选址意见书144件、1.35万亩，建设用地规划许可证283件、1.93万亩，建设工程规划许可证560件。争取重大产业项目用地计划1724亩，联影医疗、上汽大通等一批项目实现了“应保尽保”。

土地供应。全年全市共办理各类建设项目供地835宗，面积4.9万亩，出让金总额为842亿元。建立了经营性用地供前会审制度，推行熔断价后竞人才公寓的出让方式，全市土地市场趋于平稳。全年供应普通商住类用地5706亩，可建建筑面积774万㎡，出让金445亿元，比上一年度同比上升8%、21%和40%，市区成交均价965万元每亩，8宗地块无偿移交政府人才公寓8.05万㎡，比上一年度多3.15万㎡。

存量土地盘活利用。全市通过闲置土地收回重供、提高容积率、增资技改、僵尸企业处置等措施盘活存量建设用地3.24万亩，年度目标完成率达120%。完成低效用地再开发2.75万亩，完成率达248%。处置批而未供土地1.42万亩，完成率达278%。建立了中心城区低效用地改造提升项目库，2宗低效用地再开发典型案例被自然资源部在全国通报表扬和推广。根据部发布的城市区域建设用地节约集约利用评价情况，常州市综合指数为47.42，在全国273个参评城市中排名第10。

【改革试点】

“660”示范点培育行动。市委、市政府出台了《常州市农村土地资源统筹配置示范点培育行动方案》，在全市范围内聚焦村庄规划、农用地整治、建设用地整治、生态修复整治、点状供地、闲置集体建设用地盘活利用6个类型，部署开展了60个示范点培育行动。

武进区农村土地改革试点。在实现了全国八个率先后，2018年又率先在探索集体建设用地收储整理机制、完成全域“多规合一”的村土规编制工作、设立农村土地精细化综合整治“工具箱”等方面取得了新的突破。横林余巷村和嘉泽跃进村规划成果入选第一届全国乡村规划优秀案例。编制了31个农民自建区规划，开工建设15个。精细化综合整治新增农用地1.4万余亩、耕地近1万亩。集体经营性建设用地出让入市1165宗、1.19万亩，交易总额40.48亿元，租赁入市8867宗、7万亩，年租金总额2.77亿元。

“放管服”改革。出台了《常州市市区建设项目建筑面积管理办法》，推行建筑面积承诺制，大大缩短了建设项目规划许可办理周期。全面实行工业项目一体化快速办结模式，惠及工业项目309个，办结用地证、规划方案、工程证1300余件，规划手续办理用时压缩了25%以上。深化规划科技协同创新，城市设计三维可视化应用实现新的突破。

其他改革试点。开展常州市区集体建设用地基准地价试点，为构建全市城乡统一建设用地市场价格形成机制奠定基础。开展信访“落实五责”试点，推动了市系统信访问题及时就地解决。开展钟楼深化国土资源“放管服”改革试点，着力提升最前沿中心所服务窗口的便民化水平。建立健全局内控管理制度，发布试行局财务收支管理办法和差旅、会议、培训等6个管理细则及12个支出指南，强化了风险防控。

【法治国土建设】

学法普法。坚持“谁执法谁普法”，进一步发挥行业优势，面向系统内部、重点普法对象和社会大众宣传相关法律法规。建立领导干部会前学纪、学法、学政策“三学”制度，实现了“三学”常态化，开展了法治文化宣传“五做”基地建设。市局被评为全省国土资源系统普法工作成绩突出单位。

执法整改。开展年度土地矿产卫片执法监督检查，已查处到位76宗、1117亩，罚没款704万元，拆除15宗，落实责任追究25人次。2018年国家自然资源督察南京局例行督察实地抽查金坛、溧阳地区整改到位206宗、9086亩、金额50.74亿元，整改面积到位率87%。非抽查地区整改到位83宗、4.97万亩，整改面积到位率85%。会同市农委开展“大棚房”问题专项清理整治行动，清理排查上报问题项目108个，违规占用耕地面积321亩，正在逐步清理整改。

依法行政。全面推行行政执法公示制度、执法全过程记录制度、重大执法决定法制审核制度，保障严格规范公正文明执法。实行重大行政处罚决定法制审核制度。进一步完善行政争议工作，制定出台了局行政复议和行政应诉工作暂行办法。有效运用新版阳光信访系统，推进信访事项在规定期限得到规范办理。市局查处的常州鼎宏非法占地案的案卷被评为省级优秀案卷。

【管理服务】

信息化服务。与市发改、房管、仲裁委、水利、中国银行常州分行等单位签订测绘、不动产数据共享协议，实现了相关单位、登记经办单位和办事群众的三方共赢。推行区域压覆重要矿产资源调查，审批压矿179宗，减轻了企业负担。

测绘管理。开展地理国情监测服务，编制《2018年常州市交通旅游图》，升级“天地图•常州”，不断加强部门协作，拓展天地图示范应用。修订完善《常州市测绘应急保障预案》。稳步推进“殷村职教特色小镇时空信息云平台建设试点项目”。全年荣获全国地理信息科技进步奖二等奖1项、中国地理信息产业优秀工程银奖7项、全国优秀测绘工程奖银奖2项。

宣传教育。主办市小学生地球知识竞赛活动，获全市年度优秀特色科普活动奖。组织新媒体摄影大赛、寻访山水林田湖草最美守护者等系列体验式活动，获省土地日宣传好项目。国家版图意识宣传走进全市20多所小学、幼儿园。测绘条例宣传活动被评为市法治宣传教育创新项目。市局政务信息、新闻发布等工作被市政府评定为优秀。

【党风廉政和队伍建设】

学习教育。制定出台了《党委民主生活会制度》《党员领导干部双重组织生活实施细则》《党内定期谈心谈话制度实施细则》等一批党建制度。层层签订《意识形态工作责任书》，定期排查意识形态领域风险。开展了党员领导干部专题读书调研、理想信念教育培训、“红色书信诵读”、党的建设应知应会知识竞赛、道德讲堂、业务大讲堂等系列活动。重点开展“解放思想大讨论”活动，落实整改意见建议167条。

强基固本。扎实开展“基层党建深化年”党建主题活动，突出加强党支部书记和党务干部“两支队伍”的业务能力建设，举办了“基层党组织书记讲堂”“优秀党建案例评选”活动。积极探索互联网与党建融合新路径，建立了实境党建教育模式。

党风廉政建设。成立了局党建工作和党风廉政建设责任制领导小组。组织召开党风廉政建设工作形势分析会，排查廉政风险点160个，梳理出防控措施180条。主动引入社会第三方监督和效能评估机制，及时发现并纠正一些“慵懒散”问题。认真接受市委为期两个月的巡察，巡察工作在全市系统顺利展开。

（陈洁丽）

苏州市自然资源工作

【概述】

2018年，苏州市自然资源和规划工作紧紧围绕“系统化提升、高质量发展”主线，严格落实保护资源第一责任，不断强化保障发展首要任务，突出发挥规划引领管控作用，稳步推进重点领域改革创新，各项工作成效显著。一年来，苏州市自然资源和规划局先后被省自然资源厅评为“测绘地理信息工作绩效考核优秀单位”“全省国土资源政务公开工作成绩突出单位”“全省法治国土建设和普法工作成绩突出单位”，连续蝉联“苏州市文明单位”荣誉称号。“历史文化名城保护”“三优三保”“互联网+不动产抵押登记”等特色工作受到部、省、市各级领导肯定。

【城乡规划管理】

市自然资源和规划局以四个国家级试点为抓手，全面推进规划编制工作。全年共完成各类规划编制、城市设计项目107项，完成各类规划研究33项。2035版城市总体规划形成规划成果，同步开展的28项专项规划通过中期审查，高质量完成吴中、相城等地城乡协调规划和阳澄湖片区战略规划编制工作。强化基础设施规划建设，开展《综合交通体系规划2035》规划编制和轨道交通、道路、河湖周边等规划研究工作。调整完善平江新城、留园、胥江、古城等控制性详规，保障我市教育、医疗、养老等民生项目顺利实施。推动各镇总体规划修编，优化重点村、特色村规划，科学引导镇村发展。落实历史文化名城保护，启动编制《苏州历史文化名城保护规划（2035）》，多个镇村保护规划获省市批复。《苏州市历史建筑保护利用试点城市工作方案》下发实施。开发完成“多规合一”空间规划信息平台并通过验收，建立形成覆盖全市域的多尺度空间规划数据库。第十三届城市发展与规划大会在苏州顺利举行。

【生态资源保护】

市自然资源和规划局以“多规合一”导向，以用途管制为原则，严格校核生态保护红线、永久基本农田和城镇开发边界三条控制线，强化土地规划“底盘”作用。圆满完成全市297.89万亩耕地保有量任务，牢牢守住254.46万亩永久基本农田保护红线。苏州市县两级“十三五”土地整治规划、新一轮矿产资源总体规划获批实施。市委市政府下发《关于贯彻落实加强耕地保护和改进占补平衡的实施意见》《苏州市县级市、区政府（管委会）耕地保护责任目标考核办法》《苏州市补充耕地指标调剂办法（试行）》，进一步健全完善管控、建设、激励多措并举，数量、质量、生态“三位一体”的耕地保护新机制。稳步推进矿山地质环境恢复和综合治理工程，总投资1.18亿元、治理面积达26万平方米的苏州高新区阳山西滑坡地质灾害（特大型）治理项目顺利通过省自然资源厅验收。全面开展全市自然保护区等生态红线区域内矿业权的清理核查工作，经核查，全市共有15家矿业权与各类生态保护区发生重叠，其中采矿权4家，探矿权11家。扎实深入推进城区土壤污染防治工作，全国示范项目苏州溶剂厂北区地块污染土壤治理成效显著，生态环境部部长李干杰亲赴现场调研并给予高度评价。

【发展用地保障】

市自然资源和规划局主动服务高质量发展大局，切实保障全市215个重点项目（包括31个省级以上重大项目）用地需求。建立重点项目全程跟踪和常态化联系机制，协调联动项目主体负责单位、报批服务中介单位以及各级国土、交通、水利等部门，高效落实涉土服务。通过实施联合组卷、并联审批，有效提高建设用地审批效率。2018 年，全市经国务院或省政府批准建设用地 2.57 万亩。春申湖路快速化改造、312 国道苏州东段工程、国际快速物流通道二期工程、大运河苏州段堤防加固工程等一批重大项目顺利推进。积极争取省级重点项目规划空间指标，南沿江铁路苏州段成功争取省级空间指标 3263 亩。

【节约集约用地】

2018 年，全市共完成建设用地供应 1553 宗，面积 6.47 万亩。其中工业用地 453 宗，面积 2.17 万亩，较上年增长 9.55%，占供地总量的 33.59%；房地产开发、商业、旅游等三产服务业供地 303 宗，面积 1.75 万亩，较上年降低 15.77%，占供地总量的 27.09%；公共基础设施用地、公共管理、公共服务用地和其他用地供地 797 宗，面积 2.55 万亩，较上年增长 2.64%，占供地总量的 39.32%。全年共盘活存量建设用地 5.7 万亩，比上年增加 0.94 万亩，存量土地供地占比连续八年超过 50%。编制完成《城镇低效用地再开发规划（2017 ~ 2020 年）》和年度实施计划，通过土地立体综合开发、零星用地协议出让、专项服务产业、自行改造等政策，完成低效用地再开发 3.51 万亩。落实自然资源部“增存挂钩”机制，全盘清理、消化利用批而未供和闲置土地 2.88 万亩。深化产业用地供地方式变革，工业用地弹性年期出让制度逐步确立，资源配置效率明显提升，2018 年全市采用弹性年期出让工业用地 130 宗，面积 5020.9 亩，累计为企业节省用地成本 3.38 亿元。巩固和强化产业项目供地建设“双合同”监管制度，市区、张家港市和昆山市对新供应地块均已实现“双合同”监管。

【土地市场维稳】

2018 年，全市共公开出让土地 3.82 万亩，较上年下降 5.17%，成交金额 1363.67 亿元。其中经营性用地出让 1.24 万亩，较上年下降 9.41%，成交金额 1274.28 亿元；工业用地出让 2.16 万亩，较上年增加 7.97%，成交金额 59.49 亿元。在经营性用地中，住宅用地出让 1 万亩，成交金额 1184.27 亿元。2018 年苏州市区住宅用地供应计划为 5400 亩，实际推出住宅用地 10 批次，加上保障性住房和商改住项目，土地供应总面积达 5504.7 亩，顺利完成年度目标任务。面对 2018 年严峻的房地产市场形势，苏州市自然资源和规划局坚决立足“房住不炒”定位，按照“一城一策”原则，会同住建、金融等相关部门，深入调研、综合研判，不断完善苏州房地产市场调控机制。积极开展土地推介和在苏房企交流座谈，准确把握市场信息，合理设置市场指导价，有针对性的主动引导市场预期，维护房地产市场平稳健康运行。

【“三优三保”行动】

市自然资源和规划局大力推进“三优三保”落地见效。市政府召开“三优三保”现场推进会，督促各地进一步加强政策覆盖、集聚规模优势，充分发挥“三优三保”在推动多规融合、经济转型、乡村振兴、“263”专项整治等方面的综合效能。制定下发关于加快推进“三优三保”落地见效的规范性文件，全面厘清 2018-2020 年存量盘活计划。成功向省争取“三优三保”专项规划流量指标 3.9 万亩，用于 2020 年前专项规划落地实施，指导各板块因地制宜开展土地利用总体规划衔接性修改工作。2018 年，全市共 60 个乡镇（街道）开展“三优三保”专项规划编制，至 2019 年初已全部获批实施，基本实现了重点板块全覆盖。引入第三方技术力量参与“三优三保”拆旧复垦项目验收，制定下发《苏州市“三优三保”拆旧复垦项目验收暂行办法》，厘清第三方参与验收内容及各级国土部门管理职责，同时依托“慧眼守土”“一张图”等技术手段，综合提升拆旧复垦专业化、智能化验收水平。全年累计验收项目 296 个，确认新增耕地 7770 亩。积极拓宽“三优三保”融资渠道，农发行、国开行等多家政策性银行金融优惠政策在苏落地。

【土地执法监管】

市自然资源和规划局加强土地执法监管，坚决维护依法用地良好秩序。“慧眼守土”视频巡查实现常态化，全市共开展“慧眼守土”视频巡查 31

万次，巡查率达 98.5%，全天候、全方位、立体化的技防体系已基本形成。稳步开展年度卫片执法检查、土地例行督察发现问题整改等工作。全面开展全市违法用地减量化大排查行动，全盘摸清违法用地底数，制定分类处置措施，逐步消除违法用地状态。以土地执法监管联席会议为基础，进一步夯实共同责任机制，落实“大棚房”问题专项清理、中央环保督察“回头看”、风景名胜区内违法违规建设“别墅”项目排摸等工作。牢牢扎紧违法用地监管制度“牢笼”，《苏州市市区依法没收的违法用地地上建筑物及其他设施移交处置办法（试行）》下发实施。

【基础管理工作】

市自然资源和规划局有序推进全市第三次国土调查，自上而下成立领导小组、组建调查机构、落实经费预算、完成方案编制，具体调查工作已实质性开展，取得阶段性成效。稳步实施测绘地理信息质量提升行动，抓好辅助决策地图联动更新、“天地图 · 苏州”数据融合更新等工作，提升测绘地理信息管理服务水平。积极构筑全市国土系统信息化“一盘棋”格局，优化“一张图”平台和“批供用补查”系统数据服务，统筹推进 2000 国家大地坐标系转换工作，不断深化“互联网 + 政务服务”体系建设。

【“放管服”改革】

市自然资源和规划局深入贯彻落实国家“放管服”改革要求，持续深化行政审批制度改革。全方位做好规划许可提前服务，全年共发放建设项目选址意见 181 份，总用地面积 771.3 万平方米；发放用地规划许可证 383 份，总用地面积 1048.6 万平方米；发放建设工程规划许可证 822 份，总建设规模 1278.8 万平方米，发放核实合格证 342 份。大力推进不动产统一登记工作，一般登记实现 3 个工作日内办结。全市累计发放不动产登记证书 45451 份、不动产登记证明 20075 份。按照“统一权籍调查、统一登记类型、统一收件材料、统一审核标准、统一办结时间、统一绩效考核”标准，全市统一的不动产登记信息平台正式上线运行。全国首创“互联网 + 不动产抵押登记”模式，通过与银行等金融机构交流合作、信息互通，实现抵押登记全业务、全流程、一站式网上办理，大幅提升了登记效率，防范了金融风险，配套发放全国首份经 CA 认证的电子不动产登记证明，主要经验被自然资源部肯定为“苏州模式”在全国推广。2018 年，全市共设立“互联网 + 不动产抵押登记”办理点 76 个，累计办理线上抵押登记业务 2.1 万余份，真正实现了“一网一门一次”服务。水电气、有线电视与存量房联动过户的惠民举措同步落地。农村宅基地、农房统一调查登记发证工作取得阶段性成果。

【定销房保障】

市自然资源和规划局不断加强定销房源计划管理。制定 2018-2020 年的定销商品房需求计划，初步确定 67 个拟启动项目涉及的约 7000 户居民的安置方向。全年共为 37 个项目核发《定销商品房房源计划安置方案》，涉及被征收户 1228 户，涉拆面积约 17.50 万平方米，计划安置定销房 1794 套、16.47 万平方米。加强房源供应保障，全年为 20 个项目整体调拨分配房源 1957 套、零星调拨分配房源 158 套，销售定销商品房 2422 套、22.64 万平方米。为城中村改造、古建老宅修缮、轨道交通建设等 20 多个重点项目调拨房源，保障各重大工程和民生项目的顺利实施。推进老旧小区房源清零，对 42 个小区、5848 套空置房源进行全面巡查，对 2010 年之前建成的老小区剩余房源，按照继续保留、安置居民、转为保障房、上市公开交易四种方式进行分类处置，有效提高房源使用效率。

【党风廉政建设】

市自然资源和规划局深入学习宣传贯彻习近平新时代中国特色社会主义思想和党的十九大精神。全方位抓好意识形态工作，教育引导广大党员干部树牢“四个意识”，坚定“四个自信”，坚决做到“两个维护”。积极开展“解放思想大讨论活动”，主动补短板、强弱项，服务高质量发展大局。组织收看“庆祝改革开放 40 周年大会”，汇编下发《情怀国土》40 周年纪念文集，苏州市自然资源和规划局获评江苏省自然资源厅改革开放 40 周年主题征文大赛“优秀组织奖”。充分发挥优秀党组织先锋引领作用，土地储备中心党支部被命名为“苏州市标兵行动支部”。进一步夯实党风廉政建设责任“基石”，严格落实全面从严治党主体责任和“一岗双责”。选举产生第一届机关纪委，有效发挥市派驻纪检监察组监督指导作用，强化风险排查、预警、防范工作，系统化构建廉政风险防控机制。充分运用好监督执纪“四种形态”特别是第一种形态，坚持把纪律规矩挺在前面，抓早抓小、防微杜渐。多形式开展廉政主题教育活动，努力营造风清气正的良好氛围，推动党风廉政建设常管常严，为实现自然资源和规划事业高质量发展提供坚强的政治保证。

（顾志杰）

南通市自然资源工作

【概述】

2018 年，南通市自然资源局紧紧围绕省厅“系统化提升，高质量发展”要求和南通市委、市政府“一个龙头，三个先锋”使命任务，进一步解放思想、追赶超越，开拓创新、勇当先锋，制定“七项机制、七大提升”“七个高质量发展”工作路线图，有力推动自然资源质量变革、效率变革和动力变革。先后荣获“省国土资源先进集体”“城市地价动态监测工作全国优秀单位”“省法治国土建设成绩突出单位”“省测绘标兵单位”“市优秀单位”“2017—2018 年度十佳书香机关”等称号。改革创新项目再次获评全市一等奖。全面从严治党“1+3+1”模式得到省厅领导的批示肯定，被省厅全文转发。“国土保姆”、“心绘蓝图”蝉联市级机关最佳党建服务品牌。市委主要领导继上年后再次对全局工作作出专题批示，给予充分肯定。

争取南通市为全国新一轮土地利用总体规划修编试点城市（全省仅 2 家），规划修改新增空间 6.8 万亩，规划带动计划扩容 6.15 万亩，土地供应 6.28 万亩，相关先行先试工作得到部省肯定，三次被选派参加部座谈会进行专题交流发言。南通不动产交易登记工作，在国务院第五次大督查中，以满分成绩位居全国第一，连续两年在江苏省“双创”评价中蝉联全省第一。《南通市城市总体规划编制改革试点研究》《南通市“多规合一”规划空间信息平台》《南通市中央创新区城市设计暨控制性详细规划》等 7 项成果获省住建系统勘察设计奖项。《南通市地下管线管理系统》获中国地理信息产业协会优秀工程铜奖。先后承办全省征地补偿和被征地农民社会保障工作现场会、全省测绘地理信息管理系列现场推进会、省厅全国第三次土地调查现场会、江浙青年地球科学论坛现场会、全国不动产登记错误赔偿保险制度研讨现场会、如皋全国首家地质资料馆揭牌开馆仪式暨全省地质资料管理向市县延伸工作座谈会等重要会议活动。

【陆海统筹试点】

创新探索耕地占补平衡新途径，在通州湾实施盐碱地土壤综合改良 3300 亩，一期 800 亩土壤盐度从往年同期的 26‰ — 42‰ 下降至 1.6‰ 左右；耐盐水稻种植面积扩大到 300 亩，产能扩大到 1108.5 斤 / 亩，增产 63%。海安局强力推进土地利用“五化并进”试点工作，研究制定了 19 个企业标准，整理收集了 55 个国家标准和行业标准，建立涉及基础通用、土地保障、土地利用等三大类 16 个子项共 74 项标准体系，该项目获批国家级新型城镇化标准化试点项目。

【资源保护和综合整治】

耕地和永久基本农田保护。强化耕地保护“责任+激励”机制，严格落实耕地保护责任，加大耕地保护补偿激励，坚守664.40万亩耕地和578.25万亩永久基本农田保护红线，“十三五”耕地保护责任目标期中考核全省第一。提请市委市政府出台《关于进一步加强耕地保护和落实占补平衡的实施意见》，着力推进耕地数量、质量、生态“三位一体”保护。开展耕地保护“十百千”工程，评选奖励耕地保护十佳乡镇、百个示范村、千个模范户，对高标准农田建设产生耕地占补指标的村，由市财政直接奖励5万元/亩，助力乡村振兴。

土地综合整治　研究出台《关于进一步改进补充耕地项目管理的意见（试行）》，切实落实耕地占补平衡。在全省率先试点开展占补平衡“旱改水”土地整治项目探索实践，建设总规模2150亩，新增水田面积2030亩，新增水田比例达94.4%。2018年，全市实施各类土地整治项目4528个，整治土地总规模38.83万亩，新增耕地面积2.75万亩，新增农用地面积2.89万亩。

【规划编制与管理】

重点片区规划。持续开展五山地区控制性详细规划和西部滨江片区规划研究编制，引导南通由“濠河时代”迈向“长江时代”。梳理并深入分析五水片区城市设计及控制性详细规划实施成效，开展片区深化城市设计。

乡村规划编制。2018年完成乡村规划建设实施评估工作。

【土地供应保障】

土地利用总体规划编制试点工作。2018年，南通市被国土资源部确定为市级土地利用总体规划修编试点地区（全省仅2家）。全市市、县两级土地整治规划编制任务全部完成。完成海安市、如皋市、如东县、通州区4个县（市、区）规划评估性修改工作，获批核定流量指标4533公顷，数量全省最多；完成海门市、启东市等4个县（市、区）规划调整工作，涉及调整面积2400公顷；完成盐通铁路、中俄天然气、轨道交通二号线等国家、省重点基础设施项目涉及相关地区的土地利用总体规划修改工作，涉及允许建设区调整1000公顷。

保障重大项目用地报批。进一步深化“容缺式”征地报批服务模式，全力保障中央创新区和五山沿江地区重点建设区域以及全市2018年度“双百工程”重大项目。完成盐通铁路用地报国务院批准，轨道交通1号线征地报部审查、2号线占用永久基本农田补划方案报部批准和征地前期工作，以及中俄东线天然气管道占用永久基本农田补划等重大项目服务保障工作。

土地供应。2018年，全市供应土地6.28万亩，其中供应工矿仓储用地3.32万亩，同比增长6.7%。全市重大产业项目、民生工程和基础设施用地应保尽保。灵活采用先租后让、弹性出让等多种供应方式，挂牌1宗先租后让工业用地，面积13亩。弹性出让工业用地1074亩。

土地市场调控。牵头草拟市区《防止土地竞买串标的措施建议》，招标确定竞买保证金银行，严厉打击扰乱市场正常秩序行为，规范企业参拍行为。

【节约集约用地】

节约集约利用。2018年，全市处置2009~2015年批而未供土地1.13万亩，建设用地供地率达90.3%，全省第一。盘活利用存量建设用地3.57万亩，存量与增量比例达59：41。闲置土地处置率达98.5%。海门市获国家“土地节约集约利用、土地利用秩序、土地利用计划执行好的县（市、区）”称号。如东县、海安市被评为全省“高标准厂房建设与使用先进地区”，获奖数占全省20%，位于全省前列。

低效用地再开发。全年再开发低效用地1.8万亩，超额完成年初目标任务。

工业用地调查。充分利用工业用地调查成果，认真分析全市工业企业利用情况，结合工业用地现状，探索工业用地供给侧结构性改革的实施路径。

【不动产登记】

实现“一人受理”。落实“3550”和“放管服”改革举措，市本级、启东、海门、开发区四地尝试交易、纳税、登记全业务“一人受理”，不动产登记改革三年实现“三级跳”，进一步节省群众办证时间、提高工作效率。

实现第四次大提速。实现“不见面”审批服务。2018年，全市颁发不动产权证271071本，不动产权证明120662份。

土地评估与地价监测。全年完成土地评估166宗地，总面积869万平方米，总价288亿元。完成调整规划条件补缴出让金测算10宗地，涉及调整建筑面积81507平方米，评估补缴出让金总额3673万元。完成省级2018年度南通市市区基准地价更新数据采集和各项日常工作。

部重点课题研究。不动产登记责任保险制度被写进《江苏省不动产登记条例（草案）》。成功申报国土资源部不动产登记中心重点研究课题——“不动产登记错误赔偿保险制度研究”。

建成不动产数字档案馆。2018年12月，南通市不动产档案馆顺利通过省级验收，成功晋级省AAA级数字档案馆，成为全省不动产登记机构中第一家省AAA级数字档案馆。

【地籍管理】

第三次国土调查。全市五县（市）、四区共九个板块开展第三次国土调查，涉及乡镇（街道）100个，土地调查总面积为158.24万亩，落实调查经费2.1亿元。8月份，全省三调座谈会在如东召开，如东“三调”先行先试工作成效在全省示范。

年度土地变更调查。2018年，全市领取国家下发的年度土地变更调查监测图斑6570个，涉及土地面积61613.2亩。根据市、县两级分工协作、分级负责的原则，印发《关于做好2018年度土地变更调查工作的通知》，各地数据均通过省级核查，顺利完成2018年度土地变更调查工作。

【地质矿产管理】

地质生态建设。编制完成《南通市矿山地质环境恢复和综合治理规划（2017-2025年）》。完善地下水监测网络，制定南通市矿山生态文明考核基数，完成复绿治理任务2296亩。明确狼山等五山山体为突发性地质灾害的重点防治区，连续18年实现地质灾害零伤亡。

矿地融合创新。完成矿地融合技术体系研究报告。《南通市城市第四纪地质结构调查》《南通市城市地下空间资源调查与地质环境评价》《南通市城市工程地质调查》专题报告通过专家审查。12月6日，全国第一个县级地质资料馆——如皋市地质资料馆揭牌，正式对外开放。

矿产资源监管。完成全市区域压覆重要矿产资源调查，出具未压覆重要矿产资源证明67个。完成全市矿业权人勘查开采信息公示信息录入和抽查核实工作，等。

【测绘管理】

基础测绘。印发《关于进一步加强基础测绘管理工作的通知》和《南通市测量标志保护管理办法》，规范全市测量标志管护行为。制定《南通市测绘地理信息质量提升行动工作实施方案》，提升测绘成果质量。在全省率先开展全市域高分辨率航空摄影，全省辅助决策地图现场推进会和《江苏省测绘地理信息条例》贯彻落实会在南通召开。创建南通时空信息云平台，城市地图集荣获国家优秀奖，似大地水准面精化项目荣获省优秀工程一等奖，南通城市照明综合管理平台获国家测绘科技进步二等奖。

测绘行业管理。强化测绘单位信用管理，制定《南通市测绘诚信评审办法》，细化评比要求。2018年，全市备案5万元以上项目240个，总产值超过1.1亿元。完成2235个永久性测量标志普查工作，依法迁建测量标志点1个。南通测绘相关做法被《中国测绘报》头版刊发。

测绘成果运用。制定《关于进一步加强地图审核管理的通知》。完成南通政区图、市区图、城区图、正射影像图、辅助决策地图、天地图·南通和主城区1：500、1：1000地形图编制。推动如皋软件园成功申报江苏省地理信息产业基地，扩大测绘工作社会面。

【海洋政务管理】

海洋经济创新发展。制定《南通市发展现代海洋经济工作方案（2018－2020年）》，推进海洋经济创新发展示范城市建设，圆满通过财政部、自然资源部对海洋经济创新发展示范城市建设工作中期考核。各产业链项目牵头单位累计投入资金15.54亿元，新增龙头企业3家、中小企业8家、省级及以上高新技术企业7家；建成或改造生产线9条，新增省级及以上产品19项；新建公共服务平台11个，新形成完整产业链5条；新建企业研发中心6个，其中国家级企业研发中心1个；申请专利207件，其中新增有效发明58件。出台《全市实施海域不动产统一登记的意见》，发放海域不动产登记证37宗。深化开发性金融促进海洋经济发展试点，全年新增政策性金融新增信贷支持81.4亿元。

第一次全国海洋经济调查。对市辖3区、5县（市）、2个开发区（南通开发区、通州湾示范区）和1个功能区（苏通科技产业园）海洋经济全面调查，通过省级验收。调查涉海单位13415家，完成产业调查单位4412家、专题调查单位393家。

海岸线整治修复。印发《南通市海岸线整治修复三年行动计划（2018—2020年）》，安排海岸线修复工程13项，计划投资48706万元，修复海岸线长度50.66千米。年内完成修复长度22.56千米。

海洋预报减灾。2018年，南通市发布海洋预报365次，警报88次。发布海洋环境警报26次，防范各类海洋灾害损失。

【林业生态建设】

造林工作成效。2018年，南通市新增造林面积6704.85公顷，全省第二位，林木覆盖率达25.13%。全市林业总产值199.7亿元，比上年增长5.3%，其中第一、二、三产业产值分别为123.3亿元、53.5亿元和22.9亿元。完成省“十百千万”示范创建、15条骨干河道生态景观提升等重点工程。国家林业和草原局正式授予“国家森林城市”称号，授牌“狼山国家森林公园”；全国绿化模范城市创建通过省级预检；2019中国森林旅游节申办和筹备工作推进顺利。

森林资源保护。查处林业案件7起，案件查处率100%。全年无重大林业有害生物疫情发生。

湿地保护修复。2018年，南通市恢复湿地面积327.47公顷，新增自然湿地保护面积6270公顷，自然湿地保护总面积达19.44万公顷，全市自然湿地保护率为46.5%。海安里下河省级湿地公园获批建设。启动全市湿地规划编制工作。

【信息化建设】

优化完善“一张图”数据中心和业务系统，升级全市征地报批系统至7.0版本，统筹推进全市国土空间2000大地坐标系数据转换工作。充分借助“互联网+”的优势，开发建设压覆重要矿产资源审批查询、地灾免评申请等新增功能。

【执法监察工作】

卫片执法检查。组织卫片执法检查培训，研究政策变化，指导各地准确把握工作要求。召开卫片工作专题会议，会商解决问题。对各地上报卫片数据开展市级联合审查。

信访工作。完成部、省交办信访积案，化解率分别为90%和95%。

违法防控工作。探索严“防”能力，利用12336微信平台等动态智能监控平台，提高巡查覆盖率、问题发现率、备案报告率，实现源头管控；探索稳“控”手段，压实共同责任，对违法用地快速处置，提高违法制止率；探索明“查”方式，在门户网站、信用网公布土地违法案件的处罚决定，接受社会监督，提高执法透明度、规范度和公信力。新增违法用地非立案拆除率同比上升23.7%，基层违法用地防控处置能力显著提升。

专项整治行动。开展生猪养殖清理和“大棚房”专项整治工作，督导并查处占用基本农田从事生猪养殖和“大棚房”违法用地行为。开展扫黑除恶专项斗争工作，对国土资源涉黑涉恶问题突出的重点领域开展线索排查。

海监执法工作。开展市、县海监执法机构岸线执法巡查15次，海洋生态专项执法巡查7次。出动执法人员98人次，行程5563千米，检查各类用海项目86个，全市查处违法用海案件23宗。

【法治建设】

2018年，新收行政复议申请40件，受理29件，办结行政复议案件26件；答复省厅和市政府受理的行政复议案件及配合市法制办答复省政府受理征地批文行政复议案件共计38件；新收172件行政诉讼案件并完成答辩应诉工作；完成703件政府信息公开答复的法律审核工作。行政复议案卷文书被省厅评为“优秀案卷”，被市评为“优秀法律文书”。被省厅表彰为“推进依法行政工作先进单位”。被南通市评为第四批“法治型机关”。

【全面从严治党】

党建工作。完成机关党委换届工作，选举产生新一届机关党委和机关纪委。开展“解放思想，追赶超越，争当先锋，推动高质量发展”大讨论、“党旗在岗位上飘扬”主题实践、“甘为国土保姆，争当时代先锋”道德讲堂、“学习贯彻十九大 齐心协力创辉煌”知识竞赛、“我开门，你监督”公众评议体验等活动，在全市系统营造“争创星级支部、争当党员先锋”的追赶超越氛围。机关党委被评为市级机关先进直属基层党组织。

党风廉政建设“1+3+1”模式。在全市系统推行党风廉政建设“1+3+1”模式（即紧扣责任这一主线，健全教育、管理、监督三项机制，夯实作风这一基础），得到省厅领导的批示肯定，被省厅全文转发，被市纪委评为“2017 – 2018年度南通市党风廉政建设‘好制度’”。开展支部“不忘初心、与廉同行”微型廉课集中宣讲展示，选送的《党员干部别因微信红包“摊上事儿”》荣获市级机关“十佳”微型廉课。全年发送“清风纪语”廉政短信9280条等。

强基固本。在海安召开全市基层国土资源所建设现场推进会，组织各县（市）局、分局现场观摩工作典型，交流结国土所建设工作成效，明确下阶段基层国土所建设方向。

队伍建设。先后调训全系统各类干部210人次。组织赴西安交通大学开展第二期全市国土资源系统干部综合素质提升班。推动年轻干部多岗位培养锻炼，选派优秀干部到自然资源部、省厅“跟班学习”，到乡村振兴一线“实岗历练”。着眼事业发展后继有人和干部队伍新老更替，大力培养选拔优秀年轻干部，全年系统招录重点高校优秀毕业生32人，其中硕士研究生11名。

（陆　钰）

连云港市自然资源工作

【概述】

2018年，在省自然资源厅和连云港市委、市政府的坚强领导下，连云港市局一手抓党的建设，一手抓业务工作，推进党建和业务深度融合。以省厅“两保一调新机制”和“双提升”行动作为总抓手，围绕“高质发展、后发先至”主题主线，制定“三个全面提升”（即全面提升保护保障能力、全面提升国土业务水平、全面提升干部队伍素质）的工作目标。按照系统化提升、高质量发展的要求，积极发挥资源保护保障作用，高质量服务全市经济社会发展大局。2018年，成功创建国家海洋经济发展示范区；市不动产登记中心、灌云县不动产登记中心均被列入“全国百佳不动产登记便民利民示范窗口”创建单位名单，分别荣获江苏省第一批不动产登记窗口“党员先锋岗”称号；村庄绿化成效显著，赣榆区吴黑坡村被国家授予“全国生态文化村”称号；作为全省海洋经济调查验收试点城市，我市第一次海洋经济调查工作在全国率先通过市级验收；花果山国家地质公园获得国家林业和草原局批复并命名；建成全国首座测量标志保护亭；在全省系统首家、全市部门首批，实现市域内档案“双五”创建全覆盖；印发《连云港市耕地保护补偿激励实施办法（暂行）》，全省首家采取“普惠＋激励”方式进行补偿激励；市不动产登记中心荣获全市“学雷锋活动示范点”称号；第七国土资源所被评为“市级廉政文化建设示范点”“市级机关先进基层党组织”。

【城乡规划】

城市总规层面。2018年2月，《连云港市城市总体规划（2015-2030）》成果提交省住建厅入库备案。因产业发展新动向及重大基础设施建设的需求，2018年11月，市规划局组织对备案的总规成果进行局部调整，并将局部调整成果报省住建厅重新入库。新一轮城市总体规划指引城市发展建设，指导各专项规划、控制性详细规划、城市设计、镇总体规划、村镇规划等各层次规划的编制。

专项规划层面。完成《连云港市历史文化保护规划》基础资料调研、现场踏勘及初步方案编制；配合相关部门和单位编制完成《连云港市城市公共交通规划》《连云港市海绵城市专项规划》《连云港市中心城区公共停车场专项规划》《连云港市市区加油加气站布点规划》并获市政府批复。配合编制连云港市区中小学布局规划，通过专家论证并经规委会审议通过。

镇村规划层面。编制印发《市规划局关于推进农村群众集中居住规划工作的指导意见》《市规划局关于落实农村人居环境整治三年行动实施方案有关规划编制任务的通知》《连云港市市区镇村规划编制审查办法》。

规划行政审批层面。核发各类规划手续530多件，包括规划条件76件，用地面积约113.17万平方米；选址意见书16件，用地面积约14.56平方米；用地规划许可证56件，用地面积约238.95万平方米，建设工程规划许可证77件，建筑面积为3268.32万平方米；完成方案审批58件，建筑面积约398.53万平方米。

【土地开发利用】

保障发展空间。优化土地布局，推进土地利用规划修改完善，将奥特莱斯、申马物流园、西游小镇、园博园等重点项目纳入土地利用总体规划范围。根据“有保有压、区别对待”的原则，合理分配2018年度市区土地利用计划7110亩，预留市级

“计划池”1610亩，统筹调剂县区用地计划2214亩。

重点项目用地。全市共上报省厅22个批次、18个单独选址、9个增减挂钩项目，面积634.7903公顷。连盐、连青、连徐、连淮扬镇四条铁路，204国道、236省道等主要交通干线全部取得用地批复。推进连云港新机场项目取得重大进展，永久基本农田补划和土地利用总体规划修改方案通过专家论证，建设用地预审通过自然资源部审查。

土地出让与储备。进一步规范土地出让与储备管理，增强政府对城乡统一建设用地市场的调控和保障能力，提请市政府印发《关于进一步加强市区土地出让与储备工作的意见》。制定2018年度土地储备计划和资金使用计划，通过土地储备专项债券、土地收益基金和收储土地返还成本等方式筹措资金，为土地收储提供资金保障，全年完成23宗地块储备工作，面积约1598亩。合理控制土地供应节奏，维护市区土地市场平稳运行。

土地集约节约利用。开展全市13个省级以上开发区集约节约利用评价，赣榆区和灌南县荣获“2017年度江苏省国土资源节约集约利用进步奖”。2018年度，全市共供应土地面积21161.46亩，其中存量建设用地15114.72亩，占全市供应量的71.43%，完成低效用地开发任务1.2万亩；加紧供应“批而未供”土地，年初省国土厅对2008-2016年度的批而未供土地专项督查，经核查，全市土地供应率由年初的78%提高至82%。

【矿产开发管理】

矿产资源勘查。2018年度，连云港市共有有效探矿权13个，其中普查项目8个，详查项目5个，主要勘查矿种有：地热、石榴子石、金红石、金矿、磷矿等，累计勘查面积45.46平方公里。推进城市地质调查，2018年6月份城市地质调查总体设计通过省厅审查评为优秀，进入全面实施阶段。通过掌握调查区范围资源分布和地质问题，为地下空间开发，地质灾害防治以及加强城市规划管理等提供支撑。

矿产资源开发。2018年度，连云港市共有持证矿山企业21家，按生产建设规模分大型矿山15家，中型矿山2家，小型矿山4家。矿山企业结构特点按矿种分，主要有磷矿、建筑用花岗岩、建筑用玄武岩、建筑用砂岩、砖瓦用黏土、蛇纹岩、矿泉水、地热等13个矿种。全市各类矿山企业生产矿石总量1382万吨，从业人员总数为1497人，工业总产值49267.11万元，矿产品销售收入47946.19万元，利润总额12461.57万元。

规范矿产资源开发秩序。统筹市区矿产资源开采管理，合理分配、科学投放矿业权。强化监管，开展日常巡查检查，完成全市12个矿业权勘查项目和27个矿业权开采项目信息公示，组织专业监理，开展生态红线内矿业权核查清理。

【土地矿产资源保护】

耕地和基本永田保护。制定《连云港市补充耕地指标交易暂行办法》，出台《连云港市耕地保护激励实施办法（暂行）》，拨付2018年度市级耕地保护补偿激励资金1529万元。修订《连云港市县（区）政府耕地保护责任目标考核办法》，进一步完善县（区）政府耕地保护责任目标考核制度。推进实施土地整治项目，完成各类项目133个，新增耕地面积1.08万亩。至2017年末，全市实有耕地587.41万亩，永久基本农田面积472.66万亩。

矿山环境整治。2018年，推进完成5个重点废弃矿山地质环境治理任务，治理面积18万平方米。

国土执法监察。以卫片执法检查和土地例行督察为契机，立案查处1153宗违法用地，结案619件，涉及罚没款1136万元，拆除建筑物面积10.89万㎡、没收建筑物面积26.24万㎡，处理责任人100人；结合“大棚房”整治和风景名胜区违建清理等工作，拆除违法建筑1.81万㎡；结合“扫黑除恶”专项行动，加强部门联动，向市公安部门移交3宗违法案件，1宗已追究刑事责任。

【地质灾害防治】

提请市政府印发2018年度全市地质灾害防治方案，修订完善地质灾害防治规划和应急预案，实现全市地质灾害防治高标准“十有县”全覆盖。查明全市隐患点120处，建立并完善领导分片包干、应急值守和群测群防制度。抓好预警预报、汛期值班、排查巡查、宣传培训和应急演练，发放明白卡和避险卡500余份，统一规范警示标志制作标准，投入12.18万元更换警示标牌126个。

【海洋经济管理】

海洋经济概况。2018年共筛选企业法人单位7500家，完成涉海单位清查单位4964家、相关产业抽样调查单位118家、海洋专题调查201家，第一次海洋经济调查工作在全国率先通过市级验收。2017年全市海洋生产总值达到729亿元，占地区生产总值比重达到28%。海洋产业结构不断优化，海洋服务产业已成为连云港市支柱产业。

海域和海岛使用管理。印发《连云港市围填海现状调查工作方案》，出台《关于加强养殖用海管理工作的意见》，实行审批、监管、执法一体化。保障全市重点项目用海。强化海域使用事中事后监管，建立了海域、动管、海监“三位一体”联动机制，从用海审批、监管跟进，到发现疑点疑区、核实用海信息、查处违法用海，海域综合管理效能进一步提升。编制发布了《2017年海域和海岛使用管理公报》。

海洋生态修复。海岸线整治修复不断推进，新增修复岸线6公里以上，绿化面积60000平方米。2018年成功争取省局680万海岸线整治修复专项资金支持赣榆区砂质岸线综合整治项目及赣榆沙汪河口海岸线湿地整治修复项目。打好浒苔绿潮防控攻坚战，2018年，全市累计打捞浒苔11000余包，湿重1500余吨，为青岛上合峰会顺利召开作出了贡献，也为苏鲁沿海浒苔形成机制提供了新的论证材料。

【林业生态建设】

创建国家森林城市和国土绿化。全市完成绿化造林20.1万亩，其中成片造林8.03万亩；培育珍贵用材树种547.9万株，四旁植树2075万株，新建、完善农田林网26.4万亩，新建省级绿化示范村47个，森林抚育11.7万亩。全市新增城市绿地355公顷，道路绿化600公顷，水岸绿化493公顷，新建城市公园12个，小广场游园和街头绿化43处，建设生态绿道185公里。2017年度林木覆盖率达到28.04%。

自然湿地保护。2018年，全市完成湿地恢复6080亩，新建2个湿地保护小区，新增受保护的自然湿地4783公顷，自然湿地保护率达51%。

森林资源保护。森林病虫害防治面积合计51.3万亩次，无公害防治率达到99.3%。加强古树名木保护，建立古树名木信息档案，开展濒危古树抢救保护。全市现共古树名木548株，其中一级59株，二级69株，三级364株，名木56株。连云港市海州区孔望山景区内的流苏树被评为2018年江苏省唯一入选的最美古树。

【放管服改革】

将12大项19子项行政审批事项下放市区各分局，通过印发《操作指南》、“下派上挂”和举办培训班，确保权力“放得下、接得住”，实现“辖区事辖区结”。进一步压缩审批环节，审批环节缩减至4个，减少了近7成，行政效能提升约80%。推进区域性压矿调查和地灾危险性区域评估工作向县区延伸，市区、东海、灌云等地灾危险性区域评估项目通过验收，并投入使用。全年为50个用地项目出具地灾危险性区域评估查询表，累计为企业节省资金150万元。

【不动产统一登记】

创建不动产登记“云证达”服务品牌，打造“全域云、七彩云、筋斗云、洁白云”。登记覆盖“全域云”，构建“一主五副多点”服务格局，延伸服务触角，做到“全城通办”“全域通领”；登记服务“七彩云”，研发推广“云证达”手机APP、支持“多码合一”缴费方式，开通96510服务热线，市不动产登记中心荣获全市“学雷锋活动示范点”称号；登记速度“筋斗云”，完善“一窗受理”工作机制，压缩业务办结时限，减少企业群众办事时间，登记业务实现0.5个工作日办结。

【法治国土建设】

制定印发《连云港市国土资源局2018年度依法行政与法治宣传教育工作要点》《连云港市国土资源局关于建立法制联络员制度的通知》，与检察机关联合印发《连云港市人民检察院 连云港市国土资源局关于建立国土资源行政执法与检察监督工作联动机制的意见》，并联合召开首次国土资源行政执法与检察监督工作联席会议。

【维护民生权益】

开展阳光扶贫走访，定期到挂钩村帮扶困难家庭，慰问困难群众，发放慰问金2.6万元，拨付扶贫专项资金33万元。保障被征地农民权益，推动被征地农民及时入保。2018年，拨付征地预存款资金5.94亿，其中拨付社保资金2.21亿，完成被征地农民进保12361人。深入开展"信访矛盾化解年"活动，全年共有25户信访老户签订息访承诺书，部、厅交办和自查积案的化解率均达到80%以上。及时处理12345热线转办的投诉案件1230件，统筹部署人大建议政协提案办理，完成66件人大建议和政协提案答复，按时办结率100%。

【基础调查管理】

土地调查。根据2017年度土地变更调查结果，全市土地总面积761571.58公顷，其中耕地391607.77公顷、园地15271.37公顷、林地14585.05公顷、草地1821.72公顷、城镇村及工矿用地143925.95公顷、交通运输用地33765.34公顷、水域及水利设施用地153203.14公顷、其他土地7391.24公顷。推进第三次全市国土调查，全市申请财政资金5500万元。完成东海县自然资源确权登记试点工作，数据成果通过省厅验收。开展农村不动产权籍调查，完成1万宗农村宅基地和农房统一调查工作。

测绘管理。推进测绘成果利用，提供正射影像及地形图6600余幅，为群众房屋征收需求查询2003年航拍及地形图63件次。将相关电子地图在局门户网站公开，多渠道为社会各界人士提供及时高效的地图服务。

档案管理。开展档案规范化管理省"五星"级及"五A"级数字档案室创建，投入近600万元，建设520平方米数字档案室。逐步完善数字档案资源体系，完成著录条目78万余条，28万多卷，完成库存历史声像档案、录音带转换。优化档案管理系统功能，逐步实现数字化档案的在线查阅、利用、编研及分析，全年接待查档908人次，查阅案卷3493卷，借阅案卷247卷。

【信息化建设】

建立首席信息官（CIO）制度。先后印发《进一步加强信息化工作统筹的通知》、《信息化三年行动计划》、《信息化项目管理暂行办法》等规定。加强网络安全保障，开展年度等保测评与机房服务外包，组织信息安全应急演练，及时发现解决隐患。统筹推进信息化项目建设，基本建成国土空间大数据平台。

【干部队伍建设】

组织56人赴复旦大学开展综合素质提升培训，邀请省厅、市纪委等领导开展讲学4次。组织召开系统妇女工作座谈会、青年职工大会、退役军人座谈会，弘扬优秀女性、青年职工、退转军人的时代担当精神，激励干部职工建功立业。

【党风廉政建设】

选举产生第一届机关纪委，协助派驻纪检监察组做好监督执纪工作；制定出台全面从严治党责任清单，形成以四张清单为支撑的责任落实体系。印发《党的建设工作要点》，层层签订党风廉政责任书。完善考核办法，将考评结果作为绩效目标考核、干部选拔任用的重要依据。会同市检察院出台《关于建立预防职务犯罪协作机制的实施意见》，建立局预防职务犯罪新机制。开展"国土清风"专项行动，坚持问题导向，紧盯关键环节、重要岗位，排查出廉政风险点46项、履职隐患点74项，逐一提出应对整改措施。年内开展明察暗访22次，查访基层国土所31处；聚焦不动产窗口作风建设，聘请19名行风政风监督员，强化窗口监督。

（夏燕红）

淮安市自然资源工作

【概述】

2018年，淮安市坚持守红线、拓空间、优布局、提质效、促和谐，推进耕地数量、质量、生态"三位一体"保护，首次在用地计划分配中实行优奖劣罚，大力推进节约集约用地，全面启动城市地质调查，不动产登记更加便民，着力构建绿色、生态国土，实现了生态保护、资源管控、改革创新、社会服务高质量发展。2018年，淮安市共获批土地规划流量指标3733.33公顷、用地计划2266.67公顷，供应各类建设用地862宗2133.33公顷，出让金总额219.85亿元；新增储备土地22宗154公顷。实施低效用地再开发527.73公顷，盘活存量建设用地4360公顷，处置闲置和批而未供土地1153.33公顷。全市实施占补平衡项目，新增耕地534.9公顷，实现新增建设占用耕地占补平衡；城乡建设用地增减挂钩和工矿废弃地复垦新增耕地2326.67公顷。获批省以上投资土地整治项目8个4613.33公顷，争取资金2.93亿元；通过省域平台流转节余指标138.8公顷，获取资金19.91亿元。不动产登记除特定业务外，办结时限压缩至3个工作日；实现地质灾害零伤亡。全面完成造林绿化任务，森林覆盖面积2141.61百公顷，林木覆盖率23.92%。编制完成淮安市城镇空间发展规划优化方案、28个片区空间发展规划、57个乡镇法定规划；乡镇布局优化方案获省政府批复并顺利实施，1个中心城市、3个县城、10个重点中心镇、47个一般镇的"1-3-10-47"城镇空间体系构建完成。

【资源保护】

2018年，淮安市持续强化"责任+激励、行政+市场"机制建设，出台《关于进一步加强耕地保护和改进占补平衡管理的实施意见》《淮安市县区政府耕地保护责任目标考核办法》，坚持最严格的耕地保护制度，建立健全永久基本农田管护长效机制，着力推进耕地数量、质量、生态"三位一体"保护。起草《淮安市耕地保护补偿激励办法》，探索建立耕地保护补偿激励机制。拓展补充耕地指标来源，以县区为单位建立3类指标储备库，实行分类管理、分别使用，全市2018年度实施占补平衡项目新增耕地534.9公顷，通过市级统筹、市场交易等措施，全市实现了新增建设占用耕地占补平衡。城乡建设用地增减挂钩和工矿废弃地复垦新增耕地2326.67公顷。申报省以上投资土地整治项目8个4613.33公顷，获取投资2.93亿元；预下达2017年市投土地整治项目9个3233.33公顷0.76亿元。开展地面沉陷监测和地下水国考点位监测，推进绿色矿山和绿色矿业示范区建设。清理核查生态红线保护区内矿业权，调整或退出不符合要求的自然保护区（生态红线）内矿业权。深化矿地融合工作创新，启动城市地质调查，应用声呐探测技术开展盐矿开采区地下溶腔地质环境调查；邀请中科院武汉岩土力学研究所、井神股份等企事业单位专家进行研讨，矿地融合项目"江苏典型盐矿（淮安盐矿）矿产地下空间及土地多种资源协同利用示范"，通过省级立项论证，获省财政厅和自然资源厅批准。强力推进土地执法监察工作，开展例行督察、卫片执法检查，全市例行督察发现违法用地问题宗数与面积整改率均达到90%以上。对全天候卫片发现的重大典型违法用地及时进行查处整改，有效遏制了违法行为的发生。在全市范围内集中开展"大棚房"问题专项清理整治行动，坚持排查与整改同步推进，取得阶段性成效。

【国土资源管控】

2018年，淮安市开展《淮安市"十三五"国土资源保护和利用规划》中期评估工作，在淮安区、淮阴区、涟水县、金湖县、盱眙县开展土地利用总体规划实施评估。编制清江浦区、洪泽区土地利用总体规划修改方案，有效保障了空港产业园等一批重大项目的顺利落地。编制完成1个市级和6个县级土地整治规划，统筹安排“十三五”期间土地整治工作，规范有序开展田、水、路、林、村综合整治。切实提高土地资源利用效率，将单位建设用地税收收入、单位GDP建设用地下降率列入市政府对县区政府的考核指标，以土地利用方式的转变促进经济发展方式的转变，促进全市土地节约集约利用水平的提高。全年获批各类用地计划2266.67公顷，建立“增存挂钩”奖惩机制，首次在用地计划分配中实行优奖劣罚，引导用地单位盘活利用存量土地。推进闲置低效用地和批而未供土地处置，编制低效用地再开发规划，通过政府主导、市场主体参与等多种形式，采取收购储备、退二进三等多种方式，实施低效用地再开发527.73公顷，盘活各类存量建设用地4360公顷，处置闲置和批而未供土地1153.33公顷。完成2017年度变更调查任务，相关成果通过国家验收，并正式启用。全面完成全市第三次国土调查前期准备工作，成立市县两级工作领导小组，制订市县两级工作方案。编制地质灾害防治方案，修编《淮安市突发地质灾害应急预案》，成功举办突发地质灾害应急演练，2018年度实现地质灾害零伤亡。

【土地资源配置】

2018年，淮安市进一步完善土地市场管理举措，坚持国有建设用地网上交易和地价评估、集体决策、出让方案报告、跟踪监管等具有淮安特色的土地市场制度以及“先规划后储备、先整理后出让”土地经营理念，严格执行“净地”出让制度，促进土地资源市场化配置。改革建设用地计划指标市场化配置机制，对经营性项目用地需要使用新增用地计划的，组织实施建设用地指标市场交易，成交面积30公顷，成交价款8987万元，通过市场方式倒逼建设项目尤其是经营性项目的节约集约用地。积极争取上级对我市构建“一带三轴二十八片”市域城镇空间结构的支持，拓展全市建设用地空间，获批5县区土地规划流量指标3733.33公顷。开展重点项目全程跟踪服务，推进土地差别化供应，2018年全市共供应各类建设用地862宗2133.33公顷，出让金总额219.85亿元。充分发挥土地储备作用，编制市区2018年度土地储备计划，规范开展土地收储、前期开发以及供应工作，全年新增储备土地22宗154公顷；积极支持棚户区改造，将2018年的棚改项目纳入储备计划，统筹安排棚改地块的储备和供应，着力提升城市功能品位和土地经营水平。结合全市节余指标流入流出需求情况，积极参与省域节余指标交易，2018年，淮安市淮阴区、淮安区（含苏淮高新区）、涟水县和盱眙县通过省域平台共流转节余指标138.8公顷，获取收入19.91亿元，实现资源与资金良性互换。

【土地制度改革】

2018年，淮安市大力推进五大功能片区土地利用规划实施，制定功能片区土地利用规划2018年度实施方案，重点实施多规合一、拆旧复垦、存量开发、增量集约、农田保护、生态多元六大工程，完成五大功能片区复垦451.33公顷，新开工项目投资总额达148.4亿元。推进洪泽区“双减量”试点，完成实施方案的编制和报批工作，拆旧复垦项目入库400公顷，完成355.27公顷农村建设用地整治，实现20%的建设用地减量化，减量面积达135.87公顷，完成规划目标的101.9%。深化同一乡镇范围村庄建设用地布局调整试点，5个县区11个乡镇的试点工作推进有序，拆旧复垦513.73公顷，编制完成13个建新实施规划，实现农民集中居住552户，优化农村建设用地102.72公顷。开展工矿废弃地复垦利用试点，复垦项目库入库项目46个289公顷，完成复垦258.07公顷并通过省级验收，使用建新指标106.8公顷。依法扩大国有建设用地有偿使用范围，在新城公交枢纽、幼儿园等项目实行土地有偿使用，收取出让金1.9亿元。

【城乡规划管理】

2018年，淮安市作为城市总体规划编制省级试点市，开展城市定位与发展目标、空间布局优化和“多规合一”制度建设等多个专项研究，《淮安市城市总体规划（2017-2035 年）》通过省级专家论证。进一步开展市区建设用地控制性详细规划修编工作，并通过控规动态更新，科学引导城市有序建设，共划分出 48 个控规编制单元，已完成控规编制单元 10 个。积极推进淮安市农民群众住房条件改善工作，围绕“人往哪里去”问题，组织《淮安市农民群众居住空间布局规划》编制，布局规划编制成果获市政府批复；围绕“房子怎么建”问题，制订了《淮安市农民集中居住区规划建设管理导则（试行）》，并印发实施；针对农民群众住房条件改善中农村风貌引导不足问题，开展农村地区传统民居建筑风貌特色研究。完成《淮安市城市轨道交通线网规划》《淮安市城区中小学及幼儿园布局规划（2017-2030）》等 13 个专项规划的编制工作。持续加强总体城市设计，完成《淮安市总体城市设计》中期成果编制和《淮安市城市空间和地域建筑特色塑造规划设计指引研究报告》；启动《高铁新区核心区城市设计》和《洪泽滨湖区域概念规划及核心区城市设计》编制。创新模拟审批工作模式，出台《建设项目模拟审批暂行规定》，规定模拟审批项目范围、准入条件、审批流程等，有效解决城乡规划各审批事项之间互为前置、条件交叉、互相制约等问题。不断优化地下管线管理，开发地下管线动态更新平台（“淮安管线”平台）。统筹优化乡镇布局，淮安市城镇空间发展规划优化方案、28 个片区空间发展规划、57 个乡镇法定规划编制全部完成，6 个县区的乡镇布局优化方案获省政府批复并顺利实施，1 个中心城市、3 个县城、10 个重点中心镇、47 个一般镇的“1-3-10-47”城镇空间体系构建完成。

【林业资源管理】

2018 年，淮安市各县区党政领导挂帅绿化造林重点项目 27 个，完成成片林栽植 2620 公顷，建成绿化示范村 47 个，新建和完善林网 10000 公顷，完成四旁植树 474.3 万株。开展珍贵乡土用材树种培育行动，深入推进珍贵用材树种培育示范县区、示范村居、示范片区与示范单位创建。组织 131 场共 2.4 万人参加各类现场义务植树活动，植树 14.39 万株，建立义务植树基地 19 个。丰富乡土树种资源，育苗 3439.47 公顷，培育各类苗木 7181 万株。完成国家级公益林落界和省级公益林调整以及林地“一张图”基础数据调整工作。采用卫星遥感全覆盖手段，开展森林资源督查。强化湿地资源保护，编制湿地保护规划，开展湿地名录认定工作，申请将《淮安市湿地保护条例》列入市人大立法调研项目，自然湿地受保护率达 51.6%；“263”行动压缩洪泽湖湿地网围养殖面积 720 公顷。全年救护野生动物 46 起，成功救治野生动物 35 只。完成森林防火指挥系统功能提升，建立森林防火值班制度。做好林业有害生物防控，实现松材线虫病发生面积和病死株数双下降目标。

【民生国土建设】

2018 年，淮安市认真规范告知、确认、听证等征地程序，严格执行“两公告一登记”、征地补偿资金预存等制度，坚持征地、补偿、保障“三同步”办理。认真落实全省征地补偿和被征地农民社会保障工作会议精神，有效解决征地补偿和被征地农民社会保障工作中存在的具体问题，全面贯彻 93 号令，加大征地信息主动公开力度，保证被征地农民的知情权。推进不动产登记更加便民，实行零散件“挂号”、批量件上门、特殊件帮办、休息日延时、疑难件会诊等“差别化服务”，实施“一窗受理、集成服务”，在银行设立便民服务点，改进义务教育阶段学生入学学区认定技术支持，优化“互联网+”服务、完善网上受理、实现自助操作等各项便民利民措施；除特定业务外，办结时限由原来的 5 个工作日压缩至 3 个工作日；市本级全年办理各类不动产登记业务 21.3 万宗、缮证 16.32 万本、发证 16.63 万本、办理不动产信息查询业务 67.93 万宗、司法协助 1.5 万宗，受理网上申报 1.04 万宗。持续开展便捷高效的网上审批，全面梳理规范行政权力事项和公共服务清单，将国土部门有关行政许可及其他类权力事项纳入淮安市政务服务“一张网”全流程在线审批运行，实行容缺办理、“不见面审批”，提高审批效率，相关事项在微信公众号上进行展示，方便群众。提供精准基础测绘服务，高效开展辅助决策地图联动更新共享工作，扩大测绘地理信息资源应用，满足不同部门对数据的个性化需求，“天地图·淮安”已延伸到各个行业、各个层面，支撑着城市管理、基础设施、民生工程建设等领域的改革创新，连续三年被省测绘地理信息局评为五星级天地图。智慧淮安时空云平台建设项目完成硬件采购、平台搭建。深入开展依法行政及涉土行政争议工作，组织涉土行政处罚案卷评查活动以及“两法衔接工作”业务培训，开展涉土政策文件公平竞争审查。对全市涉土信访进行滚动排查及研判，启动“零报告”机制，实行领导带班制度及24小时值班制度。

【国土资源党建】

2018年，淮安市国土资源系统以“五强化五持续”为主线，推动全面从严治党向纵深发展。强化政治建设，多种形式抓好十九大精神学习贯彻，有效落实意识形态工作责任，扎实推进解放思想大讨论，全面提高党内政治生活质量，积极构建政治生态氛围，国土政治生态持续向好。强化品牌创建，在国土资源系统党支部中创新开展“从严教育党员、从严执行制度、从严遵守党纪、从严履行职责”等“四个从严”基层党建品牌创建筑强基层党建堡垒，结合实际、因地制宜、各具特色地开展了“三比三看三提升”“比实绩岗位练兵”“亮灯工程”等丰富多彩的活动。以“践行周恩来精神”引导党员干部勇担新时代使命，制定《关于发挥国土资源服务保障作用促进高质量发展的实施意见》，大力开展不动产登记窗口“党员先锋岗”创建，市不动产党支部被授予全省不动产登记窗口“党员先锋岗”荣誉称号。强化责任担当，完善党建领导责任制清单，形成33项责任清单；出台《关于落实主体责任进一步加强党风廉政建设实施意见》，建立以“五清单、四工单”为支撑的责任体系，国土系统管党治党责任持续拧紧。强化队伍管理，实施“强基固本”工程建设，建成党员活动室40间；开展党支部结对共建，实现国土系统全覆盖，国土部门干部素质持续提升。强化监督执纪，建立运用第一种形态工作单制度，加强对“三重一大”、土地出让、土地综合整治、不动产登记、土地执法监管等业务领域廉政风险监管。建立在职科级干部廉政档案，把科级干部重大事项报告等九个方面作为廉政档案主要内容，实行一人一档、专人负责、动态管理。组织党员干部1300余人次赴“德园”和马陵山警示教育基地开展“三警一线”警示教育；推进黄花塘省以上投资土地整治项目嵌入式监督；开展南通、盐城、淮安三市国土系统党风廉政建设跨市域协作互查，组织作风建设自查自纠，开展“党员三服务”品牌创建活动，国土部门作风形象持续优化。

（周　翔）

盐城市自然资源工作

【概述】

2018年，盐城市自然资源系统紧紧围绕全市“三市一高”战略、“两海两绿”路径，严格保护资源，突出生态建设，倾力服务发展，各项工作成效显著。坚持规划先行，加强土地利用总体规划与城乡规划、主体功能区规划以及其他专项规划的衔接，不断优化空间布局。开展土地利用总体规划一般性修改，加快新一轮城市总体规划修编，积极落实《江苏省海洋主体功能区规划》，加强控规论证，开展多项专题规划研究。突出生态优先，严格落实地方耕地保护责任，加大土地综合整治力度；深入推进“一片林”工程建设，加强湿地保护，积极创建国家森林城市和国际湿地城市；围绕海洋强市建设，突出海洋高质量发展，加强海岸线整治修复。践行节约集约，牢固树立“亩产论英雄”导向，大力开展闲置土地处置、批而未用土地清理，积极推广工业企业“零用地”技改、工业用地弹性出让等制度，加大高标准厂房建设力度，深入推进节约集约模范县创建，不断提升土地利用效率和产出效益。注重便民利企，对各类行政权力进行了进一步的梳理，将多个行政审批事项下放给各分局直接办理；推行“双随机一抽查”机制，切实提高服务监管效能和水平；深入推进不动产登记、规划审批“不见面审批”、数字化“多图联审”、“3550改革”，全面实施“三测合一”。规范管理秩序，加强日常违法用地、用海巡查，认真开展土地例行督察反馈问题、海洋督察反馈问题整改，开展“护蛙2018”、“绿剑2018”和打击乱捕滥猎候鸟违反犯罪突击行动三次执法专项行动，积极保护野生动物和林业资源。原市国土局、规划局获市委市政府年度综合考核先进，原市林业局“一片林”工作获特等奖，原市海洋局海洋经济调查工作以全省最高分通过验收。

【城乡规划管理】

加强城市（镇）总体规划与土地利用总体规划、国民经济和社会发展规划、生态环境保护规划等规划的协调衔接，大力推进“多规合一”，开展大市区土地规划和城市规划叠加分析。组织开展新一轮城市（镇）总体规划（规划期至2035年）修编，形初步规划成果。对城南新区盐渎公园等7个地段控规进行专家评审论证，对在编17个控规进行技术审查；制定全市集中居住点规划编制三年行动计划，年内完成730个集中居住点规划；制定《盐城市村庄集中居住点选址指导意见》，完成《盐城市乡村基本设施配套标准》5个图集，为科学编制农村居住点规划提供支撑。全力推进违法建设专项治理，全年共查处罚违反城乡规划案件70件，结案64件；大市区拆除新增违法建设685起53885㎡，拆除存量违法建设5976起488598㎡。

【耕地资源保护】

市委、市政府出台了《关于进一步加强耕地保护和改进占补平衡的实施细则》和《盐城市县（市、区）政府（管委会）耕地保护责任目标考核办法》，将耕地和永久基本农田保护等耕地保护责任目标履行情况纳入党政领导班子和干部综合考核评价体系，并实行任期经济责任审计。完成耕地保护目标责任“十三五”期中考核工作，全市现有耕地数量和永久基本面积均超额完成省定任务。全年全市实施完成耕地占补平衡项目库项目新增耕地6.09万亩；完成省、市土地整治项目22个，投资8.4亿元，建成高标准农田33.6万亩，新增耕地0.64万亩。

【林业生态建设】

深入推进“一片林”工程建设，全市共完成新造合格成片林15.45万亩、改造提升16.8万亩，新增城镇绿地3447公顷。积极创建国家森林城市，全年森林小镇新增绿地面积400公顷，建成112个森林村庄。持续推进森林、湿地生态公园创建工作，盐城黄海湿地申遗顺利通过世界自然保护联盟专家实地考察，成功举办2018黄（渤）海湿地盐城国际会议，东台黄海森林公园基础设施不断完善，大丰斗龙港生态组团城市森林公园市场影响力不断扩大，响水云梯关旅游经济区湿地公园形成规划方案，建湖县九龙口景区获批全市首家国家湿地公园。加快林业产业发展，建立试验示范林3000亩，引进树种60多个，引进竹种40多个，栽植苗木3万多株；全年发放蚕种51万张（含社会发种量），产蚕茧40.1万担；全年新拓成片果园2.83万亩，新植果树220万株，改造低产果园0.3万亩，果品总产量51.1万吨，总产值17.9亿元。

【土地资源配置利用】

市政府出台《盐城市土地计划节余指标流转使用管理暂行办法》，加快推进节余的增量计划、增减挂钩指标在市域有偿调剂，节余的同一乡镇布局调整指标在县域统筹使用。市委市政府将“亩均产出”作为高质量发展核心指标，将“坚持节约集约用地制度”作为生态文明建设重点目标；在全市经济技术园区、服务业集聚区、旅游开发区、乡镇工业园区、现代农业园区“五大类”园区等级创建、南北共建园区考核评比中，发布“亩产英雄榜”，有效引导开发园区大力盘活存量用地。加强闲置土地清理和批而未用土地处理，全年处置批而未供土地1.02万亩，盘活利用存量建设用地4.51万亩，实施低效用地再开发1.27万亩。盐都区、亭湖区创成全省“高标准厂房建设和使用先进地区”。盐都区、建湖县和阜宁县创成全省“国土资源节约集约利用模范县（区）”，射阳县获得全省“国土资源节约集约利用进步奖”。

【服务乡村振兴战略】

积极推进宅基地自愿有偿退出、同一乡镇村庄布局调整和工矿废弃地复垦试点，盘活乡村闲置土地资源。全年退出宅基地2.53万户，通过城乡增减挂钩、同一乡镇、工矿复垦新增耕地3.38万亩。出台了《关于支持改善农民群众住房条件工作意见》，落实集中居住点285个、面积1.94万亩；借助省级指标交易平台，积极参与补充耕地指标和挂钩节余指标交易流转，全年筹集资金44.83亿元，为农村危旧房改造、集中居住建设提供资金保障。全域开展农房及宅基地统一登记发证试点工作，12个试点镇村登记成果已经形成；完善农村集体土地确权登记成果，积极开展特色田园乡村不动产登记工作，试点区域内农民宅基地不动产权籍调查全面开展。

【海洋政务管理】

积极服务沿海开发项目用海，全市共获批建设用海1.5万亩。全面落实严格管控围填海要求，全面停止申报和审批新增围填海项目。积极推进海洋工程用海单位落实海洋生态补偿措施，全市28个项目签订海洋生态补偿协议，35个项目海洋生态补偿实施方案通过评审，汇集补偿资金1.12亿元。大力推进海岸线整治，全年整治修复海岸线20.98公里；开展海洋浒苔绿潮生态灾害防治，全市投入资金1000万元，打捞浒苔1900吨。全市海洋生产总值1190亿元，全面完成全国第一次海洋经济调查工作。加强海洋环境监测，全年开展5次33站位的入海河流河口监测，3个断面11个站位的海水入侵监测，3个断面12个站位的盐渍化监测，5次陆源入海口排污监测以及赤（绿）潮监视监测等工作。盐城市被国家发改委、自然资源部批准为国家海洋经济发展示范区。

【放管服改革】

推行“双随机一抽查”机制，切实提高行政审批监管效能和水平，全年完成各类土地审批1700件、规划审批3388件，办理海域审批14件、林业审批47件。系统优化不动产登记服务，在全省首家对外承诺二手房转移登记+抵押登记在1.5个工作日内完成，实际办理控制在0.5个工作日内；新建商品房转移登记、换、补证等业务1个工作日内完成；全力推进不动产登记“不见面服务”省级试点，上线运行不动产网上登记不见面服务系统，开通江苏政务服务网盐城不动产登记综合旗舰店，全年网上办件1.2万余件；市、县两级全面实现金融机构网签、托管、贷款一体化服务。市本级和东台市不动产登记窗口被列入“全国百佳示范窗口”推荐名单，市本级不动产登记营商环境评价列全省第四。动员25家涉土中介入驻市行政中心中介超市，市区工业建设项目、单位及个人自建房项目全面实行“多测合一”。

【自然资源执法监管】

加强土地日常执法巡查，建立了市局季度巡查、县局月度巡查、基层所周周巡查的机制，对重点案件督促县（市、区）进行严肃查处、重典问责，实现11个县（市、区）执法检查全覆盖、问题交办全见底、违法违规查处全到位。加强土地例行督察反馈的问题整改，2017年土地例行督察发现问题整改个数到位率97.38%，面积到位率98.22%，金额到位率100%；2018年土地例行督察发现问题整改个数到位率89.68%，面积到位率93.63%，金额到位率100%。国家海洋督察反馈问题基本整改到位，25宗填海项目竣工申请验收，华能江苏大丰300MW海上风电示范工程集控中心等4宗填海项目通过省级验收，完成射阳河口生态修复、滨海岸线整治和修复，射阳县完成清退缓冲区海域范围内养殖用海5宗1387公顷、大丰区完成清退11宗4567公顷。加大林政执法力度，全年组织“护蛙2018”、“绿剑2018”和打击乱捕滥猎候鸟违反犯罪突击行动三次执法专项行动，严厉打击破坏森林资源等违法行为；全年查处林业行政案件共71起，共罚73人，罚款44万元。组织开展海洋执法监管，全年开展海洋岸线巡查11次，组织检查海洋工程项目407次，检查环境保护（排污口）项目46次，立案14起，收缴罚金8738.7万元。

【基础业务建设】

全市落实资金2.3亿元，确定调查队伍46支，“三调”工作正式进入调查实施阶段；组织构建全市统一的调查成果管理和汇交机制，市政府召开全市“三调”工作推进会，有力保证了成果质量和工作进度。“一张图”平台、不动产登记系统与市政府政务网无缝衔接，相互之间数据互通、信息共享、系统共用，所有国土资源行政审批服务事项全部上网运行，网上办件量位居全市前列。测绘基准CGCS2000建设工程通过验收，全市正式使用2000国家大地坐标系，数据精准度、现势性大幅提升。市、县两级区域压矿调查成果汇总入库，查询服务上线运行。全市自然保护区内矿业权清理核查结束，矿业权人信息公示底数摸排到位，省级矿地融合试点项目完成申报。深入开展测绘地理信息质量提升行动，数字射阳通过省验收，智慧大丰时空信息云平台通过预验收。加强地理国情监测，开展应急测绘演练，基础测绘数据、辅助决策地图完成更新，市区地理国情普查、CGCS2000建设工程、城市地图集等多个项目获国家、省测绘优秀工程奖，省测绘地理信息文化园建设有序推进。建设重点工程用海三维立体场景监管系统，通过三维激光扫描系统采集重点工程用海的构筑物、办公场所、码头等点云数据，建立该区域三维可量测模型，达到对重点工程用海实景复制，获取高精度高分辨率的海域数字三维模型。

【党风廉政建设】

统筹推进党建工作，原国土资源局党委研究出台了《关于进一步加强全系统党的建设工作的意见》，积极构建党建工作新模式；原规划局党组坚持以党建和党风廉政建设工作统领城乡规划工作，做到同研究、同部署、同落实、同考核；原林业局党委以高质量党建助推“一片林”战略工程建设。注重加强基层党组织建设，全系统基层国土所全部建成党支部。通过举办争创“党员先锋岗”活动，举办“进一步解放思想，激励新时代新担当新作为”专题组织生活会，深化“机关党建下基层，党员服务上一线”品牌建设，组织局领导和部门负责人参加“进万企、解难题、促发展”活动，组织机关干部深入经济薄弱村开展结对帮扶，促进党建和业务的全面提升。举办9期“国土所长廉政讲坛”，有效增强基层所长抓党风廉政建设的紧迫感、责任感。原规划局认真落实市委巡察反馈意见整改，针对46项具体问题，研究制定152条整改措施，落实整改的做法在市纪委大会上作了典型经验介绍。与派驻纪检组联合召开综合廉情分析对接会、纪检监察工作座谈会、专项廉情分析会，全面梳理在落实主体责任、推进责任传导、开展廉政教育、落实风险防控、强化监督检查等方面的突出问题，查找风险、剖析原因、落实措施。开展“履职不尽责、服务不担当”专项整治、不动产登记窗口作风问题专项整治、宕欠公款专项清理、规范津补贴问题整改、事业单位公车改革和通讯补贴整改、“吃空饷”和到龄不退问题专项整治、公有房屋专项清理整顿、违规参加各类评审取酬专项清理、职称与职业资格挂靠企业专项清理，全面排查和纠正在作风建设方面的老问题、新表现。积极配合派驻纪检组，综合运用批评教育、约谈函询、诫勉谈话、组织处理、纪律处分等多种方式开展执纪问责。

（吕景林）

扬州市自然资源工作

【概述】

2018年，在省厅和市委、市政府的正确领导下，扬州市自然资源领域各条线部门，紧扣“六个高质量”的发展主题，全面加强资源要素保障、规划引领服务、林业生态提升，有力支撑了经济社会高质量发展。坚持保量提质优生态。建立了资源“管控-激励-建设-保护”的立体化管理体系，推动耕地、绿地、湿地同建共生，有力提升了城市发展的绿色含金量。坚持集聚资源保重点。以优化配置、扶优保重为重点，集中规划、计划、流量等各类指标，全力保障各类项目建设用地需求，列省25个重大项目、1.3万亩用地全部“应保尽保”。坚持节地挖潜增效益。以“亩产论英雄”为导向，通过“两提高一缩短”“增存挂钩”“资源利用效益评价”以及高标准厂房建设等措施，促进全市建设用地亩均税收同比增长了11%。坚持规范规矩守底线。以立行立改的鲜明态度，系统推进例行督察、大棚房整治、卫片执法检查和风景名胜区违法违规建设“别墅”专项检查发现问题整改，维护了良好的资源开发秩序。坚持提档提速强服务。创新“快、联、网、通”的不动产登记服务模式，加强乡村资源政策反哺，满足了生产生活、公共服务、基础设施等各类用地需求。坚持“五同”机制促融合。全面推行党建和业务“目标任务同向、落地落实同步、防范体系同构、规范规矩同频、基层基础同建”的“五同”机制，引领和推动自然资源工作质量提优、效率提升、动力提档，进一步夯实了基层基础。通过“五同”机制的深入推进，扬州市局获得了“全国土地利用和管理形势分析工作成效突出观测点”“中国地理信息产业优秀工程金奖”“全省首批不动产登记窗口‘党员先锋岗’”等表彰，在扬州市委、市政府机关目标绩效考评中获评一等等次，县（市、区）局、分局全部进入当地机关部门考核“第一方阵”，得到了社会各界的高度肯定和普遍赞誉。

【土地开发利用】

土地利用现状。2018年，全市土地总面积6591.21平方公里。其中，耕地330414.14公顷，占比50.13%；园地4022.7公顷，占比0.61%；林地2438.84公顷，占比0.37%；草地566.77公顷，占比0.09%；城镇村及工矿用地107385.87公顷，占比16.29%；交通运输用地29824.19公顷，占比4.52%；水域及水利设施用地178137.06公顷，占比27.03%；其他土地6331.46公顷，占比0.96%。

土地规划管理。加强土地利用总体规划与城市规划、生态规划的衔接，结合土地利用总体规划修改和城市总体规划修编契机，推动土地要素向跨江融合区、江广融合区、江淮生态经济区以及特色小镇、特色田园乡村等重点地区集聚，进一步发挥规划的管控和引领作用。严格执行规划台账式管理制度，开展了宝应、高邮、仪征、广陵、邗江、江都6个县（市、区）土地利用总体规划修改，全部获省政府批准。组织编制了市级中心城区土地利用总体规划布局调整方案，并上报自然资源部审批。

土地征收与供应。2018年，全市共获批土地总面积2370.4公顷，其中农用地1805.85公顷。全市供应土地2982.24公顷，其中：出让土地1379.47公顷，划拨土地1602.76公顷。2018年，全市供应的各类用地中：商服用地158.48公顷，占供地总量的6.1%；住宅用地565.08公顷，占供地总量的18.9%；工矿仓储用地710.52公顷，占供地总量的23.8%，公共管理及公共服务用地329.97公顷，占供地总量的11.1%；交通运输用地926.18公顷，占供地总量的31.1%；水利设施用地及特殊用地等其他用地268.27公顷，占供地总量的9.0%。

【资源节约集约利用】

节约集约制度体系建设。扬州市政府印发了《关于全面推进国土资源节约集约利用的意见》，建立了加强国土规划空间引领、城乡建设用地结构调整、“增存挂钩”、“人地挂钩”等工作机制，完善了以亩均税收、亩均销售收入为核心的指标评价体系，形成了“亩产论英雄”的鲜明导向。

深化工业用地供应制度改革。市政府办公室制定了《关于提高工业用地节约集约利用水平的实施意见》，以工业用地提质增效为核心，全面推行“设定下限提高容积率、接轨市场提高工业地价、缩短出让年期降低企业成本”的“两提高一缩短”新型供应机制，全市工业用地最低价标准平均提高了50%、容积率下限提高到了1.2，出让年期一般不超过30年，促进了企业主动节约、自觉集约。

存量建设用地盘活利用。全市各县（市、区）分别编制了《城镇低效用地再开发规划（2017-2020年）》和《城镇低效用地再开发年度计划》，采取收购储备、鼓励流转、协议置换、增资扩容、技术改造、退二进三等多种方式，完成低效用地再开发833公顷，盘活存量建设用地1296.93公顷，全市存量土地供应比率达55%。

国土资源节约集约模范创建。坚持市县联创、部门联动的创建工作机制，仪征市、江都区创成全省国土资源节约集约模范县（市、区），同时获得了省政府落实有关重大政策措施真抓实干成效明显地方的督查激励，分别获得了500亩用地计划指标奖励。此外，邗江区、广陵区因国土资源节约集约综合考评成绩优异分别获得了200万元的省级资金奖励。

【资源保护和综合整治】

耕地保护责任落实。层层分解耕地保有量和基本农田保护任务，通过耕地保护目标责任期中考核、耕地质量和产能全域评价，常态化开展任务落实检查，推动了全市30.06万公顷耕地保有量、24.87万公顷永久基本农田全部落实到县、镇、村、组和农户进行严格保护。出台了《关于进一步加强耕地保护工作的实施意见》以及耕地保护补偿激励、补充耕地指标调剂两个配套办法，并制定了《扬州市补充耕地质量评定技术标准》，构建起“1+N”耕地保护制度体系，形成了耕地管控性、激励性和建设性“三结合”的良性管护机制。

健全耕地保护补偿机制。会同市财政部门出台了耕地保护补偿激励的专项考核办法，考核评选了成效突出的3个县（市、区）、15个乡镇、30个村作为市级耕地保护激励对象，分别给予通报表扬和资金奖励，奖励总金额达到4200万元。

永久基本农田保护。依据24.87万公顷的永久基本农田划定成果，逐级签订永久基本农田保护责任状（书）15242份，发放明白卡45.98万份，设立永久基本农田保护标志牌1089块，界桩2257个，全面完成了“落地块、明责任、设标志、建表册、入图库”等各项工作任务，市、县两级永久基本农田划定成果全部通过省级专家组检查验收。

耕地占补平衡。2018年全市实施完成196个耕地占补平衡项目，新增耕地 1006.43 公顷。建立市级占补平衡易地调剂补充耕地指标库，以项目为载体，实行统一储备、统一管理、有偿使用。2018 年，全市调剂占补平衡指标 79.33 公顷，持续实现全市域占一补一、占优补优。

土地综合整治。2018 年申请获批 4 个省级投资土地整理项目，建设规模 2068 公顷，新增耕地 32 公顷，预算投资 1.13 亿元；2018 年完成 12 个市以上投资土地整理项目，实际投资 3.11 亿元，建设规模 11370.94 公顷，实际新增耕地面积 259.56 公顷。2018 年实施 402 个增减挂钩复垦项目，新增农用地面积 551.58 公顷，新增耕地面积 541.71 公顷。

高标准农田建设。按照集中连片、旱涝保收、稳产高产、生态友好的要求，全面推进高标准农田建设，累计建成高标准农田 14000 公顷。

【城乡规划管理】

全面启动新一轮城市总规编制，完成了 11 个专题研究、10 个地区发展规划大纲、29 个行业专项规划，形成了总规纲要初步方案。深化控规编制和管理，编制了《东南片区整体规划》《东南片区控制性详细规划》，推动重点片区建设。围绕古城保护、城市交通、高品质住宅、城市双修、公园体系等城市发展重大课题开展研究，形成了《扬州城市双修专项规划》《扬州城市及特色风貌区规划研究》等成果。加强批后监管和对违法建设行为查处，对发现的违规行为实施行政处罚 47 起，收缴罚没款共计 831.86 万元。2018 年度扬州城市规划设计项目获“江苏省城乡建设系统优秀勘察设计奖”城市规划类二等奖 4 项、三等奖 4 项。

【土地市场和储备】

土地市场。创新实施“净地出让、网上竞价、资格后审、全程跟踪”的土地阳光出让“新十六字”方针，全面实现经营性用地及工业用地网上交易，招拍挂出让比例 100%。2018 年，全市实际出让土地 1379.47 公顷，合同出让金 302.29 亿元。其中，招拍挂出让土地 1365.49 公顷，合同出让金 301.36 亿元。市区出让土地 491.77 公顷，合同出让金 167.92 亿元。

“城中村”改造和土地储备。2018 年，全市改造“城中村”地块 21 个，总面积 255.02 公顷，搬迁村居民 3222 户，拆迁建筑面积 81.7 万平方米。年末，全市储备土地库存 1102.2 公顷，其中市区储备土地库存 688.32 公顷。

【国土执法监察】

土地执法监察。统筹推进土地例行督察、卫片执法检查、“大棚房”问题整治和风景名胜区违法违规建设“别墅”专项检查。扎实推进国家自然资源督察南京局驻点督察发现问题整改，紧盯发现问题新制定了近 20 项制度文件，着力解决管理制度缺位、失位和不到位问题。同时，依托“慧眼守土”动态监管系统，及时发现查处违法违规用地案件，2018 年，扬州市局立案查处各类土地违法案件 36 件，责令退还土地面积 264666.7 平方米，责令拆除建筑占地面积 40000 平方米，没收建筑占地面积 154000 平方米，决定处以罚款 304 万元。

依法行政和信访工作。会同市检察部门出台了《关于协作推进检察公益诉讼 提升法治国土水平的意见》，通过联席会议、信息共享、案件通报、联合查处等措施，主动防范公益诉讼等各类风险。健全信访、调解、复议、诉讼相互衔接的矛盾纠纷调处机制，按照“属地管理”原则，加强分级防控、就地化解，引导群众依法维权。2018 年共办理涉土来信 110 件，同比减少 1.79%；接待群众来访 58 批次、149 人次，分别同比减少 3.33%、36.05%。

【地质矿产资源管理】

矿产资源开发利用。2018 年底，全市共有矿山企业 42 家（含江苏油田），境内年开采原油约 80 万吨、占江苏油田年开采总量的 50% 以上，年开采地热水 37.47 万吨，年开采砖瓦用黏土 74.14 万吨。2018 年共完成 27 宗砖瓦用黏土矿采矿权挂牌成交确认，出让黏土资源 48.6 万方，收取采矿权出让金 106 万元。

地质勘查与地质灾害防治。启动扬州城市地质调查工作，有序推进土地质量地球化学更新调查，全面完成区域压矿调查工作，深入推动矿地融合发展。实施高邮市送桥镇神居山地热资源勘查，井口水温80℃，日出水量1928立方米。按照“履职到位、责任到位、措施到位”的要求，认真做好地质灾害防治工作，加强汛（雨）前排查、汛（雨）中巡查和汛（雨）后复查，年内未发生一起地质灾害事件。

【林业生态建设】

全市完成成片造林3.6万亩；四旁植树450万株；完成省级绿化示范村创建45个；建设农田林网13万亩；新建21个“三化”示范村和220个“三化”示范单位；修复湿地4243亩；新建湿地保护小区8个；全市林木覆盖率和自然湿地保护率分别达23.16%和51.2%；编制印发《扬州市湿地保护规划（2018-2030）》；开展野生动物救助42次；查处乱砍滥伐林木、违规征占用林地等涉林案件7起。

【基础管理服务】

不动产统一登记。持续深化“3550”改革，全市实现一般不动产登记3个工作日内办结，抵押登记1个工作日内办结，查封登记、注销登记和异议登记即时办结。全市全年共颁发不动产登记证书（证明）25万多本，累计颁发78万多本。积极提升不动产登记便民利民服务水平，新设乡镇登记站35家，实现乡镇登记站全覆盖；设立银行（公积金中心）抵押登记服务网点31个；增设市区查询网点，全市基本实现转移登记与水、电、气、有线电视过户联动办理，开通“96510”专业服务热线，实现微信、支付宝自助缴费，为社会各界提供高效便捷服务。

国土资源信息化建设。扬州市“四全”服务暨“一张图”平台全面应用，工程项目顺利通过了省自然资源厅验收。国土资源全生命周期管理平台方案通过“云上扬州”专家评审，进入实施阶段；“第三次国土调查”数据库建设、不动产登记系统提升及安全防护列为“云上扬州”2019年建设项目。启动实施档案数字化一期工程建设，基本实现数字档案网络查询、利用；全面落实国家2000大地坐标系转换工作。

第三次国土调查。按照全省统一部署，扬州市政府办公室印发《关于开展第三次全市土地调查的通知》，明确了调查任务、时间安排、工作责任、经费保障和工作要求，组建了第三次土地调查领导小组，设立领导小组办公室，编制了《扬州市第三次土地调查实施方案》。全市共投入三调工作经费为12250.52万元，落实作业标段26个，完成了资料整理分析、图件坐标系及地类编码转换等工作，内外业调查工作全面展开。

数字城市（智慧城市）建设。仪征市、宝应县数字城市项目完成立项。“数字高邮”项目通过验收。完成“数字扬州”更新维护工作，新增2个应用系统，“天地图·扬州”被评为五星级市级节点。启动智慧扬州时空信息大数据与云平台建设，项目获得省测绘地理信息局立项批准，建设方案通过专家论证。

地理国情普查与监测。全面完成省级和市级拓展普查项目。完成2018年度扬州市城市地理国情监测项目，同时开展绿地、公园等地方特色监测，在市本级和县（市、区）局部署地理国情普查成果应用系统。扬州市第一次地理国情普查项目获得“2018中国地理信息产业优秀工程金奖”。

地理信息应用和产业发展　高邮市周山镇境内32.9707°N、119.4981°E的坐标点被确定为江苏省陆域地理几何中心点。建成自然资源卫星影像云服务平台扬州站，每年接收1米分辨率卫星影像数据不少于8次，为落实山水林田湖草生命共同体调查与监测提供数据支撑。我市新增测绘企业6家，全市测绘持证单位总数达61家。我市3家企业上榜“2018中国地理信息产业百强企业”。

【党风廉政和队伍建设】

突出政治建设引领，认真组织学习习近平新时代中国特色社会主义思想和党的十九大精神，深入推进“两学一做”学习教育常态化制度化，扎实开展“不忘初心、牢记使命”学习教育和“解放思想大讨论”等活动。组织局党组中心组赴上海、嘉兴南湖“一大”会址和延安革命纪念馆、梁家河等地参观学习；组织机关党员赴淮安参观周总理纪念馆、刘老庄八十二烈士纪念馆开展党性教育。成立机关纪委，选举了机关纪委班子。在高邮市召开现场会，大力推进全市基层国土资源所标准化建设和管理。组织开展“六好”示范国土资源所与“勤廉国土所长”评比考核，推进强基固本工程建设。严格落实“两个责任”，在试点基础上，全面开展国土资源所纪检监督片区化管理，共设立16个纪检监察工作室。扬州市局被表彰为第一届扬州志愿服务展示交流会爱心单位、2016 – 2017年度全市“书香机关”。

（朱叶俊）

镇江市自然资源工作

【概述】

2018年，镇江市国土资源工作始终坚持以习近平新时代中国特色社会主义思想为指导，紧紧围绕省厅“系统化提升、高质量发展”工作思路和市委、市政府“深度对标苏南、深化改革创新”的工作要求，努力实现促进生态文明建设、更高质量发展、节约集约用地、城乡统筹发展、满意国土建设、发展动能转化、清风国土建设等“七个促进”工作思路，为地方经济高质量发展提供资源支撑和服务保障。

实施精细保护，促进生态文明建设。积极开展永久基本农田保护区划定等工作，落实好《镇江市补充耕地指标奖励统筹办法》，扩大补充耕地来源途径和资金渠道，全年实现新增耕地1.7万亩以上，减少平台购买资金压力。加强绿色矿山建设，全面落实《镇江市矿产资源总体规划（2016—2020年）》，完成全市“区域压矿调查”工作，推进完成示范工程三期治理，配合完成西南片区整治，积极构建矿山地质环境保护和综合治理、土地综合整治、工矿废弃地复垦利用统筹协调、优势互补、相互促进、融合发展的新模式。

实施精准保障，促进更高质量发展。加强土地利用总体规划实施管理，实施建设用地总量和强度“双控”机制，严把建设项目用地准入关，实施差别化产业用地政策，严控高耗能高污染和过剩产能用地，保障新经济新业态发展用地。强化与镇江市发改、经信、商务、科技、规划等部门精准对接，超前谋划，盘活企业存量土地资产，促进经济转型升级。主动超前服务重大项目，对G312、S306快速路建设等重大项目用地，提前介入、现场指导、重点跟进。保障了恒大童世界、中林集团、云阳药业集团、长城汽车等省、市重大项目用地需求。全市审查上报61个建设用地批次（项目）23744亩，其中，农用地18609亩（耕地12516亩），建设用地4405亩，未利用地730亩。

实施精明调控，促进节约集约用地。《镇江市市区土地储备规划（2017-2020年）》获市政府审批。编制完成年度土地供应、储备计划，全市国有建设用地计划供应47433.5亩。2018年，市场出让土地24039.39亩，土地出让金288.46亿元（含协议出让）。其中，市区挂牌出让经营性用地22宗，面积1406.85亩，成交价86.62亿元，平均地价615.7万元/亩，比2017年市区出让经营性用地平均地价增长12.2%。

实施振兴战略，促进城乡统筹发展。推进城乡空间结构优化，以辖市区为单位编制县域乡村建设规划。创新土地利用规划编制使用管理机制，结合特色田园乡村建设和“一村一品”农业特色产业发展，编制行政村土地利用规划。推进农用地整治和高标准农田建设，深化城乡建设用地增减挂钩、同一乡镇范围内村庄建设用地布局调整、工矿废弃地复垦利用。运用农村建设用地调查成果，把农村建设用地盘活与农村宅基地自愿有偿退出等工作结合起来。

持续服务人民，促进满意国土建设。落实“不见面”审批，将原先交易、纳税、登记受理由3个工作日压缩至45分钟，实现当日取号全部办理完毕。进一步梳理不动产登记中的热点、难点问题，分类、分批、分步解决因历史遗留原因不能办证的难题近50个小区约3万户。推进阳光征地，积极配合打造“征收拆迁资金阳光监管平台”，构建征收全过程、全环节、全覆盖的“人防+技防”监管体系。加强地质灾害防治及地质灾害综合治理，开展烈士陵园、北固山、梦溪嘉苑、宝华山等8处地质灾害治理工程，筹措资金2亿元。

深化改革创新，促进发展动能转化。进一步探索“互联网+不动产登记”服务模式，升级“三安”服务。加大征地信息公开力度，将土地调查、阳光征地等与互联网有机融合。加大国家版图意识宣传，强化地理信息安全教育。开展全市系统“创新项目”评选活动，提升监管服务、行政审批和依法行政水平。申报微电影《不动产登记“动”起来》获评全国“土地日”宣传好项目奖，获评全省第28个全国“土地日”宣传优秀组织奖。

全面从严治党，促进清风国土建设。制发《2018年度党风廉政建设和反腐败工作实施意见》《2018年度落实党风廉政建设主体责任清单》，明确了30项具体责任。制定并完善《镇江市规划局重大建设项目方案审查工作规程》等制度，深化“清单正向明责，追究反向约束”工作机制，细化“清单明责—全程纪实—述查考评—责任追究”链条。加强党建与业务工作有机融合，推动“书记项目”有效实施，深化作风效能建设，开展“情系沃土，高效服务”“为党旗增辉，为林业添彩”服务品牌创建活动。组织党员干部赴延安开展理想信念教育培训，赴上海“一大”会址和嘉兴南湖革命纪念馆开展“不忘初心，牢记使命”主题活动，组织全系统50名法制人员到浙江大学开展了5天的脱产培训，开展《中国共产党纪律处分条例》学习宣讲活动，利用周五集中学习日活动，举办“读书与写作”、提升党员干部意识形态能力等专题讲座9期。扎实开展解放思想大讨论活动，召开解放思想大讨论暨作风效能建设“三个争创”动员部署会，举办《解放思想是一种能力》专题讲座、建立《局领导班子成员解放思想大讨论活动联系点制度》，增强领导班子成员联系指导服务基层工作的能力。

【生态文明建设】

耕地保护及土地综合整治工作。2018年，市政府与市、县、乡三级签订耕地保护目标责任书，层层压实耕地保护责任。会同市农委、发改、财政、水利等部门，完成全市2017年高标准农田建设考核工作，上图入库面积13.4729万亩。以市政府名义制发《镇江市耕地保护责任目标考核办法》，提请市政府发布实施《镇江市土地整治规划（2016-2020年）》，7个辖市区土地整治规划论证全部通过评审。完成耕地质量和耕地产能评价成果编制和数据库建设。全市积极落实市政府出台的《镇江市补充耕地指标奖励统筹办法》和市委惠书记提出的“挖掘滩涂、坑塘水面、岗坡地、零星非农用地、农村宅基地、其他散落非农用地等六块地土地复垦潜力”，加大土地复垦力度，全市年度完成占补平衡、增减挂钩、工矿废弃地复垦项目298个，新增耕地1.7万亩，同比增长61%。

执法监察会及违法用地整改工作。会同市信用办出台《关于加强对国土资源失信行为实施联合惩戒的通知》，修改《市政府办公室2017年度土地利用目标管理综合考评办法》，建成覆盖市域范围的“慧眼守土”动态智能监管系统并拓展到城管执法领域，实现无人机对重点宕口的执法巡查，提高精准快速处置能力。加大对新增违法用地考核权重，对存量违法用地整改到位率实行宗数、面积双考核，积极落实《镇江市违法用地整改工作方案》，市政府召开全市土地例行督察发现问题暨存量违法用地整改工作推进会，会同市委、市政府督查室对各地整改工作进行全面督查。全市存量违法用地整改到位380宗20216.2亩，到位率以面积算占76%，以宗数算占92.05%。强化以辖市区局、乡镇所为主的网格化日常巡查发现机制，有效遏制新增违法用地，全年全市新发生违法用地仅22宗151.21亩，润州区获评全省2018年度土地执法模范区、扬中市获评全省2018年度土地执法先进市。

矿产资源管理及林业生态建设。完成市级、丹徒区、句容市《矿产资源总体规划》的编制、审查和颁布。市人大专项调研评议镇江市国土资源局推进重点片区环境整治工作，推进全市废弃矿山地质环境治理，新增矿山面积158公顷。落实《镇江市森林城市总体规划》，完成造林任务15048亩，完成率188%；建成"三化"示范村26个，完成率130%。

【国土空间利用】

启动总体规划修编推进规划全覆盖。与中国城市规划设计研究院对接，初拟《镇江市城市总体发展战略规划（2018-2035）》编制工作方案。完成中心城区360平方公里控制性详细规划深化编制工作，经市政府常务会议审议通过；出台《镇江市区控制性详细规划调整管理规定（试行）》，对控规调整进行规范化管理。同步启动市区360平方公里外的乡镇范围内的总规修编工作，推进全市1088平方公里规划全覆盖。

加强专项规划编制和片区规划研究 编制完成《镇江市地下管线综合规划》《镇江高速快速路一体化规划》，并经市政府常务会审议通过。围绕未来城市发展的核心区域，组织开展《蒋乔土地整理与规划研究》《大禹山北片区规划研究》《古运河保护利用规划提升方案》《镇江东站片区道路网规划》《镇江南站优化提升方案研究》等规划研究，相关研究成果得到应用。

【用地需求保障】

完善土地利用规划。编制中心城区、乡镇土地利用总体规划调整方案，优化建设用地空间布局，保障镇江东站、国际学校、高校园区等重点项目合理用地。对辖市区农用地计划进行考核统筹，编制完成全市农用地计划分配方案，下达农用地计划7250亩。赴浙江嘉善、临安及常州武进等地调研学习，编制完成5个村土地利用规划。

改革工业用地供地方式。2018年6月，《镇江市工业用地供应方式改革实施意见（试行）》通过市政府常务会议审议并印发。意见提出在工业用地一次性50年出让年期的基础上，根据产业政策、产业生命周期及产业发展走向，合理设定有偿使用类型和年限，工业用地弹性出让年期一般不超过30年，以5年为单位，合理设定20年、25年、30年等出让年限。意见实施后，至2018年底已有涉及18宗地、总面积1102亩的企业选择30年弹性出让，为企业节约用地成本9918万元。

【节约集约用地】

存量土地盘活利用。下达年度全市闲置土地处置计划，在2017年全市工业用地更新调查基础上，建立有进有退、优胜劣汰的低效用地再开发管理机制，按时保质完成低效用地再开发和消化批而未供土地年度序时目标任务。通过增资技改、收回重新供应等方式，共处置各类闲置土地107宗，面积9172.58亩。闲置规模已控制2200亩，远低于省厅下达5458.49亩的目标任务。句容市全年10%用地指标用于助力乡村振兴试点何庄村，并预留5%的规划空间用于服务乡村产业发展。

节约集约利用综合考评。持续推进"双提升"行动，开展年度全市开发区土地集约利用更新评价工作，稳步推进年度城市建设用地节约集约评价成果更新工作，丹阳市、扬中市、京口区和润州区等获评2017年度江苏省节约集约利用模范县（市、区），获奖励新增建设用地计划2000亩。

三调工作有序推进。市政府印发《关于开展第三次全市土地调查工作的通知》，召开协调推进会，成立领导小组，采购技术支持服务和软件开发类项目，开展三调推进工作业务培训。全市落实预算经费4000万元，全年共落实调查经费927.11万元。

【自然资源权益维护】

不动产登记服务点全覆盖。全市新增中国银行镇江分行、丹阳市农村商业银行等8个银行办理网点，新增市不动产登记中心京口分中心、句容市不动产登记中心后白镇分中心等5个便民服务点，"服务半径"不断缩减。开展不动产登记进社区系列活动，打通服务群众"最后一公里"。

地质灾害防治零伤亡。完成26个地质灾害危险性评估项目，汛前拉网式梳理排查地质灾害隐患点、危险点214处，发布《镇江市2018年地质灾害防治方案》，召开市政府新闻发布会，市委惠建林书记亲赴隐患点现场调研推进，全市连续15年实现零伤亡。京口分局《镇江市既有支挡结构研究综合安全评估及预警系统的开发研究》项目获省厅立项，为全市唯一被省厅列为指令性的科技项目。

信访工作稳步推进。推进信访"畅通五路"省级试点工作，打造国土信访"畅通五路"综合智能管理系统。拟订《2017年度镇江市国土资源局领导干部接访下访和包案处理信访事项工作方案》，局领导包案13件疑难复杂信访事项处置得当。升级版"阳光信访系统"系统，自主录入率位居镇江市市直部门第一。

【改革创新深化】

推进"多规合一"平台建设。完善空间规划子平台，收集66类数据，出台《镇江市"多规合一"信息平台运行管理办法（征求意见稿》等5项制度，完成"多规合一"一张图生态红线校核和反馈。深化规划管理体制机制改革，研究制定《城乡规划公开公示实施意见》《重大建设项目方案审查工作规程》《行政审批变更管理规定》。

探索"互联网+不动产登记"服务模式。升级"三安"服务大厅功能，打造"全天候"登记服务自助办理系统，实现市本级中心间信息互联共享。率先投入使用人证比对功能的自助查询机，基本完成不动产登记数据整合及历史档案入库工作，整体房地落宗匹配率超过80%，部门共享数量增加75%。开通不动产远程预约系统，建设银行、农业银行等20家金融机构接入，实现"在线查询、远程预约、择日面签、立等可取"。探索水电气、广电、网络过户联动办理试点，新区中心已实现用水账户一并过户办理。

建立"2018镇江坐标系"。积极组织专家展开方案咨询和论证，并向省测绘局提出建立2000地方坐标系的申请。2018年12月，该申请获批，2000地方坐标系被命名为"2018镇江坐标系"，该坐标系统成为我市唯一合法的相对独立的平面坐标系统，这也是自2000国家大地坐标系执行以来，省内首个获批的地方独立坐标系统。该地方独立坐标系统能更好满足全市域大比例尺基础测绘和工程测量精度要求，同时也兼具方便与全省测绘数据地理信息数据共享的特性。

（巫少群　傅　琰）

泰州市自然资源工作

【概述】

2018年，在省厅党组和市委、市政府的坚强领导下，全市系统认真学习贯彻习近平新时代中国特色社会主义思想和党的十九大精神，以深入推进全面从严治党为总抓手，坚持把党的建设和业务工作深度融合，围绕"生态更优美、规划更科学、保护更到位、利用更高效、管理更先进、服务更有力"的目标要求，突出系统提升、注重整体把控、坚持综合施策，优化"两保一调"新机制，深化节约集约"双提升"，创新便民惠民举措，助力乡村振兴战略，聚力干部队伍建设，各项工作取得新突破，一些特色亮点在全国有影响、全省属首创，为打造江苏高质量发展中部支点城市提供了坚强的资源保障。原市国土资源局建局23年多，自始至终保持违法违纪案件"零记录"，连续5年被市委、市政府授予"服务地方发展十佳标兵单位"称号且实现三连冠，在省自然资源厅年度考核中首次名列第一等次，同时还获得全市改革创新二等奖、项目招引先进单位一等奖、法治泰州建设依法行政先进单位第一名、全市2018年度法治综治目标管理考核优秀等次、全市信访工作先进单位、泰州市文明单位等荣誉，市不动产登记中心创成“全国百佳不动产登记便民利民示范窗口”，全市不动产登记2018年营商环境评价名列全省第一，全市国土资源工作圆满收官。原市规划局在突出规划引领、提升城市品质上精准发力，在强化服务效能、保障全市发展上深处着力，在提升队伍素质、增强业务本领上措施有力，2018年获评全省住房城乡建设系统先进集体荣誉称号，被市委、市政府授予项目招引先进单位二等奖和改革创新三等奖。原市林业部门聚焦主业主责，2018年全市共营造林面积达2466.67公顷，造林更新率为8.4%，其中，面积合适率100%，上报合格率99.6%，综合管理评分29.89，三项指标均位列全省前五。

【全面推进生态文明建设】

强化地方政府耕地保护主体责任，市政府印发《泰州市市(区)政府耕地保护责任目标考核办法》。开展市级耕地保护绩效评价工作，对市区耕地保护成效突出的5个乡镇（街道）、29个村（社区）分别给予20万元、3万元资金奖励。2018年全市建成高标准农田20020公顷，全市高标准农田比重达73%，走在全省前列。贯彻执行永久基本农田特殊保护，出台《关于对永久基本农田实行动态监管的通知》，将永久基本农田数据库纳入国土资源遥感监测“一张图”和“慧眼守土”平台。推进农村土地精细化综合整治，2018年完成城乡建设用地增减挂钩复垦2500公顷、耕地占补平衡复垦1500公顷，新增耕地面积达4000公顷，创建市以来新高。依法打击非法占用耕地行为，组织对江苏知音花旅游开发有限公司和白马墓园等5宗共9.73公顷的耕地破坏行为进行鉴定，责成违法当事人主动消除违法状态，恢复耕地种植条件。开展“大棚房”问题专项清理整治行动，坚决遏制农地非农化。打好污染防治攻坚战，对照“263”专项行动目标责任书，牵头组织开展土地收储地块扬尘污染专项治理工作。每月开展地下水动态监测，共监测地下水水位数据480个。在全省率先启动耕地土壤地球化学动态监测与评价工作。

【主动服务高质量发展】

超前进行规划批量管控，实时监测各市（区）和开发园区剩余规划空间，建立常态化规划空间预警机制。强化各级落实耕地占补平衡主体责任，并将补充耕地工作列入对各市（区）政府绩效管理考核目标。精准保障各类用地需求，2018年共上争新增建设用地计划734公顷，居全省第4。为中冶纳米、大明金属等重大项目上争省控用地计划657公顷，同比增加100.6%。扎实服务十项重点工程，2018年供应土地总量达2680.73公顷，有力保障新328国道东延、站前路及S231高架北延等基础设施建设项目用地。以显化城市土地资产价值和稳控房价为目标，平稳有序推进城市土地收储与开发工作，科学编制住宅类房地产用地出让计划，2018年市区出让经营性用地面积达99.13公顷，成交总价首次突破百亿元。

【深化土地供应方式改革】

建立工业项目用地综合评估制度，构建“专家综合评估、项目分类管理、土地分级配置”的工业用地供应新模式。评估指标涵盖规划条件、投资强度、投产达效期限、纳税总额、亩均税收等多个方面，相关标准纳入挂牌方案和出让公告。2018年全市共有280宗、近1426.67公顷工业用地开展综合评估，为新技术、新业态项目腾挪供地面积约266.67公顷，新增项目亩均税收提高到40万元/亩。严格执行履约保证金制度，新实施工业项目均按出让金总额的10%缴纳建设用地履约保证金（不超过300万），在竣工和投产达效两个阶段分别验收，合格予以返还。2018年共72个项目收取履约保证金，总金额22017万元，办理退还履约保证金1宗，金额17.25万元。全市开展土地弹性出让制度取得突破性进展，2018年共有11宗19.97公顷土地实行弹性出让制度，企业降成本金额近3000万元。结合市政府5号令，研究出台《泰州市区国有建设用地批后服务与监管实施细则》等一系列配套政策，实现批后管理工作更加规范化、制度化、长效化。同步打造工业用地绩效管理平台和批后监管与服务信息平台，将全市1.6万家工业、房地产项目纳入平台监管，形成全方位的监管信息化体系。通过绩效平台构建低效闲置用地数据库，定期对低效和闲置企业名录进行更新评价，为清理“僵尸企业”、盘活低效及闲置土地资产提供数据支撑。批后监管制度实施以来，全市盘活利用低效闲置土地2200公顷，消化批而未供用地1733.33公顷，率先完成了省下达任务，全市土地节约集约利用评价位列全省第5，土地供应效益和效率明显提高。

【强化资源便民惠民服务】

优化资源统筹配置，组织赴常州市武进区、盐城市盐都区学习考察农村土地精细化综合整治、宅基地有偿退出等农村土地利用转型工作经验，结合我市农村现状探索并取得了阶段性成果，在全市范围内推动土地精细化综合整治。同时，坚持将土地整治工作与特色田园乡村建设、精准扶贫等工作有机结合，推动土地综合整治项目向经济薄弱地区集聚，通过资源统筹配置，加大补充耕地指标异地调剂力度，既调动了后备资源丰富地区土地整治的积极性，又倒逼资源匮乏地区加大增减挂钩项目实施力度，充分挖潜“存量”资源。兴化市自2017年以来已向泰州市区调剂687.87公顷，指标调剂收益34.22亿元。深化不动产登记“泰顺畅”服务品牌标准化建设，推出不动产登记廉政六条规定、党员便民服务十项承诺，开通不动产登记“96510”咨询热线，设置疑难问题处理专窗和电力驿站等便民服务措施。在市区10家商业银行和市金融产业服务中心开设抵押便民服务点，授权办理抵押登记业务受理和抵押注销业务办理。在全市范围内再推“六个不见面”惠民新举措，实现不动产交易、登记、纳税“一网通办”。我市代表队荣获全省不动产登记业务技能竞赛团体二等奖。规范征地程序，依法履行“两公告一登记”制度，及时公开征地信息，充分保障被征地农民权益。全市共征收农村集体土地2126.67公顷，落实2.62万名被征地农民的征地补偿安置费用28.53亿元。征地领域重大涉稳事项防范处置有力，全年化解矛盾纠纷6起，积极参与征地领域扫黑除恶专项斗争。

【不断夯实业务管理基础】

持续深入强基固本工程，出台《泰州市基层国土资源所规范化建设标准》。《标准》包括硬件设施、机构设置、工作职责、党建工作等十个方面以及优秀国土资源所的考核评价指标。市直八个中心所通过标准化建设，在办公硬件和软件、管理和服务等各个方面成效明显。注重加强干部队伍教育培训，扎实推进“两学一做”学习教育常态化制度化。结合“解放思想再出发、对标找差新跨越”活动，开展大学习、大调研、大讨论。全面落实《关于全面推进法治国土建设的意见》，连续十年被省厅评为全省推进依法行政先进单位。2018年共办理各类行政争议案件57件，复议案件被维持率、行政诉讼胜诉率、部门负责人出庭应诉率均达100%。出台《关于建立国土资源行政执法与检察监督联动机制的意见》，实现国土资源行政执法与检察监督信息的共享互通。推进行政审批制度改革，制定国土资源行政审批业务操作指南，规范权力运行。认真开展“七五”普法宣传，高质量打造“对话”系列普法宣传，开展“法治国土随手拍”主题活动，精品打造3家“国土法治文化示范基地”。以法治业务大讲堂为载体，每月组织机关全体人员学法，强化干部队伍法治意识和思维，提升全系统行政执法水平。强化“慧眼守土”与“一张图”平台中其他业务系统实现深度融合。开展视频盲区“地毯式”排查并增设监控点位，全面构建“天上看、地上查、网上管、视频探”的立体化资源监管体系。研究制定《基础地理信息系统安全风险评估规范》并填补国内相关领域标准空白，为国家标准修订提供参考依据和技术支撑。“基础地理信息共享平台项目”顺利通过了以中科院院士杨元喜为首的评审专家组的验收和评审。

【认真组织编制高质量规划】

坚持高起点打造品质规划、民生规划、智慧规划、阳光规划，切实发挥战略引领、协调统筹和刚性管控作用。全力抓好城市总体规划编制，坚持“开门办规划”，建立完善总规编制协调议事平台，协调组织泰州发展战略研讨会、城市总体规划高层次专家咨询工作会，邀请国内知名专家，对城市定位、发展方向、发展路径等进行研究，并汲取市委、市政府主要领导意见，形成总规纲要成果。瞄准“国际一流、国内领先”的要求，会同上海同济城市规划设计研究院，稳步推进活力创新区（高铁新城）规划研究。针对我市交通体系面临的问题，坚持问题导向和目标导向原则，积极谋划应对策略，塑造泰州综合交通新格局。围绕“四大名城”建设以及城市发展重要区域，开展北部生态区保护规划研究、沿江生态走廊保护规划研究以及过街天桥、社区用房、养老机构、农贸市场、卫生中心等基层公共服务设施规划布局专项研究。组织开展大运河文化带国家文化公园（泰州段）建设规划编制工作。

【积极开展绿化造林工作】

新建完善农田林网 3466.67 公顷，新增经济林 466.67 公顷，建成省级绿化示范村 44 个。森林旅游接待 230 万人次，林业产值突破 90 亿元。突出长江生态保护主题，以长江防护林工程为抓手，大力栽植“三化”树种，扎实推进长江岸线造林复绿，百里江堤两侧完成造林 233.33 公顷。完成省级重要湿地名录认定和国家湿地公园建设评估、监督检查，自然湿地保护率 50.2%。加强野生动物保护管理，完成经营利用许可 45 起、年检 32 家。完成“世界湿地日”“爱鸟周”等重要宣教活动。有效管控林业灾害，全年林业有害生物发生 1173.33 公顷，发生率 1.64%，防治率 99.6%。

（李　映）

宿迁市自然资源工作

【概述】

2018 年，宿迁市自然资源局按照“党建统领全局”的总体要求，坚持“保目标、抓重点、创特色”工作主基调，打造“严谨、规范、开放、包容”工作新格局，建树“书香、法治、开明、进取”文化新特质，不断加大思想解放力度，集中力量系统化推动党建优势、职能优势和资源优势转化，精准保障全市高质量发展“六增六强”。

持续推动党建统领优势转化。持续深入推动“党建与业务发展相融合”“党建与文化建设相融合”“党建与转变作风相融合”“党建与创新创优相融合”四个融合。中央和国家机关工作委员会官网“紫光阁”两次报道宿迁局党建工作成效；市局机关党委被表彰为“市级机关党建质量标准化管理先进单位”和“市十佳学习型党组织”；市不动产登记中心党支部相继荣获市“先进基层党组织”和省厅“共产党员先锋岗”称号。

持续推动资源生态优势转化。全市实有耕地保有量 686.4 万亩，超出目标任务 30.4 万亩。下达市区耕地保护激励资金 1940 万元，重点支持省定经济薄弱村和农民群众住房条件改善示范项目所在乡镇耕地保护投入。按照“高标准、高效益、高颜值”要求，积极组织申报土地综合整治项目，获批 9 个省投土地综合整治项目，建设规模 8.35 万亩，下达资金 2.76 亿元；批准实施 12 个市投土地整治项目，建设规模 7.4 万亩，预算金额 3.02 亿元。全省首个生态型土地综合整治项目——洋河新区仓集镇河西庄村生态型土地综合整治项目扎实推进，已完成总工程量的 20% 以上。大力推进国土绿化工程，全市现有林地 287 万亩，林木覆盖率达 28.45%，位居全省第三。切实加大自然湿地保护力度，全市湿地保有量 255.9 万亩，自然湿地保护率达49.1%。

持续推动资源发展优势转化。2018年争取各类农用地转用计划3.02万亩、同比增长9%，报批土地3.18万亩、同比增长24%。制定出台《关于加快改善农民群众住房条件推进城乡融合发展用地服务保障的八条意见》。2018年全市出让土地1.9万亩、同比增长35%，土地出让金达114亿元、同比增长89%。科学推进土地收储，争取发行土地储备专项债券20亿元，有力推动了棚户区改造工程实施。2018年实施城镇低效用地再开发9700亩、占省下达指标的140%，消化批而未供土地1.2万亩、占省下达指标的148%；2018年底，全市每亿元单位GDP建设用地占用753.44亩，较2015年末降低23%；建设用地每亩地均GDP13.27万元，较2015年末提高30%。

持续推动资源富民优势转化。增减挂钩节余指标在省域内转让使用试点已累计完成节余指标和规划空间转让2.66万亩，成交资金达147.27亿元。同一乡镇范围村庄建设用地布局调整试点累计获批三个批次，争取省下达乡镇建新区用地指标1.81万亩。建立以林药、林菌、林经、林苗为重点的林下经济模式近30种，为农民增收致富开辟路径。2018年我市共建林下经济示范基地53个，示范面积7290亩，推广面积68740亩，亩均产值1500元左右。持续推进“放管服”改革，着力打造“宿登记·心服务”不动产登记品牌，在全省率先实现所有不动产登记业务3个工作日内办结，不动产交易登记工作被表彰为全省先进。12月17日，部点名邀请我局在全国不动产登记培训班上授课。

【林业资源】

全市现有林地287万亩，林木覆盖率达28.45%，位居全省第三；林木产业发展迅速，全市林业产业总产值达714.48亿元。

2018年，立足生态立市战略，紧紧围绕“深呼吸、看绿化、见清水”工作目标，以生态文明建设为总抓手，立足建设江苏生态大公园的战略目标，统筹做好增绿扩绿和生态保护修复，林业工作取得长足发展和良好成效。

造林绿化。深入开展造林绿化工作，按照《百万亩生态成片林建设实施方案》要求，以“三沿三区”为重点区域，推动经济林建设、农田林网高标准建设、生态廊道绿化、道路河道及村庄绿化等林业重点工程建设，组织形式多样的义务植树活动，吸引社会各界积极参与。2018年，全市营造生态成片林10.7万亩，新造成片林7.9万亩，新建及完善农田林网控制面积15.6万亩，打造省级绿化及“三化”示范村53个，共组织现场义务植树活动3475场次，265万人次参加义务植树，完成义务植树520万株，营建纪念林37个。

湿地保护。牵头编制《宿迁市湿地保护规划》，稳步推进洪泽湖湿地修复工作。全市新增自然湿地受保护面积6.73万亩，恢复自然湿地面积1.5万亩。同时，积极启动省级湿地公园创建工作。重点推进沭阳三河、洋河新区古黄河省级湿地公园创建工作，其中沭阳三河省级湿地公园成功创建，全市自然湿地保护率达49.1%。

林业资源管理。制定《宿迁市义务森林资源监督员制度》，监管关口前移，壮大了森林资源监管队伍，提高了公益林监管能力；全面落实森林防火工作行政领导责任制，建立“市—县（区）—乡（镇、林场）”三级森林火灾预防指挥体系；开展防火演练，提升森林防火实战能力；组织森林防火安全工作专项检查，消除火灾隐患，全年未发生一例森林火灾。同时，做好飞机施药防治工作，2018年飞防的作业面积达149.1万亩。开展“以虫治虫”生物防治试验示范，全年人工释放周氏啮小蜂7750万只、花绒寄甲119万只，2018年未发生美国白蛾、杨舟蛾等食叶害虫的重大疫情。

【城乡规划】

2018年，城乡规划工作深入贯彻落实“六增六强”工作要求，着力推动城乡建设高质量发展，取得积极成效。

规划编制与研究。加快推动宿迁城市总体规划（2035）修编启动；《清风廊道规划》获全省城市规划一等奖，制定《清风廊道建设方案》，形成初步成果；对建市以来规划成果进行梳理，形成了

《宿迁市城乡规划成果汇编》，构建包含6大类、57个项目的规划成果库，规划成果体系不断健全。

规划管理与服务。开展中心城市规划管理决策体系优化研究，外出借鉴先进经验做法，开展规委会议事规程调整研究。启动地理信息系统优化工作，开展基础地理信息数据收集，配套制定《宿迁市市政工程管线规划管理办法》，进一步优化市政工程规划管理协调机制，推动空间资源整合利用。

重点项目服务。落实盐洛高速、迎宾大道、上海路等重大项目规划服务，及时协调工程建设各类问题，保障项目顺利推进；开展城市交通优化工程研究，加强城市支路网配比，引导城市交通改善；西湖路综合改造、厦门路东延等市政规划研究稳步推进，为项目建设提供有效指导；服务城市环境提升项目，深度参与“一线一岸”综合整治工程；电商、银湖等一批城市之家投入使用。

城市研究。组织开展第二届“衲田杯”可持续设计国际竞赛，得到国内外知名机构积极响应，成功举办学术研讨会，为水美城市建设征集有益意见建议；启动《城市发展年报》编制，制定《宿迁市城市设计管理办法》，加快推动《总体城市设计》《城市设计导则》编制。

城乡融合。推进《宿迁市乡村振兴战略实施规划》编制，形成初步成果；启动第三批特色村庄筛选，公布重点村庄名录，增强规划的公开度和约束性，推动分类发展；协调8个生态经济示范镇试点建设，初步完成了生态宜居新家园建设前期任务；同步推进农民群众住房条件改善工作，完成城镇体系规划研究工作，编制改善农民住房方案、“一图一表”、规划设计导则和方案审核流程，有效推动改善农民住房条件三年行动计划落地实施。

【土地资源管理】

根据最新数据统计，全市土地总面积12786441.2亩，其中，农用地8772720.4亩（包括耕地6471510.4亩，园地391590.9亩，林地278226.0亩，草地783.5亩，其他农用地1630609.6亩）；建设用地2108968.5亩（包括城镇村及工矿用地1705837.0亩，交通运输用地167828.4亩，水利设施用地235303.1亩）；未利用地1904752.3亩。与上年度相比，全市农用地净减少3409.2亩，耕地净增加2839.5亩，建设用地净增加7910.1亩，未利用地净减少4500.9亩。

全力保障发展用地需求。全年累计报批土地3.18万亩。认真贯彻落实省政府93号令精神，目前全市被征地农民进保率68.19%，是年初进保率22.35%的3倍，其中市区进保率94.7%，是年初进保率11.27%的8.4倍。完成建设项目用地预审52个1.03万亩。配合起草市改善农民群众住房条件实施意见、三年行动计划、考核办法等文件，制定出台《关于加快改善农民群众住房条件推进城乡融合发展用地服务保障的八条意见》，及时做好农房项目用地服务工作，分解下达增减挂钩指标454亩，保障市区12个农房项目用地需求。

严格落实耕地保护制度。报请市委、市政府下发《关于进一步加强耕地保护和改进占补平衡的实施意见》，完成市、县级“十三五”土地整治规划编制、批复，全市“十三五”期间将建成高标准农田185万亩以上。积极做好市政府为民办实事项目建设工作，建成高标准农田35.92万亩，是省下达任务30万亩的1.2倍，其中国土部门建成12.8万亩，完成了市政府下达的12.3万亩任务。根据《宿迁市耕地保护激励实施办法（试行）》，下达2017年度市区耕地保护激励资金1940万元。制定下发《宿迁市设施农业备案正面清单和负面清单》，保障重大农业项目用地需求，全年共办理设施农用地项目286宗0.93万亩。

大力开展土地综合整治。全年获批省级土地整治项目9个，是年度目标任务的2.2倍，建设总规模8.35万亩，争取资金2.76亿元；批准实施市级土地整治项目12个，建设规模7.4万亩，预算金额3.03亿元，其中全省首个生态型土地综合整治项目—洋河新区仓集河西庄村生态型土地综合整治项目，建设规模1.01万亩，下达预算5600万元。完成耕地质量和产能评价，以及历年耕地占补平衡项目实地核查工作，并通过省厅和部检查。完成占补平衡、增减挂钩、工矿废弃地等项目入库备案及调整工作，入库项目709个，计划新增耕地3.43万亩。加大土地整治项目竣工验收工作，完成省、市级土地整治项目竣工验收8个、新增耕地1328亩；完成项目库项目竣工验收873个（含2017年结转项目），确认新增耕地5.52万亩。完成市统筹耕地占补平衡指标4450亩。

稳步推进国土资源改革创新。制定出台《关于深化城乡建设用地增减挂钩工作的通知》，稳妥推进节余指标转让；修订节余指标收益资金管理办法，进一步规范收益资金使用。全年转让指标6543亩，成交资金38.66亿元（全市累计转让指标2.566万亩、139.01亿元，其中节余指标和规划空间1.586万亩、104.8亿元，耕地占补平衡指标0.98万亩、34.21亿元），其中节余指标和规划空间6243亩、37.7亿元，耕地占补平衡指标300亩0.96亿元。完成第三批16个同一乡镇试点实施方案备案，实施农村建设用地“减量化”805亩，连同节余指标转让、挂钩转占补全市累计实现农村建设用地“减量化”7139亩，是年度目标任务4000亩的1.8倍。持续推进土地资源市场化配置，开展地票交易3期，成交建设用地指标810亩、耕地占补平衡指标1100亩。

积极开展国土资源政策研究。完成了乡村振兴用地保障机制、省政府93号令贯彻落实、城乡建设用地增减挂钩工作、农村土地制度改革三项试点等政策研究，并形成专题调研报告。

【土地开发利用】

根据2017年度土地变更调查数据及2018年全市土地复垦验收面积及建设用地报批规模，2018年末，宿迁市建设用地总面积约2088269.5亩，土地开发强度为16.33%，位于江苏省最低水平。全年共盘活低效产业用地9700亩，消化批而未供土地1.2万亩。全年出让工业用地303宗12186亩，出让金总额8.7182亿元；出让经营性用地125宗6170亩，出让金总额104.2113亿元；出让其他用地9宗355亩，出让金总额1.0613亿元。全年组织弹性年期出让工业用地33宗411.4亩，降低企业用地成本约760万元。全年进一步完善农村集体建设用地入市机制，探索保障旅游项目、农民集中居住区项目和综合性服务项目的集体建设用地盘活11宗603.39亩。

2018年11月19日，宿迁市国土资源局出台《关于开展农村宅基地“三权分置”试点助力乡村振兴建设的指导意见（试行）》（宿国土资发〔2018〕187号），促进农村闲置宅基地的合理高效利用，释放宅基地（房屋）的资产红利，为我市全面实施乡村振兴战略提供基础和核心的动能。

【不动产登记工作】

2018年，自然资源部《不动产登记与法治国土》专刊全文刊发宿迁市不动产登记经验做法，宿迁市不动产登记中心窗口入选“全国百佳不动产登记便民利民示范窗口”推荐名单。2018年8月15日，宿迁市国土资源局与工商银行宿迁分行联合在全国率先开发的不动产登记信贷（工行）直联系统正式启动，标志着不动产登记进入“不动产+信贷”直联时代。印发《关于推进市区宅基地和农房不动产统一登记试点工作的实施意见（试行）》，督促指导宿城区、宿豫区稳妥推进农村宅基地、农房统一不动产登记，宿迁市区农房不动产登记实现“零突破”。

【矿产资源】

城市地质调查。2018年城市地质调查主要进行野外调查工作，进行的调查工作内容主要是各专题的野外地质调查、物探剖面测量、钻探施工、样品采集等，在今年的野外施工中，在市区西部蔡集镇至龙河镇的郯庐断裂带凹陷区深部发现优质地下水水源。单井出水量可达2500—3800m^3/d，水位埋深水中锶含量0.55mg/l、偏硅酸含量58.4mg/l，水质达到国家偏硅酸、锶复合型饮用天然矿泉水标准。该优质地下水水源的发现，对宿迁城市的饮水安全及经济可持续发展具有重大意义。

地灾区域评估。经开区在全市率先开展开发区范围内地质灾害危险性区域性评估工作。

矿山地质环境治理。编制《宿迁市矿山地质环境恢复和综合治理规划（2017～2025年）》，《规划》促进全市矿产资源开发与矿山地质环境保护协调发展，最大限度地减少或避免在建矿山、生产矿山和关闭矿山因矿产开采形成的地质灾害、环境污染和生态破坏，统筹部署治理“新老”矿山地质环境问题，保护和改善矿山地质环境，促进社会经济绿色发展。

【信息化建设】

“互联网＋国土资源所”建设。市区原来有20多个国土资源所，这些所人员少，有的所甚至只有1名工作人员。依托原国土资源“一张图”综合平台，建成了“虚拟国土资源所”，使办公自动化系统摆脱地理空间的约束，方便群众和企业办事，实现“让数据在网上跑，让群众少跑路”。

档案管理信息化工作　2018年是宿迁市国土资源系统“档案管理提升年”，2018年9月，市局和沭阳县局被省档案局和省自然资源厅评定为综合档案管理“五星级”。

【法规监察】

落实法治责任。制定下发了《宿迁市国土资源局2018年依法行政及法治建设工作要点》，组织对各县区局及市局各处室案卷评查，评查发现的问题及问题整改情况在全系统通报，加快形成依法行政硬约束。

加强制度建设。出台《宿迁市国土资源局行政争议案件会审制度》，将会审定位为审理重大、疑难、复杂的复议诉讼案件，研究复议诉讼工作中反映出的重大问题。更加注重根源纠错，对每一宗行政争议案件存在的问题及时向相关业务处室反馈，总结办案中发现的普遍性问题，找准突破口、牵住“牛鼻子”，规范今后行政行为，从根源上防止和减少行政争议。

建立法律顾问制度。进一步完善法律顾问、公职律师制度，出台《宿迁市国土资源局开展公职律师工作的方案》《宿迁市国土资源局公职律师管理办法（试行）》，通过公开、公平、公正方式遴选优秀律师作为我局外聘法律顾问，选聘法律顾问律所。

建立公益诉讼联动机制。建立国土资源执法和检察监督联席会议制度、国土资源行政执法与检察监督联动会审会议制度。市县两级国土资源部门高度重视检察建议的落实，对检察机关下发的检察建议书，均已落实整改任务，未被提起公益诉讼。

（韩海涛）

昆山市自然资源工作

【概述】

2018年，在省厅和昆山市委市政府的坚强领导下，昆山市国土资源系统干部职工坚持以习近平新时代中国特色社会主义思想为指导，紧扣昆山“做好高质量发展榜样、建设现代化大城市、打造国家一流产业科创中心”的目标定位，按照“系统化提升、高质量发展”的要求，推动国土资源管理各项工作向更深层次、更广领域改革创新，为昆山经济社会发展提供更有力的支撑，各项工作推进有力、有效、有序，重点工作任务进展达到年初既定目标，得到市委市政府和上级国土资源管理部门的高度认可。在昆山市2018年市级机关绩效管理工作考核中被表彰为“优秀单位”。

【土地开发利用】

为落实高质量发展和建设用地减量化的要求，立足构建“严格准入—优化供给—强化监管—存量盘活—资源统筹”的政策“闭合环”，明确建设用地减量化的政策路径，围绕项目准入印发《工业用地项目评审办法（试行）》、围绕优化供给印发《工业用地弹性年期挂牌出让实施细则》、围绕供后监管制定《工业用地再开发及交易管理办法（试行）》、围绕盘活存量印发《关于优化土地利用方式促进高质量发展的意见》、围绕资源统筹印发《关于全面统筹土地资源配置的意见（试行）》及实施细则，形成了较为完善的减量化发展政策体系，推动昆山在落实两个“零增长”的基础上，实现建设用地“减量化”的“高质量”发展。为加强工业用地再开发管理，制定《工业用地再开发及交易管理办法》，在全省第一家搭建土地二级市场监管平台，将低效的、城市规划发生变化的、生态环保控制区内应当退出的、政府拟收购的4类工业用地纳入监管平台，由国土资源局、市场监管局、法院3个部门牵头，会同16个相关部门，联动实施以提高土地利用效益为先的全面监管，杜绝不符合产业、安全、生态、环保的项目通过土地转让、司法拍卖和股权变更进入二级市场。通过信息的共享互通和区镇、部门之间的有效配合，实现了监管的统一化、标准化、透明化，加强了土地二级市场准入监管的主动性，丰富了政府收回低效用地的行政手段。

【土地整治保护】

规范开展城乡建设用地增减挂钩及工矿废弃地复垦项目库建设，将增加耕地面积、提高耕地质量和改善生态环境作为土地综合整治项目的整体目标，放大土地综合整治“生态＋资源”的效能，加大对零星闲散资源的挖潜，2018年，共完成城乡建设用地增减挂钩项目验收入库443.5亩，完成耕地占补平衡项目验收入库1283.78亩。为破解建设用地总规模约束下城乡发展用地保障问题、镇村用地低效利用和碎片化的问题，并借机改善生态、空间等问题，我市在“多规融合”的前提下开展“三优三保”专项行动，按照昆山市2035版城市总规和现行的土地利用总体规划，结合生态环保控制线，排摸确定全市拆旧潜力，编制11个区镇的“三优三保”专项规划，通过拆旧建新，推动国土空间布局在拆旧建新中得到优化，生态环境在综合整治中得到提升。

【地质灾害防治】

在苏州地区率先完成市域范围内压覆重要矿产资源调查评估工作。2018年1月，压覆重要矿产资源调查成果面向企业启用，有效缩短了企业用地审批环节，提高了审批效能，减轻了企业负担，得到了企业的高度好评。在省内完成首个以县市为单元进行的岩溶塌陷灾害调查评价，项目立足昆山市岩溶地质特征和城市建设对岩溶地质调查的需求，对昆山市水工环地质条件及碳酸盐岩的分布发育特征进行调查，对昆山市岩溶塌陷灾害进行了危险性和风险性评价。评价成果为昆山城市规划布局、重大工程建设、防灾减灾等工作提供了地质依据。

【国土执法监察】

创新监管巡查执法模式，通过增加“慧眼守土”探头数量、调整位置进一步扩大视频监控覆盖范围，“慧眼守土”监控率位于苏州前列，2018年通过视频监控发现动土、施工等疑似违法地块4起，并全部跟踪整改到位。进一步完善月度卫片检查模式，加大与季度土地执法监察巡查结合力度，将月度卫片图斑作为季度巡查的重点，并将发现的问题图斑在季度考核中予以扣分，同时缩短会商、处置周期，加快整改进程，实现对违法用地的早处理、早整改、早消除。获得省厅表彰的2018年度土地执法先进县（市、区）单位荣誉称号。

【其他工作】

昆山不动产交易登记业务量非常大，长期面临工作量大人手不够的压力，党员干部职工克服困难，发扬“5+2”“白＋黑”苦干精神，在巩固“3550”改革成果和拓展服务“外延”上发力，与中国人民财产保险有限公司签订协议，建立不动产登记保险制度；办理“积分入学”不动产登记2405户且全部实现1个工作日内办结；将不动产权籍审核入库纳入全市企业服务重点项目，审批和入库时限压缩50%；免费办理不动产继承公证1774件，登报公告4242件，上门见证服务185次。2018年全市共颁发不动产权证书、证明、首次登记信息表30.8万本，对外查询30.6万人次，办理查（解）封1.4万次，商品房抵押注销5.46万套。

（王　敏）

泰兴市自然资源工作

【概述】

2018年，全市国土资源工作紧紧围绕“精细化管理、高质量发展”工作主线，攻坚克难，务实奋进，全面完成年度目标任务。全市实施土地整治项目累计新增耕地22621.2亩，追加规划流量指标15000亩，全年上争用地指标2076亩，上报审批农用地转用、土地征收59个批次（项目），征地总面积15364.46亩，保障了近400个项目用地需求。全年挂牌出让土地284宗7111亩，收取土地出让金68.91亿元。建成高标准厂房22万平方米，再开发低效用地1860亩，盘活存量建设用地3950亩，处置批而未供项目2188亩，全市2008年以来新增建设用地供地率达95%，2018年供地率达71%。节约集约用地工作连续两年被国务院表彰，先后获“江苏省国土资源节约集约利用资金奖励”“江苏省土地执法先进县（市、区）”“全省高标准厂房建设与使用先进地区”“全省国土资源法治国土建设工作成绩突出单位”等荣誉奖励。在市级机关部门（单位）绩效考核中，原国土资源局和规划局被评为“十佳服务地方发展先进单位”“服务项目大突破先进单位”“部门招商引资先进单位”。

【耕地资源保护】

提请市政府下发《泰兴市耕地保护激励暂行办法》，有效激发乡镇（街道）和村组保护耕地的积极性。全年实施耕地占补平衡、增减挂钩、同一乡镇范围内村庄建设用地布局调整试点和农村建设用地整理项目累计新增耕地22621.2亩。

【用地空间优化】

扎实开展土地利用总体规划实施评估和调整完善工作，全市追加规划流量指标15000亩。全年上争用地指标2076亩，上报审批农用地转用、土地征收59个批次（项目），征地总面积15364.46亩，保障了近400个项目用地需求。统筹谋划征地交地，完成经营性项目征地13个2056亩，交地项目13个2358亩。全面推行土地网上交易，共计挂牌出让土地284宗7111亩，土地出让金68.91亿元。

【节约集约用地】

持续开展“土地节约集约先进园区”和“土地管理模范乡镇”创建活动，促进节约集约用地水平不断提升。强化项目用地全程监管，推行履约保证金制度，布置开展2008年以来新增建设用地专项排查，处置7宗房地产开发项目超容积率行为，补交土地出让金1781万元。全年建成高标准厂房22万平方米，实施低效用地再开发1860亩、盘活存量建设用地3950亩，处置批而未供项目2188亩，全市2008年以来新增建设用地供地率达95%，当年供地率达71%。

【土地执法监管】

始终对违法违规用地保持高压态势，坚持“清存量、控增量”思路，部署开展临时用地、公益性公墓、个人住宅、设施农用地和批而未供土地“五项行动”。全年消化存量违法用地204宗1238.4亩，整改新增违法用地187宗1691.7亩，工矿用地和道路用地基本实现“零违法”。

【不动产统一登记】

深化不动产统一登记，全力打造“泰易（e）登”为民服务品牌。在全省率先完成“96510”服务热线升级工作，服务评价系统与省级平台联网启用。不动产单元编码示范推广与集成应用多项成果在全省推广，并受邀赴京参与部不动产权籍调查经验交流。建成互联网申请平台、网上预约平台和智能化网上服务大厅，实现“外网申请、外网预审、内网审核”。搭建部门信息共享平台，牵头建立部门联席会议制度，拓宽信息共享领域。强化窗口建设管理，一窗服务持续升级。推行不动产登记电子证明，交易材料复印件实现零提交，不动产登记更加便民利企。开展祁巷村、银杏村、印达村三个特色田园乡村不动产登记发证试点，依申请核发不动产权证书 112 本。

【审批制度改革】

全面完成“不见面审批”制度改革，各项审批结果与《江苏政务服务网》实现实时推送，进一步提高了政府办事效率。

【矿产资源管理】

扎实推进泰兴市综合地质调查，完成野外工作专家验收，形成基础地质、地热资源调查、地质灾害调查三个单项成果报告。完成《泰兴市地质环境监测规划》初稿。开展矿山环境治理恢复保证金清理返还工作。地下水位监测网络纳入泰州市大网建设。组织开展生态红线内矿业权清理核查。严格落实矿业权人勘查开采信息公示制度，公示率达 100%。全市 12 宗砖瓦用黏土采矿许可证全部自行废止，注销处置到位。

【群众权益维护】

整合各部门业务办理系统，打破数据共享壁垒，试运行泰兴市被征地农民社会保障业务经办系统。全市共办理被征地农民社会保障 330 个组次 5398 人。

【党风廉政建设】

依托系统管理“云仓库”，利用微信公众号，建立“党建云平台”，在手机端设置党建动态、学习教育、廉政建设、党费缴纳等核心模块功能，打造了全天候、随身携带的“指尖党建阵地”。围绕“不忘初心”“锤炼忠心”“凝聚众心”“乐修净心”“播扬爱心”五大板块布置局组织生活馆，受到各级领导的一致好评。将党建工作嵌入国土资源服务之中，打响“为民党建”服务品牌，创成省级“党员先锋岗”。深入推进“三亮三比三树”“争做‘四个合格’党员月晒季评年考”等活动，充分发挥党员的先锋模范作用。全力做好文明建设工作，组织系统 10 支“红马甲”志愿服务队先后开展上路值勤、义务植树等志愿服务活动 80 余次，局机关、黄桥分局和城区分局被表彰为泰州市文明单位。

【干部队伍建设】

完善绩效考核、内部管理、业务操作等三大类 36 项规章制度，筑牢制度屏障。强化系统人员教育培训，组织系统人员分批赴高校参加综合素能提升培训，赴红色教育基地接受党性教育。规范干部选拔任用，交流轮岗 8 人，同向流动 7 人，提拔中层干部 1 批次 2 人，推荐 1 名同志到乡镇任职。

【土地调查】

完成 2017 年土地变更调查，通过泰州市局、省厅验收和国家内业核查。全面启动第三次国土调查，确定优质作业队伍，采用 0.1 米航空遥感影像作为底图，提升调查精度。有序推进农村建设用地调查扫尾工作，完成项目复核验收。

【“互联网 + 国土资源”】

实施综合动态智能监管系统二期工程，全市增设 117 个高清摄像头，实现建设用地全市域实时监控。启动“一张图”数据异地备份工作，完成所有存量数据的离线完整性备份。完成“一张图”系统所有业务流程带坐标流转。建成土地出让金结算系统，实现数据自动统计、结算表自动形成。

【城乡规划工作概况】

2018 年，市规划局共办理《建设项目选址意见书》113 份、《建设用地规划许可证》439 份、《建设工程规划许可证》189 份、《乡村建设规划许可证》2060 份；出具用地性质确认、竞价出让、规划设计等各类红线图共计 728 份；审批修建性详细规划 165 份，发出建筑设计方案审定意见 70 份；办理项目规划核实 73 个；全年共审批各类建设项目约 400 万平方米。提请召开市规委会 6 次，审议议题 34 个。共进行规划批前公示 63 份，批后公布 30 份。

【泰兴市城市发展战略大纲（2035 年）】

2018 年，市规划局按照泰州市编制城市总体规划的统一要求，对泰兴 1169 平方公里现状用地进行绘制和校准，编制泰兴市城市发展规划大纲（2035 年），重点对全市发展目标、空间布局、功能布局、城市特色与历史文化保护实施评估，进一步厘清全市发展诉求，传导上级管控要求，夯实总规修编基础，为下一轮泰兴市城市总体规划修编（国土空间规划编制）提供系统准确的基础数据库。

【高新区综合规划研究】

2018年，市规划局为实现区域产城融合快速发展，编制完成高新区综合规划研究成果。通过优化产业结构，合理布局各类用地，强化公共服务设施保障，推动产城融合；统筹交通布局，细化研究高铁、城际轨道线路，对周边用地进行控制，合理安排各类交通设施；开展城市设计，深入研究片区城市空间形态，细化功能布局和空间引导，塑造丰富多样的城市景观。为区域公共服务配套整体提升提供规划支持。

【城市设计与控规更新】

2018年，市规划局为更好指导城南片区的城市建设，围绕改造提升老小区生活环境品质，完善公共服务设施布点，提升业态档次等内容，组织编制完成《泰兴市城南片区城市总体设计》；为加强与城市总体设计的衔接，实现城南片区城市品位、城市功能提升，同步完成《泰兴市城南片区控规更新》。

【专项规划编制】

2018年，市规划局为提升城市文化品质，编制完成《泰兴市历史建筑普查工作报告》《苏利巷、里仁巷历史文化街区整治规划》《风貌特色专项规划》《城区鼓楼北路区域深化设计》，完善《老泰中地块改造规划研究》；为提升城市空间景观，编制完成《外环城河沿线景观提升实施规划》；为改善交通环境，编制完成《中心城区慢行系统规划》；为完善公共服务设施，编制完成《中心城区社区用房布局规划》；为有效控制城市“五线”，编制完成《城市红线规划》《城市黄线规划》。

【镇村规划编制】

2018年，市规划局指导有关乡镇编制各类规划。一是完成新街镇、元竹镇、虹桥镇、宣堡镇等乡镇总体规划的上报审批工作，引导乡镇实现集约化、规模化、科学化发展。二是继续督促16个乡镇（街道）根据镇村布局规划中确定的重点村、重点特色村、特色村编制72个村庄规划，明确各项控制指标和规划管理要求。三是配合相关乡镇编制宣堡镇郭寨村、元竹镇蒋堡村、姚王镇毛庄村、虹桥镇六圩村等村的特色田园乡村规划，着力培育好乡村振兴的“试验田”，形成有个性、有亮点、可复制、可推广的规划精品。

【规划设计】

2018年，市规划建筑设计院编制完成元竹镇总规、宣堡镇总规及4个村庄布局规划编制工作，编制完成全市21宗地块的规划设计工作，完成市政工程设计4个，建筑工程设计4个，落实建筑设计合同7个，与河失镇、根思乡达成总规和控规编制协议，并对40多家建设单位进行了修建性详细规划编制和现状认定。

【测绘工作】

2018年，市规划测绘院完成地形图测绘399宗，占地面积约7880亩；房屋面积实测12.3万平方米；道路工程测量和竣工测量总长27.7公里；管线总长度65.9公里；完成32个建设单位建筑物放线工作，总建筑面积约80万平方米；完成21家建设单位的竣工测量工作。

【林业绿化】

全年完成成片造林504公顷，新建、完善农田林网6747公顷，完成森林抚育1533公顷，四旁植树67万株，其中：珍贵用材树种41.46万株，分别完成市交任务的301%、505%、230%、112%、138%；32个村完成市级森林生态示范村创建任务，其中：7个村被认定为省级林业“三化”先进村，7个村被认定省级绿化示范村；建成省级林业“三化”示范片3个、省级林业“三化”先进单位69个；新成功申报“绿色产品”3个；34公里长的江广高速绿色通道、2.2公里长70公里宽的沿江生态隔离带、虹桥镇虹润湿地公园、滨江镇滨河公园、福泰公园全部高标准建成；一项科研成果获泰兴市人民政府科技进步三等奖；顺利通过了国家林草局对我市2017年森林资源保护发展工作的督查；我市宣堡镇先后被评为全国“森林文化小镇”、“中国最美银杏文化小镇”；我市的烨佳梨园发展有限公司生产的“苏翠1号”梨在中国园艺学会梨分会全国梨联合育种协作组和中国农业科学院郑州果树研究所主办的全国第五届优质早熟梨鉴评会上获一等奖，“苏翠二号”“翠玉”“翠冠”获三等奖。泰州市2018年冬春造林绿化现场观摩会在我市成功召开。

【银杏产业】

全市拥有定植银杏树350万株，盛果树250万株，银杏产量12660吨，“泰兴白果”有机食品生产基地顺利通过中绿华夏有机食品认证中心的再认证；泰兴白果成功入选《2017年度全国名特优新农产品目录》和《中国特色农产品精粹》文集。

【水果、花木】

全市水果总面积已达1080公顷，其中葡萄320公顷、桃290公顷、梨262公顷。果品总产量14046吨。花木总面积3406公顷，草坪560公顷。新增50亩以上的高效规模设施林业基地10个。

（朱　立）

沭阳县自然资源工作

【概述】

2018年，沭阳县国土资源系统以习近平新时代中国特色社会主义思想为指导，紧紧围绕省厅、市局和县委、县政府工作部署，紧扣“系统化提升，高质量发展”主题，围绕一条主线，坚持“六为”导向，深化党建业务深度融合，把抓落实放在更加突出位置，实施“一融三化”，大力弘扬“团结、民主、廉洁、高效、创新”的沭阳国土精神，上下同心，真抓实干，扎实推进国土资源工作开展，取得了重大突破。沭阳县被自然资源厅表彰为2018年度江苏省土地执法模范县、2018年度江苏省耕地保护激励单位，沭阳县国土资源局还被授予县绩效考评先进单位、县突出贡献单位、县招商引资工作先进单位、县策应扶持工作先进单位、县脱贫攻坚工作先进单位、县社会稳定工作先进单位、县党建工作先进单位，党风政风行风评议列县执法类第2名。

【保护资源】

一是依法依规用地氛围更加浓厚。县委主要领导多次强调，对违法用地“零”容忍，明确乡镇主要领导“党政同责”，要求农民集中居住用地必须符合规划，严禁占用基本农田。县、乡、村层层签订耕地保护责任状，把耕地保护责任落实到乡镇和村居。县国土资源局切实履行耕地保护牵头抓总职能，加强与乡镇领导沟通，及时传达上级精神，认真帮助乡镇解决实际问题。全县耕地保有量216.05万亩，永久基本农田184.1万亩，均超额完成任务。二是执法监管更加严格规范。严格执行分片包干、“零”报告、定期通案、微信“亮”案等制度，突出做好重要时间节点、重点区域的执法巡查。坚持动真碰硬，敢于攻坚克难，成立专案组，集中力量破解疑难案件，充分运用“两法”衔接和“诚信”管理两大平台，进一步增强土地执法的威慑力。三是做好耕地占补平衡等工作。严格落实省、市、县高标准农田建设有关要求，进一步健全机制，加大投入，全年建设高标准农田5.62万亩，超额完成任务。耕地占补平衡、工矿废弃地复垦工作稳步推进，全年新增耕地占补平衡指标8200余亩，为全县经济发展提供了有力支持。四是深入推进布局调整试点工作。切实做好张圩、钱集2个乡镇同一乡镇村庄布局调整试点及增减挂钩工作，钱集率先完成目标任务，实现新增耕地112亩。

【保障发展】

一是做好用地保障工作。把握好报批节奏，抓住关键节点，突出保民生、保重点，有序推进土地报批工作。以项目为载体，进一步拓展用地空间，全年共获得各类土地指标1.14万亩，报批土地25个批次，8200余亩，有力保障了传智专修学院、格力物流园、乡镇集中居住区等211个项目用地需求。二是做好土地出让工作。紧紧围绕县委、县政府工作要求，坚持适时出让、适度出让、“阳光出让”，全县土地市场平稳有序。全年挂牌出让城区住宅用地11宗，1000余亩，成交额近25亿元，既满足了市场需求，又为城市建设提供了资金支持。三是做好土地盘活工作。鼓励使用高标准厂房，坚持“零”用地招商、少用地招商。对经济开发区停产、倒闭企业进行摸底调查，建立明细台账，全年盘活经济开发区存量建设用地1800余亩，引入经济开发区项目20多个，进一步提升了土地的利用水平和产出效益。

【节约集约】

一是高质量推进土地整治工作。严格落实省、市、县高标准农田建设有关要求，严抓工程质量，实行“双线”监管，发现问题，责令立即纠正，敢于碰硬，敢于得罪人。按照“认一批、建一批、安排一批”的原则，突出资金监管，在保证质量前提下按序时进度分批拨付资金，截至年底，完成7个省投项目、4个县投项目，建设高标准农田5.62万亩，超额完成任务。二是稳妥推进增减挂钩工作。县委、县政府高度重视土地增减挂钩工作，把增减挂钩工作作为推进农村居住条件改善工作的重要抓手，成立了专项工作领导小组，制定了实施方案，提高了补偿标准，优化了补偿安置方案，坚持以人为本，让利于民。县委、县政府主要领导、分管领导多次召开专题会议部署、推进。沭阳县国土资源局会同县督查办加强业务指导和现场督查，下发督查通报6期，有力促进了土地增减挂钩工作的开展。塘沟、东小店、悦来、北丁集等乡镇率先完成任务，现已复垦土地7400余亩。第一批土地增减挂钩节余指标流转643亩，获得收益资金5.87亿元。三是做好低效用地再开发工作。2018年，市局下达我县低效用地再开发任务1200亩，实际完成1835亩，超额完成52.9%。以“两个一律”和“五个彻底”为工作目标，继续推进“矿地融合”工作，共计投入1.1亿元，拆除63家砖瓦企业，复垦新增耕地2000余亩。

【维护权益】

一是扎实推进“三调”工作。沭阳县印发了《关于开展第三次全县土地调查的通知》，进一步加强组织领导，明确调查工作时间安排及实施要求。在调查开展过程中，做到抓“质”、保“量”并重，坚持推行例会制度，对“三调”工作中遇到的共性问题进行集中会办，严格把控时间节点，确保整体调查进度可控。年底完成项目招标和业务培训工作，顺利在8个乡镇开展试点工作。二是扎实开展不动产登记工作。严格执行首问负责制、首理责任制和限时办结制，开展党员先锋岗、党员模范岗创建活动，开辟绿色通道，启用不动产登记电子证明，水电气联动办理，对二手房转移、抵押登记进行整合，实现0.5个工作日办结，办理效率全市领先。加强档案管理，邀请专业公司，对沭阳县原土地登记、不动产登记等档案进行数字化处理，已整理入库16万余份，顺利通过省“五星级”验收，为建设省5A级档案室打下良好基础。三是做好地质灾害防治工作。推行汛期24小时值班制，对隐患点实行全覆盖排查，连续多年实现“零”伤亡。四是严格执行93号令。加强宣传引导，强化政策落实，全年补偿土地1.5万亩，涉及补偿资金4.6亿元，办理进保4000余人。

【党建引领】

一是严格执行“三会一课”“三会两课”、主题党日等制度，定期召开党委中心组学习会、支部大会等会议，专题组织党的十九大精神知识竞赛、《三十讲》等学习活动。加强廉政风险点排查，实行“小班化”教育，组织干部职工到马陵山警示教育基地、烈士陵园等地开展警示教育活动。二是党建阵地建设更加规范。严格按照“六有”要求，进一步强化基层党建阵地建设，机关党建大厅初具雏形，党建长廊日渐完善，党员活动室、阅览室相继投入使用，各党支部组织生活更加规范。党建网、党建信息平台信息持续完善更新，党建信息化水平进一步提高。三是大力弘扬“三真”精神、深入践行“六不”作风，切实加强机关作风建设。出台《关于进一步加强作风建设的通知》《违规违纪被处理人员考核意见》等文件并汇编形成《工作手册》，进一步规范行为，做到行有所依、为有所据。“一查三通报”常态开展，“季度双述”贯穿全年，评选月度岗位之星 52 名，年度感动人物 10 名，党员示范引领作用更加凸显，机关作风持续向好，工作效率和服务水平进一步提高。

（王　浩）

机构调整和人员变动篇

2018年江苏省自然资源部门处级以上机构和现职领导干部名录

厅领导

厅长	刘　聪
党组书记、副厅长	孔海燕
副厅长、厅党组成员，省地质矿产勘查局局长、党组书记，省有色金属华东地质勘查局党委书记	潘正勤
厅党组成员，省林业局局长、党组书记	沈建辉
副厅长、党组成员	李如海
副厅长、党组成员	李　闽
厅党组成员，省纪委监委驻省自然资源厅纪检监察组组长	吴应年
副厅长、党组成员	王辽宁
副厅长、党组成员	王国臣
副厅长、党组成员	袁晓军
一级巡视员	夏前宝
二级巡视员	施建石
二级巡视员	宋玉波
二级巡视员	史照良
二级巡视员	赵　钧
二级巡视员	倪红升
二级巡视员、国土空间用途管制处处长	王永章

变动情况：

（1）2018年2月12日，中共江苏省委印发《关于李侃桢等27名同志职务调整的通知》（苏委〔2018〕54号），提名刘聪为江苏省国土资源厅厅长人选。

（2）2018年2月12日，中共江苏省委印发《关于李侃桢等15名同志职务任免的通知》（苏委〔2018〕55号），孔海燕任江苏省国土资源厅党组书记；免去李侃桢江苏省国土资源厅党组书记职务。

（3）2018年2月12日，中共江苏省委印发《关于孔海燕、姜金兵同志职务调整的通知》（苏委〔2018〕93号），孔海燕任江苏省国土资源厅副厅长。

（4）2018年2月12日，中共江苏省委印发《关于王国臣同志任职的通知》（苏委〔2018〕193号），王国臣任江苏省国土资源厅副巡视员（援藏）。

（5）2018年3月28日，江苏省人大常委会印发《关于陈建刚等任职的通知》（苏人发〔2018〕12号），刘聪为省国土资源厅厅长。

（6）2018年3月28日，江苏省人民政府印发《省政府关于樊金龙等同志职务任免的通知》（苏政发〔2018〕53号），孔海燕任江苏省国土资源厅副厅长；王国臣为省国土资源厅副巡视员（援藏）。

（7）2018年9月7日，中共江苏省委印发《关于王国臣等3名同志职务调整的通知》（苏委〔2018〕464号），王国臣任省国土资源厅副厅长，试用期一年，免去其省国土资源厅副巡视员职务。

（8）2018年9月7日，中共江苏省委印发《关于王国臣同志任职的通知》（苏委〔2018〕465号），王国臣任省国土资源厅党组成员。

（9）2018年10月10日，中共江苏省委印发《关于成立中共江苏省自然资源厅党组及孔海燕等9名同志任职的通知》（苏委〔2018〕704号），孔海燕任省自然资源厅党组书记；潘正勤、沈建辉、李如海、李闽、施建石、王辽宁、王国臣、袁晓军任省自然资源厅党组成员。

（10）2018年10月10日，中共江苏省委印发《关于刘聪等14名同志任职的通知》（苏委

〔2018〕705号），提名刘聪为省自然资源厅厅长人选；孔海燕、潘正勤、李如海、李闽、王辽宁、王国臣任省自然资源厅副厅长；袁晓军任省自然资源厅副厅长，试用期一年；吴震强、夏前宝任省自然资源厅巡视员；宋玉波、史照良、赵钧、倪红升任省自然资源厅副巡视员。

（11）2018年10月10日，中共江苏省委印发《关于成立中共江苏省林业局党组及沈建辉同志任职的通知》（苏委〔2018〕706号），沈建辉任省林业局党组书记。

（12）2018年10月10日，中共江苏省委印发《关于沈建辉同志职务调整的通知》（苏委〔2018〕707号），沈建辉任省林业局局长。

（13）2018年11月20日，中共江苏省委组织部印发《关于祖耀升同志退休的通知》（苏组干〔2018〕449号），祖耀升退休。

（14）2018年11月30日，根据中共江苏省自然资源厅党组苏自然资党组〔2018〕9号文，祖耀升退休。

（15）2019年3月29日，中共江苏省委印发《关于吴震强同志免职的通知》（苏委〔2019〕132号），免去吴震强省自然资源厅巡视员职务。

（16）2019年4月22日，中共江苏省委组织部印发《关于吴震强同志退休的通知》（苏组干〔2019〕130号），吴震强退休。

（17）2019年5月5日，中共江苏省委印发《关于王永章同志任职的通知》（苏委〔2019〕206号），王永章任省自然资源厅副巡视员。

（18）2019年5月25日，江苏省人民政府印发《省政府关于周国强等职务任免的通知》（苏政发〔2019〕38号），任命王永章为省自然资源厅副巡视员。

（19）2019年7月18日，中共江苏省委组织部印发《关于施建石同志任职的通知》（苏组干〔2019〕250号），施建石任省自然资源厅二级巡视员。

（20）2019年7月19日，中共江苏省委印发《关于不再保留中共江苏省测绘地理信息局党组及施建石同志免职的通知》（苏委〔2019〕321号），免去施建石省自然资源厅党组成员职务。

（21）2019年8月2日，中共江苏省委印发《关于夏前宝等7名同志职级套转的通知》（苏委〔2019〕402号），夏前宝套转为省自然资源厅一级巡视员，宋玉波、史照良、赵钧、倪红升、王永章套转为省自然资源厅二级巡视员。

副总规划师

副总规划师　　王　祥　岳春山　黄建东

变动情况：

2019年8月19日，根据中共江苏省自然资源厅党组苏自然资党组发〔2019〕110号文，王祥任省自然资源厅副总规划师；岳春山任省自然资源厅副总规划师；黄建东任省自然资源厅副总规划师。

厅机关各处室局

▲办公室（信访办公室）

主任	孙卫东		
督查专员	龚越新		
副主任	王金铁	杜　鹤	黄中斌
	张松岩		
四级调研员	张巧萍	李正球	张丽群

变动情况：

（1）2018年2月2日，根据中共江苏省国土资源厅党组苏国土资党组〔2018〕16号文，张巧萍任厅办公室副调研员。

（2）2018年5月16日，根据中共江苏省国土资源厅党组苏国土资党组〔2018〕28号文，免去丛林厅办公室副调研员职务，退休。

（3）2019年3月20日，根据中共江苏省自然资源厅党组苏自然资党组发〔2019〕48号文，孙卫东任省自然资源厅办公室（信访办公室）主任；

杜鹤任省自然资源厅办公室（信访办公室）副主任；黄中斌任省自然资源厅办公室（信访办公室）副主任；张松岩任省自然资源厅办公室（信访办公室）副主任，试用期满考核合格，任职时间从2017年11月起算；张巧萍任省自然资源厅办公室（信访办公室）副调研员；李正球任省自然资源厅办公室（信访办公室）副调研员。

（4）2019年8月19日，根据中共江苏省自然资源厅党组苏自然资党组发〔2019〕111号文，龚越新任省自然资源厅办公室（信访办公室）督查专员；王金铁任省自然资源厅办公室（信访办公室）副主任；张丽群任省自然资源厅办公室（信访办公室）四级调研员。

▲ 综合处

处长	吕亚生
副处长	高　扬
四级调研员	吴金华

变动情况：

2019年3月20日，根据中共江苏省自然资源厅党组苏自然资党组发〔2019〕48号文，吕亚生任省自然资源厅综合处处长；高扬任省自然资源厅综合处副处长，试用期满考核合格，任职时间从2017年11月起算；吴金华任省自然资源厅综合处副调研员。

▲ 法规处

（行政审批处、征地补偿安置争议裁决办公室）

处长（主任）	葛素琴	
副处长（副主任）	刘爱民	窦工军
	姚树根	

变动情况：

（1）2019年3月20日，根据中共江苏省自然资源厅党组苏自然资党组发〔2019〕48号文，葛素琴任省自然资源厅法规处（行政审批处、征地补偿安置争议裁决办公室）处长（主任）；刘爱民任省自然资源厅法规处（行政审批处、征地补偿安置争议裁决办公室）副处长（副主任）；窦工军任省自然资源厅法规处（行政审批处、征地补偿安置争议裁决办公室）副处长（副主任）；朱小青任省自然资源厅法规处（行政审批处、征地补偿安置争议裁决办公室）调研员。

（2）2019年5月8日，根据中共江苏省自然资源厅党组苏自然资党组发〔2019〕74号文，免去朱小青厅法规处（行政审批处、征地补偿安置争议裁决办公室）调研员职务，退休。

（3）2019年8月19日，根据中共江苏省自然资源厅党组苏自然资党组发〔2019〕111号文，姚树根任省自然资源厅法规处（行政审批处、征地补偿安置争议裁决办公室）副处长（副主任）。

▲ 自然资源调查监测处

处　长	陈惠明	
副处长	冯志祥	吴雪梅

变动情况：

2019年3月20日，根据中共江苏省自然资源厅党组苏自然资党组发〔2019〕48号文，陈惠明任省自然资源厅自然资源调查监测处处长；冯志祥任省自然资源厅自然资源调查监测处副处长；吴雪梅任省自然资源厅自然资源调查监测处副处长。

▲ 自然资源确权登记局

局　长	林　颢	
副局长	杜国庆	谭　静
四级调研员	陶　镕	

变动情况：

2019年3月20日，根据中共江苏省自然资源厅党组苏自然资党组发〔2019〕48号文，林颢任省自然资源厅自然资源确权登记局局长；杜国庆任省自然资源厅自然资源确权登记局副局长；谭静任省自然资源厅自然资源确权登记局副局长；

陶镕任省自然资源厅自然资源确权登记局副调研员。

▲ 自然资源所有者权益处

处长	陶　源
副处长	吴　飞
四级调研员	俞　亮

变动情况：

2019 年 3 月 20 日，根据中共江苏省自然资源厅党组苏自然资党组发〔2019〕48 号文，陶源任省自然资源厅自然资源所有者权益处处长；吴飞任省自然资源厅自然资源所有者权益处副处长；俞亮任省自然资源厅自然资源所有者权益处副调研员。

▲ 自然资源开发利用处

处长	郑友明	
副处长	鲍志良	陈海燕

变动情况：

2019 年 3 月 20 日，根据中共江苏省自然资源厅党组苏自然资党组发〔2019〕48 号文，郑友明任省自然资源厅自然资源开发利用处处长；鲍志良任省自然资源厅自然资源开发利用处副处长；陈海燕任省自然资源厅自然资源开发利用处副处长。

▲ 国土空间规划局

局　长	陈小卉	
副局长	花　盛	王兴海

变动情况：

（1）2019 年 3 月 20 日，根据中共江苏省自然资源厅党组苏自然资党组发〔2019〕48 号文，陈小卉任省自然资源厅国土空间规划局局长（试用期）；花盛任省自然资源厅国土空间规划局副局长；王兴海任省自然资源厅国土空间规划局副局长。

（2）2019 年 5 月 17 日，根据中共江苏省自然资源厅党组苏自然党组发〔2019〕83 号文，陈小卉任省自然资源厅国土空间规划局局长，任职时间从 2018 年 3 月起算。

▲ 国土空间用途管制处

处　长	王永章
副处长	魏　成
二级调研员	陈晓峰

变动情况：

2019 年 3 月 20 日，根据中共江苏省自然资源厅党组苏自然资党组发〔2019〕48 号文，王永章任省自然资源厅国土空间用途管制处处长；魏成任省自然资源厅国土空间用途管制处副处长；陈晓峰任省自然资源厅国土空间用途管制处调研员。

▲ 国土空间生态修复处

处长	黄　强
副处长	余万龙
二级调研员	郜　莉
四级调研员	孙爱莲

变动情况：

（1）2018 年 4 月 4 日，根据中共江苏省国土资源厅党组苏国土资党组〔2018〕22 号文，免去周洁厅地质环境处（地质灾害应急管理办公室）副调研员职务，退休。

（2）2019 年 3 月 20 日，根据中共江苏省自然资源厅党组苏自然资党组发〔2019〕48 号文，黄强任省自然资源厅国土空间生态修复处处长；余万龙任省自然资源厅国土空间生态修复处副处长；郜莉任省自然资源厅国土空间生态修复处调研员；王祝任省自然资源厅国土空间生态修复处副调研员；孙爱莲任省自然资源厅国土空间生态修复处副调研员。

（3）2019 年 6 月 24 日，根据中共江苏省自然资源厅党组苏自然资党组发〔2019〕91 号文，王祝退休。

▲ 耕地保护监督处

处长	王黎明
副处长	翁宁林

变动情况：

2019 年 3 月 20 日，根据中共江苏省自然资源厅党组苏自然资党组发〔2019〕48 号文，王黎明任省自然资源厅耕地保护监督处处长；翁宁林任省自然资源厅耕地保护监督处副处长。

▲ 地质勘查管理处

处长	范广勤
副处长	陈汉永
二级调研员	郝春静

变动情况：

2019 年 3 月 20 日，根据中共江苏省自然资源厅党组苏自然资党组发〔2019〕48 号文，范广勤任省自然资源厅地质勘查管理处处长；陈汉永任省自然资源厅地质勘查管理处副处长；郝春静任省自然资源厅地质勘查管理处调研员。

▲ 矿业权管理处

处长	肖荣基
副处长	金文玉
二级调研员	李宏毅

变动情况：

（1）2018 年 6 月 13 日，根据中共江苏省国土资源厅党组苏国土资党组〔2018〕42 号文，免去汪涌兴厅矿产开发管理处副调研员职务，退休。

（2）2019 年 3 月 20 日，根据中共江苏省自然资源厅党组苏自然资党组发〔2019〕48 号文，肖荣基任省自然资源厅矿业权管理处处长；金文玉任省自然资源厅矿业权管理处副处长；李宏毅任省自然资源厅矿业权管理处调研员。

▲ 矿产资源保护监督处

处长	胡建平
副处长	张登明
四级调研员	杨建文

变动情况：

2019 年 3 月 20 日，根据中共江苏省自然资源厅党组苏自然资党组发〔2019〕48 号文，胡建平任省自然资源厅矿产资源保护监督处处长；张登明任省自然资源厅矿产资源保护监督处副处长；杨建文任省自然资源厅矿产资源保护监督处副调研员。

▲ 海洋规划与经济处

处长	王均柏	
副处长	钱春泰	
二级调研员	李荣军	
四级调研员	刘军强	符玉龙

变动情况：

2019 年 3 月 20 日，根据中共江苏省自然资源厅党组苏自然资党组发〔2019〕48 号文，王均柏任省自然资源厅海洋规划与经济处处长；钱春泰任省自然资源厅海洋规划与经济处副处长；李荣军任省自然资源厅海洋规划与经济处调研员；刘军强任省自然资源厅海洋规划与经济处副调研员；符玉龙任省自然资源厅海洋规划与经济处副调研员。

▲ 海域海岛管理处

处长	张　凯
二级调研员	江海粟
四级调研员	雷向伟

变动情况：

2019 年 3 月 20 日，根据中共江苏省自然资源厅党组苏自然资党组发〔2019〕48 号文，张凯任省自然资源厅海域海岛管理处处长；江海粟任省自然资源厅海域海岛管理处调研员；雷向伟任省自然资源厅海域海岛管理处副调研员。

▲ 海洋预警监测处

处长	史复金
副处长	徐海涛
四级调研员	缪云霞

变动情况：

2019年3月20日，根据中共江苏省自然资源厅党组苏自然资党组发〔2019〕48号文，史复金任省自然资源厅海洋预警监测处处长；徐海涛任省自然资源厅海洋预警监测处副处长；缪云霞任省自然资源厅海洋预警监测处副调研员。

▲ 国土测绘处

处长	张进民	
督查专员	袁桂生	
副 处 长	邵　建	林秀玉

变动情况：

2019年8月19日，根据中共江苏省自然资源厅党组苏自然资党组发〔2019〕111号文，张进民任省自然资源厅国土测绘处处长；袁桂生任省自然资源厅国土测绘处督查专员；邵建任省自然资源厅国土测绘处副处长；林秀玉任省自然资源厅国土测绘处副处长。

▲ 地理信息管理处

处长	陈洪良	
督查专员	金志东	
副 处 长	路文焕	
四级调研员	方　勇	印　兵

变动情况：

2019年8月19日，根据中共江苏省自然资源厅党组苏自然资党组发〔2019〕111号文，陈洪良任省自然资源厅地理信息管理处处长；金志东任省自然资源厅地理信息管理处督查专员；路文焕任省自然资源厅地理信息管理处副处长；方勇任省自然资源厅地理信息管理处四级调研员；印兵任省自然资源厅地理信息管理处四级调研员。

▲ 执法监督局

局长	叶忠华		
副局长	刘　庆	钟永峰	李　强
二级调研员	张　伟	徐大庆	
四级调研员	李　雄	顾成进	臧　晨

变动情况：

2019年3月20日，根据中共江苏省自然资源厅党组苏自然资党组发〔2019〕48号文，叶忠华任省自然资源厅执法监督局局长；刘庆任省自然资源厅执法监督局副局长；钟永峰任省自然资源厅执法监督局副局长；李强任省自然资源厅执法监督局副局长；张伟任省自然资源厅执法监督局调研员；徐大庆任省自然资源厅执法监督局调研员；李雄任省自然资源厅执法监督局副调研员；顾成进任省自然资源厅执法监督局副调研员；臧晨任省自然资源厅执法监督局副调研员。

▲ 科技与外事处

处长	黄克蓉	
副处长	赵　栋	
四级调研员	巫秋宁	杨　珍

变动情况：

（1）2018年4月4日，根据中共江苏省国土资源厅党组苏国土资党组〔2018〕22号文，免去谢乘风厅科技与外事处调研员职务，退休。

（2）2019年3月20日，根据中共江苏省自然资源厅党组苏自然资党组发〔2019〕48号文，黄克蓉任省自然资源厅科技与对外交流合作处处长；赵栋任省自然资源厅科技与对外交流合作处副处长；杨珍任省自然资源厅科技与对外交流合作处副调研员。

（3）2019年8月19日，根据中共江苏省自然资源厅党组苏自然资党组发〔2019〕111号文，巫秋宁任省自然资源厅科技与对外交流合作处四级调研员。

▲ 财务与资金运用处（审计处）

副处长	王　勇（主持工作）	
副处长	王光明	韩桂芝
	刘德琴	杨建明
四级调研员	殷玮瑄	颜廷义

变动情况：

（1）2019 年 3 月 20 日，根据中共江苏省自然资源厅党组苏自然资党组发〔2019〕48 号文，王勇任省自然资源厅财务与资金运用处（审计处）副处长（主持工作）；韩桂芝任省自然资源厅财务与资金运用处（审计处）副处长；刘德琴任省自然资源厅财务与资金运用处（审计处）副处长；殷玮瑄任省自然资源厅财务与资金运用处（审计处）副调研员。

（2）2019 年 8 月 19 日，根据中共江苏省自然资源厅党组苏自然资党组发〔2019〕111 号文，王光明任省自然资源厅财务与资金运用处（审计处）副处长；杨建明任省自然资源厅财务与资金运用处（审计处）副处长；颜廷义任省自然资源厅财务与资金运用处（审计处）四级调研员。

▲ 人事处

处长	汤　槐	
副处长	沈志云	周五八
四级调研员	史　皓	

变动情况：

（1）2019 年 3 月 20 日，根据中共江苏省自然资源厅党组苏自然资党组发〔2019〕48 号文，汤槐任省自然资源厅人事处处长；沈志云任省自然资源厅人事处副处长。

（2）2019 年 8 月 19 日，根据中共江苏省自然资源厅党组苏自然资党组发〔2019〕111 号文，周五八任省自然资源厅人事处副处长；史皓任省自然资源厅人事处四级调研员。

▲ 机关党委

副书记	黄建春	
副书记兼机关纪委书记	张明南	
副书记		朱万江
督查专员	刘国建	陶海林
机关纪委副书记		李万松
四级调研员	柯玉和	成　军
		张成标

变动情况：

（1）2019 年 3 月 20 日，根据中共江苏省自然资源厅党组苏自然资党组发〔2019〕48 号文，黄建春任省自然资源厅机关党委副书记；张明南任省自然资源厅机关党委副书记兼机关纪委书记；朱万江任省自然资源厅机关党委副书记；李万松任省自然资源厅机关纪委副书记；张成标任省自然资源厅机关党委副调研员，任职时间从 2018 年 11 月起算。

（2）2019 年 8 月 19 日，根据中共江苏省自然资源厅党组苏自然资党组发〔2019〕111 号文，刘国建任省自然资源厅机关党委督查专员；陶海林任省自然资源厅机关党委督查专员；柯玉和任省自然资源厅机关党委四级调研员；成军任省自然资源厅机关党委四级调研员。

▲ 离退休干部处

处长	陈　明	
副处长	陈敏菊	
四级调研员	王红春	丁海波

变动情况：

（1）2019 年 3 月 20 日，根据中共江苏省自然资源厅党组苏自然资党组发〔2019〕48 号文，陈明任省自然资源厅离退休干部处处长；陈敏菊任省自然资源厅离退休干部处副处长；丁海波任省自然资源厅离退休干部处副调研员。

（2）2019年8月19日，根据中共江苏省自然资源厅党组苏自然资党组发〔2019〕111号文，王红春任省自然资源厅离退休干部处四级调研员。

厅各直属事业单位

▲江苏省地质调查研究院（国土资源部南京矿产资源监督检测中心、江苏省国土资源厅地质灾害应急技术指导中心）

院长、党委委员　朱锦旗
党委书记　陈火根
副院长、党委委员　王传礼　朱兴贤
副院长、党委委员兼总工程师　于　军
纪委书记、党委委员　王俐俐
工会主席、党委委员　唐　青
副院长、党委委员　郝社锋

变动情况：

2018年1月12日，根据中共江苏省国土资源厅党组苏国土资党组〔2018〕2号文，周康民退休。

▲江苏省土地勘测规划院、江苏省国土资源研究中心（江苏省土地开发征用事务所）、江苏省土地资源调查中心

院长、所长、主任　朱凤武
管理岗位五级职员　王志宏
副主任（副所长）　严长清
总工程师　许桃元
副所长　陆栩森
副院长　巫明哲
副主任　杨剑春　沈春竹

▲江苏省地产发展中心、江苏省不动产登记中心（江苏省地价所）、江苏省土地开发整理中心

主任（所长）　刘　斌
管理岗位五级职员　徐红华
副主任　潘杰华
总工程师　施振斌
副主任兼工会主席　傅介平
副主任　虞红兵

▲江苏省国土资源信息中心、江苏省国土资源动态监测中心

主任　张　毅
副主任兼工会主席　王　兰
副主任　闻卫明　舒飞跃

▲江苏省国土资源厅机关服务中心

主任　叶黎伟
副主任　马小娟

变动情况：

（1）2018年2月10日，根据中共江苏省国土资源厅党组苏国土资党组〔2018〕8号文，免去王玲玲省国土资源厅机关服务中心管理岗位六级职员，退休。

（2）2019年3月20日，根据中共江苏省自然资源厅党组苏自然资党组发〔2019〕54号文，叶黎伟任省国土资源厅机关服务中心主任，任职时间从2017年11月起算。

▲江苏省土地管理干部培训中心

主任　陆利群

变动情况：

2019年3月20日，根据中共江苏省自然资源厅党组苏自然资党组发〔2019〕54号文，陆利群任省土地管理干部培训中心主任，任职时间从2017年11月起算。

▲江苏省地质资料馆

馆长　陈　杰
总工程师　王　浩

▲ 江苏溧阳中华曙猿遗迹保护区管理处

主任 耿 海

▲ 江苏省海洋经济监测评估中心（江苏省海域使用动态监视监测中心）

主任 钱林峰

副主任 崔丹丹

变动情况：

2019 年 3 月 20 日，根据中共江苏省自然资源厅党组苏自然资党组发〔2019〕54 号文，钱林峰任省海洋经济监测评估中心（省海域使用动态监视监测中心）主任，任职时间从 2017 年 10 月起算；崔丹丹任省海洋经济监测评估中心（省海域使用动态监视监测中心）副主任，任职时间从 2017 年 10 月起算。

▲ 江苏省海洋渔业指挥部

指挥（支队长）、分党组书记 丁汉明

副指挥（副支队长）、分党组成员 张文龙

挥（副支队长）、分党组成员 王志明

副指挥（副支队长）、分党组成员 沈成平

副指挥（副支队长）、分党组成员、纪检组长 魏建国

二级调研员 沈德纲

四级调研员 张培元

变动情况：

2019 年 2 月 19 日，根据中共江苏省自然资源厅党组苏自然资党组发〔2019〕30 号文，刘晓兵退休。

▲ 江苏省海涂研究中心

主任、党委书记 盛建明

副主任、纪委书记 左健忠

副主任 周 凯

各设区市局

▲ 南京市规划和自然资源局

党组书记、局长　叶　斌

党组成员、副局长　刘青昊

党组副书记，市土地储备中心主任　王　东

党组成员、副局长

丁和庚　冯雪渔　潘文辉

徐明尧　陈乃栋　何　流

副局长　刘　颖

党组成员　乔　兵

党组成员、总规划师　吕晓宁

副巡视员　孙银根　王晓庆　闻金苗

程晓明　陈　峰　梅雪青

朱　健

变动情况：

（1）2019 年 1 月 4 日，根据中共南京市委宁委〔2019〕19 号文，提名叶斌为南京市规划和自然资源局局长人选。根据中共南京市委宁委〔2019〕33 号文，刘青昊任南京市规划和自然资源局副局长（正局），丁和庚任南京市规划和自然资源局副局长，冯雪渔任南京市规划和自然资源局副局长，刘颖任南京市规划和自然资源局副局长，潘文辉任南京市规划和自然资源局副局长，徐明尧任南京市规划和自然资源局副局长，陈乃栋任南京市规划和自然资源局副局长，何流任南京市规划和自然资源局副局长，吕晓宁任南京市规划和自然资源局总规划师，孙银根任南京市规划和自然资源局副巡视员，王晓庆任南京市规划和自然资源局副巡视员，闻金苗任南京市规划和自然资源局副巡视员，程晓明任南京市规划和自然资源局副巡视员，陈峰任南京市规划和自然资源局副巡视员，梅雪青任南京市规划和自然资源局副巡视员，朱健任南京市规划和自然资源局副巡视员。

（2）2019 年 1 月 4 日，根据中共南京市委宁委〔2019〕34 号文，成立中共南京市规划和自然资源局党组。叶斌任中共南京市规划和自然资源局党组书记，王东任中共南京市规划和自然资源局党组副书记，刘青昊、丁和庚、冯雪渔、潘文辉、徐明尧、陈乃栋、何流、乔兵、吕晓宁任中共南京市规划和自然资源局党组成员。

▲ 无锡市自然资源和规划局（市林业局）

局长、党委副书记兼林业局局长　席永清

党委书记、副局长　郑　强

党委委员、副局长

杨武亮　任　颐　徐丽华

陈　艳　李安国

党委委员、副局长、二级调研员　马卫明

四级调研员　刘伟源　张　伟　刘国兴

新吴分局四级调研员　高　鹏

市土地储备中心（正处级）副主任　王　铁

市土地储备中心（正处级）四级调研员

朱建新

新吴分局党委书记、局长　张桂清

无锡经济开发区分局党委书记、

局长（四级调研员）　张忠坚

变动情况：

（1）2018 年 8 月 6 日，根据中共江苏省国土资源厅党组苏国土资党组〔2018〕59 号文，黄朝奎任无锡市国土资源局副局长，任职时间从 2017 年 1 月起算；张桂清任无锡市国土资源局新吴分局局长，任职时间从 2017 年 1 月起算。

（2）2019 年 1 月 23 日，根据中共江苏省自然资源厅党组苏自然资党组发〔2019〕14 号文，席永清任无锡市自然资源和规划局局长、党委副书记兼无锡市林业局局长；郑强任无锡市自然资源和规划局党委书记、副局长；杨武亮任无锡市自然资源和规划局党委委员、副局长；任颐任无锡市自然资源和规划局党委委员、副局长；徐丽华任无锡市自然资源和规划局党委委员、副局长；陈艳任无锡市自然资源和规划局党委委员、副局长；马卫明任无锡市自然资源和规划局党委委员、副局长（正处级）；李安国任无锡市自然资源和规划局党委委员、副局长；黄朝奎任无锡市自然资源和规划局党委委员、副局长；刘伟源任无锡市自然资源和规划局副调研员；张伟任无锡市自然资源和规划局副调研员；刘国兴任无锡市自然资源和规划局副调研员。

（3）2019 年 4 月 23 日，根据中共江苏省自然资源厅党组苏自然资党组发〔2019〕79 号文，张桂清任无锡市自然资源和规划局新吴分局局长，原无锡市国土资源局新吴分局局长职务自然免除；张忠坚保留原职级待遇；免去黄朝奎无锡市自然资源和规划局党委委员、副局长职务。

▲ 徐州市自然资源和规划局（市林业局）

党组书记、局长兼林业局局长　陈　刚
党组副书记、副局长　周宣东
副局长、二级调研员　郝敬良
党组成员、副局长
陈建华　张可远　陈开武
马纯溪　谢小锋　李世民
王孝强　李晓建

二级调研员　华福年
四级调研员　刘向军　曹　霞　邵晓旭
原副调研员　刘德亮　刘培胜　徐　林
市土地矿产市场服务中心主任　魏　华
市国土资源局执法监察支队支队长　张志响
市土地储备中心副主任　解洲胜　杨德峰

变动情况：

（1）2019 年 1 月 23 日，根据中共江苏省自然资源厅党组苏自然资党组发〔2019〕21 号文，陈刚任徐州市自然资源和规划局局长、党组书记兼徐州市林业局局长；周宣东任徐州市自然资源和规划局党组副书记、副局长，保留正处职待遇；郝敬良任徐州市自然资源和规划局副局长（正处级）；陈建华任徐州市自然资源和规划局党组成员、副局长；张可远任徐州市自然资源和规划局党组成员、副局长；陈开武任徐州市自然资源和规划局党组成员、副局长；马纯溪任徐州市自然资源和规划局党组成员、副局长；谢小锋任徐州市自然资源和规划局党组成员、副局长；李世民任徐州市自然资源和规划局党组成员、副局长；王孝强经试用期满考核，任徐州市自然资源和规划局党组成员、副局长，任职时间从 2017 年 6 月起算；李晓建经试用期满考核，任徐州市自然资源和规划局党组成员、副局长，任职时间从 2017 年 6 月起算；华福年任徐州市自然资源和规划局调研员；刘向军任徐州市自然资源和规划局副调研员；曹霞任徐州市自然资源和规划局副调研员；邵晓旭任徐州市自然资源和规划局副调研员；刘德亮任徐州市自然资源和规划局副调研员；刘培胜任徐州市自然资源和规划局副调研员。

（2）2019 年 2 月 19 日，根据中共江苏省自然资源厅党组苏自然资党组发〔2019〕31 号文，庄靖退休。

（3）2019 年 2 月 20 日，根据中共江苏省自然资源厅党组苏自然资党组发〔2019〕39 号文，徐林任徐州市自然资源和规划局副调研员，保留原职级待遇。

▲ 常州市自然资源局（市林业局）

党组书记、局长兼林业局局长，
市国土资源服务中心主任　贾金庚
党组副书记、副局长　顾春平
党组成员、副局长
王建伟　葛志兵　侯继功
陈树荣
副局长　李　青
党组成员、副局长　王国荣
党组成员，常州市纪委、
市监委第十七派驻纪检监察组组长　滕　晖
党组成员、副局长　陈　艳
总规划师，溧阳市副市长（挂职），
溧阳市自然资源局局长　孙秀峰
党组成员、副局长　余立新　戴洪华

党组成员，常州国家高新技术产业开发区（新北）分局局长、党委书记　管卫忠
党组成员、副局长　孙春生
二级调研员　胡晓峰
四级调研员　申　伟　路美华　李国忠
市国土资源监察支队四级调研员　沈　华
天宁分局四级调研员　严　政
钟楼分局四级调研员　汪炽平
市土地收购储备中心主任　徐建平
市国土资源监察支队支队长　符美红

变动情况：

（1）2018 年 7 月 17 日，根据中共江苏省国土资源厅党组苏国土资党组〔2018〕53 号文，免去徐建伟常州市国土资源局调研员职务，退休。

（2）2018 年 11 月 14 日，根据中共江苏省自然资源厅党组苏自然资党组〔2018〕5 号文，免去姜秀娟常州市国土资源局副调研员职务，退休。

（3）2019 年 1 月 12 日，根据中共江苏省自然资源厅党组苏自然资党组发〔2019〕18 号文，贾金庚任常州市自然资源局局长、党组书记兼常州市林业局局长；顾春平任常州市自然资源局党组副书记、副局长，保留正处职待遇；王建伟任常州市自然资源局党组成员、副局长；葛志兵任常州市自然资源局党组成员、副局长；侯继功任常州市自然资源局党组成员、副局长；陈树荣任常州市自然资源局党组成员、副局长；李青任常州市自然资源局副局长；王国荣任常州市自然资源局党组成员、副局长；滕晖任常州市自然资源局党组成员；陈艳任常州市自然资源局党组成员、副局长；孙秀峰任常州市自然资源局总规划师；余立新任常州市自然资源局党组成员、副局长；戴洪华任常州市自然资源局党组成员、副局长；管卫忠任常州市自然资源局党组成员；孙春生任常州市自然资源局党组成员、副局长；胡晓峰任常州市自然资源局调研员；申伟任常州市自然资源局副调研员；路美华任常州市自然资源局副调研员；李国忠任常州市自然资源局副调研员。

▲ 苏州市自然资源和规划局

党组书记、局长　黄　戟
党组成员、副局长　施　旭
副局长　葛　昕
党组成员、副局长　张　焱
副局长　焦红萱
党组成员，市土地储备中心主任　吴桂元
党组成员、副局长　邵繁荣　张晓莘
副局长　严新东
党组成员、总规划师　徐克明
二级调研员　李新佳　曹　斌
四级调研员　赵忠兴　薛海旻　谈三平　朱卫跃
市土地储备中心副主任　陈久康　胡　成
相城分局党组书记、局长、四级调研员　顾福康
苏州国家历史文化名城保护区（姑苏）分局局长，苏州市姑苏区、苏州国家历史文化名城保护区住房和建设委员会副主任　姜　伟
苏州国家高新技术产业开发区（虎丘）分局局长，虎丘区政府党组成员、苏州科技城党工委副书记、管委会主任　刘　锋
苏州市姑苏区、苏州国家历史文化名城保护区住房和建设委员会副主任、四级调研员　高力穹

变动情况：

（1）2018 年 4 月 4 日，根据中共江苏省国土资源厅党组苏国土资党组〔2018〕23 号文，严春林退休。

（2）2018 年 6 月 12 日，根据中共江苏省国土资源厅党组苏国土资党组〔2018〕39 号文，免去李飞苏州市土地储备中心副调研员职务，退休。

（3）2018 年 12 月 28 日，根据中共江苏省自然资源厅党组苏自然资党组〔2018〕20 号文，黄戟任苏州市国土资源局党组书记；免去吴维群苏州

市国土资源局党组书记职务。

（4）2019 年 1 月 12 日，根据中共江苏省自然资源厅党组苏自然资党组发〔2019〕23 号文，黄戟任苏州市自然资源和规划局局长、党组书记；施旭任苏州市自然资源和规划局党组成员、副局长；葛昕任苏州市自然资源和规划局副局长；张焱任苏州市自然资源和规划局党组成员、副局长；焦红萱任苏州市自然资源和规划局副局长；吴桂元任苏州市自然资源和规划局党组成员；邵繁荣任苏州市自然资源和规划局党组成员、副局长；张晓莘任苏州市自然资源和规划局党组成员、副局长；严新东任苏州市自然资源和规划局副局长；徐克明任苏州市自然资源和规划局党组成员、总规划师；李新佳任苏州市自然资源和规划局调研员；赵忠兴任苏州市自然资源和规划局副调研员；薛海旻任苏州市自然资源和规划局副调研员；谈三平任苏州市自然资源和规划局副调研员；朱卫跃任苏州市自然资源和规划局副调研员。

（5）2019 年 5 月 17 日，根据中共江苏省自然资源厅党组苏自然资党组发〔2019〕96 号文，姜伟任苏州市自然资源和规划局苏州国家历史文化名城保护区（姑苏）分局局长；刘锋任苏州市自然资源和规划局苏州国家高新技术产业开发区（虎丘）分局局长。

（6）2019 年 5 月 17 日，根据中共江苏省自然资源厅党组苏自然资党组函〔2019〕36 号文，保留顾福康原职级待遇。

（7）2019 年 6 月 28 日，根据中共江苏省自然资源厅党组苏自然资党组函〔2019〕33 号文，同意李洁到地方任职，原任职务自然免除。

（8）2019 年 6 月 28 日，根据中共江苏省自然资源厅党组苏自然资党组函〔2019〕35 号文，高力穹保留原职级待遇。

▲ 南通市自然资源和规划局（市林业局、市海洋局）

党组书记、局长兼林业局局长、海洋局局长		魏钦稳
党组副书记、副局长	曹　军	吴　刚
党组成员		柳　毅
总规划师		孙　寰
党组成员、副局长	徐　晖	徐凤英
	王明华	冯　平
	吴　彪	陆　成
四级调研员	陶建军	詹思慧
	季正兴	江少康
	姚建中	姚建华
通州湾示范区分局局长、四级调研员		陈佳栋
市渔政监督支队（中国海监南通市支队）支队长		陆建新
开发区分局局长		单　伟
市不动产登记中心主任		姜志清
南通国土资源数据备份中心主任，海门市自然资源局党组书记、局长		刘志凌

变动情况：

（1）2018 年 2 月 1 日，根据中共江苏省国土资源厅党组苏国土资党组〔2018〕5 号，同意按照法定退休年龄为倪伟新办理退休手续。

（2）2018 年 7 月 17 日，根据中共江苏省国土资源厅党组苏国土资党组〔2018〕52 号，免去张跃进南通市国土资源局调研员职务，退休。

（3）2019 年 1 月 12 日，根据中共江苏省自然资源厅党组苏自然资党组发〔2019〕13 号文，魏钦稳任南通市自然资源局局长、党组书记兼南通市林业局局长、南通市海洋局局长；曹军任南通市自然资源局党组副书记、副局长；吴刚任南通市自然资源局党组副书记、副局长；柳毅任南通市自然资源局党组成员，保留副处职待遇；孙寰任南通市自然资源局总规划师；徐晖任南通市自然资源局党组成员、副局长；徐凤英任南通市自然资源局党组成员、副局长；王明华任南通市自然资源局党组成员、副局长；冯平任南通市自然资源局党组成员、副局长（正处级）；吴彪经试用期满考核，任南通市自然资源局党组成员、副局长，任职时间从 2017 年 6 月起算；陆成任南通市自然资源局党组成员、副局长；陶建军任南通市自然资源局副调研员；詹思慧任南通市自然资源局副调研员；钱圣豹任南通市自然资源局副调研员；江少康任南通市自然资源局副调研员；姚建中任南通市自然资源局副调研员；姚建华任南通市自然资源局副调研员。

（4）2019 年 1 月 12 日，根据中共江苏省自然资源厅党组苏自然资党组发〔2019〕11 号文，刘志凌任南通国土资源数据备份中心主任，任职时间从 2017 年 6 月起算。

（5）2019 年 1 月 12 日，根据中共江苏省自然资源厅党组苏自然资党组发〔2019〕24 号文，季正兴任南通市自然资源局副调研员。

（6）2019 年 5 月 8 日，根据中共江苏省自然资源厅党组苏自然资党组发〔2019〕75 号文，免去钱圣豹南通市自然资源局副调研员职务，退休。

（7）2019 年 5 月 17 日，根据中共江苏省自然资源厅党组苏自然资党组发〔2019〕87 号文，陈佳栋保留原职级待遇。

（8）2019 年 6 月 28 日，根据中共江苏省自然资源厅党组苏自然资党组发〔2019〕98 号文，魏钦稳任南通市自然资源和规划局党组书记、局长；曹军任南通市自然资源和规划局党组副书记、副局长；吴刚任南通市自然资源和规划局党组副书记、副局长；柳毅任南通市自然资源和规划局党组成员，保留副处职待遇；孙寰任南通市自然资源和规划局总规划师；徐晖任南通市自然资源和规划局党组成员、副局长；徐凤英任南通市自然资源和规划局党组成员、副局长；王明华任南通市自然资源和规划局党组成员、副局长；冯平任南通市自然资源和规划局党组成员、副局长（正处级）；吴彪任南通市自然资源和规划局党组成员、副局长；陆成任南通市自然资源和规划局党组成员、副局长。

（9）2019 年 6 月 28 日，根据中共江苏省自然资源厅党组苏自然资党组发〔2019〕99 号文，单伟任南通市自然资源和规划局开发区分局局长，免去其南通市土地储备中心主任职务；吴彪原南通市国土资源局开发区分局局长职务自然免除。

▲ 连云港市自然资源和规划局（市林业局、市海洋局）

党组书记、局长兼林业局局长、海洋局局长		孔令泰
党组副书记、副局长		桂迎宝
党组成员、副局长	李　明　宫晓毅	朱海波
副局长		黄雁鸿
党组成员、副局长	宋建华　陆　华	朱恒山
		于广浒
党组成员、副局长，市国有土地储备中心主任		曹文斌
党组成员、副局长		刘　涛
党组成员、四级调研员	王孟年	李金照
四级调研员	宋志宏	沈海星
	周同庆	谢庆宇
	陶西元	

变动情况：

（1）2018 年 3 月 2 日，根据中共江苏省国土资源厅党组苏国土资党组〔2018〕18 号文，同意按照法定退休年龄为张宜奎办理退休手续。

（2）2018 年 5 月 16 日，根据中共江苏省国土资源厅党组苏国土资党组〔2018〕31 号文，同意按照法定退休年龄为张廷明办理退休手续。

（3）2018 年 11 月 14 日，根据中共江苏省自然资源厅党组苏自然资党组〔2018〕6 号文，同意按照法定退休年龄为苏仕希办理退休手续。

（4）2019 年 1 月 12 日，根据中共江苏省自然资源厅党组苏自然资党组发〔2019〕3 号文，免去辛华连云港市土地和矿业权市场管理中心主任（试用期）职务。

（5）2019 年 1 月 23 日，根据中共江苏省自然资源厅党组苏自然资党组发〔2019〕12 号文，孔令泰任连云港市自然资源和规划局局长、党组书记兼连云港市林业局局长、连云港市海洋局局长；桂迎宝任连云港市自然资源和规划局党组副书记、副局长，保留正处职待遇；李明任连云港市自然资源和规划局党组成员、副局长；宫晓毅任连云港市自然资源和规划局党组成员、副局长；朱海波任连云港市自然资源和规划局党组成员、副局长；黄雁鸿任连云港市自然资源和规划局副局长；宋建华任连云港市自然资源和规划局党组成员、副局长；陆华任连云港市自然资源和规划局党组成员、副局长；朱恒山任连云港市自然资源和规划局党组成员、副局长；马文刚任连云港市自然资源和规划局党组成员、副局长；于广浒任连云港市自然资源和规划局党组成员、副局长；曹文斌任连云港市自然资源和规划局党组成员、副局长；刘涛经试用期满考核，任连云港市自然资源和规划局党组成员、副局长，任职时间从2017年1月起算；王孟年任连云港市自然资源和规划局党组成员、副调研员；李金照任连云港市自然资源和规划局党组成员、副调研员；宋志宏任连云港市自然资源和规划局副调研员；沈海星任连云港市自然资源和规划局副调研员；周同庆任连云港市自然资源和规划局副调研员；谢庆宇任连云港市自然资源和规划局副调研员。

（6）2019年6月28日，根据中共江苏省自然资源厅党组苏自然资党组发〔2019〕95号文，免去马文刚连云港市自然资源和规划局党组成员、副局长职务。

▲ 淮安市自然资源和规划局（市林业局）

局长兼林业局局长　　韩文军
党委书记、副局长　　陈海洋
党委副书记、副局长　　王　冰
党委委员、副局长　　金兆成　王余江
　　高　鹏　籍荣生
副局长　　王　剑
党委委员、副局长　　吴广儒（试用期）
党委委员、总规划师　　朱旭枫
党委委员　　张津海
党委委员、副局长　　黄向阳
四级调研员　　岳　红　姚国勤
　　王俊超
市规划监察支队支队长、政委　　张孟玉

变动情况：

（1）2018年4月24日，根据中共江苏省国土资源厅党组苏国土资党组〔2018〕43号文，免去吴广儒淮安市土地储备中心主任职务。

（2）2019年1月23日，根据中共江苏省自然资源厅党组苏自然资党组发〔2019〕9号文，韩文军任淮安市自然资源和规划局局长兼淮安市林业局局长；陈海洋任淮安市自然资源和规划局党委书记、副局长；王冰任淮安市自然资源和规划局党委副书记、副局长；金兆成任淮安市自然资源和规划局党委委员、副局长；王余江任淮安市自然资源和规划局党委委员、副局长；高鹏任淮安市自然资源和规划局党委委员、副局长；籍荣生任淮安市自然资源和规划局党委委员、副局长；王剑任淮安市自然资源和规划局副局长；吴广儒任淮安市自然资源和规划局党委委员、副局长（试用期）；朱旭枫任淮安市自然资源和规划局党委委员、总规划师；张津海任淮安市自然资源和规划局党委委员；黄向阳经试用期满考核，任淮安市自然资源和规划局党委委员、副局长，任职时间从2017年1月起算；岳红任淮安市自然资源和规划局副调研员；姚国勤任淮安市自然资源和规划局副调研员；王俊超任淮安市自然资源和规划局副调研员。

▲ 盐城市自然资源和规划局（市海洋局、市林业局）

党委书记、局长兼海洋局局长、林业局局长　　徐增产
党委副书记、副局长　　糜　海　张亚钊
党委委员、副局长　　朱其平
党委委员、总规划师　　宋迎春
党委委员、副局长　　樊　荣　张中俊
　　俞全胜
党委委员、副局长、二级调研员　　杨　满
党委委员，市土地储备交易中心主任　　曾勇奇
党委委员、副局长　　汤中文　铁小军

	冯一飞	
党委委员、四级调研员	许　虎	唐孝岗
二级调研员	王书洪	吴其江
四级调研员	王向东	李　尧
	朱成家	智通祥
	陈　晨	
市国土资源监察支队支队长		李荣祥
市不动产登记中心（市房产交易中心）主任		季　峰
大丰区局局长、党委书记兼大丰区海洋局局长、大丰区林业局局长、四级调研员		商明星

变动情况：

（1）2019 年 1 月 23 日，根据中共江苏省自然资源厅党组苏自然资党组发〔2019〕16 号文，徐增产任盐城市自然资源和规划局局长、党委书记兼盐城市海洋局局长、盐城市林业局局长；縻海任盐城市自然资源和规划局党委副书记、副局长，保留正处职待遇；张亚钊任盐城市自然资源和规划局党委副书记、副局长，保留正处职待遇；朱其平任盐城市自然资源和规划局党委委员、副局长；宋迎春任盐城市自然资源和规划局党委委员、总规划师；樊荣任盐城市自然资源和规划局党委委员、副局长；张中俊任盐城市自然资源和规划局党委委员、副局长；俞全胜任盐城市自然资源和规划局党委委员、副局长；杨满任盐城市自然资源和规划局党委委员、副局长（正处级）；曾勇奇任盐城市自然资源和规划局党委委员；汤中文任盐城市自然资源和规划局党委委员、副局长；铁小军任盐城市自然资源和规划局党委委员、副局长；冯一飞任盐城市自然资源和规划局党委委员、副局长；许虎任盐城市自然资源和规划局党委委员、副调研员；唐孝岗任盐城市自然资源和规划局党委委员、副调研员；王书洪任盐城市自然资源和规划局调研员；吴其江任盐城市自然资源和规划局调研员；王向东任盐城市自然资源和规划局副调研员；李尧任盐城市自然资源和规划局副调研员；朱成家任盐城市自然资源和规划局副调研员；智通祥任盐城市自然资源和规划局副调研员；陈晨任盐城市自然资源和规划局副调研员。

（2）2019 年 6 月 24 日，根据中共江苏省自然资源厅党组苏自然资党组发〔2019〕92 号文，陈培岭退休。

▲ 扬州市自然资源和规划局（市林业局）

党组书记、局长兼林业局局长		周正权
党组成员、副局长	汪庆湖	严　寒
	夷　彬	叶卫东
	伏年久	裴东伟
党组成员，市土地储备中心主任		陶加宏
党组成员、副局长	沈万林	杨庆洋
党组成员、总规划师	朱雷亭（试用期）	
党组成员，原国土资源局开发区分局局长		徐　斌
四级调研员	黄　新	李锡民
	马年斌	
市国土资源监察支队支队长、四级调研员		刘跃进
市规划局扬州经济技术开发区分局局长		周　峰

变动情况：

（1）2019 年 1 月 23 日，根据中共江苏省自然资源厅党组苏自然资党组发〔2019〕17 号文，周正权任扬州市自然资源局局长、党组书记兼扬州市林业局局长；汪庆湖任扬州市自然资源局党组成员、副局长；严寒任扬州市自然资源局党组成员、副局长；夷彬任扬州市自然资源局党组成员、副局长；叶卫东任扬州市自然资源局党组成员、副局长；伏年久任扬州市自然资源局党组成员、副局长；裴东伟任扬州市自然资源局党组成员、副局长；陶加宏任扬州市自然资源局党组成员；沈万林任扬州市自然资源局党组成员、副局长；杨庆洋任扬州市自然资源局党组成员、副局长；朱雷亭任扬州市自然资源局党组成员、总规划师（试用期）；徐斌任扬州市自然资源局党组成员；黄新任扬州市自然资源局副调研员；李锡民任扬州市自然资源局副调研员；马年斌任扬州市自然资源局副调研员。

（2）2019 年 7 月 26 日，根据中共江苏省自然资源厅党组苏自然资党组发〔2019〕103 号文，周正权任扬州市自然资源和规划局党组书记、局长；汪庆湖任扬州市自然资源和规划局党组成员、副局长；严寒任扬州市自然资源和规划局党组成员、副局长；夷彬任扬州市自然资源和规划局党组成员、副局长；叶卫东任扬州市自然资源和规划局党组成员、副局长；伏年久任扬州市自然资源和规划局党组成员、副局长；裴东伟任扬州市自然资源和规划局党组成员、副局长；陶加宏任扬州市自然资源和规划局党组成员；沈万林任扬州市自然资源和规划局党组成员、副局长；杨庆洋任扬州市自然资源和规划局党组成员、副局长；朱雷亭任扬州市自然资源和规划局党组成员、总规划师（试用期）；徐斌任扬州市自然资源和规划局党组成员。

▲ 镇江市自然资源和规划局（市林业局）

党委书记、局长兼林业局局长		陈跃生
党委委员、副局长		黄　毅
党委委员，市土地收购储备中心主任		何玉博
党委委员、副局长		张朝晖
党委副书记		王国生
党委委员、总规划师		段志旺
党委委员、副局长	郭继军	吴　斌
	殷　强	王建国
党委委员、四级调研员	姜春明	步锁良
二级调研员		王根生
四级调研员	顾佑培	苏泽庆
市规划设计院院长、党总支副书记		王荣飞
市国土资源监察支队支队长、四级调研员		吴红根
新区分局局长、党工委书记		胡佩成
市规划监察支队支队长		张炳林
市规划设计院副院长、党总支书记		何辉鹏
市不动产登记中心主任		向　琦
副处级干部		杨茂盛

变动情况：

（1）2018 年 8 月 6 日，根据中共江苏省国土资源厅党组苏国土资党组〔2018〕58 号文，胡佩成任镇江市国土资源局新区分局局长，任职时间从 2017 年 1 月起算；向琦任镇江市不动产登记中心主任，任职时间从 2017 年 1 月起算。

（2）2018 年 9 月 5 日，根据中共江苏省国土资源厅党组苏国土资党组〔2018〕73 号文，同意按照法定退休年龄为沈晓钢办理退休手续。

（3）2019 年 1 月 23 日，根据中共江苏省自然资源厅党组苏自然资党组发〔2019〕4 号文，吕国奇退休。

（4）2019 年 1 月 23 日，根据中共江苏省自然资源厅党组苏自然资党组发〔2019〕23 号文，陈跃生任镇江市自然资源和规划局局长、党委书记兼镇江市林业局局长；黄毅任镇江市自然资源和规划局党委委员、副局长；何玉博任镇江市自然资源和规划局党委委员；张朝晖任镇江市自然资源和规划局党委委员、副局长；王国生任镇江市自然资源和规划局党委副书记；段志旺任镇江市自然资源和规划局党委委员、总规划师；郭继军任镇江市自然资源和规划局党委委员、副局长；吴斌任镇江市自然资源和规划局党委委员、副局长；殷强任镇江市自然资源和规划局党委委员、副局长；王建国任镇江市自然资源和规划局党委委员、副局长；姜春明任镇江市自然资源和规划局党委委员、副调研员；步锁良任镇江市自然资源和规划局党委委员、副调研员；王根生任镇江市自然资源和规划局调研员；顾佑培任镇江市自然资源和规划局副调研员；苏泽庆任镇江市自然资源和规划局副调研员。

（5）2019 年 6 月 28 日，根据中共江苏省自然资源厅党组苏自然资党组发〔2019〕101 号文，向琦任镇江市不动产登记交易中心主任，原镇江市不动产登记中心主任职务自然免除；杨茂盛保留原职级待遇。

▲ 泰州市自然资源和规划局（市林业局）

党委书记、局长兼林业局局长		李兴国
党委副书记、副局长		徐　兵
党委委员、副局长	何文忠	潘金华
	刘银发	吴　皓
党委委员，泰州市纪委、市监委第十七派驻纪检监察组组长		王　蕾
党委委员、副局长	丁晓鹏	陆　俊
	庞佑林	
党委委员、总规划师		朱根山
四级调研员	刘　缨	黄仲梅
	范建国	
高港分局局长、四级调研员兼市不动产登记局局长		朱　兵
市土地储备和不动产登记中心主任		周海滨

变动情况：

（1）2018年7月17日，根据中共江苏省国土资源厅党组苏国土资党组〔2018〕51号文，同意按照法定退休年龄为张仁德办理退休手续。

（2）2018年8月6日，根据中共江苏省国土资源厅党组苏国土资党组〔2018〕61号文，陆俊任泰州市国土资源局副局长，任职时间从2016年10月起算。

（3）2019年1月12日，根据中共江苏省自然资源厅党组苏自然资党组发〔2019〕19号文，李兴国任泰州市自然资源和规划局局长、党委书记兼泰州市林业局局长；徐兵任泰州市自然资源和规划局党委副书记、副局长，保留正处职待遇；何文忠任泰州市自然资源和规划局党委委员、副局长；潘金华任泰州市自然资源和规划局党委委员、副局长；刘银发任泰州市自然资源和规划局党委委员、副局长；吴皓任泰州市自然资源和规划局党委委员、副局长；王蕾任泰州市自然资源和规划局党委委员；丁晓鹏任泰州市自然资源和规划局党委委员、副局长；陆俊任泰州市自然资源和规划局党委委员、副局长；庞佑林经试用期满考核，任泰州市自然资源和规划局党委委员、副局长，任职时间从2016年10月起算；朱根山任泰州市自然资源和规划局党委委员、总规划师；刘缨任泰州市自然资源和规划局副调研员；黄仲梅任泰州市自然资源和规划局副调研员；范建国任泰州市自然资源和规划局副调研员。

（4）2019年6月28日，根据中共江苏省自然资源厅党组苏自然资党组函〔2019〕37号文，朱兵保留原职级待遇。

▲ 宿迁市自然资源和规划局（市林业局）

党组书记、局长兼林业局局长		赵　昌
副局长		张宜球
党组成员，宿迁市土地储备中心主任		唐兆富
党组成员、副局长	郃学东	单兆林
	段全猛	吴建国
	张绍军	沈习宽
	王慧珠（试用期）	
四级调研员	刘宗科	王怀成
	王晓武	杨　波
	李　爽	
市土地储备中心副主任		周　正
市国土资源监察支队支队长		杨兆芳
市土地储备中心副主任	李　伟（试用期）	

变动情况：

（1）2018年2月2日，根据中共江苏省国土资源厅党组苏国土资党组〔2018〕9号文，免去袁晓辉宿迁市国土资源局纪检组长、党组成员职务。

（2）2018年5月4日，根据中共江苏省国土资源厅党组苏国土资党组〔2018〕30号文，赵树三任宿迁市国土资源局副局长（挂职半年）。

（3）2018年12月28日，根据中共江苏省自然资源厅党组苏自然资党组〔2018〕27号文，免去赵树三宿迁市国土资源局副局长（挂职半年）职务。

（4）2019年1月23日，根据中共江苏省自然资源厅党组苏自然资党组发〔2019〕15号文，赵昌任宿迁市自然资源局局长、党组书记兼宿迁市林业局局长；张宜球任宿迁市自然资源局副局长；唐兆富任宿迁市自然资源局党组成员，宿迁市土地储备中心主任；郜学东任宿迁市自然资源局党组成员、副局长；单兆林任宿迁市自然资源局党组成员、副局长；段全猛任宿迁市自然资源局党组成员、副局长；吴建国任宿迁市自然资源局党组成员、副局长；张绍军任宿迁市自然资源局党组成员、副局长；沈习宽任宿迁市自然资源局党组成员、林业局副局长；刘宗科任宿迁市自然资源局副调研员；王怀成任宿迁市自然资源局副调研员；王晓武任宿迁市自然资源局副调研员；杨波任宿迁市自然资源局副调研员。

（5）2019 年 5 月 8 日，根据中共江苏省自然资源厅党组苏自然资党组发〔2019〕76 号文，免去唐兆富宿迁市自然资源局党组成员，宿迁市土地储备中心主任职务，退休。

省直管县（市）局

▲ 昆山市自然资源和规划局（市林业局）

党组书记、局长兼林业局局长，
市土地储备中心主任　何剑鸣
党组成员、副局长、二级主任科员
曾瑜华　周　浩
党组成员、副局长　陶　青
党组成员、副局长，
昆山杜克大学事务协调办副主任　时永刚
党组成员、副局长　金　伟　席庆宏　陈国英
二级主任科员　曹保斌　宋　成　张崇伦　张幸福
四级主任科员　李文光
市国土资源监察大队大队长　金兴元
市土地储备中心副主任　杨　忠
开发区分局局长　刘思恩
花桥分局局长、
农工民主党昆山市总支委员会主委　王吉林
张浦分局局长　顾守平
巴城分局局长　张　寅
周市分局局长　季　伟
千灯分局局长、二级主任科员　蒋国平
陆家分局局长　苏晓莺
锦溪分局局长　栾友刚

变动情况：

（1）2019 年 1 月 31 日，根据中共江苏省自然资源厅党组苏自然资党组发〔2019〕10 号文，何剑鸣任昆山市自然资源和规划局党组书记、局长兼昆山市林业局局长；曾瑜华任昆山市自然资源和规划局党组成员、副局长；陶青任昆山市自然资源和规划局党组成员、副局长；周浩任昆山市自然资源和规划局党组成员、副局长；时永刚任昆山市自然资源和规划局党组成员、副局长；金伟任昆山市自然资源和规划局党组成员、副局长；席庆宏任昆山市自然资源和规划局党组成员、副局长；陈国英任昆山市自然资源和规划局党组成员、副局长；曹保斌任昆山市自然资源和规划局主任科员；宋成任昆山市自然资源和规划局主任科员；金兴元经试用期满考核，任昆山市国土资源监察大队大队长，任职时间从 2017 年 10 月起算。

（2）2019 年 1 月 31 日，根据中共江苏省自然资源厅党组苏自然资党组发〔2019〕22 号文，蔡庆试用期满考核合格，任职时间从 2017 年 10 月起算。

（3）2019 年 4 月 3 日，根据中共江苏省自然资源厅党组苏自然资党组发〔2019〕57 号文，黄炳元退休。

▲ 泰兴市自然资源和规划局（市林业局）

党委书记、局长兼林业局局长、
市土地开发储备中心主任　孙红东
党委委员、副局长、二级主任科员
栾　俊　徐建锋　李　群

党委委员、副局长　陈　中　顾海荣　祝　萍
党委委员、总规划师　童　卓
党委委员　朱桂华
二级调研员　李秋生
四级调研员　尹辉宏
二级主任科员　陈振东
四级主任科员　陈希阳　冯书林
市自然资源监察大队大队长　丁黎明
市林业技术推广中心主任　袁　觉
市自然资源监察大队教导员　张　斌
市不动产登记中心主任　聂　锋
黄桥分局局长　朱家宏
古溪分局局长　祝留国
农产品加工园区分局局长　周志甫
宣堡分局局长　成国堂
虹桥分局局长　封　萍
城区分局局长　丁荣华
经济开发区分局局长　赵建军

变动情况：

（1）2019 年 2 月 20 日，根据中共江苏省自然资源厅党组苏自然资党组发〔2019〕38 号文，孙红东任泰兴市自然资源和规划局党委书记、局长兼泰兴市林业局局长；栾俊任泰兴市自然资源和规划局党委委员、副局长；陈中任泰兴市自然资源和规划局党委委员、副局长；徐建锋任泰兴市自然资源和规划局党委委员、副局长；顾海荣任泰兴市自然资源和规划局党委委员、副局长；李群任泰兴市自然资源和规划局党委委员、副局长；祝萍任泰兴市自然资源和规划局党委委员、副局长；童卓任泰兴市自然资源和规划局党委委员、总规划师；朱桂华任泰兴市自然资源和规划局党委委员；尹辉宏任泰兴市自然资源和规划局主任科员；陈希阳任泰兴市自然资源和规划局副主任科员；李秋生任泰兴市自然资源和规划局副主任科员；陈振东任泰兴市自然资源和规划局副主任科员。

（2）2019 年 2 月 20 日，根据中共江苏省自然资源厅党组苏自然资党组发〔2019〕40 号文，丁黎明任泰兴市自然资源监察大队大队长；张斌任泰兴市自然资源监察大队教导员；聂锋任泰兴市不动产登记中心主任；以上三位同志的任职时间从 2017 年 10 月起算。

（3）2019 年 3 月 20 日，根据中共江苏省自然资源厅党组苏自然资党组发〔2019〕50 号文，朱家宏任泰兴市自然资源和规划局黄桥分局局长；祝留国任泰兴市自然资源和规划局古溪分局局长；周志甫任泰兴市自然资源和规划局农产品加工园区分局局长；成国堂任泰兴市自然资源和规划局宣堡分局局长；封萍任泰兴市自然资源和规划局虹桥分局局长；丁荣华任泰兴市自然资源和规划局城区分局局长；赵建军任泰兴市自然资源和规划局经济开发区分局局长。

▲ 沭阳县自然资源局（县林业局）

党委书记、局长兼林业局局长　黄　飞
党委委员、副局长、二级主任科员　程　琴　陆江生
党委委员、副局长　尚振兵　舒　苏
副局长　李寒梅
党委委员、县城乡规划服务中心主任　郭红红
副科级干部　吴　敏　程　鸿

变动情况：

2019 年 2 月 20 日，根据中共江苏省自然资源厅党组苏自然资党组发〔2019〕41 号文，黄飞任沭阳县自然资源局党委书记、局长兼沭阳县林业局局长；程琴任沭阳县自然资源局党委委员、副局长（正科级）；陆江生任沭阳县自然资源局党委委员、副局长（正科级）；尚振兵任沭阳县自然资源局党委委员、副局长；舒苏任沭阳县自然资源局党委委员、副局长；李寒梅任沭阳县自然资源局副局长；郭红红任沭阳县自然资源局党委委员，沭阳县城乡规划服务中心主任。

2018年江苏省自然资源部门处级机构变动情况

一、厅机关

▲ 江苏省国土资源厅

变动情况：

2018年3月26日，根据江苏省机构编制委员会办公室苏编办通〔2018〕9号文，为我厅核增17名行政编制，用于承担行政职能事业单位改革试点置换编制工作。

变动情况：

2018年4月9日，根据江苏省机构编制委员会办公室苏编办发〔2018〕9号文，下达2016年度接收军队转业干部核增行政编制1名。

▲ 江苏省自然资源厅

变动情况：

2018年10月22日，根据江苏省机构编制委员会办公室苏编办发〔2018〕18号文，将省国土资源厅、省海洋与渔业局的职责，以及省发展和改革委员会的组织编制主体功能区规划职责，省住房和城乡建设厅的城乡规划管理职责，省水利厅的水资源调查和确权登记管理职责等整合，组建省自然资源厅，作为省政府组成部门，不再保留省国土资源厅。将省国土资源厅所属13家事业单位整建制划转至省自然资源厅。省自然资源厅核定行政编制182名；厅长1名、副厅长5名、总规划师1名。

▲ 原江苏省测绘地理信息局

变动情况：

（1）2019年2月25日，根据江苏省机构编制委员会办公室苏编办通〔2019〕16号文，将原省测绘地理信息局所属的省测绘工程院、省基础地理信息中心、省测绘产品质量监督检验站、省测绘研究所、省测绘资料档案馆、省测绘市场管理中心、省测绘地理信息局职业技能鉴定指导中心、省测绘地理信息局信息中心、省基础测绘设施技术保障中心整建制划转至省自然资源厅。

（2）2019年6月4日，根据江苏省机构编制委员会苏编〔2019〕26号文，根据中央编办《关于江苏省部分厅局级事业单位调整的批复》（中央编办复字〔2019〕39号，同意撤销江苏省测绘地理信息局）。

二、厅属事业单位

▲江苏省地质调查研究院

变动情况：

2018年7月12日，根据江苏省机构编制委员会办公室苏编办通〔2018〕66号文，收回江苏省地质调查研究院（江苏省国土资源厅地质灾害应急技术指导中心）全额拨款事业编制68名。

▲江苏省国土资源研究中心（江苏省土地开发征用事务所）

变动情况：

2017年12月21日，根据江苏省机构编制委员会办公室苏编办复〔2017〕228号文，江苏省国土资源研究中心（江苏省土地开发征用事务所）为公益一类事业单位。

▲江苏省不动产登记中心（江苏省地价所）

变动情况：

2017 年 12 月 21 日，根据江苏省机构编制委员会办公室苏编办复〔2017〕228 号文，江苏省不动产登记中心（江苏省地价所）为公益一类事业单位。

▲江苏省地质资料馆

变动情况：

2017 年 12 月 21 日，根据江苏省机构编制委员会办公室苏编办复〔2017〕228 号文，江苏省地质资料馆为公益一类事业单位。

▲江苏溧阳中华曙猿遗迹保护区管理处

变动情况：

2017 年 12 月 21 日，根据江苏省机构编制委员会办公室苏编办复〔2017〕228 号文，江苏溧阳中华曙猿遗迹保护区管理处为公益一类事业单位。

▲江苏省土地资源调查中心

变动情况：

2017 年 12 月 21 日，根据江苏省机构编制委员会办公室苏编办复〔2017〕228 号文，江苏省土地资源调查中心为公益二类事业单位。

▲江苏省土地开发整理中心

变动情况：

2017 年 12 月 21 日，根据江苏省机构编制委员会办公室苏编办复〔2017〕228 号文，江苏省土地开发整理中心为公益二类事业单位。

▲原省海洋与渔业局所属部分事业单位

变动情况：

2018 年 10 月 24 日，根据江苏省机构编制委员会办公室苏编办发〔2018〕63 号文，将原省海洋与渔业局所属的省海洋经济监测评估中心（省海域使用动态监视监测中心）及 11 名全额拨款事业编制、省海洋渔业指挥部（中国海监江苏省总队直属支队、省海洋渔政监督支队）及 99 名全额拨款事业编制、省海涂研究中心及 21 名全额拨款事业编制划转至省自然资源厅管理。

▲江苏省质量技术监督珠宝首饰产品质量检验站

变动情况：

2017 年 12 月 21 日，根据江苏省机构编制委员会办公室苏编办复〔2017〕228 号文，明确江苏省质量技术监督珠宝首饰产品质量检验站为从事生产经营活动事业单位，予以撤销，收回其 7 名自收自支事业编制。

▲中国国土资源报驻江苏记者站

变动情况：

2017 年 12 月 21 日，根据江苏省机构编制委员会办公室苏编办复〔2017〕228 号文，撤销中国国土资源报驻江苏记者站，收回其 2 名自收自支事业编制。

三、各市处级机构

▲ 南京市规划和自然资源局

变动情况：

2019 年 3 月 31 日，根据南京市委办公厅宁委办发〔2019〕51 号文，南京市规划和自然资源局是市政府工作部门，为正局级。内设办公室、综合计划处（研究室）、法规处、自然资源调查监测处、自然资源所有者权益处、自然资源开发利用处（城市更新处）、总体规划处、详细规划处、城市设计与建筑管理处、历史文化名城保护处、交通市政规划处、国土空间用途管制处、国土空间生态修复处（矿业权管理处）、耕地保护与乡村振兴处、地质矿产处、重大项目保障处、行政审批服务处、测绘管理处（地理信息处）、执法监督局（自然资源督察办公室）、审计处、科技发展处、财务处、人事处、机关党委（党建办公室）、离退休干部处、南京城乡规划委员会办公室。局机关行政编制177名。设局长1名，副局长5名，总规划师1名。

▲ 无锡市自然资源和规划局

变动情况：

2019年3月31日，根据无锡市委办公室锡委办发〔2019〕40号文，无锡市自然资源和规划局是市政府工作部门，为正处级，加挂市林业局牌子。内设办公室、政策法规处、行政审批处、自然资源确权登记局（自然资源调查监测处）、自然资源开发利用处（自然资源所有者权益处）、总体规划管理处、详细规划管理处、建筑规划管理处、市政交通规划管理处、国土空间用途管制处、耕地保护监督处（国土空间生态修复处）、地质矿产资源管理处、风貌管理处、林业湿地管理处、风景名胜和绿化管理处（市绿化委员会办公室）、测绘和地理信息管理处、科技和信息化处、财务处（审计处）、组织人事处、机关党委。局机关行政编制82名。设局长1名，副局长4名，总规划师1名，市林业局副局长1名。

▲ 徐州市自然资源和规划局

变动情况：

2019年3月29日，根据徐州市委办公室徐委办〔2019〕77号文，徐州市自然资源和规划局是市政府工作部门，为正处级，加挂市林业局牌子。内设办公室、行政审批处、政策法规处、自然资源调查监测处（自然资源所有者权益处）、自然资源确权登记处、自然资源开发利用处、国土空间规划处、国土空间用途管制处、规划建设处（市政规划建设处）、耕地保护监督处、国土空间生态修复处、地质矿产监管处、测绘地理信息管理处、执法监督处、综合处（科技处）、造林绿化管理处（徐州市绿化委员会办公室）、森林资源管理处（自然保护地管理处）、城区工作处、财务审计处、组织人事处、机关党委。局机关人员编制94名。设局长1名，副局长4名，总规划师1名，林业局副局长1名。

▲ 常州市自然资源局

变动情况：

2019年3月31日，根据常州市委办公室常办发〔2019〕47号文，常州市自然资源局是市政府工作部门，为正处级，挂市林业局牌子。内设办公室、发展与科技信息处、财务审计处、行政服务处、政策法规处（执法监督处）、自然资源调查监测处、自然资源确权登记处、自然资源利用管理处、国土空间规划处、国土空间用途管制处、国土空间生态修复处、耕地保护监督处、详细规划管理处（城市设计处）、市政规划管理处、村镇规划管理处、林业处（森林与湿地管理处）、矿业管理处（地质管理处）、国土测绘处（地理信息管理处）、自然资源管理督查处、组织人事处、机关党委。局机关行政编制75名。设局长1名，副局长4名，市林业局副局长1名，总规划师1名。

▲ 苏州市自然资源和规划局

变动情况：

2019年3月31日，根据苏州市委办公室苏委办发〔2019〕65号文，苏州市自然资源和规划局是市政府工作部门，为正处级。内设办公室（信访办公室）、综合处、政策法规处、自然资源调查监测处、自然资源确权登记局、自然资源所有者权益处、自然资源开发利用处、国土空间规划处、国土空间用途管制处、国土空间生态修复处、耕地保护监督处、详细规划处（历史文化名城保护处）、建设规划管理处（行政审批处）、村镇规划处、市政交通 规划处、地质矿产处、测绘与地理信息管理处、执法监督处、科技与信息化处、财务与资金运用处（审计处）、人事处、机关党委、离退休干部处。局机关行政编制90名。设局长1名，副局长6名，总规划师1名。

▲ 南通市自然资源局

变动情况：

2019年3月31日，根据南通市委办公室通办〔2019〕76号文，南通市自然资源局是市政府工作部门，为正处级，挂市林业局、市海洋局牌子。内设办公室、综合处（科技处）、人事处、财务审计处、法规处、行政服务处（监管协调处）、自然资源调查监测处、自然资源确权登记局、自然资源所有者权益处、自然资源开发利用处、国土空间规划局（村镇规划处）、详细规划处、建设规划审核处、市政与交通规划处、历史文化名城保护处、国土空间用途管制处、耕地保护监督处（国土空间生态修复处）、造林绿化管理处（市绿化委员会办公室）、森林资源管理处（自然保护地管理处）、海域海岛管理处（海洋规划与经济处）、海洋预警监测处、地质矿产管理处、测绘与地理信息处、执法监督处、机关党委、老干部处。局机关行政编制97名。设局长1名，副局长4名，市林业局专职副局长1名，市海洋局专职副局长1名，总规划师1名。

▲ 连云港市自然资源和规划局

变动情况：

2019年3月31日，根据连云港市委办公室连委办发〔2019〕45号文，连云港市自然资源和规划局是市政府工作部门，为正处级，加挂市林业局、市海洋局牌子。内设办公室（信访办公室）、行政服务处、综合处（科技与对外交流合作处）、自然资源确权登记处（自然资源调查监测处）、自然资源所有者权益处（自然资源开发利用处）、国土空间规划处、国土空间用途管制处、详细规划处、建筑规划管理处、市政基础设施处、国土空间生态修复处、耕地保护监督处、地质矿产管理处、造林绿化管理处（市绿化委员会办公室）、森林资源管理处（自然保护地管理处）、海洋规划与经济处（海洋预警监测处）、海域海岛管理处、国土测绘处（地理信息管理处）、执法监督与法规处、财务审计处、人事处、机关党委。局机关行政编制66名。设局长1名，副局长5名，林业局副局长1名，海洋局副局长1名，总规划师1名。

▲ 淮安市自然资源和规划局

变动情况：

2019年3月31日，根据淮安市委办公室淮办〔2019〕44号文，淮安市自然资源和规划局是市政府工作部门，为正处级，加挂市林业局牌子。内设办公室、综合处（督查室）、政策法规处（行政审批处）、自然资源调查监测处、自然资源确权登记局、自然资源所有者权益处和开发利用处、国土空间规划处、国土空间用途管制处、耕地保护监督处、地质矿产处、造林绿化管理处（市绿化委员会办公室）、森林资源管理处、自然保护地管理处、村镇规划处、市政规划处、工程规划处、国土与地理信息管理处、执法监督处、建筑设计与科技管理处、城市风貌处、财务审计处、组织人事处、机关党委。局机关行政编制136名。设局长1名，副局长4名，市林业局副局长1名，总规划师1名。

▲ 盐城市自然资源和规划局

变动情况：

2019年3月30日，根据盐城市委办公室盐办〔2019〕39号文，盐城市自然资源和规划局是市政府工作部门，为正处级，挂市海洋局、市林业局牌子。内设办公室、综合处、组织人事处、财务审计处、政策法规处、行政许可服务处、自然资源调查监测处、自然资源确权登记局、自然资源所有者权益和开发利用处、国土空间规划处、详细规划处、用地规划处、村镇规划处、建筑和市政工作规划处、国土空间用途管制处、耕地保护与生态修复处、地质矿产管理处、海域海岛管理处、海洋规划与经济处（海洋预警监测处）、测绘与地理信息管理处、造林绿化管理处（市绿化委员会办公室）、森林资源管理处（自然保护地管理处）、执法监督局、机关党委。局机关行政编制67名。设局长1名，副局长5名，市海洋局副局长1名，市林业局副局长1名，总规划师1名。

▲ 扬州市自然资源局

变动情况：

2019年3月31日，根据扬州市委办公室扬办〔2019〕40号文，扬州市自然资源局是市政府工作部门，为正处级，加挂市林业局牌子。内设办公室（信访室）、法规处（行政服务处）、自然资源调查监测处（调控和监测处）、自然资源确权登记局、自然资源所有者权益处、自然资源开发利用管理处、国土空间规划处（村镇规划处）、国土空间用途管制处、国土空间生态修复处、耕地保护监督处、地质矿产管理处、测绘地理信息管理处、用地规划管理处（风景名胜区规划建设管理处）、建筑规划管理处（历史文化名城保护处）、市政规划管理处、造林绿化处（市绿化委员会办公室）、森林资源管理处、执法监督局、财务处（审计处）、组织人事处（科技与对外交流合作处）、市规划委员会办公室、机关党委。局机关行政编制66名。设局长1名，副局长4名，总规划师1名。

▲ 镇江市自然资源和规划局

变动情况：

2019年3月31日，根据镇江市委办公室镇办〔2019〕58号文，镇江市自然资源和规划局是市政府工作部门，为正处级，挂市林业局牌子。内设办公室（信访办公室）、法规监督处、行政审批处、自然资源确权登记处（自然资源调查监测处）、国土空间规划处、详细规划管理处（历史文化名城保护处）、市政规划管理处、村镇发展处、国土空间用途管制处（耕地保护监督处）、自然资源开发利用处（自然资源所有者权益处）、建筑规划管理处、国土空间生态修复处、地质和矿产资源管理处、林业管理处（市绿化委员会办公室）、国土测绘和地理信息管理处、科技和信息化处（城建档案管理处）、财务处（审计处）、组织人事处（老干部处）、机关党委。局机关行政编制57名。设局长1名，副局长4名，总规划师1名。

▲ 泰州市自然资源和规划局

变动情况：

2019年3月30日，根据泰州市委办公室泰办发〔2019〕39号文，泰州市自然资源和规划局是市政府工作部门，为正处级，挂市林业局牌子。内设办公室（信访办公室）、党建和效能督查室、政策法规处、自然资源调查监测和科技处、自然资源确权登记处、自然资源所有者权益处、自然资源开发利用处（行政许可处）、国土空间规划处、国土空间用途管制处、国土空间批后监管处、建设项目规划技术审查处、耕地保护和生态修复处、地质和矿产资源处、测绘地理信息处、林业管理处、自然资源执法监督处、财务审计处、人事处、机关党委。局机关行政编制50名。设局长1名，副局长4名，总规划师1名，林业局副局长1名。

▲ 宿迁市自然资源局

变动情况：

2019年7月23日，根据宿迁市委办公室宿办〔2019〕56号文，宿迁市自然资源局是市政府工作部门，为正处级，加挂市林业局牌子。内设办公室（综合处）、政策法规处（行政审批处）、自然资源调查监测处、自然资源确权登记处、自然资源所有者权益处、自然资源开发利用处、国土空间规划处（市规划委员会办公室）、详细规划管理处（城市设计处）、建筑规划管理处、市政与交通规划管理处、村镇规划处、国土空间用途管制处、国土空间生态修复处、耕地保护监督处、地质和矿产处、测绘地理信息处、执法监督处、财务处（审计处）、人事处（科技处）、森林资源管理处（市绿化委员会办公室）、自然保护地管理处。局机关行政编制 52 名。设局长 1 名，副局长 5 名，总规划师 1 名，市林业局专职副局长 1 名。

（此篇中内容由厅人事处提供）

L'ESSENCE
INTERCONTINENTAL

统计资料篇

一、自然资源调查、勘察

表 1 二〇一八年全省地质勘查工作完成情况

指标名称	计量单位	数 量
完成基础地质调查面积		
1:100 万	平方千米	
1:50 万	平方千米	
1:20 万	平方千米	
1:10 万	平方千米	
1:5 万	平方千米	8327.10
完成实物工作量		
机械岩心钻探	米	107375.03
坑探	米	
槽探	立方米	11710.00
浅井	米	54.30

表 2 二〇一八年全省基础地质调查资金投入情况

计量单位：个、万元

地 区	项目个数	投入资金			
			中央财政	地方财政	社会资金
江苏省	11	3001.67	1138.67	1863.00	
省本级	6	2090.67	923.67	1167.00	
南京市					
无锡市					
徐州市					
常州市					
苏州市	1	95.00	95.00		
南通市					
连云港市					
淮安市	1				
盐城市					
扬州市	1	296.00		296.00	
镇江市					
泰州市					
宿迁市	2	520.00	120.00	400.00	

表3 二〇一八年全省矿产勘查资金和主要工作量完成情况

地区	勘查项目个数	投入资金总额	中央财政投入						地方财政投入					
				中央地勘基金	中央财政补贴	老矿山找矿资金	地质矿产调查评价	其它		属地化地勘费	矿产资源补偿费	省级地勘基金	老矿山找矿资金	其它
江苏省	39	8287.16	1148.40	1148.40					2153.12	308.99		1844.13		
省本级	2	328.08							53.55			53.55		
南京市	5	1608.55	774.55	774.55					834.00			834.00		
无锡市	2	80.00												
徐州市	4	890.59	373.85	373.85					516.74			516.74		
常州市	2	312.00							162.00			162.00		
苏州市	2	1220.00												
南通市														
连云港市	7	432.99							432.99	233.99		199.00		
淮安市	11	3161.11												
盐城市														
扬州市	2	100.00												
镇江市	1	78.84							78.84			78.84		
泰州市														
宿迁市	1	75.00							75.00	75.00				

计量单位：个、万元、万米、万立方米

社会资金投入							主要实物工作量			
	国有地勘单位投入	国内企业投入	个人投入	港澳台企业投入	其他涉外企业投入	其它	钻探	坑探	槽探	浅井
4985.64	101.00	4884.64					3.6691		0.5855	
274.53	101.00	173.53					0.6890			
							0.3255			
80.00		80.00					0.0900			
							0.0768			
150.00		150.00					0.0450			
1220.00		1220.00					0.4503			
							0.4034		0.5855	
3161.11		3161.11					1.1860			
100.00		100.00					0.3007			
							0.0423			
							0.0601			

表4 二〇一八年全省地质科学研究与技术方法创新完成情况

计量单位：个、万元

地 区	项目个数	投入资金			
			中央财政	地方财政	社会资金
江苏省	30	3432.62	275.00	2219.74	937.88
省本级	3	91.65			91.65
南京市	9	1316.14	190.00	626.14	500.00
无锡市	1	85.00	85.00		
徐州市	10	351.00		10.00	341.00
常州市	2	95.23		90.00	5.23.
苏州市	2	1220.00		1220.00	
南通市					
连云港市					
淮安市					
盐城市					
扬州市					
镇江市	2	176.00		176.00	
泰州市					
宿迁市	1	97.60		97.60	

表5 二〇一八年全省地质勘查投入情况

指标名称	计量单位	数量
项目数	个	125.00
地质勘查经费合计	万元	26817.98
中央财政专项拨款	万元	3663.43
调查评价专项	万元	
地质勘查基金	万元	
地方财政专项拨款	万元	16967.86
地质勘查基金	万元	
企事业资金	万元	6186.69
国内企事业	万元	
港澳台商	万元	
外商投资	万元	

表6 二〇一八年全省地质勘查单位基本情况

指标名称	计量单位	数 量
年末在职职工	人	12493
地质勘查人员	人	8020
技术人员	人	5144
高级	人	1892
中级	人	2550
工程勘察与施工人员	人	1245
矿产开发人员	人	390
其他人员	人	2838
平均从业人员	人	12738
劳动者报酬	万元	135517.83
离退休人员	人	10016
年末人数	人	10016
总费用	万元	42333.59
总资产	万元	1038117.85
地勘专用仪器设备原值	万元	418585.99
地勘专用仪器设备净值	万元	184281.79
总负债	万元	633648.68
净资产	万元	404469.18

表 7 二〇一八年全省地质勘查单位经费收支情况

指标名称	计量单位	数 量
总收入	万元	739780.28
地质勘查业收入	万元	266504.29
地质勘探费	万元	73834.44
中央财政	万元	11212.57
地方财政	万元	62621.87
中央财政地质专项拨款	万元	33859.34
地方财政地质专项拨款	万元	41152.63
地质勘查劳务收入	万元	117657.88
涉外	万元	5708.87
矿业权转让收入	万元	
矿产开发收入	万元	10000.00
工程勘察施工收入	万元	432723.54
其他收入	万元	30552.45
总支出	万元	615601.71
地质勘查（项目）支出	万元	398303.87
自有资金	万元	256799.16
矿产开发支出	万元	5384.00

表8 二〇一八年水工环地质调查评价完成情况

计量单位：个、万元

地 区	项目个数	投入资金			
			中央财政	地方财政	社会资金
江苏省	45	12096.53	1101.36	10732.00	263.17
南京市	7	1486.00	200.00	1286.00	
无锡市	2	2150.00	450.00	1700.00	
徐州市	7	373.86	186.36	106.50	81.00
常州市	2	1212.00	250.00	962.00	
苏州市	4	458.00	15.00	443.00	
南通市	5	1191.12		1191.12	
连云港市	3	2575.00		2575.00	
淮安市	5	967.00		967.00	
盐城市	1	229.01		229.01	
扬州市	1	398.20		398.20	
镇江市	2	464.34		334.17	130.17
泰州市	1	300.00		300.00	
宿迁市	5	292.00		240.00	52.00

二、自然资源开发利用

表9 二〇一八年全省新增建设用地有偿使用费征收情况

计量单位：亿元

地区	入库总额		
		中央	地方
江苏省	47.59	14.29	33.30
南京市	5.57	1.67	3.90
无锡市	3.71	1.11	2.60
徐州市	2.01	0.60	1.41
常州市	5.16	1.55	3.61
苏州市	5.58	1.68	3.90
南通市	6.42	1.93	4.49
连云港市	2.11	0.63	1.48
淮安市	2.29	0.69	1.60
盐城市	2.66	0.80	1.86
扬州市	3.01	0.90	2.11
镇江市	3.45	1.04	2.41
泰州市	4.20	1.26	2.94
宿迁市	1.42	0.43	0.99

勘误：《江苏国土资源年鉴（2018卷）》“二〇一七年全省新增建设用地有偿使用费征收情况表”计量单位修正为万元。

表 10　二〇一八年度全省耕地面积变化情况（2018 年变更调查）

地区	2017 年末耕地面积	年内增加耕地面积					
			土地整治	增减挂钩	工矿废弃地复垦	农业结构调整	其他
江苏省	4582449.65	32298.99	19604.54	1042.06	471.47	671.40	10509.52
南京市	235288.85	1124.57	460.67	198.10		30.31	435.49
无锡市	114707.06	192.97	187.31	5.66			
徐州市	608907.06	4580.28	2786.40	57.98	304.12	1.75	1430.03
常州市	150700.84	3134.49	2172.18	2.85	0.07	0.50	958.89
苏州市	158694.41	1972.78	951.08	9.87	1.37	0.05	1010.41
南通市	443782.41	2486.27	1695.52	77.26	33.53	126.12	553.84
连云港市	391607.77	721.30	612.41	62.31	46.43	0.15	
淮安市	473613.24	2710.19	1352.53	177.43	23.11	17.00	1140.12
盐城市	837817.47	6844.54	5222.66	111.52	62.23	14.86	1433.27
扬州市	285604.24	1669.74	911.20	39.30		476.06	243.18
镇江市	155050.53	571.60	429.40	42.02		0.27	99.91
泰州市	295241.77	2939.67	830.30	59.01		3.60	2046.76
宿迁市	431434.00	3350.59	1992.88	198.75	0.61	0.73	1157.62

计量单位：公顷

年内减少耕地面积					2018 年末耕地面积	可调整地类
	建设占用	灾害损毁	生态退耕	农业结构调整		
18612.48	17361.40			1251.08	4596136.16	567701.39
1744.14	1632.95			111.19	234669.28	68814.11
937.52	919.51			18.01	113962.51	31845.04
2338.60	2161.84			176.76	611148.74	75086.30
1315.02	1268.94			46.08	152520.31	43484.85
1331.26	1264.90			66.36	159335.93	80557.24
2038.85	1970.78			68.07	444229.83	50616.39
865.52	787.22			78.30	391463.55	14192.85
961.79	814.09			147.70	475361.64	28083.98
2333.86	2045.38			288.48	842328.15	56726.00
1219.51	1139.16			80.35	286054.47	44652.63
988.52	956.79			31.73	154633.61	26865.81
1487.89	1423.06			64.83	296693.55	20197.24
1050.00	976.78			73.22	433734.59	26578.95

表 11　二〇一八年度全省土地变更调查成果情况

计量单位：公顷

地 区	行政区域总面积	农用地面积		建设用地面积	未利用地面积
			耕地面积		
江苏省	10721785.70	6482033.11	4596136.16	2324308.45	1915444.14
南京市	658702.27	409410.49	234669.28	193622.24	55669.54
无锡市	462745.79	214917.36	113962.51	151826.24	96002.19
徐州市	1176488.42	817507.34	611148.74	249376.00	109605.08
常州市	437214.88	269495.47	152520.31	120332.17	47387.24
苏州市	865731.91	290696.68	159335.93	258629.47	316405.76
南通市	1054924.70	592515.34	444229.83	218412.99	243996.37
连云港市	761571.58	513353.15	391463.55	181735.60	66482.83
淮安市	1002954.00	658934.37	475361.64	169665.89	174353.74
盐城市	1693129.01	1093492.27	842328.15	284783.78	314852.96
扬州市	659121.03	418861.33	286054.47	132199.59	108060.11
镇江市	384031.97	246934.82	154633.61	103845.34	33251.81
泰州市	578736.01	370301.35	296693.55	119371.45	89063.21
宿迁市	852429.41	585613.14	433734.59	140451.41	126364.86
江苏省岛屿	134004.72			56.28	133948.44

表 12　二〇一八年全省建设项目用地预审情况

指标名称	计量单位	数 量
预审件数	件	434
预审面积	公顷	4416.05
耕地	公顷	1501.88
交通运输用地	公顷	2717.17
水利设施用地	公顷	96.39
能源用地	公顷	183.10
其他用地	公顷	1419.39

表13　二〇一八年度全省土地利用状况（2018年变更调查）

地　区	土地调查面积	耕地	园地	林地
合　计	10721785.70	4596136.16	295617.78	255263.42
南京市	658702.27	234669.28	10410.17	70740.55
无锡市	462745.79	113962.51	20632.29	35982.92
徐州市	1176488.42	611148.74	55132.21	24752.52
常州市	437214.88	152520.31	31607.19	18796.92
苏州市	865731.91	159335.93	37840.46	8674.98
南通市	1054924.70	444229.83	22836.82	451.54
连云港市	761571.58	391463.55	15230.89	14568.83
淮安市	1002954.00	475361.64	27259.30	19769.35
盐城市	1693129.01	842328.15	15489.96	12260.09
扬州市	659121.03	286054.47	12196.29	5032.31
镇江市	384031.97	154633.61	17074.67	23757.82
泰州市	578736.01	296693.55	4193.22	2280.85
宿迁市	852429.41	433734.59	25714.31	18194.74
江苏省岛屿	134004.72			

计量单位：公顷

草 地	城镇村及工矿用地	交通运输用地	水域及水利设施用地	其他土地
37608.76	1923284.93	469613.58	2986131.68	158129.39
7211.38	153717.19	31285.27	135870.83	14797.60
1600.65	131047.90	28905.71	127922.68	2691.13
5954.30	211401.57	49805.70	196547.93	21745.45
1737.17	97602.24	26071.65	106240.16	2639.24
696.73	220779.25	49266.97	381528.00	7609.59
1749.50	189357.03	50197.32	334059.83	12042.83
1791.10	145024.48	33977.89	152105.19	7409.65
8432.99	138447.04	37064.20	289253.89	7365.59
6230.72	228728.13	52626.76	477753.10	57712.10
532.95	108273.47	30180.68	210732.15	6118.71
1044.90	84258.10	19546.72	78670.74	5045.41
509.71	101212.72	25467.86	141726.09	6652.01
116.66	113379.53	35216.85	219790.75	6281.98
	56.28		133930.34	18.10

表 14　二〇一八年全省勘查、开采许可证登记及矿业权出让情况

指标名称	计量单位	数 量
勘查许可证登记	个	48
新立	个	9
变更	个	
保留	个	32
延续	个	7
探矿权出让		
探矿权出让个数	个	1
探矿权出让价款	万元	111.00
采矿许可证登记	个	67
新立	个	4
变更	个	34
延续	个	29
采矿权出让		
采矿权出让个数	个	17
采矿权出让价款	万元	191.98

表 15　二〇一八年全省矿产资源开发利用情况（按行业类型分列）

计量单位：个、人、万吨、万元

行业类型	矿山总数	从业人员	年产矿量	工业总产值	矿产品销售收入	利润总额
合　计	235	44905	11905.38	2373835.23	2048506.66	286247.22
能源矿产	56	25732	1459.50	1530896.11	1287288.97	191304.93
金属矿产	15	5554	563.44	184634.53	181437.53	16505.34
冶金辅助原料非金属矿产	3	1211	785.66	29072.70	25454.70	5954.95
化工原料非金属矿产	29	4776	1801.91	352852.32	290384.31	32478.33
建材和其他非金属矿	113	6802	7172.96	223374.93	211032.87	38337.09
水气矿产	19	830	121.92	53004.64	52908.28	1666.59

表 16　二〇一八年全省矿产资源开发利用情况（按经济类型分列）

计量单位：个、人、万吨、万元

企业经济类型	矿山总数	从业人员	年产矿量	工业总产值	矿产品销售收入	利润总额
合　计	235	44905	11905.38	2373835.23	2048506.66	286247.22
国有企业	39	18609	2687.35	1160778.42	874889.58	26756.09
集体企业	12	848	332.86	4421.00	4421.00	1396.80
私营企业	81	3113	1896.26	65395.24	60498.19	4583.52
外资企业	9	594	913.59	55621.81	51804.75	14204.93
其他企业	94	21741	6075.32	1087618.76	1056893.14	239305.89

表 17　二〇一八年全省矿产资源开发利用情况（按矿山规模分列）

计量单位：个、人、万吨、万元

矿山规模	矿山总数	从业人员	年产矿量	工业总产值	矿产品销售收入	利润总额
合 计	235	44905	11905.38	2373835.23	2048506.66	286247.22
大 型	88	27606	10151.84	1689429.89	1487210.51	207136.39
中 型	41	13075	1560.03	655486.35	533605.70	82187.33
小 型	106	4224	193.51	28918.99	27690.45	-3076.50

表 18　二〇一八年全省矿产资源开发利用情况（按矿种分列）

矿种	矿山总数	从业人员	年产矿量	工业总产值	矿产品销售收入	利润总额	税金总额
合计	235	44905	11905.38	2373835.23	2048506.66	286247.22	307733.85
煤	8	16773	1215.83	881866.21	761685.25	210559.53	98012.75
石油	2	7567	153.46	637630.00	514257.00	-15187.00	95004.00
地热	46	1392	90.21	11399.90	11346.72	-4067.60	705.95
铁矿	8	4287	455.32	125048.47	125048.47	2648.34	18571.30
钛矿	1	218	45.00	12800.00	12726.00	1910.00	1296.00
铜矿	3	245	25.67	6738.06	6738.06	-1954.00	632.00
锌（铅、银）矿	2	604	34.14	39386.00	36263.00	13901.00	7839.00
锶矿	1	200	3.31	662.00	662.00		
熔剂用灰岩	1	895	711.00	26228.00	22610.00	5451.00	7873.00
冶金用白云岩	1	16	5.06	60.70	60.70	3.95	0.05
熔剂用蛇纹岩	1	300	69.60	2784.00	2784.00	500.00	335.00
硫铁矿	1	106				-570.41	18.97
芒硝	8	1704	308.50	139183.69	130654.23	20680.85	17414.62
岩盐	18	2602	1493.41	213668.63	159730.08	12367.89	21865.99
磷矿	2	364					
水泥用灰岩	22	1562	4877.56	110026.45	105917.34	16471.21	16702.67

计量单位：个、人、万吨、万元

矿种	矿山总数	从业人员	年产矿量	工业总产值	矿产品销售收入	利润总额	税金总额
建筑石料用灰岩	6	361	542.59	31365.40	31365.40	8645.00	3648.00
制灰用石灰岩	1	61	91.74	3210.90	3210.90	610.34	528.40
水泥配料用砂岩	1	16	17.30	4737.10	3788.00	8.60	363.50
建筑用砂岩	2	93	55.33	1305.00	1195.00	5.00	145.40
建筑用砂	1	350					
砖瓦用页岩	2	28	6.33	63.00	63.00	5.00	0.40
高岭土	1	900	14.85	5944.93	1188.00	31.90	113.42
凹凸棒石黏土	7	204	20.95	4108.08	4107.08	667.01	462.70
膨润土	1	40	3.50	2030.00	1300.00		108.90
砖瓦用黏土	55	2358	111.57	13449.60	13245.60	969.41	932.17
建筑用玄武岩	6	496	504.62	17325.00	17060.00	2156.00	1736.00
建筑用花岗岩	3	131	368.64	9092.45	8869.25	930.95	276.25
饰面用大理岩	1	87	119.07	4978.00	4584.40	254.30	591.10
片麻岩	4	115	438.91	15739.02	15138.90	7582.37	2009.45
矿泉水	17	742	74.54	46514.22	46417.86	1953.84	9856.34
二氧化碳气	2	88	47.38	6490.42	6490.42	-287.25	690.52

三、自然资源行政管理

表 19 二〇一八年全省土地违法案件查处情况

指标名称	计量单位	数 量
本期发现土地违法	件	961
本期土地违法立案	件	595
涉及土地面积	公顷	910.95
耕地面积	公顷	202.01
本期土地违法结案	件	680
收回土地面积	公顷	267.8
耕地面积	公顷	54.2
罚没款	万元	7079.82
责任人处理情况		
行政处分建议	人	114
落实行政处分	人	49
党纪处分建议	人	45
落实党纪处分	人	50
刑事案件移送	人	

表 20　二〇一八年全省矿产违法案件及查处情况

计量单位：件、万元

	合计	国家机关				企事业单位		集体		个人
			省级	市级	县级		外商		乡村	
上年未结案件	5					1		1		3
本年立案	14					1				13
勘查										
无证勘查										
越界勘查										
非法转让探矿权										
其他										
开采	14					1				13
无证开采	12					1				11
越界开采										
非法转让采矿权										
破坏性开采										
其他	2									2
非法批准										
违法发证										
勘查许可证										
采矿许可证										
其他										
本年结案	15					1				14
处理上年未结案	1									1
勘查										
无证勘查										
越界勘查										
非法转让探矿权										
其他										
开采	14					1				13
无证开采	12					1				11
越界开采										
非法转让采矿权										
破坏性开采										
其他	2									2
本年未结案件	4					1		1		2
补充资料										
吊销勘查许可证										
吊销采矿许可证										
罚没款（万元）	60.4315									

表 21　二〇一八年全省地质环境监测网络

计量单位：个、人

地　区	监测站数				从业人员		突发性地质灾害监测点	缓变性地质灾害监测点	地下水监测点
		省级总站	地市级分站	县区级分站		专业技术人员			
江苏省	17	1	11	5	89	82	445	395	761
省本级	9	1	8		58	58	313	275	646
南京市									
无锡市									
徐州市									
常州市									
苏州市									
南通市	1		1		3	2	4	84	62
连云港市	1			1	4	3	114		5
淮安市								36	
盐城市									
扬州市						3	1		
镇江市	1		1		16	8	13		
泰州市	5		1	4	5	5			39
宿迁市					3	3			9

表 22　二〇一八年全省地质灾害灾情

计量单位：处、人、万元

地区	发生地质灾害数量			发生地质灾害数量							造成伤亡人数				造成直接经济损失
		自然因素	人为因素		崩塌	滑坡	泥石流	地面塌陷	地裂缝	地面沉降		死亡	失踪	受伤	
江苏省	8	6	2	8	3	3		2							830.20
省本级															
南京市															
无锡市															
徐州市	3	3		3	1			2							110.20
常州市															
苏州市															
南通市															
连云港市															
淮安市															
盐城市															
扬州市															
镇江市	5	3	2	5	2	3									720.00
泰州市															
宿迁市															

表 23　二〇一八年全省地质灾害防治情况

地区	地质灾害预报预警			地质灾害应急处置	
	成功避让地质灾害	避免伤亡人员	避免直接经济损失	出动应急处置小组	参与应急处置地质灾害
江苏省				33	25
省本级				18	13
南京市					
无锡市					
徐州市				11	9
常州市					
苏州市					
南通市					
连云港市					
淮安市					
盐城市					
扬州市					
镇江市				4	3
泰州市					
宿迁市					

计量单位：处、人、万元、个、起

地质灾害防治					完成地质灾害危险性评估项目	调查发现地质灾害隐患点		
地质灾害防治项目			投入防治资金	搬迁人数			特大型	大型
	治理项目	监测预警项目						
32	17	10	27440.03	4910	318	1098	7	18
			17030			337	1	5
8	3	2	1637.5			100		
11	6	5	150	4900		128	6	13
			3692.63			73		
			150			28		
2	1		483			50		
			3355			119		
			16.9			38		
2	1		20			3		
6	3	3	300			215		
			600		318	2		
3	3		5	10		5		

表 24　二〇一八年全省地下水监测

地　区	地下水监测井数按级别分类				地下水监测井按自动化程度分类	
		国家级监测井　数	省级监测井　数	地区级监测井　数	人工监测井　数	自动化监测井　数
江苏省	761	395	251	115	348	413
省本级	646	395	251		242	404
南京市						
无锡市						
徐州市						
常州市						
苏州市						
南通市	62			62	62	
连云港市	5			5	5	
淮安市						
盐城市						
扬州市						
镇江市						
泰州市	39			39	39	
宿迁市	9			9		9

计量单位：个

	地下水监测井数按监测内容分类						地下水监测数据量				
	单测水位监测井数	单测水质监测井数	水质水位共测监测井数	单测泉流量监测井数	开采量监测井数	泉流量监测点数		水位监测数据量	水质监测数据量	水温监测数据量	泉流量监测数据量
761	478	118	114		46	5	132102	131736	302	59	5
646	378	108	114		46		122348	122130	218		
62	52	10					1716	1632	84		
5						5	5				5
39	39						1404	1404			
9	9						6629	6570		59	

表 25　二〇一八年全省缓变性地质灾害情况

计量单位：毫米、平方千米、条、千米

地　区	地面沉降			地裂缝	
	沉降中心最大累计沉降量	沉降区面积		地裂缝条数	地裂缝总长度
			本年新增		
江苏省	3101	16468		25	9
省本级	3000	14188		25	9
南京市					
无锡市					
徐州市					
常州市					
苏州市					
南通市	101	2280			
连云港市					
淮安市					
盐城市					
扬州市					
镇江市					
泰州市					
宿迁市					

四、自然资源科学技术研究

表 26　二〇一八年全省自然资源科技人才、研发及成果情况

指标名称	计量单位	数 量	指标名称	计量单位	数 量
高层次科技人才培养、流动			**科技成果**		
省部级以上人才计划	人	2	核心论文	篇	47
新世纪百千万人才工程	人		被 SCI、EI、ISTP 收录	次	12
千人计划	人		科技著作	部	4
部科技创新人才工程	人	1	申请专利	件	3
省级科技人才计划	人	2	已授权专利	件	8
高层次科技人员流动状况			省部级以上科技奖励	项	6
新增	人	2	国家级	项	
减少	人		省部级	项	6
科技研发与投入			科技奖项	人	
项目总数	项	34	李四光奖	人	
国家级	项	2	黄汲清奖	人	
部级	项	12	何梁何利奖	人	
省级	项	9	国土资源标准	个	
本单位	项	11	国家标准	个	
项目年度经费总数	万元	1922.46	行业标准	个	
国家级	万元	48	地方标准	个	1
部级	万元	392	科学技术普及		
省级	万元	1257.46	科普作品	种	1
本单位	万元	225	主题科普活动	次	57
科技基础条件平台建设			**国际科技合作**		
重点实验室	个		签署科技合作文件	件	
监督检验测试中心	个		举办国际科技会议	次	1
科普基地	个		援外科技培训	人次	

表 27　二〇一八年信息化建设情况统计表

地区	年末从业人员		计算机保有量			服务器		存储备份系统		
		技术人员		台式机	笔记本	PC服务器	小型机	盘阵	带库	已有数据量
合 计	601	455	28277	23784	4493	1685	40	4115.81	209.80	2849.33
省本级	83	68	1739	1100	639	136	1	278.00	62.00	199.32
南京市	89	46	2592	2257	335	102	5	584.50	60.00	206.00
无锡市	38	36	2310	2051	259	102	7	280.00	3.00	155.50
徐州市	37	28	2809	2299	510	204	7	600.00	14.80	239.85
常州市	36	14	1306	999	307	143		250.70		119.81
苏州市	34	32	3104	2788	316	131	1	566.30		245.75
南通市	29	29	2878	2610	268	115	2	184.11		1047.42
连云港市	22	20	1687	1356	331	97	2	119.00		283.30
淮安市	23	19	1712	1480	232	102		195.60	56.00	100.91
盐城市	30	25	1892	1660	232	114	1	154.00	1.00	42.50
扬州市	31	19	1372	1156	216	91	1	196.20	5.00	16.10
镇江市	99	85	2444	1992	452	168	9	234.60	8.00	48.065
泰州市	18	15	1483	1283	200	92	4	367.80		111.50
宿迁市	32	19	949	753	196	88		105.00		33.30

计量单位：人、台、个、TB、人次、人天、万元

网络			培训		累计经费投入				
网络信息点数	视频会议联通节点数	业务网络联通节点数	人次	人天		本年经费投入			
							硬件	软件	维护
32424	592	7891	14075	8735	246221.47	26189.83	9154.06	10938.82	6096.95
5632	19	159	249	104	24171.69	2207.28	292.48	1557.2	357.60
1969	14	1049	1565	1043	17581.46	1892.08	896.50	275.95	719.63
2267	17	618	1157	268	20420.66	2568.36	1549.16	368.86	650.34
3376	123	650	1390	3198	35892.59	4697.84	929.94	3409.45	358.45
1085	24	569	1100	503	20053.47	1467.67	410.40	195.82	861.45
1704	27	1045	1212	604	21527.10	2767.63	1025.82	683.71	1058.10
2114	10	721	728	152	11988.44	1073.84	443.73	320.50	309.61
1598	71	719	904	617	10656.38	1245.05	692.45	394	158.60
3351	20	293	1140	364	13869.10	1018.38	404.37	426.55	187.47
2834	19	242	2492	596	18946.73	1144.23	464.39	259.04	420.80
1267	5	198	345	118	12182.75	1375.89	430.90	721.88	223.11
2790	14	909	286	407	19888.35	2394.04	1008.45	850.66	534.94
1893	45	311	669	32	12838.08	1766.20	525.00	1149.20	92.00
544	184	408	838	729	6204.72	571.36	80.50	326	164.85

表 28　二〇一八年自然资源厅直属机关党员和党组织情况

指标名称	计量单位	数 量
党员现状		
实有党员人数	人	929
在岗党员	人	592
女党员	人	212
少数民族党员	人	7
35 岁以下党员	人	204
厅局级党员	人	13
处级党员	人	112
离退休党员	人	337
学生党员	人	
流动党员	人	
党员发展情况		
入党积极分子	人	1
发展对象	人	3
发展的预备党员	人	3
预备党员转正	人	3
党组织现状		
党组织实有数	个	75
党委	个	2
党总支	个	3
党支部	个	70
党务干部数	人	109
专职	人	12
兼职	人	97

表 29 二〇一八年省自然资源厅机关离退休人员情况

指标名称	计量单位	数 量
年末实有人数	人	219
正厅级	人	11
副厅级	人	21
正处级	人	82
副处级	人	39
科 级	人	46
其 他	人	20
本年增加人数	人	6
正厅级	人	
副厅级	人	1
正处级	人	1
副处级	人	3
科 级	人	
其 他	人	1
本年减少人数	人	4
正厅级	人	
副厅级	人	
正处级	人	
副处级	人	1
科 级	人	3
其 他	人	

2018 年度江苏省城市地价动态监测报告

一、2018 年度全省城市地价动态监测工作概况

全省城市地价动态监测工作是指对各监测区域通过划分商服、住宅、工业等用途地价区段，布设地价监测点并测算其地价水平与地价指数，然后利用系列指标对城市地价状况进行描述与分析，最后形成城市地价监测报告并向社会发布。

（一）监测范围

城市地价动态监测范围包括全省所有县城镇以上城市的建成区和近期建设规划区。2018 年度全省城市地价动态监测范围主要包括南京城区、浦口区、六合区、江宁区、溧水区、高淳区；无锡城区、江阴市、宜兴市；徐州城区、贾汪区、铜山区、丰县、沛县、睢宁县、新沂市、邳州市；常州城区、溧阳市、金坛区；苏州城区、吴中区、相城区、吴江区、常熟市、张家港市、昆山市、太仓市；南通城区、通州区、海安市、如东县、启东市、如皋市、海门市；连云港城区、赣榆区、东海县、灌云县、灌南县；淮安城区、涟水县、洪泽区、盱眙县、金湖县；盐城城区、响水县、滨海县、阜宁县、射阳县、建湖县、东台市、大丰区；扬州城区、江都区、宝应县、仪征市、高邮市；镇江城区、丹阳市、扬中市、句容市；泰州城区、姜堰区、兴化市、靖江市、泰兴市；宿迁城区、沭阳县、泗阳县、泗洪县等 71 个监测单元。

（二）监测时段

2018 年度城市地价监测时段为 2018 年 1 月 1 日至 2018 年 12 月 31 日。

（三）工作任务

本次报告主要完成 2018 年度全省县城镇以上城市地价动态监测数据的汇总、分析。主要包括：

1. 测算 2018 年度全省总体平均地价水平及地价增长率；
2. 测算 2018 年度苏南、苏中、苏北三大区域平均地价水平及地价增长率；
3. 测算 2018 年度全省 13 个设区市市域平均地价水平及地价增长率；
4. 测算 2018 年度全省 13 个设区市城区平均地价水平及地价增长率；
5. 编制并发布年度城市地价动态监测报告。

（四）监测数据采集

2018 年度城市地价监测的数据主要通过市场调查、监测的方式获得。其中地价监测点的地价数据，由各城市组织技术单位，采用市场调查并在此基础上进行地价评估的方式获得，主要来源于各监测单元的地价动态监测年度数据库成果；土地市场的供应数据来源于江苏省 2018 年土地供应形势分析报告；与地价相关的其他数据，主要来源于有关统计资料和市场调查。汇总分析各监测单元的地价动态监测数据库，在此基础上建立了 2018 年度全省城市地价动态监测数据库成果。

（五）监测对象与说明

本次监测以 2017 年度布设的地价监测点为基础，参照国家级动态监测数据汇总思路，在保持监测范围、区段划分、地价监测点相对稳定的前提下，对原有的地价区段、地价监测点进行维护和更新。截至 2018 年 12 月 31 日，全省 71 个监测单元共设有地价动态监测点 12682 个，其中商服用地设有 6826 个监测点，住宅用地设有 3920 个监测点，工业用地设有 1936 个监测点；地价区段共 5723 个，其中商服用地地价区段 3157 个，住宅用地地价区

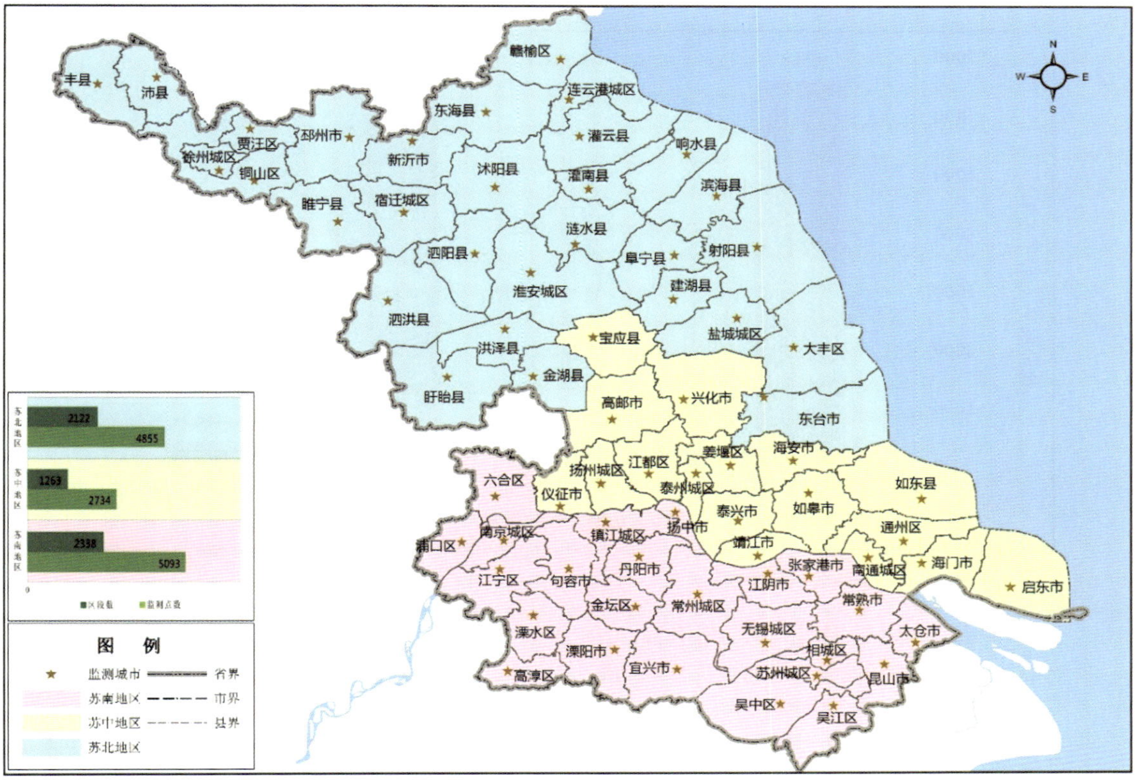

图 1 2018 年度江苏省城市地价动态监测单元分布图

段 1672 个，工业用地地价区段 894 个。

（六）地价内涵的设定

全省城市地价动态监测体系中的地价是指在设定的估价期日、用途、土地使用权年限、土地开发程度和容积率等条件下出让国有建设用地使用权市场价格。

1. 估价期日：2018 年度地价动态监测体系中的估价期日统一设定为 2018 年 12 月 31 日。

2. 用途：按商服、住宅、工业三种用途设定。

3. 土地使用权年限：按各类用地法定最高出让年期设定，即商服用途 40 年、住宅用途 70 年、工业用途 50 年。

4. 土地开发程度：按各监测单元区域平均土地开发程度分别设定。

5. 容积率：按各监测单元内区段的设定容积率来测算。

（七）地价水平、地价指数的测算方法

根据《城镇土地估价规程》（GB/T 18508-2014）、《城市地价动态监测技术规范》（TD/T 1009-2007）和《江苏省城镇地价动态监测与基准地价更新技术规范（2014 年）》相关要求，通过布设地价监测点，对地价动态监测点进行地价评估，测算区段地价，在此基础上，采用面积加权的方法汇总形成各监测单元、各区域、全省总体分用途的平均地价。

二、2018 年度全省城市地价状况

（一）全省地价总体状况

2018 年，全省不同用途平均地价水平均有所上升，分用途来看：

商服平均地价水平为 6638 元 / 平方米，较上年提高了 50 元 / 平方米，同比增长 0.76%；

住宅平均地价水平为 5062 元 / 平方米，较上年提高了 135 元 / 平方米，同比增长 2.73%；

工业平均地价水平为 414 元 / 平方米，较上年提高了 2 元 / 平方米，同比增长 0.65%（图 2、图 3）。

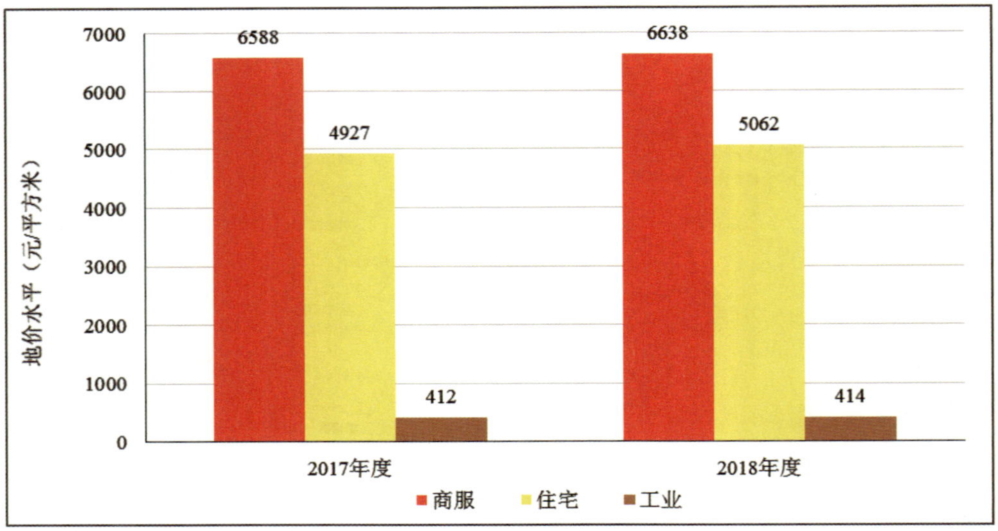

图 2 2017 年度和 2018 年度全省分用途平均地价水平

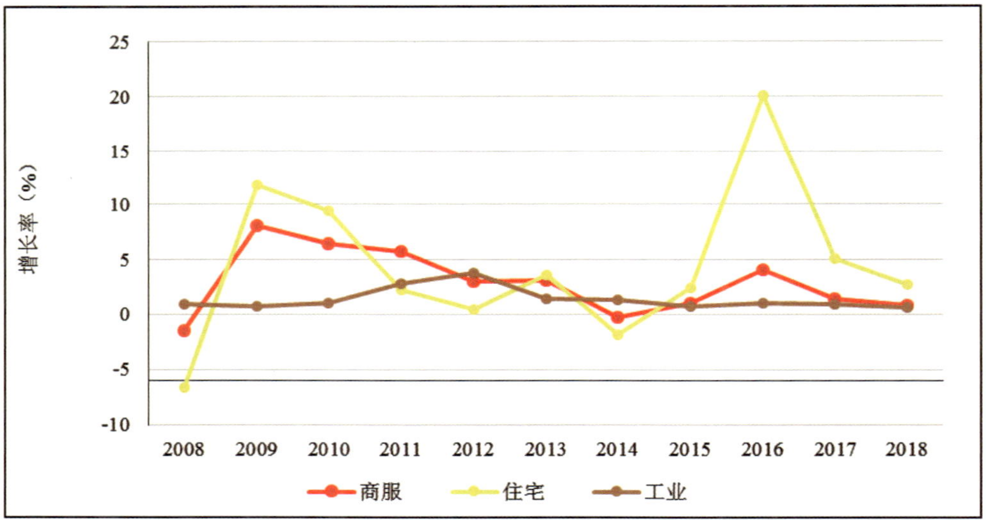

图 3 2008-2018 年度全省分用途平均地价同比增长率

从季度分析来看，2018 年全省各用途第二季度地价环比增长率较第一季度有所上升，第三、四季度持续放缓，其中商服平均地价各季度的环比增长率分别为 0.24%、0.26%、0.19%、0.08%；住宅平均地价各季度的环比增长率分别为 0.71%、0.85%、0.59%、0.56%；工业平均地价水平全年运行较为平稳，各季度的环比增长率分别为 0.19%、0.27%、0.11%、0.09%。

（二）三大监测地区地价状况

2018 年度，全省三大监测地区间地价水平差异显著，分用途平均地价水平总体上均呈苏南最高、苏中次之、苏北最低的分布格局。

苏南、苏中、苏北地区的商服平均地价水平分别为 10173 元 / 平方米、4642 元 / 平方米、3170 元 / 平方米，苏南地区的商服平均地价水平分别是苏中地区和苏北地区的 2.19 倍和 3.21 倍；

苏南、苏中、苏北地区的住宅平均地价水平分别为 8557 元 / 平方米、2903 元 / 平方米、1886 元 / 平方米，苏南地区的住宅平均地价水平分别是苏中地区和苏北地区的 2.95 倍和 4.54 倍；

苏南、苏中、苏北地区的工业平均地价水平分别为 604 元 / 平方米、356 元 / 平方米、225 元 / 平方米，苏南地区的工业平均地价水平分别是苏中地区和苏北地区的 1.70 倍和 2.68 倍。

从地价增长率来看，三大区域分用途平均地价水平均同比上升，苏中、苏北地区住宅平均地价水平同比增速明显，其中苏南、苏中、苏北地区的商服平均地价同比增长率分别为 0.47%、1.08%、1.46%；住宅平均地价同比增长率分别为 1.93%、4.83%、5.43%；工业平均地价同比增长率分别为 0.71%、0.54%、0.57%。

（三）各设区市市域地价状况

从地价水平来看，2018 年度各市分用途平均地价水平差异较大，其中：

商服平均地价水平排前三位的是南京市、苏州市、无锡市，平均地价水平分别为 17605 元 / 平方米、12201 元 / 平方米、6795 元 / 平方米，排后三位的是连云港市、盐城市、宿迁市，平均地价水平分别为 2113 元 / 平方米、2999 元 / 平方米、3257 元 / 平方米；

住宅平均地价水平排前三位的是南京市、苏州市、无锡市，平均地价水平分别为 16354 元 / 平方米、5776 元 / 平方米、4664 元 / 平方米，排后三位的是连云港市、淮安市、盐城市，平均地价水平分别为 1461 元 / 平方米、1713 元 / 平方米、1728 元 / 平方米；

工业平均地价水平排前三位的是南京市、无锡市、镇江市，平均地价水平分别为 820 元 / 平方米、603 元 / 平方米、505 元 / 平方米，排后三位的是宿迁市、徐州市、盐城市，平均地价水平分别为 166 元 / 平方米、219 元 / 平方米、226 元 / 平方米。

从地价增长率来看，商服平均地价除苏州市同比下降外，其余各市均同比增长，其中徐州市商服平均地价同比增长率最高，为 2.03%，苏州市商服平均地价为负增长，同比增长率为 -0.42%；

各市住宅平均地价均同比增长，其中宿迁市住宅平均地价同比增长率最高，为 6.82%，南京市住宅平均地价水平涨幅最小，为 0.71%；

各市工业平均地价除扬州市同比下降外，其余各市均同比增长，其中镇江市工业平均地价同比增长率最高，为 3.18%，扬州市工业平均地价为负增长，同比增长率为 -0.09%。

（四）各设区市城区地价状况

从地价水平来看，2018 年度，从各设区市城区的平均地价水平来看，商服和住宅平均地价水平差异明显，其中：

商服平均地价水平排前三位的是南京城区、苏州城区、无锡城区，平均地价水平分别为 23873 元 / 平方米、16928 元 / 平方米、9619 元 / 平方米，排后三位的是连云港城区、镇江城区、盐城城区，平均地价水平分别为 2723 元 / 平方米、3874 元 / 平方米、4586 元 / 平方米；

住宅平均地价水平排前三位的是南京城区、苏州城区、无锡城区，平均地价水平分别为 21036 元 / 平方米、6598 元 / 平方米、5157 元 / 平方米，排后三位的是连云港城区、泰州城区、淮安城区，平均地价水平分别为 1653 元 / 平方米、2087 元 / 平方米、2165 元 / 平方米；

工业平均地价水平排前三位的是南京城区、无锡城区、苏州城区，平均地价水平分别为 1183 元 / 平方米、681 元 / 平方米、679 元 / 平方米，排后三位的是宿迁城区、徐州城区、盐城城区，平均地价水平分别为 181 元 / 平方米、264 元 / 平方米、265 元 / 平方米。

从地价增长率来看，商服平均地价除无锡城区、苏州城区外，其余各市城区均同比增长，其中扬州城区商服平均地价同比增长率最高，为2.01%，无锡城区商服平均地价为负增长，同比增长率为 -1.16%；

各市城区住宅平均地价均同比增长，其中泰州城区住宅平均地价同比增长率最高，为 7.72%，南京城区住宅平均地价水平涨幅最小，为 0.48%；

各市城区工业平均地价均同比增长，其中镇江城区工业平均地价同比增长率最高，为 0.96%，泰州城区工业平均地价水平涨幅最小，为 0.13%。

2018 年我省从供给、需求两端齐发力，限购限贷逐步升级。南京连续 19 个月房价基本保持稳定，首套房利率普遍上浮 20%，二套房利率普遍上浮 20%-30%。2019 年以来南京地区的房贷利率下调，首套房贷款利率下调明显，多家银行首套房贷款利率较基准利率上浮 12% 或 15%，二套房普遍上浮 20% 至 25%。预计 2019 年利率出现回调的可能性增大，受购房市场环境净化以及资金流动性的利好，刚需群体利益得到一定保障，但是地区仍存在差异，主要受城市经济情况、银行状况等影响。

综上分析，2019 年房地产市场在以稳定为基调、调控力度不减的情况下，全省住宅平均地价增速将总体保持平稳，个别热点城市住宅平均地价增速回落幅度将有所趋缓，部分地区商服平均地价增速仍有下行压力，工业平均地价增速将保持稳定，土地市场将继续加强分类调控，针对各类需求实行差别化调控政策，促进土地市场平稳健康发展。

注：本报告由江苏省不动产登记中心（江苏省地价所）提供

江苏省海洋经济统计公报（2018年）

江苏省自然资源厅

2019年4月

2018年，全省各地各有关部门以习近平新时代中国特色社会主义思想为指导，认真贯彻落实党中央、国务院加快建设海洋强国战略部署，坚持“陆海统筹、江海联动、集约开发、生态优先”，深入推进供给侧结构性改革，产业结构不断优化，新动能加速汇聚，海洋经济“蓝色引擎”作用持续发挥，不断助力全省经济高质量发展。

一、海洋经济总体运行情况

初步核算，2018年全省海洋生产总值7618.8亿元，比上年增长9.8%，占地区生产总值的比重为8.2%。主要海洋产业增加值2893.8亿元，增长8.2%；海洋科研教育管理服务业增加值1665.0亿元，增长13.7%；海洋相关产业增加值3060.0亿元，增长9.4%；主要海洋产业、海洋科研教育管理服务业、海洋相关产业增加值占海洋生产总值的比重分别为37.9%、21.3%和40.8%。从三次产业结构来看，第一产业增加值304.8亿元，增长7.2%；第二产业增加值3573.2亿元，增长9.4%；第三产业增加值3740.8亿元，增长10.5%；海洋第一、第二、第三产业增加值占海洋生产总值的比重分别为4.0%、46.9%和49.1%。

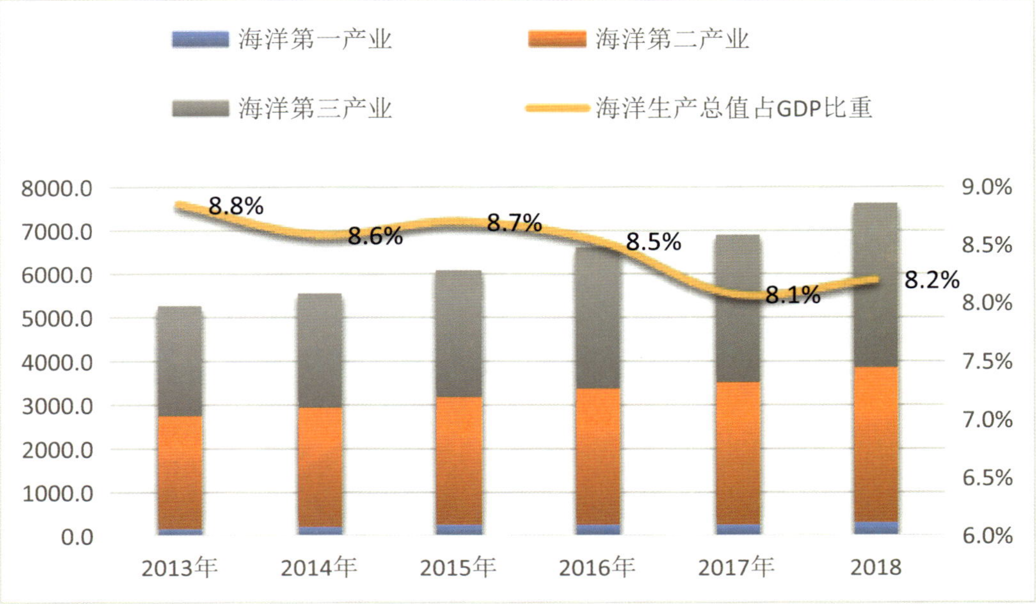

图1　2013-2018年江苏省海洋生产总值情况

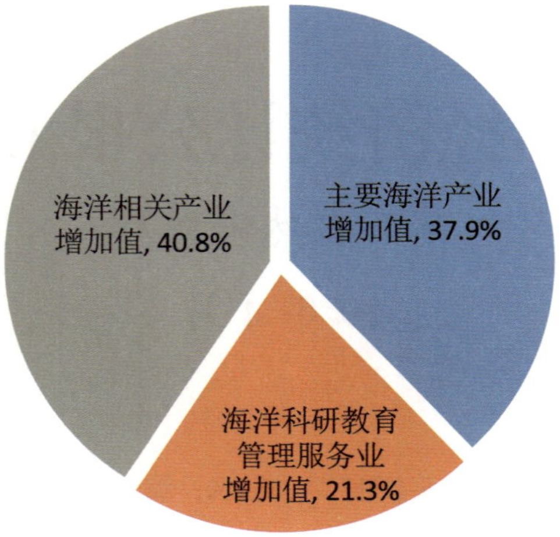

图 2　2018 年江苏省海洋及相关产业增加值构成图

二、主要海洋产业发展情况

2018 年，江苏省主要海洋产业总体保持稳步增长。海洋交通运输业、海洋船舶工业、海洋旅游业和海洋渔业作为海洋经济发展的支柱产业，其增加值占主要海洋产业增加值的比重分别为 37.9%、22.5%、17.7% 和 11.6%。海洋可再生能源利用业、海洋药物和生物制品业等新兴产业发展势头良好，增速分别达到 32.0%、16.9%。

主要海洋产业发展情况如下：

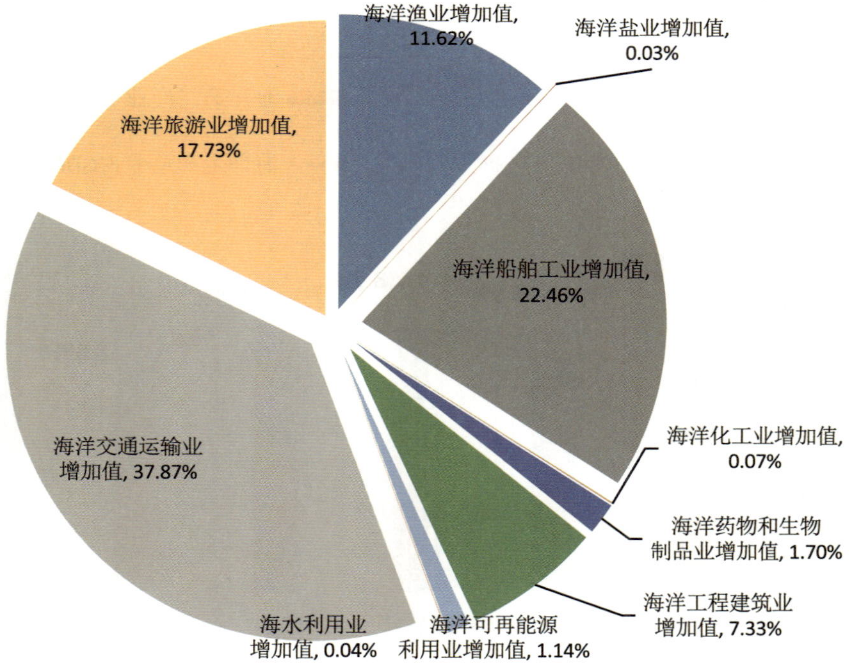

图 3　2018 年江苏省主要海洋产业增加值构成图

【海洋渔业】加强海洋渔业资源保护，海洋捕捞产量持续减少，海洋渔业逐步实现优化发展。全年海水养殖产量91.8万吨，比上年下降1.3%；海洋捕捞产量49.0万吨，比上年下降10%。全年实现增加值336.3亿元，比上年下降0.2%。

【海洋盐业】受市场需求下行和盐田面积减少等因素影响，海洋盐业产量持续下降，全省海盐产量与上年相比略有降低。全年实现增加值1.0亿元，比上年下降5.0%。

【海洋化工业】海洋化工业发展平稳，海盐化工产品产量略有增加。全年实现增加值2.1亿元，比上年增长5.0%。

【海水利用业】海水利用业稳步增长，应用规模逐渐扩大。在政策利好促进下，海水淡化潜能加速释放，海水淡化产量比上年增长7.4%。全年实现增加值1.1亿元，比上年增长10.0%。

【海洋药物和生物制品业】科技兴海战略深入实施，海洋药物和生物制品业持续健康发展，以海洋生物制品为主、产业链条上下延伸的海洋药物和生物制品产业体系基本形成。全年实现增加值49.1亿元，比上年增长16.9%。

【海洋可再生能源利用业】充分利用风能资源优势，加快风电基地建设，海上风电发电量61.9亿千瓦时，比上年增长89.9%，位居全国前列。全年实现增加值33.0亿元，比上年增长32.0%。

【海洋工程建筑业】沿海港口基础设施建设不断完善，海洋工程建筑项目推进顺利。全年实现增加值212.0亿元，比上年增长12.8%。

【海洋船舶工业】船舶市场呈现恢复性发展态势，造船完工量、新承接订单量、手持订单量三大造船指标位居全国之首。其中，全省造船完工量1499万载重吨，比上年增长6.1%。全年实现增加值650.0亿元，比上年增长5.4%。

【海洋交通运输业】海洋交通运输业发展平稳，海洋运输服务能力不断提高，沿海沿江规模以上港口生产持续增长，完成货物吞吐量21.1亿吨，比上年增长3.5%；集装箱吞吐量1765.8万标箱，比上年增长3.9%。全年实现增加值1096.0亿元，比上年增长5.5%。

【海洋旅游业】海洋旅游业继续保持较快发展态势，沿海接待游客11929.4万人次，比上年增长12.7%。全年实现增加值513.2亿元，比上年增长13.0%。

三、区域海洋经济发展情况

2018年，三个沿海设区市海洋生产总值为3906.8亿元，比上年增长9.5%，占全省的比重为51.3%；十个非沿海设区市海洋生产总值3712亿元，比上年增长10.2%，占全省海洋生产总值的比重为48.7%。三个沿海设区市中，南通市海洋生产总值2080亿元，比上年增长10.5%，占地区生产总值的比重为24.7%；盐城市海洋生产总值1082亿元，比上年增长8.6%，占地区生产总值的比重为19.7%；连云港市海洋生产总值744.8亿元，比上年增长7.9%，占地区生产总值的比重为26.9%。

注释：

1. 本公报数据为初步核算数据。部分数据因四舍五入的原因，存在着与分项合计不等的情况。

2. 本公报中增长速度均按现价计算。

附录 1：

主 要 名 词 解 释

海洋经济 是开发、利用和保护海洋的各类产业活动，以及与之相关联活动的总和。

海洋生产总值 是海洋经济生产总值的简称，指按市场价格计算的沿海地区常住单位在一定时期内海洋经济活动的最终成果，是海洋产业和海洋相关产业增加值之和。

增加值 是指按市场价格计算的常住单位在一定时期内生产与服务活动的最终成果。

海洋产业 是开发、利用和保护海洋所进行的生产和服务活动，包括海洋渔业、海洋油气业、海洋矿业、海洋盐业、海洋化工业、海洋生物医药业、海洋电力业、海水利用业、海洋船舶工业、海洋工程建筑业、海洋交通运输业、滨海旅游业等主要海洋产业，以及海洋科研教育管理服务业。

海洋科研教育管理服务业 是开发、利用和保护海洋过程中所进行的科研、教育、管理及服务等活动，包括海洋信息服务业、海洋环境监测预报服务、海洋保险与社会保障业、海洋科学研究、海洋技术服务业、海洋地质勘查业、海洋环境保护业、海洋教育、海洋管理、海洋社会团体与国际组织等。

海洋相关产业 是指以各种投入产出为联系纽带，与主要海洋产业构成技术经济联系的上下游产业，涉及海洋农林业、海洋设备制造业、涉海产品及材料制造业、涉海建筑与安装业、海洋批发与零售业、涉海服务业等。

海洋渔业 包括海水养殖、海洋捕捞、海洋渔业服务业和海洋水产品加工等活动。

海洋盐业 是指利用海水生产以氯化钠为主要成分的盐产品的活动，包括采盐和盐加工。

海洋化工业 包括海盐化工、海水化工、海藻化工及海洋石油化工的化工产品生产活动。

海洋药物和生物制品业 是指以海洋生物为原料或提取有效成分，进行海洋药品与海洋保健品的生产加工及制造活动。

海洋可再生能源利用业 是指在沿海地区利用海洋能、海洋风能进行的电力生产活动。不包括沿海地区的火力发电和核力发电。

海水利用业 是指对海水的直接利用和海水淡化活动，包括利用海水进行淡水生产和将海水应用于工业冷却用水和城市生活用水、消防用水等活动，不包括海水化学资源综合利用活动。

海洋船舶工业 是指以金属或非金属为主要材料，制造海洋船舶、海上固定及浮动装置的活动，以及对海洋船舶的修理及拆卸活动。

海洋工程建筑业 是指在海上、海底和海岸所进行的用于海洋生产、交通、娱乐、防护等用途的建筑工程施工及其准备活动，包括海港建筑、滨海电站建筑、海岸堤坝建筑、海洋隧道桥梁建筑、海上油气田陆地终端及处理设施建造、海底线路管道和设备安装，不包括各部门、各地区的房屋建筑及房屋装修工程。

海洋交通运输业 是指以船舶为主要工具从事海洋运输以及为海洋运输提供服务的活动，包括远洋旅客运输、沿海旅客运输、远洋货物运输、沿海货物运输、水上运输辅助活动、管道运输业、装卸搬运及其他运输服务活动。

海洋旅游业 包括以海岸带、海岛及海洋各种自然景观、人文景观为依托的旅游经营、服务活动。主要包括：海洋观光游览、休闲娱乐、度假住宿、体育运动等活动。

2018 年江苏林业大数据

【林业产业】2018 年，全省林业总产值 4702 亿元，比上年增长 3.9%，其中林业一产 1160 亿元、二产 2873 亿元、三产 669 亿元，分别比上年增长 7.7%、0.9%、11.1%。林木种苗和林下经济列入全省乡村振兴战略实施内容，编制林木种苗和林下经济千亿级产业工程实施方案。3 个新型经营主体申报为第四批国家林下经济示范基地，4 个林业类国家级农民合作社示范社通过省级审核。培育 2 家林业企业在“新三板”挂牌，6 家企业被批准为第三批国家级林业产业龙头企业，4 家企业被批准为国家林业标准化示范企业，国家红豆杉研究与利用科技创新联盟获得国家批准。组织企业参加第 11 届义乌国际森林产品博览会和中国—东盟博览会林木展销活动。

【林木种苗业】2018 年，全省林木苗圃面积 20.4 万公顷、苗木产量 61.5 亿株、种苗总产值 389.6 亿元，同比分别增长 3.9%、7.1%、8.9%。新认定 3 处省级林木良种基地和 10 处省级林木种质资源库，审认定林木良种品种 28 个。全省现有国家级良种基地 8 处，省级林木良种基地 21 处，国家级林木种质资源库 5 处，省级林木种质资源库 10 处，省级保障性苗圃 20 处。2018 年 10 亿元以上交易额的苗木交易市场分别是武进夏溪花木市场、江都阿波罗花木市场、如皋花木大世界和沭阳花木大世界。

【野生动植物及其制品经营利用】我省养殖规模较大、技术成熟的野生动物有梅花鹿、河麂、锦鸡、绿头鸭、黑斑蛙等物种。到 2018 年底，全省已批准野生动物人工繁育单位 500 余家，从业人员超过 2 万人，年产值约 100 亿元，其中：梅花鹿人工繁育单位和个人 65 家，种群数量超过 1 万头；河麂驯养繁殖单位和个人 50 家，种群数量约 5000 头；蓝孔雀、疣鼻天鹅、环颈雉等珍禽驯养繁殖单位和个人 95 家，种群数量达 18 万头。全省规模以上动物园 14 个，人工繁育大熊猫、华南虎、长臂猿等珍稀濒危野生动物。我省实验用猴、中药材加工利用、乐器加工、蛇类深加工产业较为发达，有常熟隆力奇、无锡济民可信、南京同仁堂、苏州雷允上等行业知名企业。我省野生植物进出口产业繁荣，进出口产业主要包括兰花、银杏、西洋参、红豆杉等观赏和药用野生植物及木材原料。12 处加工和销售场所全面停止象牙加工销售活动，没有发现销售和摆卖象牙及制品情况。

【森林康养旅游】2018 年，金坛茅东林场“半边山下”获批全国森林特色小镇称号，句容市获批森林旅游示范县称号。申报国家森林养生基地 1 个，国家森林体验基地 1 个，国家重点森林旅游地 6 个。加快发展以森林公园、湿地公园和风景名胜区为主要依托的森林生态旅游产业，全年接待游客超过 6000 万人次。

生态环境

生态保护

【湿地资源保护】全省湿地面积 282.2 万公顷，其中自然湿地 195.3 万公顷，人工湿地 86.9 万公顷。2018 年，修复湿地 4896.5 公顷，自然湿地保护率达 49.8%。印发《江苏省湿地保护“十三五”实施规划》。完成省级重要湿地名录文本及图件，编制湿地名录标识规范。完成溧阳天目湖、昆山天福、建湖九龙口、金坛长荡湖 4 处国家湿地公园试点建设验收，新建灌云潮河湾、海安里下河、沭阳三河、无锡古庄白荡、六合池杉湖 5 处省级湿地公园，新建湿地保护小区 74 处。完成全省湿地生态监测与管理大数据平台升级工作，建设湿地实时监测站点 94 处。

【野生动植物资源保护】加强对麋鹿、勺嘴鹬和秤锤树、宝华玉兰、金钱松、银缕梅、香果树 7 个珍稀濒危动植物进行野外种群及生境保护，并对银缕梅、金钱松 2 个种群开展野外回归。开展全省湿地濒危鸟类种群动态监测。野生动物重要栖息地增设视频监控系统 2 套，利用红外相机在宁镇丘陵山区开展野生动物调查监测。加强重点时期野生动物疫源疫病监测防控，非洲猪瘟疫情得到有效防控。

【自然保护地监管】森林公园。2018 年，新建国家级森林公园 1 个。全省国家级森林公园共计 22 个，总面积 539.72 km²；国家级专类园 2 个，总面积达 36 km²；国家级生态园 2 个，总面积 12.93 km²。新建省级森林公园 2 个，全省省级森林公园共计 45 个，总面积 387.92 km²。

年份	国家级森林公园（含专类园、生态园）26 个
1989 年	常熟虞山国家森林公园（下同）
1992 年	苏州上方山、无锡宜兴、徐州环城
1993 年	无锡惠山、苏州东吴、连云港云台山、盱眙第一山
1995 年	镇江南山
1996 年	句容市宝华山
1997 年	苏州西山
2003 年	南京紫金山、盱眙县铁山寺
2005 年	江苏邳州国家银杏博览园（专类园）
2009 年	苏州大阳山
2010 年	南京栖霞山
2012 年	江苏游子山
2013 年	江苏泰兴国家古银杏公园（专类园）
2014 年	南京老山
2015 年	溧水无想山、溧阳天目湖、黄海海滨、张家港暨阳湖国家生态公园（试点）
2017 年	宿迁三台山、江苏盐城龙岗国家生态公园（试点）
2018 年	南通五山

年份	省级森林公园（45 个）
1987 年	江阴要塞森林公园
1995 年	江宁牛首山省级森林公园（下同）、句容东进、溧阳西郊、金坛茅东、锦屏山、新沂马陵山
1996 年	仪征铜山
1999 年	无锡阳山、太湖东山、扬州西郊
2000 年	香雪海
2001 年	南京南郊
2003 年	溧阳瓦屋山、溱湖
2004 年	盐城沿海森林公园、大丰林海森林公园
2005 年	六合平山、宿迁古黄河、宜兴竹海
2006 年	白米、六合金牛湖
2007 年	邳州黄草山、六合方山
2009 年	连云港北固山、睢宁梁山、邳州古栗
2010 年	泗洪洪泽湖
2011 年	宿迁骆马湖、南京幕燕、连云港花果山、贾汪大洞山
2012 年	宜兴太华山、东海青松岭、江宁方山
2013 年	南京大塘金、常熟滨江、吴江桃源、灌云大伊山、洪泽湖古堰
2014 年	镇江市黄岗寺
2015 年	仪征龙山
2017 年	句容老鸦岗
2018 年	南通老洪港、如东范公堤

湿地公园。2018 年，完成溧阳天目湖、昆山天福、建湖九龙口、金坛长荡湖 4 个国家湿地公园试点建设验收，新建灌云潮河湾、海安里下河、沭阳三河、无锡古庄白荡、六合池杉湖 5 个省级湿地公园。全省累计建成国家湿地公园 26 个（含试点 9 个），省级湿地公园 43 个。完成 10 处国家湿地公园建设管理第三方评估，启动 30 处省级湿地公园建设管理第三方评估。

国家级、省级湿地公园（国家级 26 个，省级 43 个）

序号	名称	级别	批复时间
1	姜堰溱湖国家湿地公园（下同）	国家级	2011
2	扬州宝应湖	国家级	2011
3	苏州太湖	国家级	2011
4	无锡梁鸿	国家级	2011
5	沙家浜	国家级	2013
6	太湖三山岛	国家级	2013
7	无锡蠡湖	国家级	2013
8	苏州太湖湖滨	国家级	2014
9	南京长江新济洲	国家级	2016
10	无锡长广溪	国家级	2016
11	扬州凤凰岛	国家级	2017
12	九里湖	国家级	2017
13	句容赤山湖	国家级	2017
14	溧阳天目湖	国家级	2018
15	昆山天福	国家级	2018
16	金坛长荡湖	国家级	2018
17	建湖九龙口	国家级	2018
18	吴江同里（试点）	国家级	2013
19	淮安古淮河（试点）	国家级	2013
20	徐州潘安湖（试点）	国家级	2013
21	丰县黄河故道大沙河（试点）	国家级	2014

序号	名称	级别	批复时间
22	溧阳长荡湖（试点）	国家级	2014
23	沛县安国湖（试点）	国家级	2015
24	淮安白马湖（试点）	国家级	2015
25	东海西双湖（试点）	国家级	2016
26	兴化里下河（试点）	国家级	2016
27	扬州润扬省级湿地公园（下同）	省级	2005
28	南京绿水湾	省级	2005
29	南京固城湖	省级	2006
30	盱眙天泉湖	省级	2007
31	高邮东湖	省级	2007
32	江苏震泽	省级	2007
33	新沂骆马湖	省级	2008
34	苏州荷塘月色	省级	2008
35	太仓金仓湖	省级	2009
36	睢宁白塘河	省级	2009
37	泰州春江	省级	2009
38	泗阳黄河故道	省级	2010
39	江苏微山湖湖滨	省级	2010
40	扬州射阳湖	省级	2011
41	江苏渌洋湖	省级	2011
42	南京八卦洲	省级	2012
43	东台永丰	省级	2013
44	扬州花鱼塘	省级	2013
45	宜兴云湖	省级	2013
46	灌南硕项湖	省级	2014

序号	名称	级别	批复时间
47	常熟南湖	省级	2014
48	张家港暨阳湖	省级	2014
49	南京上秦淮	省级	2015
50	昆山锦溪	省级	2015
51	盐城大纵湖	省级	2015
52	江阴芙蓉湖	省级	2015
53	武进滆湖（西太湖）	省级	2015
54	阜宁金沙湖	省级	2016
55	无锡太湖大溪港	省级	2016
56	扬州北湖	省级	2016
57	常熟泥仓溇	省级	2016
58	宿迁古黄河	省级	2016
59	连云港临洪河口	省级	2016
60	宿豫杉荷园	省级	2017
61	启东圆陀角滨海	省级	2017
62	无锡宛山荡	省级	2017
63	扬州三江营	省级	2017
64	昆山阳澄东湖	省级	2017
65	灌云潮河湾	省级	2018
66	海安里下河	省级	2018
67	沭阳三河	省级	2018
68	无锡古庄白荡	省级	2018
69	六合池杉湖	省级	2018

自然保护区。全省共有各级各类自然保护区31个，总面积53.58万公顷，占全省国土面积5.22%，其中国家级自然保护区3个，面积29.93万公顷，占全省自然保护区总面积的55.86%；省级自然保护区11个，面积9.41万公顷，占全省自然保护区总面积的17.57%；市县级自然保护区17个，面积14.24万公顷，占全省自然保护区总面积的26.57%。

国家级、省级自然保护区

（国家级3个，省级11个）

序号	名称	级别	面积（公顷）
1	大丰麋鹿国家级自然保护区	国家级	2666.67
2	泗洪洪泽湖湿地国家级自然保护区	国家级	49365
3	盐城湿地珍禽国家级自然保护区	国家级	247260
4	南京长江江豚省级自然保护区	省级	8692
5	龙池省级自然保护区	省级	123
6	泉山省级自然保护区	省级	370
7	上黄水母山省级自然保护区	省级	40
8	光福省级自然保护区	省级	60.67
9	启东长江口北支省级自然保护区	省级	21491
10	云台山森林省级自然保护区	省级	67
11	涟漪湖黄嘴白鹭省级自然保护区	省级	3433
12	洪泽湖东部湿地省级自然保护区	省级	54000
13	镇江长江豚类省级自然保护区	省级	5730
14	宝华山省级自然保护区	省级	133

统计资料篇

国有林场。根据《江苏省政府关于推进国有林场改革的实施意见》（苏政发〔2016〕19号），以公益性为导向推进国有林场改革，全省纳入改革范围的73个国有林场整合为57个，其中40个定为公益性事业单位，并经省级自查验收后由省政府向国家申请验收。

设区市	国有林场（57个）
南京市（10个）	南京市青龙山林场、东善桥林场、汤山林场、牛首山林场、老山林场、平山林场、冶山林场、竹镇林场、溧水区林场、大荆山林场
无锡市（3个）	江阴市林场、宜兴市林场、宜兴市大贤岭林场
徐州市（7个）	徐州市林场、铜山区国有公益林场、贾汪区国有公益林场、睢宁县国有公益林场、新沂市国有公益林场、丰县国有公益林场、沛县国有公益林场
常州市（2个）	茅东林场、溧阳市国有林场总场
苏州市（4个）	上方山林场、阳东林场、吴中区林场、虞山林场
连云港市（10个）	墟沟林场、中云林场、锦屏林场、吴山林场、南云台林场、朝阳林场、李埝林场、石湖林场、安峰山林场、西山林场
淮安市（5个）	洪泽林场、盱眙林场、盱眙县林柴场、盱眙县铁山寺林场、金湖县林场
盐城市（5个）	盐城林场、大丰区林场、东台市林场、建湖县林场、射阳县林场
扬州市（1个）	仪征市试验林场
镇江市（5个）	长山林场、丹阳市林场、句容市林场、句容市东进林场、句容市磨盘山林场
泰州市（2个）	泰州林场、姜堰区林业总场
宿迁市（3个）	宿城区成子湖生态林场、嶂山林场、泗洪县林场

【造林绿化】2018年，全省新增成片造林3.56万公顷，林木覆盖率增至23.2%。组织实施一批重大造林绿化工程。抓好长江两岸造林绿化潜力调研与方案编制，迅速启动两岸造林绿化行动。全民义务植树活动深入开展，百万干部群众通过互联网捐资代劳，全省义务植树772万株。深入开展“千村示范、万村行动”绿美乡村建设，新建绿美示范村512个。根据《江苏省政府办公厅关于印发江苏省珍贵用材树种培育行动方案（2016 - 2020年）的通知》（苏政办发〔2016〕121号），坚持以国土绿化与彩色化珍贵化效益化相结合为主线，加大珍贵树种和乡土树种应用比例，培育珍贵用材树木3002万株，“十百千万”三化示范创建取得新成效。古树名木调查与保护深入推进。林业碳汇计量监测任务全面完成。出台全省森林抚育实施办法，建立省级森林抚育示范点，抚育森林7.07万公顷。

盐城市、泰州市颁布实施绿化条例，盐城市委市政府大力实施“一片林”工程，宿迁市推进百万亩生态成片林建设。

【森林资源保护】重新区划落界国家级生态公益林，省级以上生态公益林达到38.6万公顷，下达森林生态效益补偿资金1.74亿元。完成林木覆盖率监测认定工作。全面开展森林督查，基于林地“一张图”和遥感技术对改变用途和采伐林木的林地进行查验，发现问题认真整改。加强林地使用定额管理，全省共审核永久使用林地项目220件，面积1266公顷；临时用地32起，面积418公顷。加强林木采伐限额管理，省林业局批准采伐141件，面积4471公顷，蓄积9.6万m^3。

公共安全

自然灾害　灾害影响

【林业有害生物】2018年，全省主要林业有害生物发生面积15.09万公顷，同比上升47.1%。林木病害发生0.64万公顷，同比下降了9.8%；虫害发生14.31万公顷，同比上升52.3%。主要林业有害生物防治率96.5%，成灾率3.67‰，监测覆盖率99.7%，测报准确率87.3%，种苗产地检疫率99%。全省松材线虫病发生0.61万公顷，同比下降10.56%；病死松树5.89万株，同比下降14.70%，连续14年实现发生面积与病死株数“双下降”，拔除常熟市疫区。美国白蛾发生8.21万公顷，同比上升16.5%，新增扬州市广陵区1个县级疫区。以舟蛾为主的杨树食叶害虫发生5.87万公顷，同比上升179.7%，整体危害较重，呈延续周期性高发态势。松毛虫、杨树溃疡病、杨尺蠖等发生面积稳中有降；草履蚧、桑天牛等次要病虫害呈加重趋势；有害植物发生与同期持平。

【森林火灾】全省发生森林火警火灾16起，过火森林面积18.9公顷，受害森林面积3.3公顷，火灾发生率、受害率和控制率等指标大大低于国家标准和省政府责任状指标。在森林火情处置中做到反应迅速、组织有力，未发生重大森林火灾和人员伤亡事故，确保了春节、元宵节、清明节等重点时期森林资源安全。

防灾减灾

【林业有害生物预防】开展《2015-2017年重大林业有害生物防控目标责任书》完成情况专项考核，考核结果向省政府专题报告和市县两级政府通报。推进“林安”和“护绿”行动，查处多起违法违规典型案例。全省共签发林业植物调运检疫证23.8万份，产地检疫证576份，完成国外引种审批48单。完善全省林业有害生物监测预警体系，编制国家级中心测报点林业有害生物防治能力提升建设项目。借助“云计算”“互联网+”等信息技术，初步建成全省林业有害生物防控综合管理平台，加快林业有害生物智能化管理。

【森林火灾预防】省领导多次在关键时期对森林防火工作作出批示。在省政府与各设区市政府签订森林防火责任状的框架下，各地层层签订责任状。省林业局与新华日报社签订森林防火宣传战略合作协议，防火关键期在新华日报头版刊发公益宣传，每天在省电视台发布森林火险等级预报，全省共张贴、悬挂森林防火宣传标语、横幅1.5万余条，出动宣传车1600余辆次，发放《森林防火宣传手册》21000余册。全省共开展森林火灾扑救应急演练（技能竞赛）活动28次，举办培训班32期，参加人员4500余人次。全省森林公安开展了为期1个月的“查隐患、破火案”专项行动，共排查出火灾隐患156处，当场制止违规用火37起，送达整改通知书33份。强化防火设施建设，修订《江苏省森林防火现代化体系建设规划（2016-2025年）》，《镇江市森林防火中长期建设规划（2018-2025）》《连云港市森林防火规划（2018-2025）》相继出台。各级财政投入资金约3亿元，扑火物资不断加强，火灾阻隔体系进一步完善。

江苏省国家级和省级风景名胜区情况
（截至 2018 年 12 月）

风景名胜区名称	区 域	面 积（km^2）	建立时间	管理条例名称	总体规划编制情况
				国家级风景名胜区	
太湖	苏州 · 无锡	902.23	1982	太湖风景名胜区条例 无锡市蠡湖景区条例	1986 年批准； 2016 年批准（修编）
钟山	南京	35.04	1982	南京市中山陵园风景区保护和管理条例 南京市玄武湖景区保护条例	1996 年批准
蜀冈 - 瘦西湖	扬州	8.37	1988		1996 年批准； 2017 年批准（修编）
云台山	连云港	167.38	1988	江苏省云台山风景名胜区管理条例	1996 年批准； 2016 年批准（修编）
三山	镇江	17.23	2004	镇江市金山焦山北固山南山风景名胜区保护条例	2008 年批准
				省级风景名胜区	
雨花台	南京	1.29	1997	南京市雨花台风景名胜区管理条例	2003 年批准； 2007 年批准（调整）
夫子庙 - 秦淮风光带	南京	3.35	2003	南京市夫子庙秦淮风光带条例	2018 年完成评审，未报批
虎丘山	苏州	0.73	1996		2002 年批准； 2010 年批准（调整）
枫桥	苏州	0.14	1992		2004 年批准； 2007 年批准（调整）
南山	镇江	13.14	1984	镇江市金山焦山北固山南山风景名胜区保护条例	1986 年批准； 2008 年批准（修编）； 2013 批准(局部界限调整）
九龙山	句容	21.8	2005		2018 年完成评审，待批复
茅山	句容 · 金坛	35.2	1986		2002 年批准； 2018 年批准（调整）

风景名胜区名称	区 域	面 积（km²）	建立时间	管理条例名称	总体规划编制情况
第一山	盱眙	12.98	1998		2001 年批准
云龙湖	徐州	44.7	1984	徐州市云龙湖风景名胜区条例	2008 年批准 2018 年批准（调整）
马陵山	新沂	28.41	1995		1999 年批准； 2014 年批准（修编）
艾山	邳州	23.5	2010		2013 批准
濠河	南通	2.09	1993	南通市濠河风景名胜区条例	1996 批准； 2018 年批准（调整）
狼山	南通	5.58	1984		1989 批准； 2015 年批准（修编）
溱湖	姜堰	25.5	2001		2002 年批准； 2010 年批准（修编）
九龙口	建湖	39.95	2001		2002 年批准
骆马湖—三台山	宿迁	331.08	2006		2008 年批准
古黄河—运河风光带	宿迁	49.9	2006		2008 年批准

省林业局 供稿

附录（大事记）

大事记

一月

1月12日，最高人民检察院、国土资源部在我省召开国土资源行政公益诉讼座谈会，贯彻落实两部门联合印发的《关于加强协作推进行政公益诉讼促进法治国土建设的意见》。会议强调，要持续探索落实举措，以行政公益诉讼制度实施为抓手，全面提升法治国土建设水平，全面推动行政公益诉讼工作。最高人民检察院、国土资源部对省国土资源厅在行政公益诉讼方面的探索再次给予高度肯定。最高人民检察院民事行政检察厅，国土资源部法规司、执法局，国家土地督察局南京局，国土资源部法律中心、经研院负责人，江苏省人民检察院、江苏省国土资源厅、吉林、安徽、广东省等公益诉讼试点地区国土资源主管部门有关人员，以及来自最高人民法院、国家行政学院、南京大学、河海大学、江苏省高级人民法院的专家学者等40余人参加座谈会。

1月19日，经省政府批准，全省国土资源工作暨党风廉政建设工作会议在南京召开。会议总结了2017年国土资源工作，部署2018年工作任务。省委、省政府高度重视此次活动。娄勤俭书记、吴政隆省长分别作出批示，充分肯定2017年省国土资源工作成效，对2018年工作提出要求。厅长李侃桢作了工作报告，并与各设区市局和省管县（市）局主要负责人签订党风廉政建设责任状。

1月23日，中国地调局在全国地质调查工作会议上表彰了2017年获评“优秀”的省级地质调查研究院，我省地调院排名第一再登榜首。

1月24日，为贯彻落实中央深化统筹农村土地制度改革试点工作部署，更好地统筹协调推进武进区试点任务，副厅长吴震强带领厅利用处有关同志到武进区开展调研。

二月

2月1日，为贯彻落实国家、省安全生产工作要求，进一步加强厅各直属单位的安全管理，强化安全生产主体责任意识，副厅长祖耀升带队对省地调院、省地质资料馆等单位和江苏地质资料库工程建设现场进行了安全生产检查。

2月5日，省委省级机关工委举办全国文明单位工作经验交流会，并举行全国文明单位授牌仪式，颁发复查确认继续保留全国文明单位荣誉称号证书。省地调院领取了《全国文明单位复查合格证书》，并作了经验交流发言。

2月5日，省厅在扬州召开全省国土资源信访工作会议。副厅长吴震强出席会议并讲话。会议认真贯彻落实省委、省政府和国土资源部关于做好信访工作的部署要求和全省国土资源工作会议暨党风廉政建设有关精神，总结分析2017年度全省国土资源信访工作，交流信访工作经验，研究部署2018年信访工作任务。

2月8日，省政务办、省人力资源和社会保障厅召开表彰大会，对全省政务服务突出贡献集体、个人和2017年度政务服务改革创新成果进行通报表扬。不动产登记“一窗受理、集成服务”获得改革创新成果奖。

2月8日，厅不动产登记局党支部获得省级机关工委的通报表彰，被评为省级机关党组织“‘两聚一高’先锋行动队”。

2月9日，省政府在南京召开全省信访工作会议，省厅被省信访工作联席会议评为“信访工作先进单位”。

2月27日，省厅组织编制完成《江苏省市、县级矿山地质环境恢复和综合治理规划编制指南（试行）》并印发各地实施。根据国土资源部要求，省厅组织省地质调查研究院编制了《指南》，全面规范和指导市、县级矿山地质环境恢复和综合治理规划的编制工作。

三月

3月6日，为更好地贯彻乡村振兴战略，落实省委、省政府特色田园乡村建设部署，副厅长吴震强带领厅利用处负责人到南京市高淳区开展特色田园乡村试点建设工作调研。

3月12日至13日，厅副巡视员倪红升带队赴徐州调研矿地融合工作。调研组实地察看了徐州城北工业园、铜山区茅村镇、沛县安国镇、杨屯镇等矿地融合项目现场，并同徐州市相关县（区）国土资源局、沛县政府有关部门负责人进行了座谈交流。

3月20日，省委组织部在江苏省国土资源厅召开领导干部会议。省委组织部常务副部长胡金波宣读省委任命。提名刘聪为厅长人选，孔海燕任厅党组书记，副省长费高云作了重要讲话。

3月22日，国土资源部通报2017年度国土资源政务信息网上公开执行情况检查结果，我省国土资源政务信息网上公开工作考评总分位列全国系统第一。同时，通报表扬33个设区市和30个县级国土资源部门，我省泰州等6个设区市局和盱眙等4个县级局进入排名，占比居各省市区前列，实现了历史性突破。

3月27日，省厅党组召开扩大会议，传达学习贯彻全国两会精神、省委关于学习贯彻全国两会精神的要求，部署全省国土系统学习贯彻落实工作。厅党组书记孔海燕主持会议并讲话。厅领导、厅副巡视员参加会议。会上，孔海燕传达了习近平总书记在全国两会期间发表的重要讲话精神和省委娄勤俭书记关于学习贯彻全国两会精神的要求。刘聪传达了全国两会主要精神和赵乐际同志参加江苏代表团审议时的讲话精神。

3月28日，省人大常委会印发《关于陈建刚等任职的通知》，刘聪任省国土资源厅厅长。

3月28日，江苏省国土资源厅与中国银行江苏省分行在南京举行了“不动产登记与金融服务战略合作协议”签约仪式。厅副厅长李闽、中国银行江苏省分行副行长徐效强分别致辞并代表双方签约。

3月29日，天津市国土资源和房屋管理局副局长张志升一行来我省考察调研建设用地使用权转让、出租、抵押二级市场试点工作。副厅长吴震强参加调研活动。

四月

4月3日，中国国土资源报社召开2018年全国记者工作会议。会议表彰了2017年度先进记者站和优秀记者，省厅记者站再次被评为优秀记者站，这也是全国国土资源系统唯一连续16年受到表彰的驻地方记者站。省厅记者站负责人作为地方记者站唯一代表，在会上围绕准确定位、积极履职，推动驻地记者站工作高质量发展介绍了经验做法。

4月3日，厅长刘聪、厅党组书记孔海燕，副厅长吴震强，厅执法局局长袁晓军一行赴国家土地督察南京局拜访对接工作。国家土地督察南京局局长冯瑞，副局长章昌华、李恩才，副巡视员王拥军参加会见座谈。

4月4日，厅网信办召开2000国家大地坐标系转换培训座谈会，加快推进2000国家大地坐标系转换工作。会议要求全省系统充分认识2000国家大地坐标转换工作的重要性和紧迫性，因地制宜、科学严谨地开展工作；在确保数据安全的前提下，务必在6月底前高质量完成各类存量数据的转换。

4月10日至11日，厅党组书记孔海燕在南京、苏州调研国土系统党的建设工作。省纪委、监委驻厅纪检监察组组长、厅党组成员孙军参加调研。调研组一行在南京实地调研了市不动产登记服务大厅和栖霞分局第一中心所、江宁分局汤山所，在苏州实地调研了市不动产登记服务大厅和吴中分局度假区中心所；孔海燕还走近共产党员岗察看亮身份、优服务等工作情况，看望一线干部职工并进行交流。调研期间，孔海燕在两地分别主持召开座谈会，听取两市国土系统党建工作和干部队伍建设等情况汇报，邀请市政府、市纪委、市委组织部等相关领导和部分县区国土资源局、基层所负责人参加座谈，会上发放了调查问卷，征求地方党委政府的相关意见和建议。

4 月 10 日，省质量技术监督局组织召开《国土资源“四全”服务规范》地方标准审查会。省质监局副局长黄运海、副厅长李闽，以及省质监局、省国土资源厅相关部门负责人等参加会议，省政府法制办副巡视员顾爱平、南京大学教授黄贤金等 6 名专家对《国土资源“四全”服务规范》开展审查。

4 月 11 日，副厅长吴震强一行到武进区开展调研。常州市副市长、武进区委书记史志军参加调研活动。吴震强一行实地调研了嘉泽镇集体建设用地入市企业和南庄村、三星村农民集中居住点，并与当地党委政府，相关部门负责人进行了座谈交流。

4 月 16 日，自然资源部召开 2018 年全国汛期地质灾害防治工作视频会议。厅副巡视员倪红升、省气象局副局长濮梅娟、省地勘局副巡视员陈兴贤以及厅机关相关处室、厅地质灾害应急技术指导中心负责同志在江苏分会场参加会议。

4 月 17 日，省厅召开一季度工作例会，以习近平新时代中国特色社会主义思想为指导，深入贯彻落实中央、省委省政府对国土资源工作的新部署、新要求，总结交流一季度重点工作，对下一步工作进行再强调、再部署、再推进。厅长刘聪主持会议并讲话，厅党组书记、副厅长孔海燕就认真抓好二季度和全年工作提出要求。

4 月 17 日至 19 日，厅副巡视员倪红升带队赴南通调研矿地融合工作，省有色金属华东地质勘查局副局长程知言参加调研。调研组实地察看了通州湾盐碱地改良和耐盐水稻种植改良现场、海岸带湿地生态修复科研示范点以及如东小洋口掘苴垦区盐碱地改良土地整治项目现场，并同南通市局、如东县局、通州湾示范区分局，省有色金属华东地质勘查局等有关单位负责人进行了座谈交流。

4 月 19 日，厅党组召开厅局级离退休老干部情况通报会。厅党组书记孔海燕主持会议并讲话。厅长刘聪通报一季度工作情况和下一步工作打算。副厅长李如海出席会议。会上，厅局级离退休老干部代表就做好新时代国土资源工作提出了意见建议。

4 月 20 日，省厅举办了党建实务讲座。厅机关及直属单位党委（总支、支部）书记和委员、党建联络员、党小组长、党员发展对象和入党积极分子等参加培训。

4 月 20 日，省厅在南京召开全省国土资源网络改造与数据备份工作座谈会。会议介绍了当前省厅网络改造、系统上云、全省国土资源数据备份以及基于云架构的江苏省国土资源信息系统总体设计，讨论了网络优化、信息安全和数据备份的工作现状和思路，进一步明确了落实省厅 2018 年度重点工作任务，全面开展统筹深化“互联网＋国土资源服务与监管”突破成果应用工作的举措。

4 月 22 日，为纪念第 49 个世界地球日，省国土资源厅在南京绿博园举办“健步滨江，绿色低碳行”户外宣传和广场咨询活动。

4 月 23 日，国土资源部海岸带开发与保护重点实验室联合省土地学会学术工作委员会、省土地勘测规划院、省国土资源研究中心在南京共同举办“2018 年青年学者论坛”。

4 月 23 日，厅长刘聪带队赴连云港、盐城调研国土资源政策助力乡村振兴工作。调研组在连云港实地考察了赣榆区塔山镇小官庄、高庄村农村土地综合整治安置点，在盐城实地考察了阜宁县吴滩街道立新村“康居工程”安置点。调研期间，刘聪还分别在赣榆和阜宁主持如开座谈会，听取了汇报。会上，还就当前农村国土资源管理政策问题，听取了相关市、县和基层国土资源部门的意见和建议。

4月24日，厅党组书记孔海燕主持召开第2次厅党组会议，研究厅领导班子成员、副巡视员工作分工调整方案，研究关于干部任中审计的建议方案，通报学会、协会严格规范管理的有关要求，通报对有关设区市局2018年元旦、春节期间作风建设督查情况。

4月25日，省厅与省气象局在南京联合召开2018年度地质灾害趋势会商联席会议。会议通报了2017年全省地质灾害防治工作总体情况，并根据全省地质灾害隐患的分布特征、人类工程活动的扰动影响、全球气候背景下的降水趋势三个因子进行叠加分析，对2018年我省的地质灾害趋势和防治形势进行了预测分析。

4月25日，省厅与人社厅联合在南通市召开全省征地补偿和被征地农民社会保障工作现场会。会议详细解读了省政府93号令、省政府办公厅34号文等文件精神，剖析了当前我省被征地农民社会保障工作中存在的问题，现场观摩了南通市崇川区征地补偿和被征地农民社会保障信息系统建设情况，并对全省下阶段被征地农民社会保障工作进行了研究部署。

4月25日，省厅在无锡召开全省系统法治国土建设座谈会。副厅长李闽出席会议并讲话。会议听取了全省系统2017年度法治工作推进情况，并对2018年度法治工作主要任务进行了部署。

4月25日至26日，为进一步加强我省耕地保护和土地综合整治工，副厅长祖耀升带队调研浙江省耕地保护及杭州市土地全域综合整治工作。浙江省厅党组副书记、副厅长马奇陪同调研。

4月26日至27日，厅党组书记孔海燕先后赴宿迁和徐州调研国土系统党建和业务融合推进工作。副厅长吴震强参加有关调研活动。省纪委、省监委驻厅纪检监察组组长、厅党组成员孙军参加调研。

4月26日至27日，省厅在南京举办2018年度地质灾害防治业务专题培训班，重点对160余名市、县两级国土资源部门有关负责同志和业务骨干进行地质灾害防治业务专题培训。

4月27日，省厅在徐州召开建设“全国百佳不动产登记便民利民示范窗口”、争创不动产登记“党员先锋岗”活动现场会。厅党组书记、副厅长孔海燕出席会议并讲话，副厅长李闽，省纪委省监委驻厅纪检监察组组长孙军，徐州市委常委、常务副市长王安顺出席会议。

五月

5月3日，厅长刘聪主持召开第1次厅长办公会议，审议《关于2018年厅领导接访下访和包案处理信访事项的工作方案（审议稿）》，审议《江苏省国土资源厅关于进一步加强土地利用总体规划实施管理的通知（审议稿）》，研究2017年度创建土地执法模范县（市、区）活动省级考评结果。

5月4日，厅机关党委、厅团委联合举办“国土青年论坛”活动。厅党组书记孔海燕，副厅长吴震强、祖耀升出席活动，并为获奖青年颁奖。本次论坛的主题是“不忘初心跟党走”，厅团委发出号召后，全厅青年同志积极踊跃参加，选出6位青年代表参加论坛演讲比赛。青年代表结合工作实践、成长故事，表达了“不忘初心，坚定跟党走”的信念和决心。

5月4日，厅党组书记孔海燕主持召开第3次厅党组（扩大）会议，研究《中共江苏省国土资源厅党组关于全力服务促进高质量发展的实施意见（审议稿）》。

5月4日，厅党组书记孔海燕主持召开党组中心组学习会议，传达学习党中央、国务院和省委、省政府近期系列重要会议精神，部署贯彻落实工作。

5月4日，省级机关团工委在省委党校举行2017年度省级机关“两红两优”表彰大会，对荣获“2017年度省级机关优秀共青团员、优秀共青团干部和五四红旗团委（支部）”的集体和个人进行表彰。厅团委、省地调院团委连续荣获“省级机关五四红旗团委”荣誉称号，省国土资源信息中心、省土地勘测规划院、省土地整理中心相关同志获“省级机关优秀共青团员”、“省级机关优秀共青团干部”荣誉称号。

5月7日，副厅长李闽在徐州参加由省教育厅、国土厅、环保厅、徐州市人民政府主办，中国矿业大学承办的资源型城市转型与生态文明建设峰会，并作《以十九大精神为指引，大力推进新时代江苏国土资源生态文明建设》的专题报告。

5月8日，厅长刘聪赴南京市、镇江市现场检查地质灾害防治工作情况。副厅长潘正勤、李闽参加检查工作。刘聪一行先后实地察看了南京市江宁区牛首山祖堂山幽栖路、翠屏国际小区滑坡隐患点和镇江市京口区梦溪嘉园、北固山滑坡隐患点的治理工作以及相关防范措施落实情况，并在镇江为省厅地质灾害应急技术指导中心苏南、苏中、苏北分中心授牌，同有关县（市、区）政府、市县国土资源部门、地方地勘队伍负责同志就做好地质灾害防治工作进行了深入座谈交流，听取下一步工作的意见建议。

5月9日至11日，为进一步加强我省耕地保护和土地综合整治工作，副厅长祖耀升带队调研张家港市、常熟市、常州武进区耕地保护、土地综合整治及基层国土所建设工作。

5月11日，厅党组书记孔海燕赴扬州调研国土资源系统党建和业务融合推进工作。副厅长祖耀升参加调研座谈会。调研期间，孔海燕分别与扬州市委市政府主要领导交流了有关情况。

5月14日，厅长刘聪主持召开第1次厅务会，审议2017年度全省国土资源节约集约利用综合评价考核结果，研究《江苏省不动产登记条例（草案）（送审稿）》。

5月16日，为贯彻落实中央和省委关于完善党内法规制度体系建设的总体部署和要求，推进新时代党内法规制度建设，省厅出台了《关于贯彻落实<中央党内法规制定工作第二个五年规划（2018-2022年）>的方案》，提出了总体要求与细化举措。

5月17日，自然资源部副部长王广华在徐州调研指导不动产登记工作。自然资源部地籍司（不动产登记局）司长（局长）冷宏志，巡视员、副司长（副局长）杨璐，不动产登记中心主任何平。厅长刘聪、副厅长李闽参加调研。

5月18日，经省政府批准，省厅向各市、县（市、区）政府和省有关部门印发《江苏省2018年度地质灾害防治方案，为做好今年的地质灾害防治工作提供了行动指南。

5月18日，江苏国土资源智库南京农业大学研究基地揭牌仪式暨江苏省公共管理学科行知研究生学术创新论坛在宁举行，省国土资源厅副厅长李如海、南京农业大学党委副书记刘营军共同为研究基地揭牌。

5月20日至25日，厅党组书记孔海燕带领厅机关党支部书记、各设区市局和省直管县（市）局党建工作负责人等49人在延安市委党校开展党支部书记培训。副厅长吴震强、李如海、李闽参加培训。

5月21日，为贯彻落实2018年全省地质灾害防治座谈会精神要求，厅地质灾害防治应急办、厅地灾应急技术指导中心先后赴无锡、泰州和连云港对接地质灾害防治工作，推动了厅地灾应急技术指导中心苏南、苏中、苏北三个分中心正式运行。

5月21日，江苏省总工会下发《关于授予2017年度劳动和技能竞赛先进集体、先进个人江苏省五一劳动奖和工人先锋号的决定》（苏工发〔2018〕6号），厅耕保处荣获江苏省工人先锋号荣誉称号。

5月23日，为深入贯彻落实苏陕两省省委、省政府对口协作座谈会精神，省厅和陕西省厅在延安召开座谈会，深入推进两省国土资源对口协作工作。其间，两厅实地调研了延川县梁家河土地整治项目和下驿村易地扶贫搬迁项目。

六月

6月5日，江苏省信息化领导小组办公室公布了2017年智慧江苏建设重点示范工程名单，江苏省国土资源遥感监测“一张图”工程获评2017年度省信息化示范工程。

6月8日，厅党组书记孔海燕主持召开第4次厅党组会议，传达贯彻全省长江经济带发展工作推进会精神，审议《中共江苏省国土资源厅党组关于进一步加强和改进调查研究工作的通知（审议稿）》，研究厅领导班子成员解放思想大讨论活动联系点安排，研究厅党组成立巡察工作机构事项，审议全省系统开展巡察工作的实施意见，研究省厅党的建设工作领导小组有关事项，传达贯彻省“三项机制”推进会议精神。

6月8日，厅党组召开会议，传达学习贯彻《江苏省党政干部鼓励激励办法》《江苏省进一步健全容错纠错机制的办法》《江苏省推进党政领导干部能上能下办法》和落实省委“三项机制”工作推进会精神，研究全省国土系统贯彻落实措施。

6月11日至12日，厅党组书记孔海燕结合解放思想大讨论活动，在无锡、常州调研国土资源党建和业务融合推进工作。副厅长、党组成员祖耀升，省纪委监委驻厅纪检监察组组长、厅党组成员孙军参加调研。调研期间，孔海燕分别与两地市委市政府主要领导交流了有关情况。

6月13日，厅党组书记孔海燕主持召开第1次厅党的建设工作领导小组会议。会议研究了党建领导小组成员职责分工、支部结对共建方案、厅领导干部党性教育活动方案等事项。

6月14日至15日，省厅在苏州举办全省土地利用业务培训班，副厅长吴震强出席并作动员讲话。培训班重点讲解了土地节约集约利用评价考核、城乡一体化地价体系建设、耕地质量等级调查评价与监测、工业用地年度更新调查、建设用地指标等方面内容。

6月19日，省厅党的建设工作领导小组办公室在南京召开全省系统党建工作规范化信息化会议。会议传达了厅党组关于加强全省系统党建工作的指示精神，部署全省系统党建工作规范化信息化工作。

6月20日，省厅在淮安周恩来纪念馆举行“不忘初心 牢记使命”专题教育活动。厅领导、厅有关部门负责人和淮安市局主要负责人参加了活动。

6月21日，厅长刘聪主持召开第2次厅长办公会议，审议2018年省级投资土地整治项目入库方案，审议2018年省级地质勘查专项资金使用安排方案，通报2017年度预算执行情况。

6月22日，厅党组书记孔海燕主持召开第5次厅党组会议，审议2018年度预算批复及厅本级预算分配。

6月22日，省厅召开第28个全国“土地日”纪念大会。厅长刘聪出席会议并讲话。厅党组书记孔海燕主持会议。国家土地督察南京局局长冯瑞出席会议。经省政府同意，会议表彰了2017年度江苏省国土资源节约集约利用模范市、县（市、区）。会议邀请中国科学院南京地理与湖泊研究所陈雯研究员作了题为《聚落转型与乡村振兴》的专题报告。

6月25日，省厅在南湖公园和建邺大厦东门广场举办纪念第28个全国“土地日”环湖健身和咨询宣传活动。厅长刘聪、厅党组书记孔海燕来到咨询宣传活动现场，与参加活动的市民和工作人员进行交流。

6月27日，省依法行政工作领导小组通报了2017年度法治政府建设考评情况，我厅法治工作基础扎实、成效突出，评分位列省级机关第一名，实现连续三年获评优秀等次。

6月29日，省厅召开全省国土资源系统迎“七一”党建网启动视频会，庆祝中国共产党成立97周年，动员全省系统各级党组织和全体党员深入学习贯彻习近平新时代中国特色社会主义思想和党的十九大精神，紧紧围绕高质量发展要求，切实做到干在先、走在前，树标杆、作表率，为全省高质量发展走在全国前列提供更加精准有力的国土资源组织和服务保障。厅党组书记孔海燕出席会议并讲话。省委省级机关工委书记李新平、省委组织部组织一处处长倪春青出席党建网启动会。

七月

7月2日，“江苏省国土资源系统警示教育基地”揭牌仪式在新沂市马陵山国土所举行。厅党组书记孔海燕，徐州市委常委、市纪委书记、市监委主任董向阳共同为基地揭牌。副厅长吴震强主持揭牌仪式。新沂市委主要负责人，徐州市局和辖区各县（市、区）局主要负责人，厅办公室、人事处、机关党委负责人参加活动。

7月3日，厅党组书记孔海燕，副厅长祖耀升一行到睢宁县调研国土资源改革创新落实乡村振兴战略工作。徐州市委常委、常务副市长王安顺参加调研。

7月10日，省厅组织干部职工开展了义务献血活动。此次献血活动有近60名同志参加，总献血量近8000毫升，充分展示了省厅干部职工积极向上、乐于助人的精神境界。

7月11日至12日，厅党组成员、副厅长，省地矿局党组书记、局长潘正勤到连云港市开展调研，深入基层听取意见建议，促进思想大解放。其间，潘正勤分别在连云港市局、地质六队主持召开座谈会，听取解放思想大讨论活动、上半年业务工作开展以及矿地融合推进情况汇报，实地调研基层国土所、地灾防治现场及矿山企业。连云港市委常委、市纪委书记、监委主任刘海涛，市委市级机关工委主要负责人参加了座谈会。

7月19日，厅党组书记孔海燕结合深入开展解放思想大讨论活动，赴镇江调研国土资源党建和业务融合推进工作，推进处理信访包案事项。副厅长吴震强参加调研和信访包案处理。镇江市政府副市长胡宗元参加调研活动。调研期间，孔海燕与镇江市委主要领导交流了有关情况。

7月24日，自然资源部在南京召开长江经济带国土空间规划（长江下游）调研座谈会。自然资源部调研组全体成员，我省发改、国土、环保、住建、交通、水利、农委、统计、海洋渔业、沿海办、林业等部门负责同志，上海、浙江、安徽3省（市）国土、发改、环保、交通、水利等相关部门负责同志参加了会议。厅长刘聪出席会议并介绍有关情况。

7月26日，《江苏省不动产登记条例》列入了省人大常委会2018年立法计划，副厅长李闽带领厅不动产登记局、法规处相关同志参加省人大、省法制办在天津、贵州、连云港、镇江等地的调研活动。省人大环境资源城乡建设委员会委员张弛、省法制办副主任周福莲和相关同志参加了调研。

7月26日，副厅长李闽赴连云港市灌云县处理包案信访事项，实地察看了信访人反映的违法占地建驾校整改现场，并督促灌云县进一步加大查处力度，依法依规处理信访问题，尽快消除违法状况，妥善化解信访矛盾纠纷。

7月27日，省厅召开全省国土资源年中工作视频会议。会议深入学习贯彻习近平新时代中国特色社会主义思想和党的十九大精神，传达学习贯彻省委十三届四次全会精神和娄勤俭书记讲话精神，总结上半年工作，对下半年重点任务进行再部署、再推进，动员全省国土资源系统进一步解放思想、担当作为，高质量完成全年各项目标任务，全力服务促进全省高质量发展。会议要求，全系统要以习近平新时代中国特色社会主义思想为指导，深入学习领会省委十三届四次全会精神，坚持系统思维，积极主动作为，为全省高质量发展走在全国前列提供坚实的国土资源保障。厅长刘聪出席会议并讲话。厅党组书记、副厅长孔海燕主持会议。在宁的厅领导班子成员出席会议。

八月

8月3日上午，厅长刘聪主持召开第2次厅务会，深入学习贯彻省委娄勤俭书记关于推进苏北地区农民住房条件改善的指示要求，研究2018年全省土地利用计划分配建议方案、关于统筹跨省和省内增减挂钩节余指标流转使用工作的建议方案。

8月5日，在苏锡常南部高速公路工程建设现场，厅耕保处党支部、省交建局第四党支部、省土地勘测规划院征地室党支部、苏锡常南部通道指挥部总支、无锡市高速公路建设服务指挥部党支部、常州市高速公路建设服务指挥部党支部等6个党支部开展“聚力擎旗 同心筑梦”共建活动。厅党组书记孔海燕，省交通厅党组书记、厅长陆永泉参观工程建设现场，慰问工程一线工作人员，参加支部共建活动并分别作讲话。

8月6日，厅党组书记孔海燕主持召开第6次厅党组会议，传达学习贯彻习近平总书记在十九届中央政治局第六次集体学习时的讲话精神、娄勤俭书记8月1日在省委中心组学习会上的讲话精神；传达中央第七巡视组巡视江苏省的反馈意见和姜信治、娄勤俭同志讲话主要精神，研究我厅相关整改方案；传达学习贯彻全省组织工作会议精神；审议省厅解放思想大讨论活动征求意见建议整改任务分工方案；研究全省不动产登记窗口“党员先锋岗”创建及考核情况。

8月6日至8日，全省国土资源信访干部培训班在苏州举行。培训班传达学习了全省信访矛盾纠纷攻坚战推进会精神，总结上半年信访工作，部署下半年任务，交流信访矛盾化解攻坚和“三五工作”试点经验做法，开展信访业务培训。全省各市、县（市、区）局信访一线岗位干部190余人参加培训，副厅长吴震强作开班讲话。

8月7日，厅不动产登记局、机关党委会同省不动产登记中心，邀请省不动产登记行风监督员和地方业务骨干，组成6个小组分赴各地，通过现场查看窗口党建活动场所、召开座谈会听取汇报、核对创建活动证明材料等方式，对全省今年首批不动产登记窗口“党员先锋岗”申报单位开展考核。

8月7日至8日，厅党组成员、省纪委驻厅纪检监察组组长孙军到泰州市开展专题调研，深入基层听取意见建议，促进思想大解放。其间，分别在泰州市局、泰兴市局、靖江市局主持召开座谈会，听取解放思想大讨论活动、基层党的建设、国土资源创新工作以及不动产登记窗口作风建设等方面情况汇报，实地调研了有关园区企业、基层国土所、不动产登记窗口。

8月8日，2018中国地理信息产业大会表彰年度地理信息科技优秀工程，由厅信息中心承担的江苏省国土资源遥感监测“一张图”工程数据库建设项目获2018中国地理信息产业优秀工程银奖。

8月10日，《江苏国土资源年鉴（首部•2017年卷）》正式出版后，迅速启动发行工作。首部年鉴以免费赠阅形式发行至自然资源部办公厅、史志办，部分兄弟省（市）厅（局）、省级机关和全省各市、县（市、区）局。

8月10日，为更好地贯彻省委、省政府有关提升南京城市首位度要求，服务南京市经济社会高质量发展，副厅长祖耀升带队调研南京高淳区耕地保护、土地综合整治、基层国土所建设及建设用地保障情况。

8月10日，由省国土资源厅、省人力资源和社会保障厅、省总工会联合主办的全省第一届不动产登记业务技能竞赛在无锡市成功举办。厅长刘聪致开幕辞。副厅长李闽出席竞赛活动。自然资源部不动产登记局、不动产登记中心有关负责同志出席竞赛活动。

8月13日至15日，副厅长李如海赴阜宁县局、泰兴市局、靖江市局处理包案信访事项。其间，李如海分别与当地政府和国土部门负责人进行座谈交流，听取了各地信访工作及包案处理情况汇报，分析信访原因、研究会办包案化解工作，实地察看了相关信访事项现场。

8月14日，副厅长李闽带领法规处、不动产登记局党支部有关人员，到宿迁市解放思想大讨论联系点开展调研。李闽实地调研了宿迁市蔡集国土资源中心所、宿迁市不动产登记中心服务窗口等地并召开了座谈会。

8月14日，副厅长李如海带队赴盐城解放思想大讨论联系点开展专题调研。调研期间，实地察看了盐都区张庄国土所，召开了专题座谈会，听取了盐城市局党委工作情况汇报，并向有关基层单位征求意见。

8月16日，厅长刘聪到南京市浦口区开展解放思想大讨论活动联系点调研和信访包案化解工作。南京市政府副秘书长王国夫，南京市局局长许明，浦口区区长王磊等参加调研。

8月17日，厅人事处党支部和淮安区车桥国土资源中心所党支部以“结对强党建、合力助脱贫”

为主题，在淮安区车桥镇开展结对共建主题活动，厅党组书记孔海燕以普通党员身份参加，厅党组成员、副厅长、厅机关党委书记吴震强，淮安市局党委、车桥镇党委有关负责同志出席结对共建活动。

8月16日至17日，厅党组书记孔海燕在盐城调研国土资源系统解放思想大讨论活动开展情况和苏北地区农村住房条件改善工作，实地察看了阜宁县沟墩镇条岗村集中居住点建设项目现场，调研了盐都区经济开发区国土资源所，分别召开了改善农村集中居住条件、解放思想大讨论专题座谈会。厅党组成员、副厅长吴震强，盐城市政府副市长李逸浩参加调研。调研期间，孔海燕分别与盐城市委、市政府主要领导交流了有关情况。

8月23日，《江苏省不动产登记条例（草案）》通过省政府第13次常务会议审议。2016年6月我省全面实施不动产统一登记以来，不动产权证书、不动产登记证明发放量全国领先。

8月22日至24日，厅党组成员、省纪委省监委驻厅纪检监察组组长孙军一行赴徐州市丰县、新沂市、睢宁县和宿迁市沭阳县处理包案信访事项，其间召开了信访化解推进会，包案事项所在地政府和国土资源局负责同志参加了有关活动。

8月27日，省厅党的建设领导小组办公室向全省系统党组织转发了厅办公室、人事处、机关党委党支部给全省系统党支部的倡议书，进一步动员全省国土资源系统党支部为打赢脱贫攻坚战提供精准服务和有效保障，号召全省系统党支部和全体党员突出党建引领，发挥党支部在贯彻党的决策部署和推动各项中心工作有效落实中的作用，增强责任感和使命感，深入开展“举旗当标兵、聚力助脱贫”活动，以实际行动让党旗飘扬在打赢脱贫攻坚战的第一线。

8月29日，省测绘地理信息局在南京玄武湖公园组织开展测绘法宣传日活动。厅党组书记孔海燕，厅党组成员、省测绘地理信息局局长、党组书记施建石参加活动。

8月31日，副厅长李如海带队在南京开展提升省会城市首位度相关支持政策需求对接调研。其间，调研组听取了南京市国土资源局、规划局、交通局、江北新区规划与国土局的专题汇报，并回应解决办法。

8月30日至31日，厅党组党员、省测绘地理信息局党组书记、局长施建石在昆山解放思想大讨论联系点开展调研活动。在昆山市局开发区分局调研时，施建石查阅了分局业务和党建活动台账，对形式多样、富有成效的基层党建工作给予了充分肯定。

九月

9月5日，厅党组书记孔海燕主持召开第7次厅党组会议，传达学习贯彻习近平总书记在全国宣传思想工作会议上的重要讲话精神、省委娄勤俭书记在领导干部会议上关于宣传思想工作的要求；传达学习贯彻全省网络安全和信息化工作会议、全省生态环境保护大会暨污染防治攻坚战工作推进会、全省科学技术奖励大会暨科技创新工作会议、省委省政府加快改善苏北地区农民群众住房条件工作会议精神；研究进一步加强党风廉政建设有关工作；研究省委督查组关于巡视整改专项督查反馈有关情况的整改落实工作。

9月7日，副厅长李如海带队赴宜兴市调研国土空间整治利用相关工作。调研组考察了宜兴市矿地融合试点示范区中白云山矿山废弃宕口及矿山废弃地复垦利用现场，察看了变更调查建设用地变化图斑实地情况，与宜兴市局开展了座谈讨论。

9月10日至12日，省厅在扬州市江都区举办了全省国土资源规划管理业务培训班。培训班采取座谈交流与专题授课相结合的形式，对国土资源规划管理业务进行了全面系统培训。副厅长李如海出席并作动员讲话。

9月11日，省厅副巡视员宋玉波带队调研指导江宁区横溪街道生态型土地综合整治试点项目规划。调研组实地察看了项目区现状，座谈交流了项目区的交通道路、排灌沟渠等现状基础设施和土地利用情况，讨论确定了项目的初步规划方案。

9月13日，省厅在淮安市淮安区开展“精准扶贫·慈善一日捐”活动。厅党组书记孔海燕，淮安市委常委、常务副市长张国梁出席捐赠活动并分别讲话。厅党组成员、副厅长吴震强主持活动。

9月14日，省委组织部2018年全省党内统计、干部（公务员）统计专题分析报告评审结果揭晓，我厅题为“应用互联网技术加强国土资源系统党建工作研究——建设江苏省国土资源党建网”的研究报告荣获一等奖，系省级机关唯一获一等奖的项目。

9月18日，厅党组召开中心组学习（扩大）会议。会上，观看了专题片《大无大有——身边人眼中的周恩来》，厅党组书记孔海燕传达了省委学习报告会关于深入学习贯彻《中国共产党纪律处分条例》的有关精神并进行工作部署，对全省系统加强中秋国庆两节期间党风廉政建设提出要求，围绕“入脑入心学党章、旗帜鲜明讲政治”讲授了专题党课。

9月20日，厅长刘聪主持召开第3次厅长办公会议，部署国庆、中秋两节期间有关工作，审议2018年省级矿地融合试点项目安排建议方案，审议2018年城乡建设用地增减挂钩专项补助资金安排使用建议方案。

9月27日，厅党组书记孔海燕主持召开第8次厅党组会议，研究贯彻落实省委鼓励激励、容错纠错、能上能下“三项机制”实施办法。

9月26日，2018江苏互联网大会分论坛——“互联网+党建”高峰论坛在南京举行。厅党组成员、副厅长吴震强参加了此次活动，介绍了全省国土资源系统在利用互联网技术开展党建方面的情况。

9月29日，副厅长李闽带队组织开展建邺大厦安全大检查。检查组对大厦安全监控室、消防系统、能耗监控系统、供水系统、配电房、职工食堂、停车场、信访室等场所进行了细致的安全排查，重点检查了消防设备设施运转、人员值守和安全管理规定执行等情况。

9月30日，省厅对2017年行政复议案卷评查结果进行通报。此次评查共有12个设区市局报送了18本案卷，省厅从申请受理阶段、审理阶段、决定阶段、办案程序、案卷归档等5个方面进行评查。

9月30日，厅党组研究下发《关于贯彻落实鼓励激励、容错纠错、能上能下“三项机制”的实施办法》。

十月

10月11日，厅党组书记孔海燕主持召开第2次厅党的建设工作领导小组会议。会议听取了江苏省国土资源党建网运行情况汇报，审议了江苏省国土资源党建网运行保障制度（讨论稿）、“机关党建传统优势与信息技术深度融合研究探索”研究报告（讨论稿）、党务干部培训班方案、解放思想大讨论征求意见建议的回复方案、“最美国土人”评选方案、“我为高质量发展献一策”金点子评选方案、改革开放40周年征文活动评选方案等事项。厅党组成员、副厅长吴震强出席会议。

10月11日至12日，厅党组成员、副厅长李如海带队赴徐州解放思想大讨论联系点开展专题调研。调研组听取了徐州市局解放思想大讨论活动开展情况的汇报，实地调研了沛县农民集中区建设情况。

10月18日，厅党组书记孔海燕主持召开第9次厅党组会议，传达学习贯彻省纪委关于推动省国土资源厅党组落实全面从严治党主体责任的监督意见精神，研究部署整改工作。

10月18日至20日，第二十届中国国际矿业大会在天津举行。省厅组织省地矿局、省华东有色局、省地调院及省矿协等单位，组团参加本次大会。我省以“矿地融合 绿色发展”为主题向大会呈现了具江苏特色的展台。

10月23日，为进一步改进全省不动产登记工作作风，提升服务群众水平，更好地落实不动产登记窗口“党员先锋岗”创建和党风廉政建设的有关要求，近日，江苏不动产登记咨询热线“96510”的

138 个座席全部由固话模式升级为云平台模式。

10 月 23 日，省自然资源厅召开干部大会，宣布领导班子。副省长费高云出席会议并讲话。省委组织部常务副部长王立平宣读了省委决定。

10 月 25 日，厅党组书记孔海燕主持召开省自然资源厅党组第 1 次会议，传达学习贯彻省级机构改革动员部署会等会议精神，对省自然资源厅机构改革工作进行动员部署，研究厅机构改革相关工作方案和其他事项。

10 月 30 日，副省长费高云为江苏省自然资源厅揭牌。省政府副秘书长杨勇，省自然资源厅领导班子和机关、直属单位部分干部参加揭牌仪式。

十一月

11 月 4 日，江苏国土资源智库中国矿业大学研究基地揭牌仪式暨人工智能时代测绘科技前瞻论坛在中国矿业大学举行。省自然资源厅副巡视员史照良、中国矿业大学副校长赵跃民共同为研究基地揭牌。省厅科技处、省国土资源研究中心、中国矿业大学、徐州市国土资源局等单位共计近 30 名专家领导参加了揭牌仪式。

11 月 5 日至 9 日，厅机关、厅直属单位、各设区市局党务骨干 52 人在河南红旗渠干部学院开展培训。厅党组书记孔海燕出席并作开班动员讲话，厅领导吴震强、祖耀升、宋玉波、史照良参加培训。

11 月 7 日，自然资源部副部长王广华听取我省不动产登记窗口服务评价体系建设情况汇报。副厅长李闽汇报了我省试点工作开展情况，工作人员演示了我省不动产登记窗口服务评价系统。

11 月 16 日，厅党组书记孔海燕主持召开省自然资源厅党组第 2 次（扩大）会议暨中心组学习会，传达学习贯彻全省民营企业座谈会精神，传达学习中美贸易摩擦有关材料，审议厅党组《关于加强党的政治建设推动全省自然资源事业高质量发展的意见（审议稿）》和《关于落实省纪委监督意见的整改方案（审议稿）》。

11 月 20 日，省厅邀请了省发改委、省工信厅、省交通厅、省水利厅、省教育厅、国网江苏省电力有限公司和有关行业专家等人员组成专家组，对《江苏省建设用地指标（2018 年版）》编制成果进行论证，编制成果顺利通过专家组验收。

11 月 27 日，厅党组召开中心组理论学习（扩大）会议。会议观看了教育专题片《铁纪强军》第一篇 —— 政治纪律篇，传达学习了省委办公厅、省政府办公厅《关于在全省开展形式主义、官僚主义集中整治的通知》等文件精神。

11 月 27 日，省厅召开《省纪委关于推动省国土资源厅党组落实全面从严治党主体责任的监督意见》整改工作部署视频会议。厅党组书记孔海燕作工作部署。

11 月 27 日，省厅与中国地质调查局南京地质调查中心在南京联合召开“江苏沿海地区综合地质调查”总成果评审会。厅副巡视员倪红升、南京地质调查中心副主任邢卫国出席会议并讲话。评审会上，项目总成果得到了林学钰院士、陈骏院士等评审专家的高度评价，评定为优秀级。

11 月 29 日至 30 日，厅党组成员、副厅长，省地矿局党组书记、局长，省华东有色地勘局党委书记潘正勤带队到南通开展城市地质和盐碱地改良等工作调研。省华东有色地勘局副局长程知言，省地矿局副巡视员陈兴贤参加调研。

十二月

12 月 4 日至 5 日，2018 年度长江三角洲地区“三省一市”地面沉降防治联席会议在浙江省温岭市召开，副厅长李闽参加了会议。

12 月 7 日，自然资源部办公室通报表扬了第 28 个全国“土地日”主题宣传活动周优秀组织单位和优秀宣传项目。省厅再次获评优秀组织单位，连续六年获此表彰。

12 月 12 日，省厅召开全省批而未供和闲置土地处置工作会议。会议传达了自然资源部对批而未供和闲置土地处置工作的最新要求和数据统计口径，通报了全省批而未供和闲置土地处置情况并研究部署下一阶段工作。厅长刘聪出席会议并讲话，厅领导祖耀升、李如海出席会议，厅巡视员吴震强主持会议。

12 月 13 日，厅党组书记孔海燕主持召开省自然资源厅党组第 3 次会议暨中心组学习会，集中学习《中国共产党支部工作条例（试行）》和省委、省政府办公厅有关文件精神，审议厅机关部门预算预留资金安排方案。

12 月 18 日，省厅组织机关干部集中收看庆祝改革开放 40 周年大会直播，认真聆听学习了习近平总书记重要讲话精神。

12 月 20 日至 21 日，我省第三次国土调查领导小组办公室在南京举办业务培训班，邀请专家对《第三次全国国土调查实施方案》、数据库标准、建库规范以及 2018 年度土地变更调查等工作进行了业务培训，组织设区市及部分县（市、区）同志召开了座谈会。副厅长李闽出席培训班开班仪式并作动员讲话。

12 月 27 日，省厅召开基层党组织书记述职会议。厅党组成员、厅机关党委委员、厅机关纪委委员和各基层党组织书记共 80 余人参加了会议。

12 月 28 日，南京大学自然资源研究院（以下简称“研究院”）成立大会在宁举行，省政协副主席、南京大学党委书记胡金波，自然资源部科技发展司司长高平，厅长刘聪出席会议并分别致辞。厅党组成员、副厅长，省地矿局党组书记、局长潘正勤出席会议。

12 月 28 日，厅党组书记孔海燕主持召开省自然资源厅党组第 4 次（扩大）会议，传达学习贯彻省委十三届五次全会精神，审议《中共江苏省自然资源厅党组工作规则（审议稿）》等有关制度文件，听取 2018 年领导干部经济责任审计情况汇报，研究年度考核有关工作。

12 月 30 日，《江苏省矿山地质环境恢复和综合治理规划（2017 ~ 2025 年）》经江苏省人民政府批准，由省厅正式印发实施。

注：2018 年大事记由江苏省自然资源厅史志年鉴领导小组办公室、《江苏国土资源年鉴》编辑部根据各供稿单位及通讯编辑、撰稿编辑提供的资料进行收集和整理，部分资料参考江苏自然资源网站，特此说明。

美好江苏 珍爱海洋

江苏临海拥江，海洋资源丰富，全省海域面积3.75万平方公里，海岸线954公里，海岛26个，沿海滩涂面积超5000平方公里，约占全国滩涂总面积的1/4，居全国首位。天然的地理优势给江苏带来了丰富的海洋生物资源，并孕育出独特的海洋文化。为让社会公众更多地认识海洋、关心海洋，参与到保护江苏蓝色生态的行动中来，江苏省海洋渔业指挥部先后建立了海洋生物科普馆、海洋文化长廊、渔船渔具贝藻馆等基础设施，形成海洋科普教育阵地，面向公众对外开放。展馆内陈列有从低等原生动物到白鲸、海豹等高等哺乳动物各类海洋标本500余件，多为剥制标本，其中渔船渔具贝藻馆展区专门展陈世界各地贝类标本300余件，并陈列有我省海洋渔民传统捕捞作业工具和渔船模型，集中体现了我省海洋文化特色。科普教育阵地建成以来，已接待社会各界上万人次参观，并与学校、社区等多家单位合作设立科普教育实践基地。此外，江苏省海洋渔业指挥部还利用海监执法船休整期间，适时开放船舶部分区域以供参观，开展海洋科普知识、海洋权益维护等宣传讲课，进一步提高公众海洋保护意识。海洋生物科普馆先后被命名为“江苏省科普教育基地”“全国海洋科普教育基地”，中国海监5001船获评江苏省党员教育实境课堂示范点。

（江苏省海洋渔业指挥部 范留邦 刘薛供稿）

鸽岛

开山岛

沿海风电

两沙”滩涂上的海鸟

航行在车牛山岛海域的中国海警 5001 船

盐城某码头

世界海洋日小学生参观海洋文化长廊

世界海洋日小学生观看馆内宣传片

小学生显微镜下观察馆内有孔虫

船渔具贝藻馆

科普馆内景

“一带一路”沿线国家代表参观海洋生物科谱馆

科普宣传进学校

“两沙”渔船

绿色国土 生态家园

——江苏林业科普宣传

滨海滩涂

2018年，全省林业系统认真贯彻落实习近平生态文明思想，按照省委省政府和国家林业和草原局决策部署，加强科技支撑能力建设，系统推进林业改革发展工作。全省省级以上生态公益林38.6万公顷，森林面积155.99万公顷，林木覆盖率增至23.2%，自然湿地保护率达49.8%，全年林业产值实现4702亿元，苗木种植20.4万公顷、苗量61亿株。

组织实施一批重大造林绿化工程，完成造林绿化4.3万公顷，新建绿美示范村512个，抚育森林7.07万公顷。推进湿地保护修复，完善健康湿地体系，全省湿地面积282.2万公顷，其中自然湿地195.3万公顷，人工湿地86.9万公顷，修复湿地4896.5公顷。全省建有各级各类自然保护区31个，总面积53.58万公顷，占全省国土面积5.22%，其中国家级自然保护区3个，面积29.93万公顷，省级自然保护区11个，面积9.41万公顷，市县级自然保护区17个，面积14.24万公顷。新认定3处省级林木良种基地和10处省级林木种质资源库，审认定林木良种品种24个，获得林业植物新品种授权36个。全省现有国家级良种基地8处，省级林木良种基地21处，国家级林木种质资源库5处，省级林木种质资源库10处，省级保障性苗圃20处。全省主要林业有害生物监测覆盖率99.7%，测报准确率87.3%，种苗产地检疫率99%。开展野生动物重要栖息地保护与修复，组织实施地带性森林生态植被保护与恢复工程。对麋鹿、勺嘴鹬、秤锤树等7个珍稀濒危动植物物种进行野外种群保护、原生境保护与恢复。

江苏林业人将继续凝心聚力，砥砺前行，奋力开创林业高质量发展新局面，为推动全省高质量发展走在前列，建设“强富美高”新江苏，促进人与自然和谐共生。

江苏省林业局 王道敏等供稿

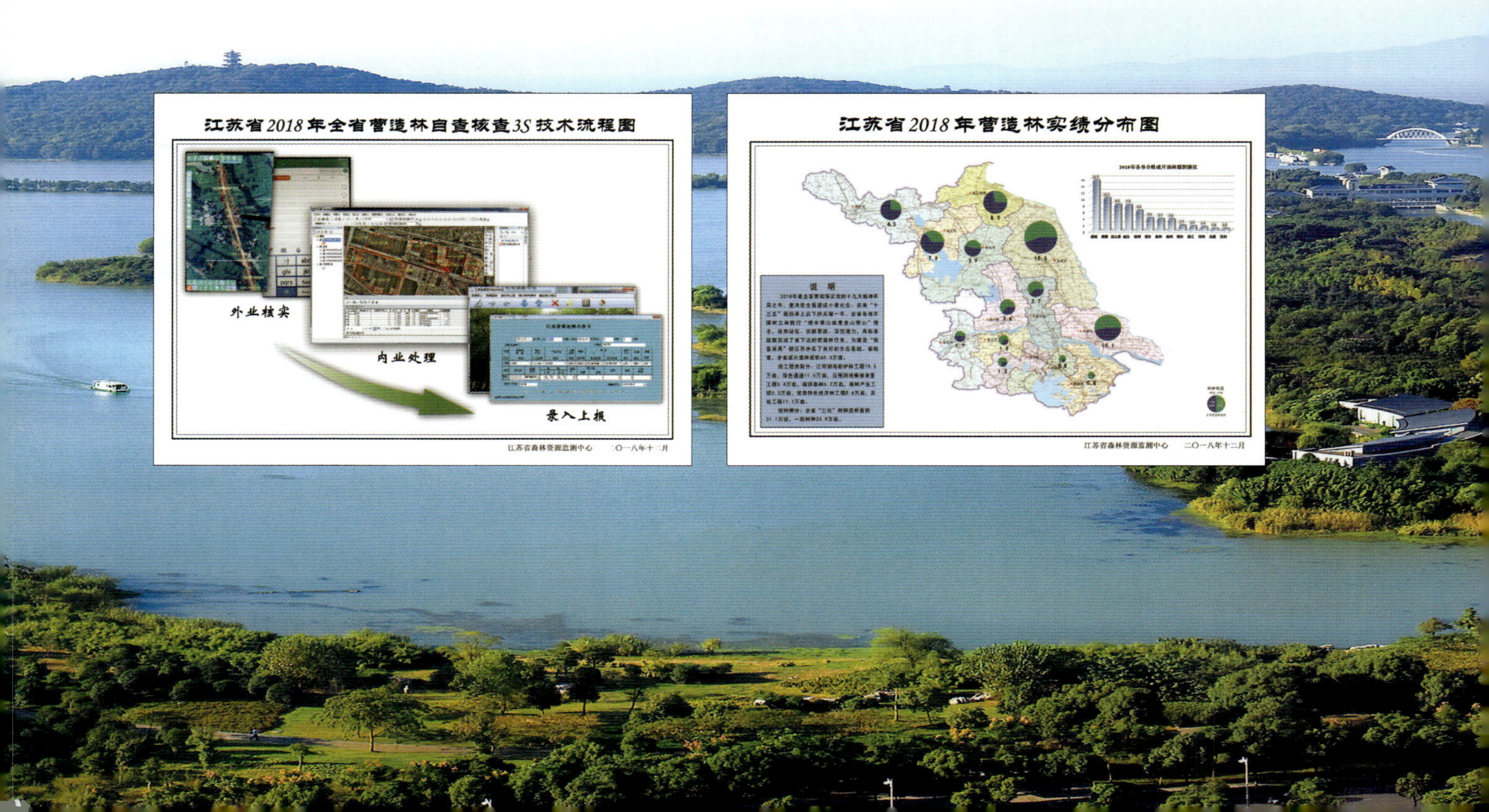

洪泽湖湿地秋色

梅林春晓（钱永德摄）

麋鹿保护区乐土（杨国美　摄）

沙家浜国家湿地公园（戴惠忠　摄）

珍禽保护区鹤戏　（陈国远　摄）

飞防（贯汪区青山泉镇飞机防治美国白蛾现场 王春生　摄）

滨湖山水（张波摄）

各设区市自然资源主管部门成立揭牌图集

2019年1月14日，南京市规划和自然资源局挂牌成立

2019年1月15日，苏州市自然资源和规划局挂牌成立

2019年1月18日，常州市自然资源局挂牌成立

2019年1月18日，南通市自然资源局挂牌成立

2019年1月18日，泰州市自然资源和规划局挂牌成立

2019年1月25日，连云港市自然资源和规划局挂牌成立

2019年1月25日，宿迁市自然资源局挂牌成立

2019年1月29日，无锡市自然资源和规划局正式组建。图为该局领导班子宣布会、转隶组建工作布置会现场

2019年1月29日，盐城市自然资源和规划局挂牌成立

2019年1月29日，镇江市自然资源和规划局挂牌成立

2019年1月29日，淮安市自然资源和规划局挂牌成立

2019年1月29日，徐州市自然资源和规划局挂牌成立。图为该局领导班子宣布会、转隶组建工作布置会现场

2019年1月30日，扬州市自然资源局挂牌成立

（本版由各地组稿编辑供稿）

南京长江大桥

苏州博物馆

吴韻漢風

无锡苏南运河

南京夫子庙

徐州博物馆

常州天宁宝塔

南通启东吕泗渔港

连云港孔望山

苏州山塘古街

扬州高邮文游台

人文江蘇

镇江金山

泰州兴化四牌楼

淮安盱眙淮河边

宿迁泗阳杨树博物馆

盐城市聚龙湖畔淮剧博物馆

鉴昔知今　学史明智

——《江苏自然（国土）资源年鉴》创刊三周年纪念

2017年8月，由江苏人民出版社出版的《江苏国土资源年鉴2017卷·首部》系江苏省历史上首部国土资源年鉴，《江苏自然资源年鉴2019年卷》系江苏省历史上首部自然资源专业年鉴，其编纂、出版和发行具有重要的标志性意义，填补了我省自然资源领域这方面的空白。

年鉴编委会及编辑部确定了正确的编辑方针，对具有江苏特色的《江苏自然（国土）资源年鉴》进行了总体框架设计、体例规范、质量把关等积极探索。厅史志年鉴工作领导小组、史志办及编纂人员坚持客观性、权威性、典型性原则，全方位、多角度地记录了系统改革、发展和创新的情况，真实、客观和完整地回顾了过去一年方方面面的工作，堪称是系统发展的一个缩影，为社会全面了解我省自然资源管理工作情况提供了百科全书式的工具书。

时光荏苒，三年前我们为加强江苏国土信息资源保护开发利用奋斗的誓言已经成真。三年后的今天，我们仍然瞄准提升编纂水平，争创具有江苏特色的国内先进自然资源年鉴的目标努力奋进！

（年鉴编辑部）

2017年8月10日，江苏省国土资源厅史志办公室到国土资源部史志办公室汇报史志年鉴工作。

2018年6月25日，江苏省国土资源厅厅长刘聪、厅党组书记孔海燕在全国土地日纪念活动之际视察《江苏国土资源年鉴》编辑部，对做好厅史志年鉴工作作重要指示。厅史志办副主任、年鉴副主编张毅向厅领导汇报年鉴编纂出版情况。

2017年10月24日《江苏国土资源年鉴》组稿业务培训在南京举办

2018年11月23日，编辑部人员专程到南京大学地理与海洋科学院向省民盟副主委、长江学者、副院长黄贤金教授等规划、土地、地质、海洋、生态方面专家进行年鉴框架编制学术咨询。

年鉴资料室建设初具规模

2018年8月21日，年鉴编辑部到省卫生与计生年鉴编辑部学习交流。

2018年12月22日，2018卷出版前现场技术交流会。

2019年1月28日，编辑部人员到《鼓楼年鉴》编辑部学习交流。

全国青年文明号泰州市国土资源局张甸中心所工作人员利用《江苏国土资源年鉴》开展业务学习。

2018年11月27日，编辑部在南京农业大学公共管理学院进行年鉴赠书及年鉴发行利用影响评价活动。

（江苏自然资源编辑部供稿）

江苏国土资源年鉴（2018年卷）受到社会关注

《江苏国土资源年鉴》（2018年卷）出版发行

近日，《江苏国土资源年鉴》（2018年卷）由江苏人民出版社出版，面向全省发行。

2018年卷总计出版文字达93万字，该年鉴篇目设置更加科学，含载信息资料更加丰富，供稿单位从36个扩充达到了158个，科普宣传载体功能增强，设置英文目录以方便境外读者了解江苏自然资源省情，版式进一步体现新颖时尚，选用文献支撑作用增强。

2018卷全面体现了要素较全、内容覆盖面较宽、编纂技术应用较丰富、组稿编纂出版周期较短的省级区域资源类年鉴。该年鉴通过邮政渠道发行至全省行业，并赠送部办公厅、史志办和兄弟省市、厅局，省方志馆、重点高等院校图书馆，为宣传我省自然资源行业在新时代取得的丰硕成果，推进自然资源管理改革创新发挥了积极作用。